TRAITÉ
DU DOL

ET

DE LA FRAUDE,

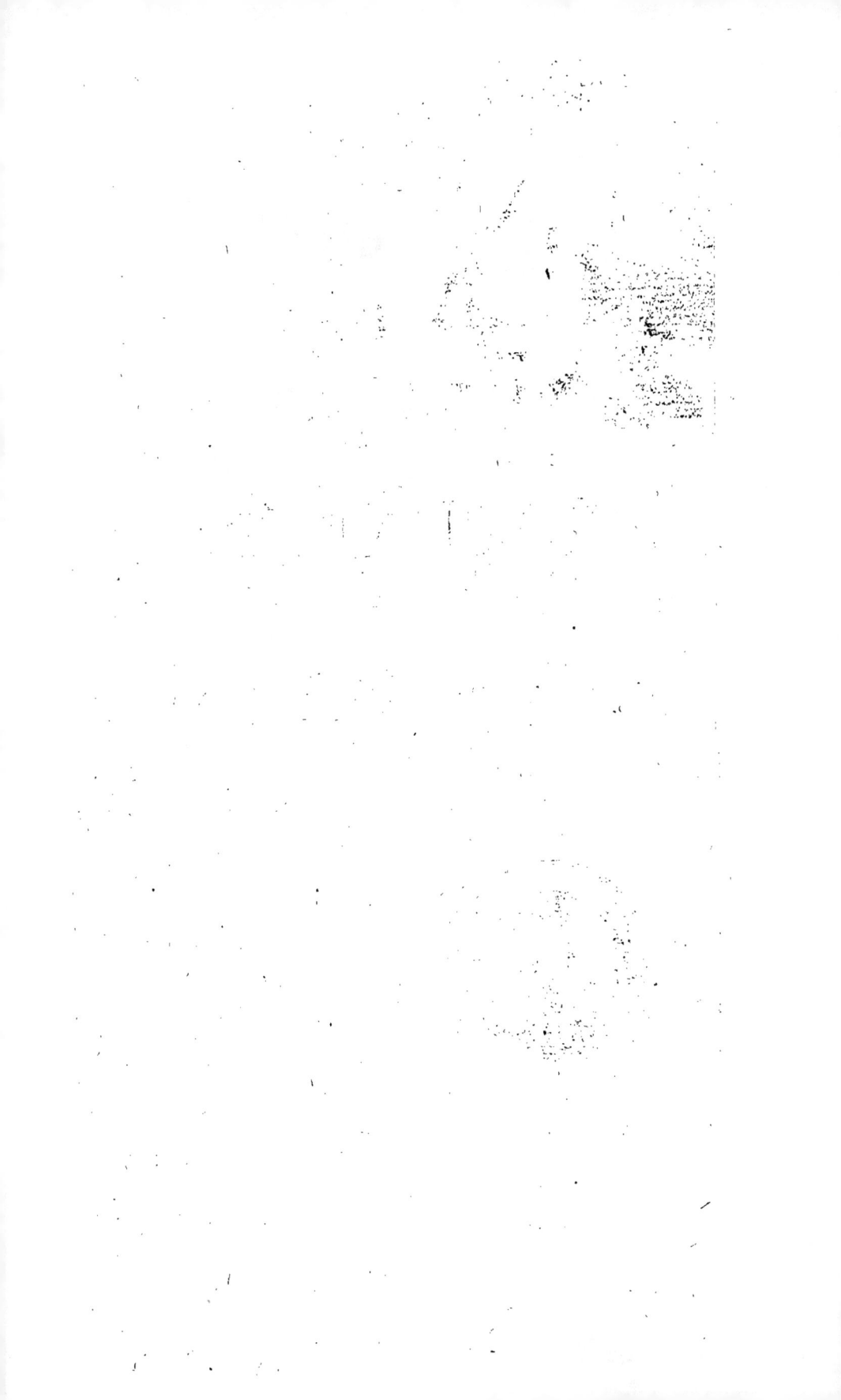

TRAITÉ
DU DOL

ET

DE LA FRAUDE,

EN MATIÈRE CIVILE ET COMMERCIALE,

PAR M. CHARDON,

CHEVALIER DE L'ORDRE ROYAL DE LA LÉGION D'HONNEUR, PRÉSIDENT
DU TRIBUNAL CIVIL D'AUXERRE, (Yonne).

*Nullum mali genus, quod majorem humanæ societati
Pestem inferat, quàm dolus malus.* Cicer. *de off. lib.* 1.

~~~~~~~~~~~~~~~~~~~~

TOME II.

~~~~~~~~~~~~~~~~~~~~

AVALLON,

CHEZ COMYNET, IMPRIMEUR-LIBRAIRE.

1828.

TABLE

DES SECTIONS, CHAPITRES, ARTICLES,

CONTENUS DANS CE VOLUME.

FIN DE LA TABLE.

FAUTES A CORRIGER

Page 26, 22°. ligne, *et qu'il l'exerce à cet égard ;* lisez *et qu'il l'exerce ; à cet égard , on ne peut* etc.

Page 31, 22°. ligne, n°. 457, lisez 458.

Page 80, 7°. ligne, *præssumitus ,* lisez *præsumitur.*

Page 93, 16°. ligne, *asservir ,* lisez *assouvir.*

Page 217, 21°. ligne , *dans le sens la femme succombe ,* lisez *dans ce sens que la femme succombe.*

Page 244, 11°. ligne, *article* 304, lisez 314.

Page 249, 1re. ligne, supprimez *pour.*

Page 277, 12°. ligne, *prouverez,* lisez *prouvez.*

Page 325, 1re. ligne , supprimez *point.*

Page 341, 8°.lig. *pas même commencée. Si, à cet égard, il n'y avait que la déclaration de la femme de la réunion.....,* lisez *pas même commencée, si, à cet égard, il n'y avait que la déclaration de la femme. De la réunion.....*

Page 407, 22°. ligne, **VI**, lisez **III.**

Page 428, 7°. ligne, *avoir les siens,* lisez *avoir perdu les siens.*

Page 435, 8°. ligne, *quand même elle été,* lisez *quand même elle aurait été.*

Page 464, 12°. ligne, *locataire,* lisez *locateur.*

Page 488, 16°. ligne, *n'aimait,* lisez, *n'aimaient.*

Page 500, 8°. ligne, *aliment,* lisez *aliments.*

Page 602, 11°. ligne, *l'importance,* lisez *l'imposture.*

TRAITÉ

DU DOL

ET

DE LA FRAUDE,

EN MATIÈRE

CIVILE ET COMMERCIALE.

~~~~~~

SECONDE PARTIE.

—

FRAUDE.

—

1. Nous avons déjà défini la fraude : l'art perfide de braver les lois, avec l'apparence de la soumission; de violer les traités, en paraissant les exécuter; et de tromper, par l'extérieur des actes ou des faits, sinon ceux qu'on dépouille, au

moins les tribunaux dont ils pourraient invoquer la puissance.

La fraude a presque toujours le dol pour conseil et pour auxiliaire; mais moins hardie, elle agit différemment. Le dol s'attache à la personne même, dont il convoite, en tout ou en partie, la fortune; et par les illusions dont il la séduit, il l'a fait coopérer à sa spoliation. C'est dans l'ombre, au contraire, et presque toujours à l'insçu de sa victime, que la fraude ourdit ses trames. Dans ce dernier cas, la défiance la plus active ne peut garantir de ses embûches, tandis qu'une exacte vigilance peut prémunir contre les aggressions du dol. Quelquefois cependant le coupable de fraude, trafiquant des passions ou de l'infortune de celui qu'il ruine, parvient à s'en faire aider, pour dérober aux magistrats le secret de ses exactions.

2. Désirant indiquer tous les moyens qui peuvent faire obtenir justice de ces diverses iniquités, et les présenter avec méthode, nous réunirons dans une première section les règles générales et communes à tous les genres de fraude;

Dans la seconde, nous verrons comment elle sait tromper dans l'exécution des conventions;

Dans la troisième, comment dans des libéralités injustes ou immorales, elle essaie de franchir les barrières établies;

Et dans la quatrième, comment elle infecte les

conventions et les libéralités de causes ou de conditions illicites.

~~~~~~

SECTION I.

RÈGLES GÉNÉRALES ET COMMUNES A TOUS LES GENRES DE FRAUDE.

SOMMAIRE.

3. Caractère de la fraude réparable par la voie judiciaire.
4. Simulation sans fraude, n'est pas une cause de nullité.
5. Trois espèces de simulation frauduleuse.

3. Les lois civiles ayant toujours contenu des prohibitions, que de tout temps, la malice des hommes a voulu éluder, tous les procédés de la fraude sont à-peu-près connus. Des nombreuses décisions du Droit romain et de notre jurisprudence, il s'est formé une théorie offrant, suivant les circonstances, des points d'appui qui peuvent fixer les incertitudes.

Un premier point à remarquer, dans cette importante matière, est le caractère qui rend la fraude susceptible d'être réprimée par la voie judiciaire.

La société est sans cesse en proie à une multitude de fraudes, que la puissance civile est contrainte de souffrir, pour ne pas ouvrir la brèche à de plus graves et plus nombreuses; tant il est vrai que la Providence s'est réservé la plus grande part dans le gouvernement des hommes ; qu'elle l'exerce par les lois religieuses, et que ceux qui tendent à les afaiblir, sont les ennemis de la société !

Un homme chargé de dettes se hâte de vendre ses meubles, avant qu'une saisie les ait mis sous la main de la justice, et ceux de ses immeubles qu'aucune inscription hypothécaire n'a encore frappé ; il consomme tous les deniers qu'il réalise, au lieu de les employer à éteindre ses obligations ; il commet, au for intérieur, une véritable fraude ; au for extérieur, il n'a fait qu'user de son droit, et la loi, qui autorisait le créancier à se prémunir contre cette improbité, par des mesures conservatoires, ne le relève pas de sa négligence.

Mais on découvre que toutes ces ventes ne sont que des simulacres ; qu'au lieu d'acquéreurs, le débiteur n'a que des dépositaires affidés pour lui rendre ses biens, lorsque ses créanciers, découragés par une insolvabilité apparente, auront cessé les hostilités ; alors il devient constant que le débiteur n'a pas usé du droit qu'il avait de vendre ; qu'il a voulu, en conservant ses biens, les soustraire à ses créanciers, et commettre un véritable larcin; voilà la fraude contre laquelle l'article 1167 du Code civil donne aux créanciers une action.

Un mari dissipe en débauches la majeure partie des biens de la communauté, c'est une fraude insigne à la foi du mariage; mais la loi civile lui donnant le droit de disposer de ces biens sans compte, la femme n'a aucune action contre une telle dissipation, et, tant que sa dot n'est pas en péril, elle ne peut qu'en gémir.

Si cependant cette prodigalité n'était qu'une feinte du mari, pour s'approprier les choses qu'il a l'air de consommer, ou enrichir ses enfants d'un mariage précédent, on ne verrait plus dans sa conduite l'usage, mais l'abus d'un droit, une fraude caractérisée et proscrite par l'article 1422 du Code civil.

Tenons donc pour première règle, qu'il n'y a de fraude réparable par la voie judiciaire, que celle qui, blessant les droits d'autrui, est commise au mépris d'une disposition prohibitive de la loi, ou d'une convention spéciale.

4. Les procédés de la fraude sont innombrables; nous en signalerons la plus grande partie, en faisant observer, dans la suite de ce traité, les diverses occasions où elle tend ses filets. Pour le moment, nous ne nous occuperons que du moyen qui est le plus familier · *la simulation frauduleuse des actes.*

Nous disons *simulatio frauduleuse*, parce

que la simulation dont les effets sont innocents et licites, lors même que l'intentiou de ceux qui l'ont faite, aurait été de commettre une fraude, ne peut autoriser aucune action utile. Quelleque soit la forme d'une convention, si elle est régulière, il n'est au pouvoir des tribunaux de l'annuler, que quand, dans sa substance, elle contient une fraude à la loi; et lors même que la simulation est frauduleuse, si son résultat ne consiste que dans l'extension d'une faculté au-delà des bornes prescrites, comme il n'y a fraude à la loi que dans cette extension, ils ne peuvent que faire rentrer la convention dans les lignes dépassées.

Il faut effectivement distinguer entre la simulation absolue et celle relative; la simulation absolue, est celle opérée dans un contrat qui n'a rien de réel; comme lorsqu'un débiteur, pour soustraire ses biens à ses créanciers, les vend à une personne qui se charge de les lui conserver; c'est seulement aux actes de cette nature que peuvent s'appliquer ce passage de Dargentré, souvent fort mal entendu : *Colorem habent, substantiam vero nullam;* et celui de Balde : *corpus sine animâ.*

La simulation relative est celle employée pour donner à un contrat réel, une apparence qui dissimule son véritable caractère; telle est celle d'une donation déguisée sous la forme d'une vente : il faudrait dire de ces contrats , *colorem habent, substantiam vero alteram*.

Cette distinction conduit à conclure que, si la preuve de ce qui s'est passé entre les contractants, fait voir une simulation absolue, le contrat tombe, et ne peut produire aucun effet, puisqu'il n'a jamais eu qu'une couleur sans substance; mais que, si la preuve de la simulation fait reconnaître un contrat sérieux, caché sous de fausses apparences, il faudra juger le mérite de ce contrat dont le secret est découvert; et les juges n'auront le pouvoir de l'annuler, qu'autant qu'ils le recevront de la loi, c'est-à-dire, qu'autant que ce contrat mystérieux aura enfreint une disposition législative.

Telle était la théorie du Droit romain , ainsi que l'a fait voir M. Merlin dans le savant réquisitoire par lui fait, lors de l'arrêt du 22 juin 1813, dont il rend compte dans le répertoire de jurisprudence, au mot *simulation*, §. 5, *art*. 3.

Il y rapporte les lois 3, 9, 38 ff. *De contrah. emp. et ult. Pro donato*, ainsi que les gloses de Brunneman et de Godefroy; et parce que dans ces divers textes , il 'n'est question que des donations, il ajoute : « Et qu'on ne dise pas que » ces lois sont particulières au cas de la dona- » tion faite sous le nom d'une vente. Ces lois » ne font évidemment, comme l'observent Brun- » neman et Godefroy , qu'appliquer à ce cas un

» principe général qu'elles supposent, savoir,
» qu'un acte simulé vaut tel qu'il est, lorsqu'il
» ne peut valoir tel que les parties l'ont qualifié,
» et que tel qu'il est, il n'offense aucune loi. »

Si le Code civil ne contient pas positivement
les mêmes règles, il en consacre très-clairement
les principes élémentaires. D'une part, l'article
1134 veut que les conventions ne puissent être
révoquées que pour *les causes que la loi auto-*
rise ; de l'autre, nous lisons dans l'article 1132,
que la convention n'est pas moins valable, quoique la cause n'en soit pas exprimée ; or, un acte
qui donne à la convention une cause différente
de celle qui l'a déterminée, est dans le cas prévu
par le dernier de ces deux articles, la cause n'y
est pas exprimée. Si donc, en prouvant la fausseté de l'expression, on prouve la réalité de la
cause, et si cette cause n'est contraire ni aux
lois ni aux bonnes mœurs, la convention doit
être maintenue.

Cependant, avant comme depuis le Code civil,
ce point de droit a été controversé pendant plusieurs années, même parmi les magistrats de la
Cour de cassation, et particulièrement au sujet
des donations déguisées. M. Merlin rapporte
qu'un premier arrêt, du 13 vendémiaire an XI,
avait jugé, sans la moindre difficulté, qu'une
donation déguisée devait valoir comme donation, quoiqu'elle n'en eût pas les formes, l'acte

n'exprimant qu'un contrat onéreux; parce qu'il
n'y avait ni incapacité de donner d'une part,
ni incapacicité de recevoir de l'autre; mais que,
lors d'un second arrêt, du 5 pluviôse suivant,
rendu dans le même sens, des difficultés nombreuses s'étaient élevées, et que l'arrêt, après
partage, n'avait passé qu'à la majorité d'une
seule voix.

Deux ans après, sur le pourvoi contre un
arrêt de Bruxelles, qui avait annulé un contrat
de vente, déguisant une libéralité, la section
des requêtes admit le pourvoi, et la section civile
prononça la cassation, le 7 frimaire an XIII.
Mais le lendemain, la section des requêtes, (composée en majeure partie des Conseillers qui s'é-
taient trouvés en minorité lors de l'arrêt du
5 pluviôse an XI,) saisie du pourvoi contre un
arrêt de la Cour de Toulouse, qui avait aussi
annulé des contrats de vente simulés, et par le
même motif, rejeta la requête. Persistant dans le
même sentiment, le 30 prairial et le 15 messidor
de la même année, elle rejeta les pourvois contre
des arrêts des Cours de Lyon et de Bordeaux,
qui avaient jugé comme celles de Bruxelles et
de Toulouse. Ce ne fut que le 15 brumaire an
XIV, qu'enfin elle adopta la jurisprudence de
la section civile, en rejetant le recours contre un
arrêt de la Cour de Dijon, qui avait maintenu
une vente attaquée par les héritiers du vendeur
comme libéralité déguisée.

Depuis, la jurisprudence des deux sections a été uniforme ; et les recueils d'arrêts en rapportent huit qui ont cassé des décisions des Cours de Paris, Rouen, Bruxelles, Besançon, Turin, Montpellier et Grenoble : le dernier est du 6 juin 1814.

Nous avons cru ces détails nécessaires, pour faire voir combien doit être ferme et invariable ce point de jurisprudence : il en est peu qui aient été traités avec autant d'étendue, de profondeur et de solennité. Très-certainement, rien de ce qui pouvait être dit pour l'un et l'autre système n'a échappé, soit aux habiles jurisconsultes qui exercent près des Cours célèbres que nous venons de nommer, soit aux magistrats éclairés qui les composent. Tirons-en la conséquence que la question était très-problématique, et que, dans l'état de fluctuation où les esprits étaient placés, on s'est arrêté à cette règle générale, que les contrats volontairement consentis ne peuvent être annulés, que lorsqu'il n'est pas possible de les faire valoir. *Quoties in stipulationibus ambigua est oratio, commodissimum est id accipi quo res de quâ agitur in tuto sit. l. 80, ff. de verb. oblig. Code civil, art. 1157.*

A l'égard des donations déguisées, il y avait particulièrement pour pierre d'achoppement, que la loi exige impérieusement des formalités spéciales, dont les traités onéreux ne sont pas revêtus; mais probablement cette circonstance a été écartée par la considération que ces formalités spéciales n'ont été instituées, que pour assurer l'irrévocabilité des dons, et que le donateur qui prend la forme d'un contrat onéreux, pour assurer son bienfait, veut se lier plus irrévocablement que par une donation franche, puisque celle-ci est exposée à la réduction de la part des héritiers à réserve, et à la révocation par survenance d'enfants; accident dont le contrat onéreux semble n'avoir rien à craindre *Voy. cependant ci-après, n°. 55.*

Ainsi que l'a dit M. Merlin, ce n'est pas seulement aux donations que ce principe est applicable, mais à toute espèce de convention simulée.

5. La simulation frauduleuse des actes peut être divisée en trois espèces :

1°. Simulation de la date dans les actes privés ;

2°. Simulation dans les personnages qui figurent aux contrats ;

3°. Simulation dans le caractère même de la convention.

Chacune de ces trois espèces sera le sujet d'un chapitre particulier ; dans un quatrième, nous développerons les diverses actions recevables contre ces simulations.

CHAPITRE Ier.

SIMULATION DE LA DATE DANS LES ACTES PRIVÉS.

SOMMAIRE.

6. L'article 1328 du Code civil déclare que les actes sous-seings privés n'ont de date contre les tiers, que du jour où elle est devenue invariable par les circonstances qu'il signale. De cette disposition, il résulte qu'un acte privé qui lèse un tiers, est présumé avoir reçu une date simulée, et fixée en fraude des droits de ce dernier.

Cette règle, l'une des plus précieuses pour militer contre la fraude, reçoit cependant de nombreuses exceptions qui font naître plusieurs questions de droit.

L'article 1322 veut que ce même acte : « ait
» entre ceux qui l'ont souscrit, et entre leurs
» héritiers et *ayant cause*, la même foi que l'acte
» authentique. »

Des difficultés sérieuses se sont élevées sur le
sens de cette qualification, *ayant cause*, qui
n'a pas, en droit, une acception bien déterminée.

7. Doit-on entendre par là tous ceux qui représentent le souscripteur, à quelque titre que
ce soit, ou seulement ceux qui ne le représentent qu'à titre universel? C'est à ces derniers
seulement que, suivant nous, l'article cité a entendu l'appliquer, quoique souvent on qualifie
aussi *ayant cause*, les successeurs à titre particulier.

8. Cependant M. Toullier, dans son *Cours de
Droit*, tom. 8, *p.* 415, étend les dispositions de
l'article 1322 même à ces derniers successeurs;
et il en conclut que, si on leur oppose un acte
privé, contenant vente par leur auteur, de l'objet qu'il leur a donné, vendu ou échangé, cet
acte fait foi contre eux de sa date, et qu'il en
serait de même d'une constitution de servitude,
d'usufruit, etc.

D'abord il est difficile d'énumérer tous les
dangers de ce système et toutes les portes qu'il
ouvrirait à la fraude. Ce serait en vain qu'un
donataire aurait accepté une donation, et que

le Code aurait déclaré irrévocable toute donation acceptée, si l'on pouvait ensuite avec un
acte privé émané du donateur, portant une date
antérieure à la donation, lui reprendre la chose
donnée, ou la grever de charges inconnues jusques-là.

Les ventes, même celles dont le prix aurait
été payé, pourraient également être rendues
vaines et dérisoires au gré du vendeur; et pour
en disposer encore à titre de servitude, d'usufruit, même d'échange, ou de vente, il lui suffirait de faire un acte, et de lui donner la date
convenable.

Heureusement c'est une idée tout-à-fait nouvelle, qu'aucun autre auteur n'avait jamais conçue et qu'aucune autorité ne peut appuyer;
l'opinion contraire étant ancienne et universelle.
M. Toullier lui-même l'avait professée dans les
premiers volumes de son Cours; ce n'est qu'au
huitième qu'il s'est rétracté pour embrasser ce
système étrange.

Sans doute, il faudrait l'adopter malgré ses
dangers, si un texte formel le commandait; mais
précisément, c'est dans l'interprétation hardie
d'une locution plus usitée que bien entendue,
et d'ailleurs fort équivoque, qu'on veut trouver
une dérogation à ce que l'ancien droit avait de
plus constant, et l'institution d'une règle désas-
treuse.

M. Toullier, vingt et trente fois dans son Cours, se met à son aise, quand, dans le Code civil, un mot lui paraît impropre; il enseigne, même, que pour bien interpréter les lois, il ne faut pas trop servilement s'attacher au sens littéral d'expressions quelquefois employées par le rédacteur sans méditation suffisante. Rarement nous userons de ce procédé, qui ne convient qu'aux plus habiles, mais; cette fois, nous le ferons avec d'autant plus de confiance, que nous pouvons fortifier notre opinion, par les autorités les plus respectables.

Nous disons donc qu'indubitablement le mot *ayant-cause* n'a pas été placé dans l'art. 1322, avec le sens étendu que vulgairement on lui donne, et qu'un autre mot eût été choisi, si ses rédacteurs avaient pu prévoir le faux système dont il est l'occasion. On a voulu que ceux qui ont souscrit l'acte, ne pussent pas l'accuser de mensonge dans sa date, rien de plus naturel, personne ne pouvant se prévaloir de ses mauvaises actions : l'héritier ne peut pas non plus élever de doutes sur cette date, parce qu'il est mis, par la loi, à la place de son auteur, que c'est celui-ci qui revit en lui, *vices gerit defuncti;* et surtout, qu'il est tenu de ses faits, même de ses fautes, comme il le serait de ses délits et de ses crimes, quant aux réparations civiles. On a ajouté *l'ayant-cause*, parce que ce mot désigne ordinairement les légataires, donataires et cessionnaires à titre universel; que remplaçant les héritiers, ils ont les mêmes droits, et conséquemment les mêmes charges.

En un mot, le doute sur la véracité de la date est un soupçon de dol; et celui-là ne peut pas se prévaloir de la possibilité du dol, qui en serait responsable, s'il était réel. Mais si l'acquéreur, à titre onéreux et particulier, est *l'ayant-cause* du vendeur, dans ce sens qu'il a ses droits utiles, sur le pré, ou le bois qu'il lui a vendu, il ne l'est certes pas à l'égard de ses fautes ou de son dol, et ce n'est pas à lui que s'applique l'article 1322. Voilà l'esprit évident et palpable de cette vérité: il n'est autre chose qu'une application particulière de la maxime générale, *quem de evictione tenet actio; eumdem repellit exceptio*. Toute autre interprétation pourra, si elle est ingénieuse, comme celle de M. Toullier, satisfaire l'esprit; mais le cœur en réclamera constamment une plus équitable. Passons aux preuves.

Sans doute on n'ira pas jusqu'à prétendre que les auteurs du Code ont voulu établir un droit nouveau, en se servant, dans l'article 1322, de ce mot *ayant-cause;* chaque fois qu'ils ont créé de nouvelles règles, ils l'ont fait par un texte formel et non équivoque; les monuments de l'ancien Droit peuvent donc jeter sur la question un jour très-salutaire.

9. Tous ceux qui ont étudié les précieux écrits de Pothier, ont retrouvé une exacte analyse de son Traité des Obligations, dans la partie du Code civil qui les concerne; on peut, surtout en ce moment, faire cet utile rapprochement; l'article 1322 a son type dans le numéro 708 du Traité des Obligations, comme l'article 1328 a le sien dans le numéro 715.

« 708. Les actes sous signatures privées ordi-
» naires, font la même foi contre ceux qui les ont
» souscrits, leurs héritiers ou *successeurs*, que
» les actes authentiques.

» 715. Les actes sous signatures privées, étant
» sujets à être antidatés, ne font ordinairement
» foi contre les tiers, que la chose qu'ils renfer-
» ment s'est passée, sinon du jour qu'ils sont
» rapportés et produits aux tiers. »

L'identité du texte de Pothier et celui du Code est aussi parfaite que celle de l'original avec la copie. On n'aura probablement pas recours à la ressource qu'offrirait le mot *ayant-cause*, mis par les auteurs du Code, à la place de celui de *successeur*, dont s'est servi Pothier; ces deux expressions, dans le langage du droit, étant équivalentes, les acquéreurs, donataires, etc., sont également compris parmi les successeurs, en ce sens qu'ils succèdent à celui qui leur a vendu, donné, etc., dans la propriété de la chose.

Ainsi l'argument de M. Toullier opérerait sur

le texte de Pothier, comme sur celui du Code, et l'on pourrait dire avec lui : l'acquéreur est le successeur du vendeur, et non un tiers; l'acte privé antérieur de date au sien, doit obtenir la préférence. Mais Pothier est bien éloigné de cette manière de voir. Dans son Traité du Contrat de vente, n°. 321, il approfondit la question alors agitée, de savoir : si entre deux acquéreurs d'un immeuble, la tradition feinte donnée à l'un d'eux, doit le faire préférer à celui qui a eu la tradition réelle. Il finit par se décider en faveur du premier, suivant la jurisprudence du Parlement de Grenoble, et s'exprime ainsi : « Je crois cette opinion plus véritable, avec » cette limitation, pourvu que la preuve de la » tradition soit établie par acte authentique, » ou si l'acte est sous signature privée, que » *l'antériorité de la date* à la tradition réelle, » faite au second acquéreur, ou à la saisie faite » par les créanciers du vendeur, soit suffisam- » ment constatée, *putà* par la mort de quel- » qu'une des parties qui l'ont souscrit. »

Ce profond jurisconsulte, dont M. Toullier se plaît souvent à rappeler le suffrage, ne mettait pas, comme on le voit, l'acquéreur au rang des successeurs du vendeur, et devant comme tel recevoir la loi de l'acte privé fait par ce dernier au profit d'un autre. Il le plaçait, au contraire, parmi les tiers à l'égard desquels l'acte privé n'avait d'existence que du jour qu'il avait une date certaine.

M. Toullier a cependant voulu donner à penser que son système était celui de Pothier; et pour cela il cite, *pag.* 423, ce que cet auteur a dit, n°. 715. Dans cet endroit, Pothier ne traite pas la question; il explique comment les actes privés ne font pas foi vis-à-vis des tiers; et voulant donner un exemple, il cite celui d'un acte privé opposé à la saisie d'un créancier; il ne signale que cette hypothèse, parce qu'il ne voulait donner qu'un exemple : mais à ses yeux, le cas de deux acquéreurs devrait se décider comme entre un acquéreur et un créancier saisissant; ce qui le prouve, c'est que, dans le passage que nous venons de citer, il met les deux hypothèses sur la même ligne.

Le Code lui-même sera notre seconde autorité. 1°. Le mari est aussi *l'ayant-cause* de sa femme, sous beaucoup de rapports; mais ne l'étant pas à titre universel, l'article 1410 le dispense d'acquitter les dettes de sa femme consignées dans un acte privé, si la date antérieure au mariage n'en est pas assurée.

2°. L'article 1743, en abrogeant les lois *Æde et Emptorem*, défend à l'acquéreur d'un immeuble d'en expulser le fermier qui a un bail authentique, ou dont *la date est certaine*. Qui voudra croire que les auteurs du Code ont eu la volonté de faire de l'acquéreur *l'ayant-cause* de son vendeur, quand on lui opposerait des constitutions de servitudes, cessions d'usufruit, et même des ventes sans date certaine; qu'en conséquence, il serait tenu de laisser fléchir son droit devant des actes aussi suspects, tandis qu'à l'égard des baux à loyer, doués de toute la faveur dûe aux tiers, il ne serait obligés de les maintenir, qu'autant qu'ils auraient une date certaine.

M. Toullier a prévu l'objection, et a voulu la réfuter à l'avance; mais cette fois, il n'a pas été heureux, sa dialectique manque à ce sujet de la justesse qu'il sait ordinairement lui donner. « Le » fermier, dit-il, n'est pas *l'ayant-cause* du pro- » priétaire, et dès-lors son bail n'a pas de date » assurée contre les tiers. »

D'abord, si l'acquéreur est *l'ayant-cause* de celui qui lui a vendu, parce qu'il tient de ce dernier les droits qu'il exerce, il en doit être de même du fermier, qui ne peut pas avoir d'autres droits que ceux du propriétaire. Mais, d'ailleurs, il ne s'agit pas de savoir si le fermier est ou n'est pas ayant-cause du locateur; c'est de l'acquéreur qu'on s'occupe : et si, comme M. Toullier en convient, il est un tiers à l'égard du fermier, il y a plus de raison encore de le réputer tiers et non ayant-cause vis-à-vis d'un autre acquéreur; un bail à ferme peut très-innocemment concourir avec une vente, tandis qu'entre deux ventes successives de la même chose, l'une d'elles est nécessairement l'œuvre de la fraude, et, dans le doute, la victoire doit se ranger du côté où la date est plus certaine.

A ces premieres autorités nous pouvons ajouter deux arrêts de la Cour de Colmar.

Frech avait acquis de Schoot, le 5 juin 1809, une pièce de pré; voulant en prendre possession, il éprouva de la résistance de la part de Hummel, qui prétendit avoir acheté verbalement ce même pré de Schoot, dès 1808, et avoir droit à la préférence, par suite de sa possession. Schoot convint de la première vente faite par lui à Hummel; mais Fresch insista sur ce que la vente à lui faite avait une date certaine, tandis que celle avouée par Schoot, n'en avait pas, au moins à son égard, et que l'article 1583 abrogeait l'ancienne jurisprudence sur la tradition. Ce motif fut accueilli par le tribunal de première instance, et sur l'appel, par la Cour royale de Colmar. Ce premier arrêt est du 15 janvier 1813. Si Fresch eût pu être réputé *l'ayant-cause* de Schoot, l'aveu de celui-ci aurait eu contre lui, l'effet d'un acte privé : on ne présenta pas même ce moyen, qui n'a été conçu que par M. Toullier et depuis.

Le 22 mai 1812, Blank vendit à Mhur une maison située à Rotheim, et l'en mit en posses-

sion. Déjà cet acquéreur y avait fait des réparations importantes, lorsque Trasler la revendiqua, comme l'ayant acquise lui-même de Blank,
le 2 novembre 1811, suivant un acte sous signature privée. Mhur voulut aussi faire revivre
l'ancienne jurisprudence en faveur du possesseur; mais la demande du premier acquéreur
fut admise, non pas seulement parce qu'il avait
un acte privé, mais « attendu que cette demande
» était étayée d'un titre d'autant moins suscep
» tible de critique, qu'il avait une date certaine,
» et qu'il avait été rendu public par la trans
» cription, bien antérieurement à la seconde
» vente » Le jugement et le motif qui lui sert de
base, ont été confirmés par arrêt du 16 mai 1815.
(*Voy. le Journal du Palais, tom.* 44, *p.* 429.)

L'auteur de ce recueil présente à ses lecteurs,
cette réflexion : «Ainsi la tradition réelle et la pos-·
» session auxquelles les lois romaines attachaient
» une si grande prérogative, ne sont plus comp
» tées pour rien, et ne sauraient attribuer à un
» second contrat de vente la préférence sur le
» premier, *alors que celui-ci est authentique,*
» *ou a une date certaine antérieure à l'autre.* »

La Cour de cassation n'a pas eu occasion de
se prononcer sur la question qui nous occupe;
cependant nous pouvons, avec avantage, réclamer son importante autorité, à l'appui des observations que nous avons faites sur l'extension

donnée par M. Toullier, au sens du mot *ayant-cause*, dans l'article 1322. Nous avons dit que ses rédacteurs n'ont eu en vue que *l'ayant-cause* mis à la place de l'héritier, et, comme lui, tenu des faits de l'auteur; et non l'acquéreur, quoique, sous d'autres rapports, il puisse être aussi réputé *ayant-cause*.

La justesse de nos réflexions est prouvée par un arrêt rendu sur une question qui a une parfaite analogie avec celle du concours de deux acquéreurs, c'est celle du concours d'un donataire et d'un acquéreur.

L'article 941 du Code porte que « le défaut de » transcription des donations pourra être opposé » par toute personne ayant intérêt, excepté tou- » tes fois celles qui sont chargées de faire faire la » transcription, ou leurs *ayant-cause*, ou le do- » nateur. »

Une première controverse s'est d'abord élevée sur ce texte; on a prétendu que le donateur étant seul nommé dans cette exception, elle ne comprenait pas ses héritiers. M. Grenier l'avait enseigné dans la première édition de son Traité sur les Donations; mais la Cour de Montpellier décida, le 27 février 1809, que l'exception qui frappait le donateur frapperait également ses héritiers. Le pourvoi contre cette décision a été rejeté, par arrêt du 12 décembre 1810; et parmi ses nombreux motifs, nous ferons remarquer

ceux-ci : « Lorsque l'article 941 a dit que le dé-
» faut de transcription pourrait être opposé par
» toutes personnes ayant intérêt, il est impossi-
» ble de supposer que le législateur ait voulu
» par ces mots *toutes personnes*, désigner les
» héritiers du donateur; il est évident, au con-
» traire, qu'il a entendu parler de *ceux qui au-*
» *raient traité avec le donateur*, dans l'ignorance
» des donations qu'il aurait pu faire, et *qui ne*
» *seraient pas responsables de ses faits* : c'est-à-
» dire, les créanciers auxquels il se serait obligé,
» *les tiers à qui il aurait vendu*, ou transféré à
» titre onereux, le tout ou partie des biens dont
» il se serait précédemment dépouillé par une
» donation : ces mots *toutes personnes* ne peu-
» vent évidemment pas désigner les héritiers du
» donateur, puisque *ses héritiers le représentent*,
» *sont tenus de ses faits, et sont censés n'être*
» *avec lui qu'une seule et même personne.* »

Il faut donc suivre cette Cour dans la saine
doctrine qu'elle enseigne sur les divers successeurs : la fin de non recevoir qui repousse l'auteur repousse également *ceux qui le représen-*
tent complètement; ceux-ci *sont tenus de ses*
faits, et sont censés n'être avec lui qu'une seule
et même personne : mais elle ne saurait atteindre les tiers acquéreurs qui ont traité avec lui,
dans l'ignorance des dispositions qu'il a pu faire,
et qui ne *sont pas responsables de ses faits.*

L'auteur du système contraire n'a donc, pour
le fonder, qu'une équivoque hasardée sur un mot,
au sens duquel il donne plus d'extension que
ceux qui l'ont employé dans l'article 1328; tandis que ce système, désastreux dans ses conséquences, est combattu par les notions les plus
familières du droit et de l'équité.

10. On doit d'autant moins hésiter à s'en éloigner, que les héritiers eux-mêmes sont réputés
tiers par les tribunaux, dans diverses conjonctures.

1°. Si, n'étant héritiers que sous bénéfice d'inventaire, ils exercent sur la succession les droits
qui leurs sont personnels, les actes privés émanés de leurs auteurs, ne font pas foi de leur
date.

Les enfants du sieur Salomon, n'ayant accepté
sa succession que sous bénéfice d'inventaire,
produisirent dans l'ordre ouvert avec ses créanciers, les titres de leur créance contre leur père;
et, quoiqu'inscrits postérieurement aux dames
Besson et Blanc, demandèrent la priorité sur
elles, se fondant sur ce que les jugements produits par elles étaient par défaut, et n'avaient
pas été exécutés dans les six mois. Les dames
Besson et Blanc leur opposèrent des acquiesce-
ments sous seing privé, mis par le sieur Salomon, leur père, au bas des jugements obtenus
contre lui, à une date antérieure à l'expiration

des six mois; les enfants Salomon invoquèrent
l'article 1328, en se prévalant de leur qualité
de créanciers de leur père, qui ne devait pas
être confondue avec celle d'héritiers bénéficiaires.

Cette exception a été accueillie par le tribunal
de St.-Marcellin, « attendu que les enfants Sa-
» lomon n'ayant accepté la succession de leur
» père que sous bénéfice d'inventaire, et agis-
» sant non comme héritiers, mais en qualité de
» créanciers, on ne pouvait les réputer *ayant-*
» *cause* du sieur Salomon, dans le sens de l'ar-
» ticle 1322 du Code civil, mais qu'ils étaient
» de véritable tiers. »

L'arrêt de la Cour de Grenoble, confirmatif
de ce jugement, a été en vain soumis à la Cour
de cassation, qui, par arrêt du 22 juin 1818,
a rejeté le pourvoi, et par les mêmes motifs.
(*Voy. le Journal du Palais, tom. 53, p.* 428.)

11. 2°. Lors même que l'héritier aurait accepté
purement et simplement la succession, s'il a, sur
les biens qui en dépendent, un droit lui appartenant de son chef, et qu'il l'exerce à cet égard;
on ne peut pas voir en lui l'*ayant cause* du défunt, mais un *tiers*; il a droit, contre les actes
privés qu'on lui opposerait, de se prévaloir de
l'article 1322. La Cour de Paris a cru devoir consacrer ce principe d'exception, dans une espèce
qui ne pouvait recevoir que l'application du principe général.

Lors du décès de la demoiselle Bertin, les sieur et dame Hays réclamèrent une somme de 23,700 f., dont elle leur avait fait donation par leur contrat de mariage, fait, sous signature privée, à Londres, le 21 août 1793. Le sieur Bertin, héritier, prétendit cette donation nulle, pour n'avoir pas été rédigée en forme authentique, et n'ayant d'ailleurs point de date certaine. Le tribunal de la Seine ordonna, avant faire droit, que les sieurs et dame Hays justifieraient que leur contrat était conforme aux lois anglaises.

Sur l'appel du sieur Bertin, les sieur et dame Hays, ayant fait la justification ordonnée, la Cour jugea le fond et accueillit leur demande. Les motifs de son arrêt, du onze mai 1816, sont que les actes sous signature privée font pleine foi contre ceux qui les ont souscrits et leurs héritiers; que ce principe ne reçoit d'exception qu'à l'égard des héritiers en faveur desquels la loi a réservé une portion des biens du défunt, et lorsqu'il s'agit de *dispositions présumées faites contre la prohibition de la loi;* « que, dans ce » cas-là seulement, les héritiers peuvent être re- » gardés comme des tiers, à l'égard desquels les » actes sous seings-privés ne font foi que lors- » qu'ils ont acquis une date certaine.» (*Voy.* le *Journal du Palais, tom.* 43, *p.* 26.)

Cet arrêt mérite une attention particulière; il contient le germe d'une jurisprudence salutaire.

Ce ne sera pas seulement lorsque la portion ré-
servée aura été compromise, que les héritiers
seront réputés tiers, à l'effet d'invoquer l'article 1328, mais toutes les fois que les dispositions contenues en l'acte privé seront présumées faites à leur préjudice et contre la disposition de la loi.

En effet, dans tous les cas où l'héritier lésé
par son auteur dans un acte, en demande la nullité, il ne représente pas son auteur; il ne tient
de ce dernier ni l'action qu'il dirige, ni le droit
qu'il exerce; c'est la loi qui lui a donné sa qualité d'héritier, et l'action qui doit la rendre utile.

Par exemple, l'article 1975 annule le contrat
par lequel une rente viagère a été créée sur la
tête d'une personne atteinte de la maladie dont
elle est décédée dans les vingt jours du contrat;
très-certainement cette action attachée à la mort
du contractant dans le délai, n'est instituée que
pour ses héritiers : si donc on leur opposait un
acte privé, daté de vingt-un jours avant le décès,
et enregistré depuis, ils seraient indubitablement fondés à le repousser, à la faveur de l'article 1328, *Voy. ci-après, n°.* 456

Comme la portion indisponible est mise particulièrement sous la protection de la loi, de
même tous les biens d'un mourant sont placés
sous cette égide, contre la spéculation révoltante
prévue par l'article 1975.

Une cause de cette nature s'est présentée en 1810, devant le tribunal de Vassy. Mouginot étant décédé le 13 septembre 1810, Ralas se prétendit propriétaire de tous ses biens, en vertu d'une vente à rente viagère, que lui en avait faite Mouginot, par un acte privé, daté du 1er. juillet précédent, enregistré seulement le 24 août. Les héritiers de Mouginot demandèrent la nullité de cet acte, en offrant de prouver l'antidate : ils y furent admis, et l'acte fut annulé. Le 4 août 1812, intervint arrêt confirmatif de la Cour de Dijon; qui, déféré à la Cour de cassation, fut suivi d'une décision ainsi motivée. « Attendu que les » juges ont pu, d'après leur conviction, décider » que l'acte n'était pas daté lors de la signature » des parties, et qu'il ne l'a été qu'après coup ; » que dès-lors la Cour de Dijon, en jugeant » qu'on ne peut assigner à cet acte d'autre date » que celle de l'enregistrement, n'a fait ni une » fausse application de l'article 1328, ni contre-» venu à l'article 1322 du même Code; qu'elle » n'a blessé aucune loi, etc. (*Voy. Sirey*, t. 20, 1re. *partie, p.* 479.)

Dans cette cause, il est vrai, les héritiers ont prouvé la fraude, et nous soutenons que la présomption légale de l'article 1328 peut suffire ; mais on doit remarquer que, quand les parties offrent ajouter à la présomption légale une preuve directe, les juges ne peuvent pas refuser ce supplément de lumière; et dès-lors qu'on ne peut tirer de cette circonstance aucune conséquence contre notre opinion. Observez encore que, par cela seul que les héritiers ont été admis à cette preuve, il a été reconnu qu'ils ne devaient pas être jugés comme *ayant cause* de Mouginot, et qu'ils devaient l'être comme *tiers*.

Nous établirons effectivement, n°. 56, que, lorsque l'héritier ne poursuit l'action en simulation contre un acte, que comme représentant de son auteur, il ne peut, pas plus que ce dernier, être admis à la preuve vocale ou par témoins, qu'autant qu'il a déjà un commencement de preuve par écrit; tandis que cette condition n'est pas imposée à l'héritier dirigeant l'action de son chef, et puisant son droit dans une disposition de la loi, qui ne concerne que lui et non son auteur. Aussi la Cour de cassation a-t-elle décidé que celle de Dijon n'avait ni violé l'article 1322, ni fait une fausse application de l'article 1328.

Ce point de droit a été plus positivement encore décidé par la Cour de Caën et celle de cassation, les 16 avril 1819 et 2 mai 1822.

En 1818, le sieur André est décédé, laissant deux enfants légitimes ; un prétendu enfant naturel s'est présenté, ayant pour titre une transaction sous signature privée, souscrite par le sieur André le 4 avril 1793, au profit de la d^{elle}.

Aze, et contenant reconnaissance par lui de la paternité d'Honoré François. Les d^{elles}. André ont opposé à sa demande en pension alimentaire, que son acte n'avait pas de date certaine avant le Code civil ; que n'étant pas authentique, n'ayant pas pu d'ailleurs être fait pendant le mariage de leur père, suivant l'article 337 du Code civil, il était sans force à leur égard. Les juges de Saint-Lo, ayant accueilli la demande d'Honoré François, leur jugement a été réformé par la Cour de Caën : la Cour de cassation, saisie par un pourvoi, l'a rejeté.

Dans l'arrêt de la Cour de Caën, on lit : « On » soutiendrait inutilement que la date de l'acte » de reconnaissance serait assurée contre les en- » fants nés du mariage, parce qu'ils seraient les » *ayant cause* de leur père ; car, dans le cas de » l'article 337, les enfants ont des intérêts dis- » tincts de celui de leur père, qui les placent, » relativement à lui, dans la classe des *tiers,* » (*V. le Rec. de Sirey*, t. 23, p. 37. *V. encore l'arrêt du* 15 *juillet* 1824, que nous rapporterons n°. 457).

Aisément on aperçoit l'importance de cette saine application de l'article 1328 ; sans elle, dans les diverses positions où la loi protège l'héritier contre la volonté déréglée de son auteur, celui-ci, par la facilité des antidates, trouverait souvent le moyen de rendre vaine la prévoyance du législateur.

12. Par une conséquence exacte des mêmes principes, le créancier, presque toujours *tiers* relativement aux actes que peut faire son débiteur pour éviter ses recherches; n'est cependant que son *ayant cause*, quand, en vertu de l'article 1166 du Code civil, il exerce les droits de ce débiteur. Il ne le représente alors que pour un objet particulier; mais ce n'en est pas moins à titre universel, puisque se mettant à sa place, il ne peut demander que ce que le débiteur aurait demandé lui-même : resserré dans le même cercle, il est soumis aux mêmes conditions; et les actes libératifs, quoique privés, font foi contre lui comme contre le débiteur. Ainsi, dans la saisie-arrêt, les articles 571 et suivants du Code de procédure n'exigent du tiers-saisi que l'affirmation de la sincérité de la déclaration, et le dépôt des pièces justificatives au greffe. Cette affirmation n'est évidemment ordonnée, que comme la seule précaution jugée possible contre les influences de la fraude sur la déclaration.

Ce n'est pas qu'il soit interdit, dans cette circonstance, au créancier de poursuivre la fraude, s'il en existe entre son débiteur et le tiers-saisi, et qu'il puisse la prouver; mais tel est le point à fixer : la présomption légale de fraude établie par l'article 1328, n'est pas applicable à l'acte privé produit dans l'hypothèse supposée; si l'on prétend sa date frauduleuse, il faut le prouver, ce qui est l'exercice d'un autre droit, conservé aux créanciers par l'article 1167 du Code civil, et dont plus tard nous donnerons les développements.

CHAPITRE II.

SIMULATION DANS LES PERSONNAGES QUI FIGURENT AUX CONTRATS.

Dans cette espèce de simulation, ordinairement appelée *interposition de personnes*, on doit distinguer entre les cas où la loi, la présumant, dispense d'en faire la preuve, et ceux où, quand on l'articule, on est obligé de l'établir ; ce qui va faire l'objet de deux paragraphes.

§. 1er.

Interposition de personne présumée.

SOMMAIRE.

13. Présomptions légales de fraude établies par les articles 907 908, 909 et 1100 du Code civil.
14. Nulle preuve contraire ne peut être admise.

13. La loi civile, en laissant aux citoyens le plus bel attribut de la propriété, dans la faculté d'en disposer gratuitement, a voulu conserver à ce droit toute sa pureté ; elle a voulu que son exercice ne fût dirigé que par des sentiments louables ; que jamais il ne servît à satisfaire l'in-

satiable avidité du dol et de l'intrigue; et sur-
tout qu'une reconnaissance immodérée, ou une
affection excessive, ne fissent point oublier aux
donateurs leurs devoirs envers ceux à qui ils
ont donné le jour. Portant encore plus loin sa
juste sollicitude, la loi a redouté une injuste prédilection des pères et mères entre leurs enfants
légitimes ou naturels, source trop ordinaire de
dissensions dans les familles.

Cette prévoyance salutaire avait dicté et dans
le Droit romain, et dans nos Coutumes, des
règles très-nombreuses et quelquefois contradic-
toires, qui, avant le Code civil, tenaient un vaste
champ ouvert aux combats judiciaires. Chaque
Parlement avait sa jurisprudence, que souvent
les circonstances et de nouvelles lumières faisaient
varier ; la même diversité d'opinion mettait en
conflit les jurisconsultes, suivant le pays qu'ils
habitaient, et leurs vues particulières.

Les auteurs du Code civil ont fait, dans ces innombrables matériaux, un choix de règles dont on
ne peut pas trop admirer la sagesse et la précision.

La faculté de donner y reçoit une grande latitude, mais les limites qui la circonscrivent sont
fixes et sévères ; aucuns de ceux qui, par leur profession ou leur influense trop directe, peuvent
subjuguer le donateur, ne doivent prendre part
à ses dons, ils sont clairement désignés par les
articles 907, 908 et 909; et comme la fraude est

toujours prête à se frayer des voies indirectes,
pour vaincre les obstacles, l'article 911 a établi
contr'elle une seconde ligne de défense : « Toute
» disposition au profit d'un incapable sera nulle,
» soit qu'on la déguise sous la forme d'un contrat
» onéreux, soit qu'on la fasse sous le nom de
» personnes interposées. »

« Seront réputés personnes interposées, les
» pères, mères, les enfants et descendants, et
» l'époux de la personne incapable. »

L'article 1100, qui concerne les donations
entre époux, ajoute aux personnes interposées
les parents dont l'époux, donataire présumé,
était héritier présomptif au jour de la donation,
encore que ce dernier n'ait pas survécu à son
parent, donataire apparent.

14. Nous nous bornerons, sur des dispositions
aussi formelles, à faire observer que la présomption de fraude qu'elles établissent, est telle que
la preuve contraire ne serait pas admissible ; et
qu'en vain les personnes légalement soupçonnées
de n'être appelées aux dons que pour les transmettre à des incapables, voudraient en se justifiant de ce soupçon, les recueillir pour leur propre
compte.

Ces mêmes articles, qui les déclarent suspectes,
annulent les donations qui leur sont faites, et ne
leur réservent pas la preuve contraire ; or, par
l'article 1352 : « Nulle preuve n'est admise contre

» la présomption de la loi, lorsque, sur le fonde-
» ment de cette présomption, elle annule cer-
» tains actes, ou dénie l'action en justice, à moins
» qu'elle n'ait réservé la preuve contraire. »

§. 2.

Interposition de personne qui doit être prouvée.

SOMMAIRE.

15. La présomption légale d'interposition de personne, n'est pas limitative.

Le Code, en réputant ainsi certaines personnes interposées, n'a pas entendu interdire la
recherche de celles qui, hors de cette catégorie,
pourraient aussi aider l'incapable à se jouer de
la prohibition ; son unique but a été de dispenser
de prouver les premières, tandis qu'il faut prouver
les autres. Telle est l'opinion commune des interprètes, et déjà la Cour de cassation a eu l'occasion de le décider ainsi, le 6 juin 1809, par un
arrêt inséré au *Recueil de Denevers, année* 1809,
p. 99 *du Supplément.*

En effet, ce moyen est une des ressources les
plus ordinaires de la fraude ; c'est par lui que
non-seulement les incapables essaient de conserver impunément des libéralités dont ils sont indignes ; mais aussi que les spoliateurs du bien
d'autrui espèrent dissimuler leurs rapines.

L'importance de la matière nous détermine

encore à traiter séparément l'interposition de personnes dans les libéralités, et dans les autres conjonctures où elle peut se rencontrer.

ARTICLE Ier. Interposition de personnes dans les libéralités.

SOMMAIRE.

16. L'interposition de personne, appelée dans l'ancien droit *fidéicommis tacite*, était tellement réprouvée ; que les lois romaines, en maintenant la volonté du testateur de dépouiller sa famille, mettaient l'héritier ainsi frauduleusement institué au rang des *indignes*, et attribuaient au

fisc toutes les choses données : sa conduite était assimilée au vol; *Prœdonis loco intelligendus est is qui tacitam fidem interposuit ut non capienti restitueret hœreditatem. l.* 49 *, ff. De hœredit. petit.*

Dans quelques cas, cependant, le don devait seulement être tenu pour caduc, et remis à l'héritier; de là naissaient de nombreuses questions, sur lesquelles s'exerçait la subtilité des jurisconsultes; questions tout-à-fait sans objet aujourd'hui, la chose ainsi donnée devant, dans tous es cas, appartenir aux héritiers; mais on verra bientôt combien il importait de faire observer cette différence essentielle entre les lois romaines et les nôtres.

Pour diriger dans la recherche du fidéicommis secret, nous verrons d'abord ce qui doit être prouvé; nous développerons ensuite les moyens par lesquels la preuve peut être faite.

17. Si l'on s'attachait au Droit romain, il semblerait que le fidéicommis n'est constant, que lorsqu'on prouve le pacte intervenu entre le donateur et la personne interposée; cela paraît surtout résulter de la loi 108 ff. *de legat. In tacitis fideicommissis fraus legi fieri videtur, quotiens quis neque testamento, neque codicillis rogatur, sed domesticâ cautione, vel chirographo obligat se ad prœstandum fideicommissum, ei qui capere non potest.* Cependant Furgole, très-

habile interprète de ce Droit·, dans son *Traité des Testaments*, chap. 6, n°. 223, sect. 3, tire de la loi *Cum quidam* 12. ff. *de his quæ ut indignis auferuntur*, la conséquence qu'il suffit de prouver que le testateur , en nommant son héritier , avait une volonté contraire , pour que le fidéicommis soit prouvé , et que le legs soit refusé au légataire nommé. Effectivement telle est la conclusion de cette loi : *De præceptionibus eidem datis, voluntatis erit quæstio , et legatum ei non denegabitur , nisi hoc evidenter testatorem adimere voluisse appareat.*

Mais nous l'avons déjà dit, chez les Romains, l'interposition de personne en fraude de la loi , était une cause d'indignité; la chose donnée était refusée même aux héritiers , et confisquée ; tandis qu'en France, dans les derniers siècles, on s'est borné à annuler la disposition; ce qui met une extrême différence entre notre jurisprudence et le droit civil.

Il est donc inutile de renouveler les difficultés sans nombre qui divisaient jadis les jurisconsultes sur la conciliation des textes divers qu'à cet égard on trouve dans le corps de Droit , il faut s'attacher uniquement à reconnaître les règles adoptées par la jurisprudence française.

Or nos auteurs enseignent unanimement qu'il n'est pas nécessaire de prouver *le pacte* : qu'il suffit que de fortes présomptions persuadent que telle a été la volonté du donateur en nommant son donataire, et de celui-ci en acceptant le don.

— « Ceux qui prêtent leur nom à ces fidéicommis
» tacites, dit Domat, p. 524, soit qu'ils s'enga-
» gent par écrit *ou verbalement, ou qu'en quelque*
» *manière que ce soit,* ils reçoivent à dessein de
» rendre aux personnes à qui le testateur ne pou-
» vait donner, sont considérées par la loi, comme
» s'ils dérobaient, etc. »

Les autres auteurs vont plus loin : ils n'exi-gent que la preuve de l'intention du donateur. Ricard, *part. 1, chap. 3, sect.* 16, *n°.* 749, ajoute à la théorie les exemples qui la fortifient :
» Nous avons des exemples.... auxquels les con-
» jectures du tacite fidéicommis se sont trouvées
» si violentes, que la Cour s'en est contentée,
» pour déclarer la donation nulle, sans qu'il y eût
» preuve formelle de la promesse de rendre la
» chose donnée par le donataire à la personne
» prohibée. C'est ce qui a été jugé par un arrêt
» du 5 décembre 1644, par lequel le testament
» fait par une jeune demoiselle, pendant l'année
» de son noviciat en religion, au profit du frère
» de son tuteur, qu'elle n'avait jamais connu, et
» qui n'ayant pas d'enfants, avait, pour lui suc-
» céder, son frère tuteur, fut déclaré nul. » Il cite également l'arrêt du 29 avril 1653, dont nous donnerons les détails *ci-après, p,* 59. Il rappelle même comme conséquent, avec les premiers,

un troisième arrêt, du 18 mars 1652, qui a rejeté la demande des héritiers; en faisant observer que ce rejet n'a été prononcé, que parce que les conjectures du tacite fidéicommis alléguées par les héritiers de la testatrice, ne se trouvèrent pas suffisantes.

Deux autres exemples sont donnés par Furgole, n°. 224 « Il y a dans le nouveau Journal » des Audiences, *tom.* 5, *liv.* 8, un arrêt du « 17 août 1708, qui décide qu'il suffit qu'il y ait » preuve que le mari, en léguant une somme à » un tiers, ait eu intention que le legs fût restitué à sa femme incapable de recevoir des » libéralités de son mari, suivant l'article 282 de » la Coutume de Paris, pour déclarer le legs nul, » comme un avantage indirect entre conjoints, » quoiqu'il n'y ait point de preuve de la convention du testateur avec le légataire; et par » un arrêt du 2 juillet 1708, rapporté au même » endroit, chap. 26, il a été jugé que, pour » prouver un fidéicommis, ou avantage indirect » entre mari et femme, il n'est pas nécessaire » qu'il y ait preuve par écrit du fidéicommis, ni » même de présomption qu'il y avait convention » entre le testateur et le légataire; il suffit qu'il » y ait des présomptions violentes de l'intention » du testateur. »

Bourjon dans son *Droit commun de la France*, *tom.* 2, *p.* 73, *art.* 10, professe la même doctrine; et cite aussi l'arrêt de 1708, dont les détails répandront quelque lumière sur ce que cette matière peut avoir d'abstrait.

Le sieur de Thiersault, Conseiller au grand Conseil s'était marié à soixante-onze ans, avec une très-jeune demoiselle. Il voulut ajouter aux avantages qu'il lui avait faits par leur contrat de mariage, une rente de 701 fr. sur l'état, qui lui avait été reconstituée en 1700, pour la réduction au denier vingt, d'une rente de 708 fr. qui lui appartenait en propre.

Pour cela, il fit un testament, par lequel il se borna à léguer au sieur de Serre, son ami, une pension viagère de 200 fr., et un diamant de 50 pistoles, puis par un codicile, il lui légua sa rente de 701 fr. au capital de 14020 fr.; mais seulement au cas où elle serait contestée à sa femme, déclarant qu'il croyait qu'elle lui appartenait par leur contrat de mariage, tant à cause de la donation de meubles et acquêts qu'il contenait, qu'à cause d'un arrêt du Conseil qui déclarait acquêts les rentes provenant de « commutation: n'entendant, ajoutait-il, ne diminuer » en rien les droits de mon épouse; et ne léguant » ladite rente audit sieur de Serre, qu'audit » cas. »

Lors de son inventaire ou trouva dans la liasse de papiers concernant cette rente, un mémoire fort long et écrit en entier de sa main, dans lequel il exposait que Titius avait légué à un de ses amis une rente viagère de 200 fr. et 1000 fr.; qu'il lui avait dit en conversation qu'il lui laisserait encore une rente de 700 fr.; qu'il aurait désiré la léguer à Sempronia, sa femme, si la coutume ne s'y opposait; qu'il l'en laisse le maître et ne l'oblige en rien; qu'il peut affirmer n'être engagé ni de parole, ni par écrit, d'aucun fideicommis, *son intention étant cependant, qu'il la restitue volontairement à Sempronia.*

Ce mémoire contenait ensuite une explication de l'article 282 de la Coutume de Paris, des détails sur la famille et les biens de Titius, et sur le désir qu'il avait eu de laisser à sa femme les moyens de soutenir sa qualité.

Le sieur de Serre avait, en 1705, formé demande contre la veuve, en paiement des deux legs contenus au premier testament, sans faire mention ni du second, ni de la rente de 701 fr.; mais une instance s'étant engagée entre la veuve et les héritiers, réclamant cette rente, il intervint et la revendiqua.

Le 15 juillet 1706, une sentence des requêtes du Palais, condamna les héritiers à lui payer tous ses legs, même celui de la rente de 701 fr., en affirmant qu'il n'avait aucun dessein de la rendre à la dame de Thiersault, et qu'il n'y avait pas, entre elle et lui, de convention de partager ce legs entr'eux. Le sieur de Serre, malgré que les hé-

ritiers se fussent retirés, fut admis au serment
et le prêta. Les héritiers ayant appelé au Parlement, cette affirmation admise par les juges de
première instance, contre des parties qui, loin
d'y avoir consenti, s'étaient retirées, fut comptée
pour rien, et au fond le legs de la rente fut annulé; parce que, dit l'arrêtiste, le mari, en la
léguant, avait eu l'intention qu'elle fût restituée à
sa femme, quoiqu'il n'y eût pas de preuve de la
convention du testateur avec le légataire.

Rien ne peut être plus conforme aux premières notions du droit, que cette décision. Un
légataire ne peut être propriétaire légitime de
la chose léguée, que quand la volonté du testateur a été qu'il le devînt; du moment donc qu'il
apparaît une volonté contraire, la chose léguée
ne peut rester légitimement, ni à celui que le
testateur a nommé, parce qu'il n'a pas voulu la
lui donner, ni à celui qu'il avait en vue, parce
que la loi s'y oppose.

Loin que le Code puisse autoriser un changement de jurisprudence, on peut conclure de la
règle écrite dans l'article 911, qu'il l'a très-
positivement confirmée. « Toute disposition au
» profit de l'incapable sera nulle, soit qu'on la dé-
» guise sous la forme d'un contrat onéreux, soit
» qu'on la fasse sous le nom de personne inter-
» posée. » Ce texte, comme on le voit, n'exige la
preuve ni de pacte ni de promesse; mais seule-

ment que le don soit destiné à l'incapable, quoiqu'adressé à un autre.

Tel est dans cette action le point principal qu'il faut éclaircir.

18. Il en est un second qui ne doit pas être négligé, et que les auteurs ont sagement prévu. Il peut arriver que pour autoriser le prête-nom à déclarer à la justice qu'il entend garder l'objet donné, il ait été convenu directement, ou par ces voies obliques dont le sieur de Thiersault a donné l'idée, entre le donateur et son confident, que celui-ci resterait réellement propriétaire de cet objet, mais en donnerait la valeur à la personne incapable. Il est évident que la fraude serait absolument la même, et que dans ce cas, comme l'enseigne Pothier, dans son *Traité des Donations, entre mari et femme*, n°. 98; la chose destinée à l'incapable devrait être remise aux héritiers du donateur.

19. Il peut se faire encore que le donataire nommé le soit sérieusement pour une partie, et que le surplus seulement doive être remis par lui à l'incapable; ce qui n'en serait pas moins pour cette portion une infraction à la loi.

C'est donc à l'éclaircissement de ces faits divers que doit tendre la preuve du fidéicommis.

20. Tous les genres de preuves, conséquemment celle vocale, sont admissibles; nous avons déjà si souvent dit et établi, que, quand il s'agit

de faire connaître à la justice la violation frauduleuse d'une prohibition d'ordre public, cette preuve ne peut pas être refusée; que nous nous serions abstenus d'une démonstration particulière pour l'interposition de personne, si en 1819 on n'avait pas soutenu le contraire, avec beaucoup d'éclat devant la Cour royale de Paris.

21. La Cour de cassation lui avait renvoyé un procès déjà jugé par celle d'Orléans, sur le testament de M. Bruere, avoué de cette ville. On fit paraître une consultation signée de dix avocats, la plupart choisis parmi les plus justement célèbres de la Capitale, et les arrêtistes s'empressèrent, en recueillant l'arrêt, d'offrir au public comme *vérités fondamentales*, les diverses propositions établies dans cette consultation.

Nous y avons remarqué celle-ci : *la fraude à la loi en faveur d'un incapable ne pouvait consister que dans un pacte. Ce pacte ne pouvait être constaté que par des écrits, et jamais par la preuve testimoniale. Tels étaient les principes de l'ancienne jurisprudence; ils existent bien plus rigoureusement encore sous le Code civil.*

La première réflexion que fait naître cette étrange proposition, est que, si elle est vraie, à mesure qu'on travaille en France au perfectionnement de la législation, on l'altère et l'affaiblit, en donnant, à chaque renouvellement, un moyen de plus à la fraude de se jouer des prohibitions.

Celles qui règlent les incapacités de recevoir des libéralités, sont signalées par tous les hommes d'état comme étant d'ordre public, et conservatrices des mœurs. Les personnes qui, par leur interposition, se prêtent à enfreindre ces défenses, sont assimilées aux voleurs *prædonis loco intelligendus est*. Tel est le genre de fraude qu'il s'agit de réprimer.

Le Droit romain, on en convient, admettait pour le découvrir, toutes les espèces de preuve; et jusqu'à l'Ordonnance de Moulins, on en convient encore, les tribunaux français ont suivi cette règle. C'est à cette Ordonnance qu'on attribue le changement de jurisprudence dont on se prévaut; en le supposant vrai, il resterait, au moins, pour combattre cette fraude, les présomptions. On n'a pas pu aller jusqu'à dire le contraire; tous les auteurs et tous les arrêtistes cités dans la consultation, l'ayant enseigné.

Mais, si, sous l'empire du Code, la preuve vocale n'est pas admise contre la fraude, les présomptions elles-mêmes devront se taire; car l'article 1353 n'autorise l'emploi des présomptions, que dans les cas où les témoins peuvent être entendus. Les auteurs de ce système doivent s'effrayer eux-mêmes de la tolérance progressive de la fraude qu'ils supposent dans notre législation.

Il nous sera facile de la venger. Il est vrai

qu'en 1566, les abus de la preuve par témoins forcèrent Henri II d'exiger, par son Ordonnance de Moulins., qu'il fût passé *contrat* de toutes choses excédant 100 fr., et de défendre pour ces choses, l'admission des témoins; mais, en tirer la conséquence que la fraude à la loi est une *de ces choses* dont le contrat doit être rapporté, c'est, il faut l'avouer, s'exposer au ridicule.

Cependant, il est encore vrai que cette prohibition jeta dans la jurisprudence une incertitude extrême; qu'on vit, quelques jurisconsultes, et par fois les Parlements, passer d'un excès à un autre, et, après avoir reçu la preuve testimoniale en toutes matières, la refuser presque toujours, et jusque dans les causes où la fraude était alléguée. C'est dans ces monuments déplorables d'une jurisprudence égarée, qu'on a puisé les autorités citées dans la consultation.

Mais, à l'époque même où cette Ordonnance parut, les jurisconsultes du premier rang en saisirent l'esprit; ils enseignèrent qu'elle n'était pas applicable dans les cas où la fraude était articulée. Pour éviter de nombreuses et trop longues citations, nous ne pouvons pas mieux faire que de laisser parler sur ce point historique de notre jurisprudence, le chancelier d'Aguesseau.

En 1696, une adjudication judiciaire était arguée de simulation. Pour prouver cette fraude, on offrait la preuve testimoniale, dont l'admission était combattue à la faveur de l'Ordonnance de Moulins, et de celle de 1667. D'Aguesseau, alors avocat général et portant la parole, disait : « Il » y a deux exceptions à la règle que ces Ordon- » nances établissent; l'une est écrite dans une de » ces lois ; lorsqu'il y a un commencement de » *preuve par écrit....* l'autre est enseignée unani- » mement par tous les auteurs, par tous ceux » qui les ont commentées.

» Boiceau de la Borderie qui peut être regardé » comme le meilleur de ces commentateurs; Thé- » venau, Bornier, nos autres jurisconsultes, Du- » moulin, Louet, Mornac et Charondas, tous » admettent la preuve par témoins dans le cas » de fraude.

» Trois raisons de ce sentiment.

» 1°. S'il était défendu d'admettre cette preuve, » la loi se *désarmerait* elle-même (ce mot vaut » plus qu'un volume), et se mettrait dans l'im- » puissance de connaître le crime qu'elle veut » réprimer. Le danger de la fraude, qui serait ainsi » toujours impunie, est encore plus grand que » celui de la séduction des témoins, que la justice » ne manquerait pas de punir.

» 2°. La fraude est un genre de crime, et le » crime se prouve par témoins.

» 3°. La fraude cherche toujours à se cacher,

» et il serait souvent impossible de la connaître
» sans prendre cette voie. »

Aux jurisconsultes dont l'illustre magistrat a invoqué le suffrage, nous pourrions en ajouter beaucoup d'autres; nous nous réduirons aux plus recommandables.

Henrys, écrivant quatre-vingts ans après l'Ordonnance de Moulins, rapporte un arrêt du 11 août 1649, qui annula un avantage excessif fait à un monastère, pour la profession d'une religieuse, et s'exprime ainsi : «La justice n'autorise » jamais la fraude tant soit peu qu'elle paraisse; » c'est même en ce cas, qu'on peut recevoir la » preuve des choses qui excèdent 100 fr., no- » nobstant l'article 54 de l'Ordonnance de Mou- » lins. » (*Tom.* 1, *p.* 486; *édit. de* 1708.)

L'opinion de Furgole n'est pas moins formelle : » Hors du cas de la délation du serment, *il n'y* » *a pas de doute* que la preuve testimoniale ne » doive être admise pour constater le fidéicom- » mis tacite, nonobstant l'article 54 de l'Ordon- » nance de Moulins, et l'article 2 du titre 20 de » l'Ordonnance de 1667; qui ne reçoivent d'ap- » plication à ce cas particulier, où il s'agit d'un » fait, et même d'un fait de fraude, qui tient de la » nature du crime... Aussi reçoit-on cette preuve » dans l'usage de la plupart des tribunaux du » royaume : le Parlement de Toulouse n'y fait » aucune difficulté; comme le prouve l'arrêt du 8

» août 1738. Péléus en rapporte un semblable du
» Parlement de Paris. Boniface en rapporte un
» du Parlement de Provence du 11 février 1665;
» et si l'on en trouve d'autres qui aient jugé le
» contraire, comme celui qui est rapporté par
» Bardet, et celui rapporté par Soefve, ils doivent
» avoir eu pour fondement des circonstances par-
» ticulières; et les mêmes auteurs en rapportent
« d'autres qui ont admis la preuve testimoniale. »

La même doctrine est celle de Pothier, dans
son *Traité des Donations entre mari et femme*
n°. 94.

A l'appui du sentiment contraire, on s'est prévalu de sept arrêts. Nous pourrions en diminuer
le nombre de beaucoup, mais cela nous conduirait trop loin; une observation générale suffira
pour réduire leur autorité à sa juste valeur. Ont-
ils rejeté la preuve testimoniale comme inadmissible en droit, ou seulement, comme Furgole le
présume, parce que les faits articulés n'étaient
pas probatifs? on l'ignore; alors les tribunaux
ne motivaient pas leurs décisions. Sur toutes les
questions complexes, présentant à juger confu-
sément le fait et le droit, un arrêt négatif ne
prouve rien; c'est une observation qu'on ne doit
jamais perdre de vue quand on recherche les
anciens arrêts.

Un seul, admettant la preuve testimoniale,
prouve plus que tous ceux qui l'ont rejetée;

l'admission décide nettement le point de droit, comme le point de fait, le rejet ne juge que le fait.

On s'est donc gravement trompé sur les principes de l'ancienne jurisprudence; et la seconde proposition, que ces principes, comme on les a conçus, existent bien plus rigoureusement sous le Code civil, est encore une erreur très-facile à reconnaître.

L'article 1353 admet très-positivement, et les présomptions et la preuve par témoins, chaque fois qu'un acte est attaqué pour dol et fraude; aussi M. Bigot de Preameneu disait-il à ce sujet, au Corps Législatif : « C'est à la prudence des » juges, lorsque le voile qui cache la fraude est » soulevé, à ne se déterminer que sur des preu- » ves, ou au moins sur des *présomptions* assez » fortes pour que les actes dont la fraude s'est en- » veloppée, ne méritent plus aucune confiance. »

Il ne prononce pas le mot de *preuve testimo- niale*, mais celui de *présomption;* l'admission de celle-ci emportant celle de l'autre, il n'est pas douteux que, dans son sens, le juge peut et doit s'armer de ces deux espèces de preuve, quand la fraude lui est dénoncée.

La haute réputation des avocats, sous le nom desquels ces deux erreurs ont été solennellement distribuées, et la publicité approbative, du moins en apparence, que le Journal du Palais leur a donnée, nous ont imposé le devoir de

donner à cette discussion toute l'étendue dont
elle nous a paru susceptible ; mais ce qui doit sur-
tout étonner, c'est que ces propositions n'étaient
nullement utiles à la cause qu'on défendait. Les
parents du sieur Bruère, loin d'attaquer comme
frauduleux le fidéi-commis qu'ils alléguaient, en
demandaient l'exécution comme licite et fait en
leur faveur : il n'était question ni de fraude ni
d'incapacité. Très-certainement leur prétention
de prouver par témoins que le testateur, libre de
disposer à son gré, avait eu une autre volonté que
celle qu'il avait exprimée, était insoutenable ; aussi
la Cour de Paris, en la rejetant, n'a-t-elle donné
que ce dernier motif, sans qu'un seul mot de son
arrêt puisse donner à penser qu'elle ait approuvé
les propositions que nous venons d'examiner.

22. Ainsi, une vérité réellement fondamen-
tale sur cette matière, est que la preuve testimoniale est admissible ; mais pour qu'elle soit effectivement admise, il est indispensable que les faits
soient probatifs, c'est-à-dire, graves, concordants, et révélant directement l'infraction à la
loi ; c'est un des points confiés entièrement à la
sagacité des juges ; et, comme c'est par leur conviction personnelle que les dépositions des témoins doivent un jour être apréciées, dès qu'ils
s'aperçoivent que, quand les faits articulés seraient prouvés, ils ne leur donneraient pas la
certitude de l'interposition de personne, ils

doivent, dès le moment même, mettre fin au procès.

23. Sans écrit et sans témoins, on peut encore, par la force des présomptions, prouver suffisamment cette interposition.

24. Par exemple, si après le moment où le donataire a pu prendre la chose donnée, elle est restée, en tout ou en partie, en la possession de l'incapable, assez de temps ou avec des circonstances assez lumineuses, pour qu'on puisse en induire judicieusement qu'il l'a su et y a consenti, le fidéi-commis n'est pas douteux.

La *loi* 37, ff. *ad sen. treb.*, répute l'hérédité restituée, quand celui qui pourrait la recueillir laisse un autre la posséder, en tout ou en partie; et par sa conduite donne à penser qu'il a eu la volonté de la restituer : *restituta videtur hœreditas aut re ipsa, si forte passus est hœres possideri res hœreditarias, vel totas, vel aliquas earum, hac mente ut vellet restituere, et illi suscipere.*

Tel est le sentiment de Furgole, n°. 251 : « Il » faut dire avec les auteurs (il venait de citer, » n°. 247, *Barry, de successionibus, lib.* 1, *tit.* 8, » n°. 14 *et, Bartole*), que, quand une personne » incapable se trouve posséder les biens du tes- » tateur, par le fait ou le consentement de l'hé- » ritier, il n'en faut pas davantage pour prou- » ver, ou faire présumer, *ex eventu*, le fidéicom- » mis tacite, et le complot de fraude concerté » entre le défunt et l'héritier. »

Il s'exprime ainsi au sujet d'un arrêt du Parlement de Toulouse, du 8 août 1738. Le sieur de Sabran avait eu de la d^lle. Robin plusieurs enfants naturels. En 1736, il fit son testament, et légua 4,000 fr. à son frère, pareille somme à chacun de ses enfants naturels, et le surplus de ses biens au sieur Perrier, riche banquier de Montpellier, avec lequel il n'avait jamais eu de liaison ni d'amitié. Le frère demanda la nullité du testament, en articulant que le sieur Perrier était le prête-nom de la d^lle. Robin et de ses enfants, et se prévalait sur-tout de ce que cette dernière était restée en possession des clés, des papiers et de tous les effets héréditaires, depuis le 18 janvier 1736, époque du décès du testateur, jusqu'au 23 mai, date de la demande en nullité.

Le sieur Perrier offrait de prouver, et même d'affirmer qu'il n'avait fait aucun pacte avec le testateur; qu'il entendait garder les biens; qu'il se disposait à forcer la d^lle. Robin à les lui remettre tels qu'ils étaient inventoriés; et sur-tout que c'était à son inçu qu'elle s'en était emparée. Il y eut partage d'opinions, mais seulement sur la question de savoir si le testament serait annulé sur-le-champ, où si l'on exigerait la preuve offerte par le sieur de Sabran. Ce dernier avis l'emporta; le point de droit n'en est pas moins consacré : si la preuve des faits fut ordonnée, c'est évidemment

parce qu'il s'était à peine écoulé deux mois depuis la mort du testateur jusqu'à la demande; et
qu'il était possible que, comme l'assurait le sieur
Perrier, il n'eût pas approuvé l'emparement de
la d^{lle}. Robin; c'est encore parce que, quand
une partie offre à la justice des documents plus
complets sur le fait contentieux, la prudence lui
permet rarement de les trouver superflus; mais
le Parlement ne pouvait pas témoigner plus fortement l'importance dont était à ses regards la
possession de la d^{lle}. Robin, qu'en refusant les
offres que faisait le sieur Perrier de se purger
par serment.

Aussi avons-nous dit que la remise du don à
l'incapable n'était suffisamment prouvée par la
possession, que lorsqu'il paraissait certain qu'elle
avait l'assentiment du donataire, suivant le texte
de la loi citée, *hac mente ut vellet restituere*.

Il arrivera souvent que, par suite d'un concert
mieux étudié, la remise de la chose destinée à
l'incapable, ne lui sera pas faite à l'instant où
l'héritier surveille, mais après un intervalle suffisant pour autoriser l'incapable à donner pour
cause à sa détention, un traité licite entre lui et
le donataire.

La présomption, dans ce cas, n'en conserve
pas moins toute sa force; à moins que la sincérité de la cession, faite à titre onéreux à l'incapable, ne fût parfaitement démontrée. Une cause

de cette espèce a été jugée par le Parlement de
Paris, le 12 juillet 1665.

Elisabeth Bonnet, avant de faire profession
religieuse, fit un testament, par lequel elle légua
à l'ecclésiastique directeur du couvent, 3,000 fr.,
en reconnaissance des services qu'elle disait lui
avoir été rendus depuis qu'elle était dans le couvent ; elle institua en même temps Pécout son
parent, légataire universel, à la charge d'exécuter son testament *de point en point*. Un mois
environ après la profession de la demoiselle Bonnet, le directeur fit aux religieuses la cession du
legs de 3,000 fr. ; et l'acte exprima que c'était
pour l'acquitter de pareille somme qu'il leur
devait par suite d'un arrêté de compte. Les religieuses formèrent alors demande contre Pécout,
qui fut condamné à leur payer les 3,000 fr., par
sentence de la sénéchaussée de Lyon. Deschamps,
son procureur, transigea pour lui, paya 1,000 fr.,
et obligea Pécout à payer le surplus dans des
termes. Pécout, poursuivi de nouveau, demanda
la nullité de la transaction, et du legs fait aux
religieuses par l'entremise de leur directeur, au
mépris des Ordonnances. Une nouvelle sentence
ordonna le serment décisoire des religieuses.

Sur l'appel de Pécout, le Parlement ordonna,
*pour aucunes bonnes considérations à ce mou-
vant*, que les 1,000 fr. payés aux religieuses leur
resteraient, et que les deux autres mille francs

seraient payés à l'aumône générale de Lyon, sans dépens entre les parties.

Dans cet arrêt, le Parlement, usant de l'autorité plénière qui alors lui appartenait, rendit une décision remarquable par son ingénieuse équité : tous les intérêts légitimes sont conservés.

Le fidéicommis était évident ; mais Pécout était indigne de profiter de l'annulation, parce que la d^{lle}. Bonnet ne l'avait fait son légataire universel, qu'en le chargeant d'exécuter ses intentions ; ingrat envers sa bienfaitrice, il a été et devait être puni de sa déloyauté ; et néanmoins la loi est satisfaite par l'annulation du legs ; si les Religieuses ont 1,000 fr., elles ne les tiennent de la Cour, qu'à titre d'aumône, comme les pauvres de Lyon reçoivent les 2,000 fr. restants. (*Voy. Soëve, tom. 1, chap. 99.*)

A quelque époque que se fasse la remise de la chose donnée à l'incapable, la présomption est que le dol se consomme, et que le fidéicommis s'exécute. C'est encore le sentiment de Furgole, n°. 241 ; celui qui prouve la remise n'a plus rien à prouver ; c'est, au contraire, à celui qui attribue à cette remise une cause licite, à en justifier ; et, s'il n'en justifie pas, il ne peut pas échapper à l'action en nullité. Le temps pendant lequel la fraude est restée cachée par ceux qui l'ont pratiquée, a si peu la vertu de leur assurer l'impunité, que, dans le Code, article 1304, comme dans les anciennes lois, le délai pour en demander justice court seulement, *a die detectæ fraudis.*

25. Après ces circonstances, celles qui font le plus apercevoir le fidéi-commis, sont : 1°. la proche parenté du donataire avec la personne incapable; sur-tout si l'un des deux est l'héritier présomptif de l'autre;

2°. Les relations notoires d'intérêt ou d'amitié, qui, à défaut de parenté, peuvent exister entr'eux;

3°. L'état d'éloignement ou d'indifférence, dans lequel le donateur a pu être à l'égard du donataire, avant un bienfait dont la cause ne s'expliquerait naturellement que par le soupçon du fidéi-commis;

4°. La différence de rang et de fortune entre celui qui donne et celui délégué pour recevoir; comme si un simple artisan fait un don un peu important à un homme riche et d'une condition beaucoup plus élevée;

Mais ces circonstances sont plutôt indicatives que démonstratives du fidéi-commis; elles ne peuvent avoir une influence décisive sur l'esprit des juges, que par leur concours avec des faits se rattachant plus directement à celui de l'interposition. Ainsi l'on voit dans Soëve, tom. 1er., chap. 34, un arrêt du 29 avril 1653, qui a annulé le testament par lequel un jeune homme

avait institué légataire, à titre universel, de ses
meubles et acquêts, la sœur de son tuteur; parce
qu'à cette qualité fort suspecte, se réunissaient
deux faits constants, qui ne laissaient pas de
doute sur la fraude. Un premier testament avait
légué à la femme de ce même tuteur l'usufruit
de tous les biens du testateur. Trois jours après,
un second testament avait ajouté au premier don
la propriété des meubles et acquêts; et deux
heures s'étaient à peine écoulées depuis le second testament, lorsque le testateur avait fait le
troisième, non plus au profit de la femme, mais
en faveur de la sœur.

26. En un mot, la preuve, soit par écrit, soit
par témoins, soit par présomptions, doit être
telle qu'elle ne laisse pas de doute sur la fraude;
la loi 3, §. 3, ff. *de jure fisci*, veut que cette fraude
soit démontrée *probationibus manifestissimis*.
Domat a très-judicieusement fait observer que
cette exigence extrême était naturellement placée
dans une législation, qui n'annulait le fidéi-commis que pour en attribuer le profit au fisc ; mais
qu'elle devait être tempérée dans la nôtre, qui
remet les biens aux héritiers du sang. Furgole, à
ce sujet, se livre, *ch.* 6, *n°*. 255, à une déclama-
tion inutile contre Domat, en disant qu'on ne
doit juger que les choses, et non si les actions
sont plus ou moins favorables. Personne ne s'é-
levera contre ce principe ainsi généralisé : Do-

mat lui-même l'a enseigné; mais il n'est pas
moins vrai que la raison et l'équité mesurent, en
certains cas, le plus ou moins de rigueur des
règles, suivant que les actions sont odieuses ou
favorables; ce qui a même produit l'axiôme *favo-*
res ampliandi, odiosa restringenda.

On ne peut donc pas se dissimuler que ce su-
perlatif *probationibus manifestissimis*, ne se
trouve dans la loi citée, que parce qu'alors le
coupable de fidéi-commis était réputé indigne;
qu'on le privait même de la *quarte falcidie*, et
que tout ce dont on le privait, était confis-
qué; mesure infiniment rigoureuse : tandis qu'en
France, la mesure l'est beaucoup moins. On con-
ciliera facilement ces deux auteurs, en tenant
pour règle que, sans qu'il soit besoin des preuves
les plus manifestes, cependant elles doivent être,
comme nous l'avons dit, telles que le doute ne
soit plus permis.

Il est rare qu'il s'en présente de directes; c'est
pourquoi la plupart des docteurs ont répété ce
mot de Quintilien, *natura esse dificile tacitum*
fideicommissum probare. Cependant, un interrogatoire sur faits et articles, dans ce cas, doit
presque toujours, ou dissiper les soupçons ou
les justifier.

27. La fraude à la loi, dont nous nous occupons en ce moment, est d'une espèce toute particulière; on pourrait l'appeler le crime des hon-

nêtes gens : celui qui la conçoit, n'y est porté que par un sentiment excessif d'affection ou de reconnaissance; et trouvant la loi trop parcimonieuse pour ce qu'elle lui permet de faire, il se décide à franchir la barrière qu'elle lui oppose, et à mettre sa libéralité à la merci d'un tiers; mais nécessairement il choisit un honnête homme, ne le fût-il pas lui-même.

Il ne s'agit donc, pour connaître la vérité, que de sonder, avec soin et fermeté, la pensée de son dépositaire; et sur-tout de ne pas lui laisser prendre de ces détours, par lesquels certaines personnes croient pouvoir, sans blesser leur conscience éluder les demandes et garder leur secret par la subtilité des réponses.

Ceci amène une question du plus haut intérêt; c'est celle de savoir jusqu'où s'étend le pouvoir des juges, losrqu'en définitive ils n'ont pas d'autre moyen, pour terminer le différend, que de déférer le serment à la personne soupçonnée du fidéicommis? Devront-ils se borner à la faire affirmer qu'elle n'a pas été chargée de rendre à l'incapable, et ne l'a pas promis; ou peuvent-ils exiger qu'elle affirme n'avoir pas, même actuellement, l'intention de lui faire cette remise?

28. Deux arrêts solennels du Parlement de Paris, des 24 janvier et 11 février 1716, qui ont ordonné cette dernière affirmation, et les sentiments uniformes des jurisconsultes qui ont écrit

depuis sur cette matière et applaudi à ces décisions, semblaient avoir fixé ce point important
de jurisprudence. Mais M. Grenier, dans son
Traité des donations, ayant émis une opinion
tout-à-fait contraire, la question mérite de notre
part un examen d'autant plus sérieux, que nous
sommes très-éloignés de partager son sentiment.

Suivant lui, vouloir que le donataire affirme
que même au moment où il affirme, il n'a pas
l'intention de remettre le don à un incapable,
c'est se permettre une inquisition odieuse : il
ajoute que le donataire qui n'a pas promis de
rendre à l'incapable et le déclare, n'est engagé
ni par une obligation civile, ni par une obligation naturelle, et que s'il remet la chose donnée
à l'incapable, celui-là la tient de lui et non du disposant.

D'abord, il est difficile d'apercevoir une odieuse
inquisition dans les efforts que feraient les magistrats pour connaître la vérité dans une telle
conjoncture. D'une part, leur but est louable,
puisqu'il ne s'agit que de savoir si une prohibition qui tient à l'ordre public a été enfreinte ;
de l'autre, le procédé n'a rien d'inquisitorial,
puisque la délation du serment, rend celui à
qui il est déféré maître de sa cause.

En second lieu, ou il affirme qu'il entend conserver, et dans ce cas, la demande qui lui a été
faite n'a rien eu d'offensant pour lui ; ou il re-

fuse, et ce refus ne permet plus de douter que son intention est de faire la remise du don à l'incapable.

Or, nous avons établi, n°. 24 et suivants, d'après Domat, Ricard, Furgole, Pothier, et les nombreux arrêts par eux rapportés, qu'en quelque temps que se fasse la remise, ce fait seul prouve suffisamment l'interposition, et il faut en conclure que la disposition dans laquelle est le donataire de la faire, décèle également cette interposition.

Effectivement, pour que cette remise déjà faite, ou qui va l'être, ne fût pas réputée la consommation de la fraude, il faudrait qu'on pût la considérer comme une libéralité pure, à laquelle le donataire se serait porté de son mouvement propre, sans aucune autre impulsion, comme on la définit en Droit, *nullo jure cogente facta* : or cette libéralité pure ne se présume jamais, et doit être prouvée, sur-tout dans un cas où la fraude est redoutée. La conséquence naturelle de la remise est donc que le donataire a été chargé de la faire, ou au moins qu'il présume que telle a été l'intention du disposant ; et il suffit qu'il se détermine à la faire par cette présomption, pour qu'on soit persuadé qu'en la faisant, il ne pense pas à faire un don, mais à acquitter une dette.

Il peut se méprendre, dit M. Grenier; les

hommes sont assez clairvoyants sur leurs intérêts, pour qu'on ne puisse pas imputer à méprise la crainte de conserver un accroissement
de fortune, et le désir de la faire passer dans
d'autres mains. C'est, d'ailleurs, une hypothèse
qui ne peut pas se vérifier; lorsque celui à qui
un don est adressé, n'ose plus le conserver,
et croit, pour l'acquit de sa conscience, devoir
le remettre à un autre, qui pourrait faire connaître sa méprise? le défunt, et il a emporté son
secret.

Les motifs de M. Grenier, pour faire abandonner cette jurisprudence, sont donc fort lé-
gers; et nous croyons en apercevoir de très graves
pour la maintenir. Les tribunaux sont les gardiens des prohibitions; et c'est du parti qu'ils
prendront sur le serment qui les concerne, que
dépendra le respect ou la dérision de ces prohibitions.

Nous le répétons, dans ce genre de fraude, le
remède est dans le mal même. Celui à qui le
don est confié a été choisi comme homme loyal;
s'il a les qualités qui l'ont fait choisir, et qu'il soit
pressé de questions, autant que les circonstances
l'exigeront; la vérité l'emportera, sur-tout quand,
pour être fidèle à un dangéreux ami, il faudra
s'exposer à être infidèle à la société, à la religion
et à l'honneur.

Pour remporter cette victoire, il faut donc

que la formule du serment embrasse tous les
cas possibles, tels que nous les avons prévus,
n°. 17; il faut que le donataire soupçonné affirme
qu'il n'est pas chargé de remettre la chose donnée à un incapable; qu'il n'a pas l'intention de
la lui remettre, ni en nature, ni en équivalent, ni
en tout, ni en partie, ni actuellement, ni à l'avenir.

29. C'est pour enchaîner ainsi le fidéicommis
sous toutes les formes que la malice ingénieuse
des hommes pourrait lui donner, qu'a été ima-
ginée la formule adoptée, en 1716, par le Parlement de Paris; les détails des espèces dans lesquelles sont intervenus ses arrêts, achèveront de
justifier sa jurisprudence.

La Princesse d'Isenghien avait laissé son immense fortune à l'abbé de Thou, institué par elle
son légataire universel; aucun motif raisonnable
n'expliquait cette largesse démesurée envers un
abbé; et beaucoup de probabilités désignaient le
Prince, son mari, comme le véritable objet de sa
disposition. Les héritiers de la Princesse en demandèrent la nullité. L'Avocat général de Lamoignon, pour pénétrer dans tous les plis de la conscience de l'abbé de Thou, proposa de lui faire
la délivrance du legs, mais à la charge par lui
d'affirmer, » qu'au *moment même de son ser-*
» *ment*, il n'avait pas intention de remettre le
» legs à personne prohibée, directement ni indi-
» rectement, ni en tout, ni en partie. » Ses con-

clusions furent adoptées complètement par l'arrêt du 24 janvier 1716.

Le mois suivant, une cause absolument semblable en droit, quoique beaucoup moins importante, se présenta. Charles Seuret, menuisier à Nesle, ayant des enfants de sa fille d'un premier lit, et marié en secondes noces avec Marguerite Desmarets, fit, en 1711, son testament; légua 50 fr. seulement à chacun de ses petits enfants, et le surplus de ses biens au sieur Soucanier, Chanoine de Nesle. Sur la demande en délivrance de ce dernier, la mère des mineurs soutint que le sieur Soucanier était interposé pour faire parvenir les biens de Seuret à sa seconde femme.

Le Bailli de Nesle, par une première sentence, ordonna que le sieur Soucanier affirmerait que le legs était sérieux et à son profit; qu'il n'avait fait aucun pacte à ce sujet, ni avec le testateur, ni avec sa veuve; et qu'en acceptant le legs, il n'avait pas eu l'intention de le remettre à la veuve.

Le sieur Soucanier affirma qu'il n'avait fait aucun pacte avec le testateur; que la veuve lui avait dit n'avoir pas connaissance du legs; mais il refusa son serment sur tout le surplus de la formule, en déclarant qu'il était maître de son bien, et pouvait en disposer à son gré. Une seconde sentence ordonna qu'il se conformerait à la première, et que, faute de ce faire à l'audience suivante, il serait débouté de sa demande.

Disposé à consommer sa fraude à la loi, si 'son affirmation équivoque pouvait être admise, mais non pas à se parjurer, s'il fallait donner à cette affirmation toute l'étendue exigée, il appela au Parlement. Le même Avocat général soutint le bien jugé des sentences du Bailli de Nesle. S'appercevant même que la formule de ce premier juge était moins complète que celle prescrite à l'abbé de Thou, il conclut à ce que le sieur Soucanier fût assujetti au même serment, quoique les parties n'y eussent pas conclu, mais attendu qu'elles étaient mineures. L'arrêt fut également conforme à son réquisitoire; et l'on voulut, disent les auteurs qui rapportent ces arrêts, rendre la jurisprudence uniforme. Ce second arrêt est du 11 février 1716.

30. Veut-on une nouvelle preuve des effets salutaires de cette jurisprudence. On la trouvera dans un trait fort honorable pour l'ordre des avocats, que rapporte Bannelier, jurisconsulte très-estimé du Parlement de Bourgogne, dans ses notes sur les *Traités de Droit français, à l'usage de ce Parlement*, note 573.

Une dame Maignien, de Dijon, ayant deux enfants, un fils et une fille, avait marié sa fille au sieur Guye de Labergement, Conseiller, avec promesse d'égalité entre le frère et la sœur. Par son testament, elle les institua effectivement ses héritiers par égale portion; mais en léguant à

Me. Melenet, avocat au Parlement de la même ville, une somme de 80,000 fr., à prélever sur sa succession. Me. Melenet avait été le conseil de cette dame, pendant longues années, sans en avoir rien reçu et si le legs eût été modique, dit Bannelier, son confrère et son ami, il eût pu le croire pour lui ; mais l'importance de la somme lui donna la persuasion qu'il était destiné au fils de la testatrice, pour rendre vaine la promesse d'égalité. *Ne sachant pas*, ce sont les expressions de Bannelier, *se prêter à aucune contravention soit aux lois, soit aux contrats*, il répudia le legs en entier.

Ce trait de délicatesse et de respect pour la loi, console un peu de tous ceux en sens contraire, que nous sommes obligés de retracer à chaque pas dans ce Traité ; et il est, il faut le reconnaître, la plus ferme critique qu'on puisse faire du système de tolérance de M. Grenier. Me. Menelet n'avait fait ni pacte, ni promesse, il ignorait absolument les intentions de la dame Maignien ; mais il ne se fit pas d'illusion ; il ne voulut pas prendre le legs pour lui, persuadé que l'intention de la testatrice n'était pas de l'en gratifier ; il ne voulut pas l'accepter pour le remettre au fils, parce qu'il sentait qu'en faisant cette remise, il n'aurait pas l'esprit de bienveillance et de générosité qui constitue la libéralité, et ne ferait que se rendre complice de la fraude conçue par la dame

Maignien; il ne craignait pas *de se méprendre* sur son mouvement de délicatesse, comme M. Grenier le redoute; il ne l'éprouva que pour céder à l'impulsion qu'il en reçut, en homme d'honneur, ami des lois.

Sans chercher à diminuer le mérite de cette action, ne peut-on pas présumer que la sévérité avec laquelle Me. Menelet se jugea lui-même, ne fut que la conséquence de celle dont le Parlement de Paris venait de donner l'exemple quelques années auparavant? Ce qui nous suggère cette réflexion, c'est que Bannelier ne rapporte cette anecdote qu'à l'occasion des deux arrêts de 1716.

31. Enfin l'opinion fondée par ces arrêts est devenue, pendant un siècle et plus, la doctrine universelle. M. Grenier ne cite que Furgole et Pothier pour l'avoir enseignée, ce qui pourrait déjà paraître déterminant; mais il faut y ajouter les deux célèbres Avocats généraux, de Lamoignon et Joly de Fleury, sur les conclusions desquels ces arrêts ont été rendus; Bannelier dans sa note 573; Roussaud-Lacombe dans sa Jurisprudence civile, au mot *Avantage indirect*, sect. 1, n°. 2; Denisart au mot *Fidéicommis*; et MM. Camus et Bayard au même mot, dans le nouveau Denisart. Tous ces auteurs en font une règle élémentaire; et nous ne connaissons ni un auteur, ni un arrêt, qu'on puisse leur opposer.

Nous ne craindrons pas de le répéter; si le sentiment de M. Grenier obtenait la préférence, le procédé de la Princesse d'Isenghien, du menuisier de Nesle, et de la dame Maignien, deviendrait familier, et les lois prohibitives seraient audacieusement méprisées.

ARTICLE II. Interposition de personne dans les autres espèces de fraude.

SOMMAIRE.

32. Principales circonstances dans lesquelles elle a lieu.
33. La présomption résultante de la détention de la chose prohibée par la personne suspecte, est surtout importante à l'égard des prohibitions d'ordre public.

32. Dans un grand nombre de circonstances, celui qui a su dérober le bien d'autrui, ne pourrait le conserver sans la participation d'un tiers, qui en est le propriétaire apparent, quand, en réalité, il n'est que le complice d'un dol.

Ainsi le débiteur qui, pouvant payer, ne le veut pas, conserve, sous un nom emprunté, tout ou partie d'un actif qui n'appartient plus qu'à ses créanciers. C'est par ce même procédé qu'on a vu des époux soustraire des valeurs importantes à leur communauté; des associés s'enrichir aux dépens de leur société; des tuteurs, des administrateurs et d'autres mandataires infidèles, confisquer à leur profit, dans les choses confiées à leur garde, tout ce qui pouvait devenir leur proie.

C'est encore à la faveur de ce moyen odieux, que ceux dont les fonctions sont incompatibles avec certains actes, s'y livrent et bravent la défense, en se servant des noms de leurs affidés. Ce manteau, plus d'une fois, a aidé quelques-uns des fonctionnaires désignés par les articles 1596 et 1597 du Code civil, à se rendre acquéreurs des biens ou des droits que les mêmes articles leur défendent *d'acquérir, soit par eux-mêmes, soit par des personnes interposées.*

Dans toutes ces circonstances, les principes développés à l'égard du fidéicommis tacite, reçoivent leur application; il est même juste d'y apporter plus de sévérité; l'improbité s'y trouvant unie à la fraude. Dans les libéralités, celui qui dispose ne le fait que de ce qui lui appartient; un sentiment mal entendu de bienfaisance peut l'aveugler et faire la même illusion à celui qui consent à l'aider : dans les autres cas, on commet, et l'on recèle sciemment, de véritables larcins.

33. C'est surtout quand il s'agit d'infraction aux prohibitions d'ordre public, que les présomptions sont persuasives; parce que le fonctionnaire, a dû, plus que tout autre, éviter de faire naître ces présomptions.

Par exemple, le tuteur honnête qui a été obligé

de provoquer la vente du domaine de son pupille, se gardera bien de le racheter de l'acquéreur, pour ne pas supporter le soupçon de
l'avoir acheté sous le nom de celui-ci. Le juge
digne des fonctions qu'il remplit, n'achétera pas
la chose litigieuse de celui à qui un jugement du
tribunal dont il est membre, vient de l'attribuer :
la crainte de s'exposer à l'inévitable soupçon d'a-
voir été intéressé dans le procès, l'arrêtera également. L'homme véritablement délicat ne se borne
pas à s'abstenir de ce qui lui est défendu; il s'abs-
tient également de tout ce qui pourrait inspirer
des doutes sur la pureté de sa conduite : ainsi
la chose qu'il n'a pas dû acheter, lui sera, sinon pour toujours, au moins pour long-temps,
étrangère.

Si donc un tuteur, ou un administrateur,
après la vente d'un objet dépendant de sa gestion, s'en emparait; si un juge, après la décision d'un procès, prenait possession da la chose
litigieuse; il leur serait difficile d'échapper à la
présomption puissante qui s'éleverait contr'eux.

S'arrêter aux actes de cession à titre de revente ou de louage, qui, en pareil cas, fondent
ordinairement la justification ce serait livrer la
prohibition de la loi, au mépris et à la discrétion de quiconque voudrait la violer. En vain la
personne nommée dans ces actes aurait un droit
apparent à leur maintien, et se prévaudrait de

ce que la prohibition ne la concerne pas ; elle a
su au moins que cette prohibition tombait de
tout son poids sur celui avec qui elle a contracté,
et a du prévoir les conséquences que sa cession
produirait contre elle-même.

En un mot, et le cédant et le cessionnaire, se
sont soumis volontairement à la présomption qui
les accuse ; et presque toujours, le soupçon auquel on s'est ainsi exposé de son plein gré, ne fait
que révéler la vérité. A moins donc qu'ils ne
donnassent la démonstration parfaite de la légitimité de leur négociation, l'outrage par eux fait
aux mœurs et à la loi devrait être vengé.

CHAPITRE III.

SIMULATION DANS LE CARACTÈRE APPARENT DES CONTRATS.

SOMMAIRE.

34. Ce procédé de la fraude est un de ceux prévus, comme celui de l'interposition de personne, par de nombreux articles du Code civil; mais il y a cette différence, que la loi ajoute au principe qu'elle institue, à l'égard de l'interposition de personne, la désignation de celles qu'elle-même répute interposées; tandis que, pour le déguisement des contrats, elle se borne au principe, sans réputer aucun contrat déguisé. De cette différence il faut conclure qu'il n'existe

pas, sur ce genre de fraude, de présomption légale; que tout contrat à titre onéreux est, au
contraire, réputé sincère jusqu'à la preuve de la
fraude. Cette règle de la liberté des contrats
commutatifs entre toutes personnes capables de
consentement, quelles que soient d'ailleurs leurs
relations, est particulièrement écrite dans les articles 853, 1123 et 1594 du Code civil.

Le déguisement des contrats n'en est pas
moins un des sujets sur lesquels les tribunaux
ont le plus habituellement à prononcer. Non-
seulement il facilite les libéralités prohibées; les
injustices des pères et mères dans leurs familles,
les récompenses honteuses du libertinage; mais
il sert de sauve-garde aux usuriers qui ont ruiné
leurs concitoyens, aux joueurs qui ont dépouillé
leurs amis. C'est, en un mot, le voile dont on couvre toutes les conventions illicites et réprouvées.

35. On ne peut reconnaître de règles générales qu'à l'égard des libéralités; et nous allons
les présenter. Les autres règles appartiennent
trop directement à chaque sujet, pour être gé-
néralisées, et doivent y être renvoyées.

36. Les auteurs du Code civil, en proscrivant
le déguisement des contrats, n'ont pu donner
aux juges que le conseil exprimé par l'article
1156. « On doit rechercher dans les conventions
« quelle a été la commune intention des parties
» contractantes, plutôt que de s'arrêter au sens

» littéral des termes. » Texte littéralement copié sur celui de la loi 1, Cod. *Plus val. quod agit. In contractibus rei veritas potius quam scriptura, perspici debet.*

Ce conseil a reçu par la jurisprudence des développements qui en facilitent l'application.

37. Une première règle, qui est comme la cléf de la plupart des difficultés de cette nature, est que celui qui ne peut pas donner, ne peut pas faire de reconnaissance obligatoire ; règle réduite en axiôme : *qui non potest donare, non potest confiteri.*

Il faut cependant faire une distinction entre les reconnaissances qui produisent leurs effets, même contre celui qui les fait, et celles qui ne doivent les produire qu'après sa mort. Ces dernières sont infiniment plus suspectes que les premières, et, faites en faveur d'un incapable, elles sont, sans qu'il soit besoin d'autres preuves, réputées libéralités déguisées.

Ainsi, la reconnaissance d'une dette dans un testament, laquelle est toujours considérée comme legs, conserve plus virtuellement encore ce caractère, lorsqu'elle est au profit d'un incapable.

C'est un point de droit, qu'aucune controverse n'a jamais ébranlé, et qui a pour base, entr'autres textes du Droit, la loi 27, ff. *de probationibus. Videtur enim eo quòd ille plus capere non poterat, in fraudem legis hæc in testamento adjecisse.*

Il a été récemment appliqué par la Cour d'Aix. Gazel, après avoir, par son testament, disposé en faveur de ses deux fils de la portion disponible, avait déclaré devoir à Buisson, son beau frère, une somme de 2,000 fr., qu'il déclarait lui avoir empruntée. Buisson ayant réclamé son paiement, les deux fils tinrent sa créance pour légitime; mais les trois filles du testateur prétendirent que Buisson devait prouver la sincérité de cette prétendue créance; que, jusques là, il fallait la considérer comme une libéralité déguisée, qui ne pouvait pas subsister concurremment avec un legs de toute la portion disponible. Elles ajoutèrent qu'il était très-probable que Buisson n'était qu'une personne interposée, pour faire parvenir à leurs frères cette addition à la portion disponible. Le tribunal de Toulon avait accueilli la demande de Buisson, en affirmant par lui que sa créance était légitime. Par arrêt du 8 juin 1813, la Cour d'Aix, mit les parties hors de cause. (*Voy. le Journal du Palais*, tom. 38, *p.* 310.)

38. Il doit en être de même de l'obligation passée avec les formes qui la font irrévocable, si elle est stipulée exigible seulement après la mort de la personne obligée : la fraude y est même plus palpable encore que dans le premier cas. Le testateur qui déclare une dette, peut n'avoir eu le temps ni de la payer, ni de donner à son

créancier un meilleur titre; il peut avoir éludé en santé une dette, qui tourmente sa conscience au moment fatal où les fautes vont devenir irréparables. Mais reconnaître une dette, à condition qu'on ne la payera pas soi-même; donner un titre contre son héritier, et s'y rendre soi-même étranger, c'est de toutes les simulations la plus évidente. *Voy. n°. 55.*

39. Les ventes avec réserve de l'usufruit, sont encore sur la même ligne. Elles changent si faiblement la position du vendeur, que c'est souvent par-là que les incapables cherchent à entreprendre sur la fortune de ceux qui ne peuvent pas leur donner.

Dans ces divers cas, cependant, quelle que soit la force de la présomption contre la sincérité des actes, n'étant pas établie par la loi même, elle céderait à la preuve qui serait donnée de la sincérité du contrat. Les déclarations attaquées, malgré les soupçons qu'elles inspirent, étant émanées de celui qui s'est dit débiteur, ou qui a dit avoir reçu, pourraient même servir de commencement de preuve par écrit, et faire admettre la preuve vocale.

40. Quant aux reconnaissances dont les effets sont actuels, telles que les obligations exigibles, les quittances, les ventes avec tradition, les échanges, les baux, etc.... la même présomption de fraude les atteint; mais alors elle est

balancée par une présomption contraire, résultante de l'intérêt personnel de celui qui, par ses reconaissances, s'est exposé à voir son aisance compromise. Du conflit de ces deux présomptions, naît le doute; et dans le doute, l'acte doit survivre, suivant cette autre maxime : *Simulatur contractus numquam in dubio præsumitus, nisi probatur.*

Mais aussi, s'il se rencontre d'autres circonstances qui révèlent la fraude, et dissipent les doutes que la nature de l'acte faisait concevoir, l'action en nullité est accueillie; et pour établir ces circonstances, la preuve testimoniale, sans inscription de faux, ne pourrait être refusée. Nous renvoyons, sur cette proposition, à ce que nous avons déjà plusieurs fois établi, et particulièrement aux nos. 92 de la 1re. partie, et 20 de celle-ci.

41. Les ventes, les échanges et les baux à loyer d'immeubles, sont susceptibles d'une critique particulière relativement aux prix qui y sont stipulés. Si le prix n'est pas représentatif de la véritable valeur, l'acte contient une bienfaisance secrète; mais, 1o., quand et comment la vilité du prix est-elle prouvée? 2o. Si elle l'est, l'acte doit-il être maintenu en exigeant un supplément de prix, ou doit-il être annulé? La solution de ces questions dépend entièrement des circonstances qui les font naître.

Pour la clarté de notre examen, nous ne nous

occuperons d'abord que des contrats de vente. L'appréciation de la valeur pécuniaire des héritages peut être faite par tous les documents qui en font connaître le produit, tels que les baux à ferme, les registres du propriétaire ou de ses agents, les partages récents, et enfin une estimation contradictoire. Mais, quels que soient les éléments de l'appréciation, il faut reconnaître que cette opération est infiniment arbitraire; que le prix des choses en général dépend de tant de circonstances locales et momentanées, que, pour la saisir avec justesse, les meilleurs esprits sont ceux qui éprouvent le plus de perplexité : il faut encore considérer que la législation actuelle permet les négociations de bonne foi entre l'auteur et ses héritiers présomptifs, quoiqu'entre ces derniers et leurs co-héritiers elle commande l'égalité; et qu'elle dispense l'héritier de rapporter les profits qu'il en a tirés, si les conventions ne contenaient pas d'avantage indirect. Il ne suffirait donc pas, pour établir la vilité de prix dans une vente, qu'il y eût une légère différence entre ce prix et l'appréciation. Les magistrats, à la sagesse desquels la loi abandonne la solution du point de fait, veulent une différence telle qu'elle leur donne la persuasion que le vendeur a voulu gratifier d'autant l'acquéreur. Quant à la mesure de cette différence, elle dépend encore des circonstances.

Par exemple, si le vendeur était un homme riche, qui n'avait pas besoin de vendre, on croira plus facilement à l'intention de donner, que si la vente avait été faite par un homme embarrassé dans ses affaires, qui aurait vendu à tout autre.

M. Grenier, dans son *Traité des Donations,* n°. 518, a mis au jour une idée fort heureuse, et qui, dans des circonstances particulières, peut guider les juges, toujours disposés à accueillir ce qui rend les opinions plus certaines. Ce serait d'appliquer à ces actes, et par une très-juste analogie, la disposition du Code, qui n'admet l'action en rescision contre les partages, soit qu'ils aient été faits par les père et mère, soit qu'ils l'aient été par les héritiers eux-mêmes, que quand la lésion excède le quart; art. 887 et 1079. Effectivement, en consacrant cette mesure pour apprécier les actes dont l'égalité est le but, les législateurs ont reconnu que toute autre différence peut n'avoir qu'une cause innocente.

La vilité de prix étant reconnue, et la libéralité déguisée devenue constante, l'effet de cette découverte doit-il être de faire annuler l'acte en entier, ou seulement de faire payer à l'acquéreur le supplément de prix? Ce dernier parti est le plus séduisant; il paraît tout naturel de reconnaître que l'acte est sérieux, jusqu'à concurrence du prix convenu, et n'est avantage indirect que pour le surplus. Mais pour le parti contraire, on peut dire qu'un traité est indivisible; qu'on ne peut pas le réputer en même temps frauduleux et licite, et que du moment où il est avéré que la fraude y a participé, il doit être rejeté pour le tout.

Ces deux systèmes se balancent, au point que chacun d'eux à Rome, comme en France, a eu des partisans parmi les jurisconsultes du premier rang. Le premier a été adopté par Duplessis, Lebrun, Deferrière et Auroux des Pommiers; qui l'appuient sur les décisions de Nératius et de Pomponius, l. 5, ff. *de donat. int. vir et uxor.* Pothier n'en a pas moins suivi le sentiment de Julien, et embrassé le parti le plus sévère; trouvant qu'il était trop difficile de savoir si le vendeur avait eu plus l'intention de vendre que de donner, et craignant pour les juges la séduction d'apparences trompeuses. Pothier, qui réunissait toutes les vertus du magistrat à la science et à la sagacité du jurisconsulte, a souvent et long-temps médité sur cette question; il l'a développée dans son *commentaire de la Coutume d'Orléans,* qui a paru en 1760, dans son *Traité du contrat de vente,* publié en 1762, et dans celui *des Successions,* qui n'a paru qu'après sa mort : ainsi, il a persévéré toute sa vie dans la même opinion.

Cependant M. Grenier, qu'on peut lui comparer et comme magistrat et comme docteur, pré-

fère l'opinion contraire; et, en la modifiant, il
propose une seconde mesure du prix, pour reconnaître ce qui domine dans l'acte attaqué, de
l'intention de vendre, ou de celle de donner;
l'acte serait maintenu comme vente, si le prix
excédait la moitié de la valeur de l'immeuble,
et s'il lui était inférieur, la convention serait annulée. Cette proposition, ingénieusement puisée
dans l'ancienne jurisprudence sur les retraits, et
dans l'article 866 du Code civil; qui l'adopte pour
les dons excédant la portion disponible, semble
offrir en effet un point d'appui contre les incon-
vénients que redoutait Pothier.

Quand de si grands maîtres sont en opposition, on reste dans les ténèbres; néanmoins nous
oserons émettre le résultat de nos méditations.
Nous trouvons la sévérité de Julien et de Pothier bien plus conformes à la dignité de la justice, et plus propres à comprimer l'esprit de
fraude, qui trop souvent divise les familles; que
ces tempéraments et ces ménagements, qui ne
font que l'encourager; et qu'importe que la fraude
n'ait contribué à l'acte que pour telle ou telle
portion? il doit suffire de l'y apercevoir, pour
briser tout son ouvrage. On n'a peut-être pas
assez remarqué qu'en admettant l'incapable à
purger sa fraude par un supplément de prix, on
ne valide pas la première vente, on en fait une
nouvelle; car la vente n'est parfaite que quand

on est d'accord sur le prix : or, il n'est texte de
loi qui autorise les tribunaux à substituer ainsi
une convention licite, à une convention frauduleuse. Ce trait de lumière, sur une question si
long-temps et si savamment discutée, sort d'un
arrêt de la Cour de Caën, du 13 août 1812, que
nous rapporterons au chapitre VI de la présente
section. Que les anciens tribunaux aient admis
la conversion proposée à l'égard des retraits, ils
étaient portés à cet arbitraire par la défaveur
que cette action, contraire à la liberté des conventions, devait éprouver. Que le Code civil
l'ait autorisée pour les dons qui excèdent la portion disponible, le motif est sensible : dans ces
dons, tout est à découvert, il n'y a aucun arti-
fice ; s'il y a excès, il ne peut être attribué qu'à
l'erreur. L'analogie entre ces deux hypothèses
et celle de la libéralité déguisée, n'est donc
qu'une illusion, dont il faut se garder. Le devoir
des juges, en thèse générale, est de saisir les
conventions, non comme on aurait pu les faire,
mais comme on les, a faites ; en conséquence, de
maintenir celles dans lesquelles les parties ont
respecté les lois, et de déchirer celles où ils les
ont violées.

Toutefois, nous pensons que cette sévérité
peut cesser d'être applicable, lorsqu'il ne s'agit
que de l'action en rapport d'avantage indirect
entre cohéritiers. Il est certain que, dans cette

occurence, le cohéritier acquéreur, quelle que soit la différence du prix payé avec le réel, a le droit d'invoquer les articles 818 et suivants du Code civil; en sorte que, s'il a aliéné l'immeuble, ou si, l'ayant encore, il se trouve dans la succession des immeubles de mêmes nature, valeur et bonté, pour en fournir également à chacun de ses cohéritiers, il n'est tenu au rapport qu'en moins prenant.

Observons encore que tous les auteurs enseignent unanimement que, quand la vente est annulée, le prix qui, suivant l'acte, a été payé, doit être restitué; parce que, dans ce cas, on n'a contre l'acquéreur que la vilité de prix pour prouver la fraude; et la seule conséquence qui en résulte, c'est que le vendeur a voulu gratifier l'incapable de la différence de ce prix avec la valeur réelle. Si l'on articule que même le prix exprimé n'a pas été réalisé, c'est une seconde fraude qui rentre dans la cathégorie générale des quittances mensongères, et qu'il faut prouver. *Voy. le n°. 43.*

Tout ce qui précède est applicable, sans restriction, aux échanges et aux baux à loyer.

42. La fraude dans les obligations, billets, etc., se manifeste ordinairement par la différence des fortunes; presque toujours celui qui veut donner, quand la loi le défend, est plus riche que celui envers qui il veut être libéral. Si donc, d'une part, on ne voit pas de motif pour qu'une per-

sonne aisée ait contracté une dette, que de l'autre
on n'aperçoive pas comment le prétendu créancier a pu faire les fonds ; si, à ces premières notions, se réunit celle que la créance, pouvant
être exigée, ne l'a pas été pendant la vie de l'o-
bligé, il n'en faudrait pas davantage pour ne voir
dans les titres représentés, que des œuvres à ré-
prouver. On lit, dans le 3e. *tome du journal des
Audiences*, un arrêt du 22 août 1674, qui annule deux contrats de constitution, passés au
profit d'une concubine, dans des circonstances
peut-être moins décisives. La Senardière avait
eu, pendant quinze ans, pour servante à gages,
Vincente Bouserie ; et de leur concubinage notoire, étaient nés six enfants. Pendant qu'elle demeurait avec lui, il lui avait constitué deux rentes, l'une de 66 fr. en 1659, l'autre de 38 fr.
en 1661, et avoir acheté sous son nom une maison moyennant 1,790 francs. Elle l'avait quitté
ensuite pour épouser Gendron. Il paraît que,
pendant quelque temps, la Senardière avait fait
les baux de la maison, et en avait reçu les loyers,
mais que Gendron et sa femme, ayant voulu
jouir des droits que leur donnaient les actes,
avaient intenté un procès à la Senardière, qui
leur opposait des contre-lettres.

Après son décès, ses héritiers reprirent le
procès. Ayant voulu, d'abord, faire valoir les contre-lettres, ils s'en désistèrent ensuite, et se bor-

nèrent à opposer à Gendron l'incapacité de recevoir des donations, dont alors étaient frappées les concubines. Soutenant que les contrats de constitution, ainsi que l'achat de la maison, qui montaient ensemble à 3,600 fr., somme alors très-considérable, qu'une servante, à quinze écus de gages par an, n'avait pas pu réaliser, ils en demandaient la nullité, comme ne contenant que des libéralités déguisées. Par l'arrêt, les contrats furent cassés et la maison attribuée aux héritiers.

Bourjon, *tome* 2e., *p.* 73, rapporte ce même arrêt; en enseignant comme règle, qu'il généralise trop, que les obligations au profit des personnes incapables de donations sont nulles.

43. Une circonstance fort lumineuse encore, pour faire apercevoir la fraude dans les actes exprimant le paiement d'une somme importante par celui qui ne pouvait pas la donner, est celle que la personne qui paraît l'avoir reçue, soit morte peu de temps après, laissant son coffre vide. Ricard, n°. 717, indique lui-même cette présomption, comme devant être d'un grand poids dans les causes de cette nature.

Le tribunal de Pont-Audemer et la Cour de Rouen en ont fait, en 1808, une fort heureuse application. Le sieur Guibert, mort en 1786, avait laissé toute sa fortune à sa femme, en lui recommandant un enfant naturel qu'il avait eu pendant son mariage. La dame Guibert qui,

sous l'empire de la loi du 4 germinal an VIII, et
parce qu'elle avait une sœur, ne pouvait disposer à titre gratuit, que de la moitié de ses
biens, voulut faire davantage pour le fils de son
mari. Dans un arrangement qu'elle fit avec les
héritiers de ce dernier, pour le paiement de ses
reprises, ils vendirent au sieur Guibert fils une
ferme, à la charge de payer à la veuve une somme
de 80,000 fr.; dont elle lui donna quittance un
mois après. La mort de la dame Guibert suivit de
très-près ces actes.

La dame Delange, sa sœur, attaqua cette quittance comme simulée, et n'étant qu'une donation déguisée. Sa demande fut accueillie par le
tribunal de Pont-Audemer; dont le jugement, sur
appel, fut confirmé par la Cour de Rouen, le
18 novembre 1808.

Les motifs de cet arrêt sont le développement
le plus parfait qu'on puisse désirer sur cette matière....... « Attendu qu'il est constant en fait,
» 1º. que l'appelant, fils de Guillaume Guibert,
» est devenu, après le décès de celui-ci, l'objet
» particulier de la confiance et des affections de
» la veuve dudit Guillaume Guibert; qu'elle l'a
» constamment gardé avec la fille Heuzé, sa mère,
» dans sa propre maison, les admettant tous
» les deux à sa table; et qu'elle lui a donné plu-
» sieurs procurations.

» 2º. Que par un effet de sa prédilection pour

» lui, elle a manifesté et exécuté le dessein de lui
» transmettre toute sa fortune, en lui faisant,
» par acte authentique du 22 août 1793, dona-
» tion entre vifs de l'habitation qu'elle possédait
» à Saint-Domingue, et en l'instituant, par un
» acte du même jour, légataire universel de ses
» meubles, or et argent;

» 3°. Que la conception du contrat du 9 mes-
» sidor an IX, de l'intervention de l'appelant
» dans cet acte, et de la quittance qui en a été la
» suite, n'est venue qu'après la promulgation de
» la loi du 4 germinal an VIII, qui ne permettait
» à la veuve Guibert, qui avait une sœur, de dis-
» poser, par donation ou legs, que de la moitié
» de sa fortune;

» 4°. Que pendant le temps que l'appelant a
» demeuré avec sa mère, chez la veuve Guibert,
» il a acquis, par le contrat du 28 brumaire an V,
» une ferme près de Lizieux, au prix de 32,160 fr.;
» qu'il a acquis en outre, il y a environ huit ans,
» des terres à Couteville, pour le prix de 21,000 fr.;
» à quoi joignant les 80,000 fr. pour cession d'au-
» tres propriétés à lui faite par le contrat du
» 29 messidor, qu'il prétend avoir payés le
» 1er. fructidor, quoique la somme ne fût exigi-
» ble que le 29; il en résulterait que l'appelant
» aurait acheté et payé pour plus de 130,000 fr.
» d'immeubles; sans qu'il ait pu justifier, soit
» par lui-même, soit par sa mère, des ressources à

» beaucoup près suffisantes pour faire face à tant
» d'engagements;

» 5°. Que par un autre rapprochement notable,
» il ne s'est trouvé dans la succession de la veuve
» Guibert, ouverte seulement quarante-cinq jours
» après la quittance du 1er. fructidor, qu'environ
» 2,500 fr. au lieu de 80,000 fr., mentionnés en
» ladite quittance; que les papiers de la veuve
» Guibert n'ont offert aucune trace de cette somme
» importante; et que l'appelant, le porteur de
» procuration, l'homme de confiance de la veuve
» Guibert, et qui ne l'a pas quittée jusqu'au mo-
» ment de son décès, arrivé le 19 vendémiaire
» an x, n'a pu lui-même donner aucune indica-
» tion de l'emploi de ladite somme; qu'à cette
» série de faits déjà concluants contre la sincérité
» du paiement de 80,000 fr., énoncé en la quit-
» tance du 1er. fructidor, viennent se joindre les
» contradictions, les invraisemblances, et les dé-
» clarations fallacieuses que contient l'interroga-
» toire sur faits et articles de l'appelant, notam-
» ment sur la main qui aurait écrit le contexte
» de ladite quittance; que, dans son mémoire, im-
» primé sur l'appel, il déclara être celle de la
» dame Guibert, tandis que, dans son interroga-
» toire, il l'attribue à un nommé Fontaine, dont
» il ne peut préciser le domicile actuel; sur la
« source où il aurait puisé un capital aussi consi-
» dérable, qu'il dit être le coffre de sa mère placé

» dans la cuisine de la veuve Guibert, dont les
» deux domestiques n'auraient eu aucune con-
» naissance; sur le dépôt de ladite somme, après
» les deniers comptés, qu'il dit avoir été fait par
» la veuve Guibert, dans un appartement au-des-
» sus de la salle, qui se trouverait précisément
» être la chambre occupée par l'appelant; et
» enfin sur les autres circonstances de ce pré-
» tendu paiement;

» Attendu qu'en cet état de choses, il y a au
» procès réunion de présomptions graves, pré-
» cises et concordantes, d'après lesquelles il est
» évident que l'intervention de l'appelant au con-
» trat du 20 messidor an IX, a été le prélude
» d'une fraude concertée entre la veuve Guibert
» et lui, et dont la quittance du premier fructi-
» dor a été la consommation; que cette quittance
» est un acte simulé, confidentiaire et dolosive-
» ment fait dans la vue de transmettre à l'ap-
» pelant toute la fortune de la veuve Guibert,
» en contravention à la loi du 4 germinal an 8,
» qui ne lui permettait de disposer que de la
» moitié; qu'envain l'appelant se fonde sur ce
» que la veuve Guibert aurait pu lui donner, de la
» main à la main, 80,000 fr.; puisqu'il ne s'agit
» pas dans la cause d'une donation de ce genre,
» mais d'un fait qui repose essentiellement sur
» des actes frauduleux; dont l'un contient une
» énonciation démontrée fausse, et sans lesquels

» la veuve Guibert n'aurait point eu le moyen de
» fruster l'héritier du sang, de la part que la loi
» lui réservait contre tous donataires ou léga-
(taires. » *Voy. le Journal du Palais*, 1er. sémestre 1809, *p.* 121.)

Le Répertoire de jurisprudence, au mot *Médecin*, fait connaître un arrêt à-peu-près semblable. La dame de Savignac, dans sa dernière maladie, avait vendu à rente au sieur Lecomte son
médecin, une ferme et d'autres biens. Très-peu
de temps après, elle lui avait donné quittance de
remboursement. Le Parlement annula, et la quittance, et le bail à rente. L'arrêt est du 8 juin 1758.

44. Enfin, nous offrirons encore un exemple
de la sévérité des tribunaux, à l'égard des voies
indirectes, que la fraude sait se tracer pour asservir sa cupidité.

Le sieur Lacarière, médecin à Aurillac, voyant
un de ses malades, le sieur Truel, affecté d'une
hydropisie de poitrine, maladie qui rarement
pardonne; et désirant sa maison, se la fit vendre,
lui en laissant l'usufruit : le prix fut composé de
cette charge, de 8,000 fr. payables six mois après,
de l'acquit d'une rente de 150 fr. due à l'hospice,
et d'une rente viagère de 800 fr. Cette vente fut
faite par acte privé, daté du 29 messidor an XII,
enregistré après le décès du sieur Truel, qui eut
lieu le 1er. fructidor suivant.

Sur la demande en nullité de cet acte, le sieur

Lacarière prétendit en vain que les 8,000 fr. qu'il avait à payer, et la rente de 150 fr. qu'il devait servir, surpassaient la valeur de cette maison; en vain il offrit de le faire vérifier par une estimation. Le tribunal d'Aurillac déclara l'acte frauduleux, et fait en contravention de l'article 911; ce qui fut confirmé par la Cour de Riom. Le recours en cassation ne fut pas plus utile au sieur Lacarière.

M. Girault, substitut de M. le Procureur général, dans son réquisitoire, entr'autres observations, fit celles-ci : « La Cour de Riom avait le » droit de juger en fait si la vente en question » devait ou non subsister, et l'on ne peut se dis- » simuler qu'elle n'eût, pour l'annuler, des motifs » suffisants, dans les faits constants de la cause. » Malgré tout ce que le demandeur allègue, le » prix exprimé n'en est pas moins, en très-grande » partie, une rente viagère, et une réserve d'usu- » fruit sur la tête d'un homme mourant, et dont » le médecin, mieux que personne, avait dû cal- » culer l'existence; il faut donc toujours regarder » comme illusoire, au moins la moitié du prix de » la vente; qui, jusqu'à cette concurrence, ne » saurait être qualifiée autrement que donation » déguisée sous la forme d'un contrat onéreux. »

Ces motifs furent adoptés par la Cour de cassation en ces termes : « Attendu que la Cour de » Riom a pu, sans contrevenir à aucune loi, ju-

» ger en fait, d'après les circonstances particu-
» lières de la cause, que l'acte sous-seing privé,
» daté du 29 messidor an XII, enregistré seule-
» ment le 12 fructidor suivant, onze jours après
» le décès du sieur Truel, était, quoique conçu
» sous la forme d'une vente, une donation dégui-
» sée, faite par un malade au profit de son mé-
» decin, pendant le cours de la dernière maladie
» du disposant ; et que, d'après cette décision en
» fait, l'arrêt attaqué a bien appliqué les articles
» 909 et 911 du Code civil. (*Voy*. *Journal du
Palais*, 2ᵉ. *sémestre* 1807, *p.* 289.)

45. Indépendamment des divers actes qui
viennent de nous occuper, tous ceux qui, par
leur caractère, offrent la faculté d'enfreindre les
lois prohibitives, par cela seul peuvent être annulés ; telle est la disposition par laquelle un
légataire serait chargé de faire l'emploi de son
legs, conformément aux intentions que le testateur déclarerait lui avoir fait connaître, sans les
consigner dans son testament. Si une semblable
disposition pouvait être valable, la fraude y trouverait la voie la plus commode pour se jouer de
toutes les prohibitions. Cependant, avant l'Ordonnance de 1735 sur les testaments, elle était
assez généralement tenue pour régulière ; ce qu'attestent les nombreux arrêts de divers Parlements,
rapportés par Louet, Brodeau, Catelan, Serres,
et beaucoup d'autres auteurs. Seulement, quand

la fraude était soupçonnée, le légataire était assujetti à affirmer que les intentions du testateur n'avaient rien de contraire à la loi; comme le fit le curé de Saint-Jacques-la-Boucherie, par l'arrêt de 1580, qu'on trouve dans Ricard, n°. 766.

L'Ordonnance de 1735 n'influa pas sur l'opinion des jurisconsultes; qui, nonobstant celle contraire soutenue par l'avocat-général Talon, lors d'un arrêt rapporté par Bardet, continuèrent d'écrire dans le même sens, en citant les arrêts antérieurs. Depuis le Code, la Cour d'Aix, par deux arrêts des 25 prairial an XIII et 14 juillet 1807, a également déclaré valables de semblables dispositions; et M. Grenier, dans la première édition de son *Traité des donations,* avait aussi suivi cette doctrine; qui depuis a été signalée comme une funeste erreur par la Cour d'Aix elle-même, et après elle par la Cour de cassation. En voici l'occasion.

Mérandol, négociant à Marseille, avait, par son testament, ordonné à son exécuteur testamentaire de mettre à la disposition de l'abbé Laugier la somme de 14,000 fr., *pour laquelle* il déclarait lui avoir *fait connaître* ses intentions. Sur la demande en nullité des héritiers, le tribunal de Marseille déclara le legs valable, par le motif *que le caractère de l'abbé Laugier, et l'estime publique dont il jouissait, ne permettaient pas de supposer que le legs fût destiné à une*

personne incapable, et que l'annuler serait em-
pêcher l'exécution d'un vœu louable de la part
du testateur.

La Cour d'Aix, saisie sur l'appel des héritiers,
réforma ce jugement, par arrêt du 5 juin 1809,
et appuya cette décision sur des motifs auxquels
il serait difficile d'opposer rien de raisonnable ;
les voici : « Attendu que la disposition présente
» un mode de disposer non autorisé par la loi ;
» et qui contrarierait, d'ailleurs, d'une manière
» absolue, son vœu, dans toutes les règles relati-
» ves à la capacité de recevoir ; qu'il s'agit en
» effet d'une libéralité dont l'objet est incertain,
» que le sieur Laugier déclare ne lui être pas des-
» tinée, dont la destination dépend conséquem-
» ment d'un tiers, et n'est pas connue ; qu'il
» faut conclure de ce qu'a dit M. Jaubert, dans
» son rapport au tribunat, sur la loi des dona-
» tions et testaments, que la faculté d'élire était
» interdite par le silence du Code, laquelle était
» toujours accompagnée de l'indication des con-
» currents ; qu'à plus forte raison, le Code ne
» peut autoriser un mode de disposer qu'aucune
» loi ancienne n'avait admis, et qui aurait pour
» résultat de transmettre les biens du défunt à des
» êtres tout-à-fait inconnus, et dont on ne pour-
» rait pas, par conséquent, examiner la capacité ;
» qu'ainsi se trouveraient illusoires toutes les dis-
» positions du Code, contre les incapables, et

» qu'il est impossible de supposer que la loi ait
» entendu elle-même autoriser un moyen si fa-
» cile de rendre inutiles les prohibitions qu'elle
» a établies; attendu que la disposition, nulle en
» elle-même, ne peut devenir valable au moyen
» des offres faites par le sieur Laugier, et qui
» sont des moyens étrangers au testament; at-
» tendu enfin que, même dans l'ancienne juris-
» prudence, ainsi que l'attesta l'avocat-général
» Talon, lors d'un arrêt rapporté par Bardet, la
» disposition dont il s'agit eût été annulée, soit à
» raison de l'incertitude de la destination, soit
» comme excessive. »

Le sieur Laugier se pourvut en cassation, et
l'ancien système fut soutenu par tous les talents
de MM. Desèze, de la Malle, Bellard, Lacalprade
et autres avocats célèbres, réunis dans une consultation; mais tous leurs efforts furent rendus
inutiles par l'érudition et la dialectique de M. Merlin, alors procureur-général. Il fit observer
que les arrêts cités par les anciens auteurs, étaient
tous antérieurs à l'Ordonnance de 1735; que
cette loi était la première qui eût exigé de rédiger par écrit toutes les dispositions d'un testateur,
et qu'elle avait par là abrogé l'usage des dispositions faites au profit de personnes incertaines;
qu'il devait en être de même sous le règne du
Code civil; que, s'il était permis de disposer
ainsi, il serait facile de déguiser sous cette forme

des substitutions prohibées, et des libéralités à
des incapables; ajoutant que les tribunaux ne
sauraient donc s'élever avec trop de sévérité
contre ces dispositions, sous le voile desquelles
le testateur aurait pu enfreindre les prohibitions
légales.

La Cour de cassation adopta sans réserve cette
lumineuse interprétation; et son rejet est ainsi
motivé : « Attendu que l'arrêt attaqué n'a pas
» jugé que le testateur fût incapable de donner,
» et que le sieur Laugier fût incapable de rece-
« voir; mais seulement que le legs n'avait pas
» été fait au sieur Laugier personnellement, et
» que toute disposition faite au profit d'une per-
» sonne incertaine, et laissée à la volonté d'un
» tiers, ne peut avoir aucun effet; ce que la
» Cour d'appel a pu juger sans violer au-
» cune loi, et en se conformant même au vœu
» de toutes les législations qui se sont succédées,
» notamment de la législation actuelle. » (*V. le*
Journal du Palais, tom. 32, *p.* 499.)

L'auteur de ce Journal, fait sur cet arrêt, une
observation qui tend à en atténuer les effets, et
que nous nous faisons un devoir de combattre.
Suivant lui, on n'a jugé ainsi que parce que
M. Laugier n'étant pas légataire, le légataire
était incertain; et la décision eût été différente
si la somme eût été léguée au sieur Laugier; en
sorte qu'aux yeux de l'arrêtiste, tout le vice de

la disposition serait de ce que Mérandol, au
lieu de léguer les 14,000 fr. au sieur Laugier,
aurait chargé son exécuteur testamentaire de les
lui remettre. Il n'a cependant pas pu se dissimuler
que les deux locutions, suivies de la clause, *pour
laquelle somme je lui ai fait connaître mes intentions*, ont absolument le même effet; et conséquemment qu'elles laissent incertaine la personne
à laquelle le legs doit parvenir, ce qui est l'unique cause de réprobation; ainsi que l'ont si énergiquement exprimé la Cour d'Aix, M. Merlin et
la Cour de cassation. Rien ne prouve mieux la
légèreté avec laquelle cette observation a été
faite, que la citation d'un arrêt de la Cour de
Bruxelles, qui lui sert d'autorité. Cet arrêt, du
28 mars 1810, confirme un legs fait à une personne chargée de l'employer au profit des pauvres; certes, dans celui-ci, la personne était
certaine, quoique les individus ne fussent pas
connus; cette personne était l'être moral que
nous connaissons sous le nom de *pauvres*: une
telle destination est aussi claire que louable; elle
ne peut servir de manteau à aucune fraude, et
la citation de l'arrêtiste n'est qu'une méprise.

M. Grenier a mieux su apprécier l'arrêt Mérandol; et dans sa seconde édition, *tom.* 2,
p. 188, il a rétracté sa première opinion; il l'a
fait avec le courage de l'homme de bien, et en a
donné les motifs en jurisconsulte; il ne fait pas,

comme l'auteur du Journal du Palais, dépendre la solution de la question des expressions du testament; mais du sens qu'elles expriment : « On » peut dit-il, regarder comme principe, que ce » serait en vain qu'on ferait la disposition d'une » somme à un particulier, ou directement ou à » prendre des mains de l'exécuteur testamentaire, » pour être employée à une destination secrète, » suivant les instructions données par le dispo- » sant; une telle disposition serait nulle. »

Le même principe a servi à décider une espèce singulière qui s'est présentée, en l'an 12, devant le tribunal de la Seine. La d^{lle}. Bergeret ayant un enfant naturel, avait déposé entre les mains de la d^{lle}. Doufleau, chez laquelle cet enfant avait été en pension, un paquet cacheté adressé à l'enfant, et ne devant lui être remis qu'à une époque fixée. Après la mort de la d^{lle}. Bergeret, son frère réclama ce paquet, comme pouvant contenir un avantage indirect au profit de l'enfant. Le tuteur de celui-ci prétendit qu'un dépôt était sacré, et que ce serait le violer que de le livrer à un tiers. Ce plan de défense fit illusion aux premiers juges; mais la Cour de Paris, malgré les efforts de M^e. Delacroix-Frainville, par arrêt du 25 prairial an 13, infirma la décision, et ordonna la remise du paquet à l'héritier.

Les déguisements de contrats que nous venons de faire connaître, ne sont pas les seules trames que

sache ourdir la fraude ; il en est de particulières à
chaque nature de contrat, et que dans la suite de
ce Traité nous aurons occasion de combattre.
A l'égard de celles imaginées pour voiler les libéralités prohibées, on peut voir ci-après la troisième section.

CHAPITRE IV.

ACTION EN FRAUDE.

SOMMAIRE.

46. Dommages et intérêts. — Contrainte par corps.

46. Indépendamment des attributs de cette
action, suivant les diverses conjonctures dans
lesquelles elle est admissible, elle en a de généraux et communs à tous les cas où la personne
trompée a droit à des dommages et intérêts.

1°. L'évaluation de ces dommages et intérêts
doit comprendre toutes les pertes éprouvées par
la personne qui se plaint, soit que celui qui en
est tenu ait pu les prévoir, soit qu'il ne l'ait
pas pu.

2°. La contrainte par corps peut, suivant les
circonstances, être prononcée.

Pour l'application de ces deux principes, on
suit les règles que nous avons établies pour le
dol. *Voy. partie* 1re., *n*os. 26 *et* 50.

Nous allons développer les autres attributs de cette action, en suivant la fraude, d'abord dans les contrats, puis dans les jugements.

§. Ier.

Fraude dans les Contrats.

Le contrat frauduleusement simulé est infecté du vice le plus dirimant; cependant l'action pour en obtenir la nullité, n'est pas toujours admise; et, quand elle l'est, c'est à diverses conditions, suivant la position de celui qui l'intente. Nous ne pouvons répandre suffisamment de lumières sur cette matière un peu abstraite, qu'en la divisant.

Nous traiterons donc des effets de cette action, dans un premier article, à l'égard des contractants entre eux; dans un second, à l'égard de leurs successeurs; et dans un troisième, à l'égard des tiers.

ARTICLE Ier. Action d'un des contractants contre
l'autre.

47. C'est une question sans cesse renaissante
dans les tribunaux, que celle de savoir si un
des contractants est recevable à arguer de nullité l'acte auquel il a participé? A ce sujet, il
y a controverse entre les jurisconsultes; et la
jurisprudence des Cours n'a pas encore acquis
l'uniformité désirable. La division que nous venons d'établir, en séparant ce que trop souvent
on a confondu, nous paraît devoir préparer une

solution plus facile; elle le deviendra plus encore, en distinguant, comme nous allons le faire,
entre l'admissibilité de l'action, et les preuves à
fournir pour qu'elle soit fondée.

48. Une première règle, à laquelle nous ne connaissons qu'une seule exception (v. le n°. 50), est
qu'à l'égard même des contractants, la simulation
est une cause de nullité radicale ; et que chacun
d'eux est recevable à l'attaquer, contre celui qui
veut consommer la fraude projetée, ou s'en approprier les effets par une seconde fraude.

Quel que soit le but d'une simulation frauduleuse, elle n'a ce caractère réprouvé, que parce
qu'elle enfreint une disposition prohibitive de la
législation : *or, dans ce cas, elle ne peut avoir
aucun effet.*

« L'obligation sans cause, ou sur une fausse
» cause, ou sur une cause illicite, ne peut avoir
» aucun effet. » *Art.* 1131 *du Code civil.*

« La cause est illicite, quand elle est prohibée
» par la loi, quand elle est contraire aux bonnes
» mœurs ou à l'ordre public. » *Art.* 1133.

Nous n'avons, ni dans le Code, ni ailleurs,
aucun statut qui soit plus absolu et moins susceptible d'exception ; c'est une des bases fondamentales de la théorie des contrats ; et elle n'est
placée là que dans l'intérêt des contractants,
puisqu'à l'égard des tiers, leur sort est assuré
par l'article 1165. « Les conventions n'ont d'effet

» qu'entre les parties contractantes, et ne nui-
» sent point aux tiers. »

Ce même statut, relatif aux contractants, se
retrouve dans l'article 1134; et, cette fois, incontestablement, il n'y est que pour eux. « Les
» conventions *légalement* formées tiennent lieu
» de loi à ceux qui les ont faites. » Elles ne sont
donc obligatoires pour eux, que lorsqu'elles ont
un objet légitime.

On fonde le système contraire sur l'axiôme :
Propriam turpitudinem allegans, non est au-
diendus : on verra dans un instant que cet
axiôme n'est judicieusement invoqué que par les
tiers, quand l'auteur de la fraude veut s'en faire
une arme contre eux. On peut d'ailleurs lui opposer un autre axiôme non moins moral : *nemini*
sua fraus patrocinari debet. Mais ce n'est pas
par des axiômes dont le sens est si général, et
qui ne sont reproduits par aucun texte de notre
Code, qu'on peut établir des exceptions à une
règle aussi impérieuse que celle tracée dans les
articles que nous venons de citer.

Sans doute celui qui, pour désobéir à la loi,
a fait un contrat frauduleux, est blâmable; mais
est-ce un motif raisonnable de se refuser à l'entendre, lorsque le remords, ou le regret, le détermine à en demander la destruction? Est-il plus
moral de satisfaire le complice qui persiste
dans sa fraude, et de punir celui qui se repent,

en laissant sa dépouille à celui qui est invariablement pervers ?

Prenons pour exemple, l'espèce jugée par la Cour de Paris, le 29 Avril 1809.

La veuve Nicole prétendait que, parvenue à une extrême vieillesse, et ayant une famille nombreuse, on l'avait déterminée, pour faire passer tous ses biens à l'une de ses filles, de les vendre au sieur Billout, père du mari de cette fille, moyennant une modique rente viagère. Sur sa demande en nullité, Billout lui opposa, comme fin de non recevoir, sa participation à l'acte.

Le tribunal d'Auxerre rejetta cette exception, il fit plus : entraîné par les présomptions graves et nombreuses qui semblaient justifier la plainte de la veuve Nicole, et par le sentiment naturel qui porte à désarmer la fraude, il annula la vente. Ce fut une erreur; la demande était recevable, mais elle n'était pas fondée; la veuve Nicole n'ayant pas de commencement de preuve par écrit des faits qu'elle articulait, la preuve par présomption, ainsi que nous l'établirons bientôt (n°. 52), ne pouvait pas être admise.

Aussi la Cour de Paris réforma-t-elle ce jugement; mais dans la rédaction de cet arrêt, il se glissa une autre erreur; la veuve Nicole y est déclarée non recevable : « Attendu que les parties » contractantes ne sont pas recevables à attaquer » de simulation, les actes qu'elles ont passés. »

(*Voy. le Journal du Palais*, 1er. *sém.*, 1811,
p. 169).

Cette fin de non recevoir érigée en principe
général, nous paraît devoir inspirer d'autant
plus de doutes, qu'en supposant que, dans l'espèce, elle dût être accueillie, parce que la veuve
Nicole voulait elle-même faire annuler une libéralité déguisée; très-certainement dans beaucoup d'autres cas, et particulièrement dans celui
d'usure, le contractant lui-même est admis à réclamer contre la simulation : la même Cour l'a
ainsi décidé par plusieurs arrêts, que nous ne
tarderons pas à rapporter. *Voy. t.* 3, *n°.* 514.

Mais, même à l'égard des libéralités frauduleuses, la fin de non recevoir serait un arbitraire
contre lequel la justice naturelle protesterait
constamment, et qu'aucun texte de droit positif
ne pourrait justifier. Quand l'article 911 du Code
civil déclare *nulle* toute disposition prohibée
faite par contrat déguisé; quand l'article 913
porte que les libéralités des père et mère ne
pourront excéder la limite fixée; quand ces prohibitions sont absolues et sans exceptions, et
qu'on les rapproche de la règle générale, que
toute obligation dont la cause est illicite et contraire aux lois, ne peut produire d'effet; il n'est
pas possible de repousser celui qui veut faire
cesser l'injustice qu'un égarement momentané
lui a fait commettre.

Si, par exemple, la veuve Nicole avait eu un commencement de preuve par écrit (on verra bientôt que, dans ce cas, elle eût été non-seulement recevable, mais fondée dans son action), combien les magistrats n'auraient-ils pas eu de satisfaction à se laisser toucher par les remords de cette femme, s'accusant elle-même, et à rétablir dans sa famille l'égalité sans laquelle la paix entre frères ne peut pas régner?

Objectera-t-on que, sur la demande des successeurs du contractant, l'acte pourra être annulé? Nous demanderons où l'on trouve cette limitation? Nous dirons ensuite qu'il y aurait une dureté bisare à vouloir que l'auteur d'un tort réparable meure sans avoir la faculté de le réparer lui-même. Nous ferons observer enfin qu'on s'exposerait à rendre ce tort irréparable, celui qui l'a commis pouvant emporter avec lui dans le tombeau les notions nécessaires pour dénouer l'intrigue à laquelle il a participé.

Dans une espèce infiniment moins favorable, la Cour de Trèves a signalé, avec une louable précaution, les conséquences que nous venons de tirer des articles 931, 933 et 934 du Code civil.

Rheineck et sa femme avaient vendu divers héritages à Cerf-Liebmann. Après le décès de Rheineck, sa veuve forma demande contre Liebmann, pour qu'il eût à reconnaître que ces ventes n'étaient pas sérieuses, et n'avaient été faites que pour faire cesser les poursuites de leurs créanciers. Le tribunal de Mayence rejeta la demande, « Attendu que les tiers intéressés pouvaient seuls » arguer de la simulation, et non la partie elle-» même, qui ne pouvait profiter de la fraude par » elle pratiquée; attendu, d'ailleurs, que les faits » de simulation n'étaient pas pertinents. »

La Cour de Tréves, saisie sur appel, reconnut également que les faits de simulation articulés n'étaient pas concluants; mais elle ne voulut pas laisser sans critique les motifs de droit donnés sur la question principale par les premiers juges; et à cet égard, dans son arrêt du 4 juin 1811, elle s'est expliquée ainsi : « Attendu que, bien » qu'il soit de règle ordinaire qu'on ne peut pas » écouter celui qui allègue sa propre turpitude, » et qu'en général, les actes faits au préjudice » de tierces personnes, puissent être attaquées par » celles-ci, il ne s'en suit cependant pas que les » parties qui ont passé un pareil acte, soient » obligées de l'exécuter entr'elles, ce qui serait » contraire au principe de nullité absolue de ces » actes; ni que la maxime *propriam turpitudi-» nem allegans non est audiendus,* soit applicable au contrat simulé, contre les sentiments » des auteurs les plus accrédités ;

» Que ce principe conduirait même trop loin, » en ce qu'il en résulterait que, si deux personnes

» s'étaient réunies pour frauder un tiers , au
» moyen d'un acte simulé, l'une d'elles dût seule
» profiter de la fraude et de la simulation; d'où
» il suit que le premier juge a erré, en déboutant
» l'appelant de sa demande en nullité des con-
» trats de vente dont il s'agit au procès, par le
» motif que cette action ne pourrait compéter
» qu'aux tiers lésés par ces contrats; et qu'il est
» d'ailleurs tombé en contradiction avec lui-
» même, en maintenant lesdits contrats à l'avan-
» tage de l'intimé, tout en établissant qu'une
» partie ne doit pas profiter de la fraude à la-
» quelle elle aurait concouru. » (*Voy*. *le Journal
du Palais*, *coll. de* 1811 , *p.* 469.

Cette jurisprudence se fortifie encore des deux
arrêts que nous rapporterons nº. 53.

49. En général, l'action des contractants repose
si solidement sur les principes de droit, que, si
l'un deux, simple gardien de la chose à lui confiée par la simulation, comme dans tous les cas
d'interposition de personne et de vente simulée,
s'est permis, par une fraude particulière, d'en
disposer au profit d'un tiers de bonne foi ; ce
dernier devant la conserver, ainsi que nous le
verrons dans l'article 3 de ce paragraphe, celui
qui a aussi audacieusement trahi ses promesses,
est tenu envers l'autre de tous les dommages et
intérêts résultants de sa perfidie.

Sous le couvert d'une convention simulée, il

en existe toujours une véritable, à laquelle, quand elle est prouvée, les tribunaux ne peuvent pas plus refuser leur protection, qu'à toutes les autres. Si, par une sévérité intempestive, ils repoussaient l'action, ils laisseraient le coupable jouir impunément du fruit de sa double fraude, et feraient produire au contrat illicite l'effet que lui refuse l'article 1131 du Code civil.

50. Il est cependant un cas où cette réclamation du contractant ne doit pas être écoutée; c'est celui du contrat de mariage. Tout ce qui, par cet acte, est promis aux époux, doit leur être fourni, nonobstant toutes promesses contraires, que l'un d'eux et même tous deux auraient pu faire; fût-ce par écrit dans une contre-lettre. *Art.* 1396 *du Code civil.*

L'intérêt public attaché à la prospérité des mariages, a de tout temps établi cette règle d'exception. La loi suppose avec raison que les promesses de réduction de dot ainsi surprises à l'impatience de jeunes personnes prêtes à s'unir, n'ont été que l'effet du dol et le prix du consentement donné.

51. Une seconde exception avait été établie par l'article 40 de la loi du 22 frimaire an VII, qui déclare nulle et de nul effet toute contre-lettre ayant pour objet une augmentation du prix stipulé dans un contrat de vente. Les Cours, et même celle de cassation, voyant dans cette

disposition une mesure préventive et pénale des fraudes envers le trésor public, déclaraient ces contre-lettres nulles, même entre les contractants. Par-là se trouvaient scandaleusement déliés de leurs obligations, ceux qui avaient ainsi promis un supplément de prix; et l'on vit, entr'autres, l'acquéreur d'une terre pour 310,000 f. refuser 30,000 fr. parce que, pour lui éviter de payer des droits, sur cette portion de son prix, le vendeur s'était contenté d'une promesse particulière; il avouait sa promesse, mais le point de droit, suivant lui, devait l'emporter sur le point d'honneur. En vain le tribunal de première instance et la Cour de Caën rejetèrent ce système révoltant; un arrêt de cassation le fit prédominer le 10 janvier 1809.

Cependant, déjà le Code civil faisait la loi de la France; et son article 1321 porte : « Les contre-» lettres ne peuvent avoir leur effet qu'entre les » parties contractantes : elles n'ont point d'effet » contre les tiers; » mais dans la cause on se prévalait de ce que la contre-lettre était antérieure au Code. Au surplus, il faut en convenir, la Cour jugea la question, sans remarquer cette circonstance particulière; et comme si, même sous l'empire du Code civil, on devait maintenir cette jurisprudence. Ce dernier exemple entraîna encore la Cour de Bruxelles à accueillir, le 25 mars 1812, la prétention d'un acquéreur, qui, tout en reconnaissant avoir promis 600 fr. au-delà du prix porté par son acte, soutenait être dispensé de les payer, par la loi de l'an VII.

Heureusement la Cour d'Angers, résista plus long-temps, et donna à la Cour de cassation l'occasion de proscrire cette jurisprudence. Boulais et Bletteau avaient fait un échange d'immeubles, dont la soulte était de 56,300 fr. ; mais on n'avait exprimé dans l'acte que 45,000 fr. : Bletteau ayant donné un reçu particulier de l'excédant. Boulais évincé, réclama sa soulte ; et Bletteau ne craignit pas de se refuser à la restitution des 11,300 fr., la loi de l'an VII l'autorisant à les retenir ; ce qui fut adopté par le tribunal de Saumur. La Cour d'Angers, au contraire, vit dans le reçu de Bletteau une obligation civile et naturelle, et le condamna à faire état des 11,300 fr.

Bletteau porta son pourvoi à la Cour de cassation, mais il y fut déçu dans l'espoir que lui donnaient les arrêts antérieurs. Le 6 janvier 1819, sa requête fut rejetée : « Attendu que la contre-» lettre ou acte sous seing privé du 10 mars 1813, » pour supplément de prix, était postérieure à » la publication du Code civil : la matière se » trouve régie par l'article 1321, et non par l'ar-» ticle 40 de la loi du 22 frimaire an VII. »

Le rédacteur du *Journal du Palais*, en donnant cet arrêt, *tom.* 55, *p.* 57, semble lui refuser la vertu de résoudre irrévocablement la

question, qui, suivant lui, n'est pas *sans difficulté;* il renvoye sérieusement aux premiers arrêts, et aux observations approbatives qu'ils lui
avaient inspirées; il ne fait voir en cela que la
retraite d'un amour-propre blessé. Cet auteur
avait effectivement, sur l'arrêt du 10 janvier
1807, prétendu que l'article 1321 du Code civil
n'avait pas apporté de changement dans la législa-
lation, et il lui en coûtait d'avouer sa défaite.

Il est très vrai que, si on se laissait subjuguer
par une argumentation scholastique, on pourrait
douter qu'un principe général écrit dans le Code
pût abroger une règle d'exception comprise
dans une loi bursale; mais les méditations des
magistrats doivent s'élever plus haut.

Le Décret du 22 frimaire an VII, donné sur la
fin d'une révolution qui avait établi la tyrannie
jusque dans les lois, a le même caractère que
tous les Décrets de cette époque; à une fiscalité
excessive, il unit une profonde immoralité. Si ses
auteurs n'eussent été animés que de l'esprit de
fiscalité, dans leur désir d'effrayer les vendeurs
se prêtant à dissimuler une partie du prix, ils
auraient, au moins, prononcé au profit du trésor
public, la confiscation du supplément du prix;
mais c'est au profit de l'acquéreur qu'ils la pro-
noncèrent, en laissant à sa discrétion la faculté
d'exécuter ou de violer ses promesses, sans re-
douter qu'il ne succombât dans l'état de tentation
où ils le mettaient.

Certes, quand une loi est aussi évidemment corruptrice des mœurs publiques; quand elle autorise et commande, en quelque sorte, l'improbité, les magistrats, pour secouer le joug, ne doivent pas attendre une abrogation expresse, il suffit qu'une autre loi, en renouvelant le principe général, n'ait pas renouvelé l'exception. Grâces soient rendues à la Cour suprême de son arrêt. Les tribunaux, il faut l'espérer, n'auront plus à juger des causes aussi scandaleuses.

52. Tout ce que nous avons dit jusqu'à ce moment de l'action du contractant, n'est relatif qu'à l'admissibilité de cette action, toujours recevable quant au fond. A l'égard des preuves à fournir pour qu'elle soit fondée, une distinction devient nécessaire entre les diverses simulations frauduleuses : sous ce rapport, nous les rangeons en deux classes.

La première comprend celles dans lesquelles le contractant commet la fraude pour préjudicier à ses successeurs ou à des tiers, tout en compromettant ses propres intérêts. Tels sont la plupart des libéralités déguisées, et les actes que fait un débiteur déloyal pour soustraire ses biens à ses créanciers.

Dans la seconde, sont les simulations auxquelles le contractant participe, mais comme victime, et non comme complice, d'une fraude qui n'est conçue que contre lui seul; telles sont

les simulations pour usure, dettes de jeu, libéralités du pupille à son tuteur.

53. Relativement à la première classe, il est
généralement reconnu que le contractant qui, librement, sans aucune espèce de contrainte, et
pour le seul plaisir de satisfaire, soit une injuste
prédilection, soit une insigne déloyauté, s'est lié
par un contrat, et a donné contre lui une preuve
littérale de ce qui est exprimé dans l'acte, ne
peut pas être écouté dans une version contraire,
qu'il n'en ait, au moins, un commencement de
preuve par écrit.

Effectivement, dans cette simulation, les deux
contractants sont coupables ensemble de dol et
de fraude, envers ceux au préjudice desquels ils
ont contracté; mais entr'eux, et par rapport à
chacun d'eux, il n'y a ni dol, ni fraude. Le consentement apparent qu'ils ont donné à l'acte, ne
leur a pas été suggéré par des manœuvres frauduleuses, il a été parfaitement libre et volontaire;
ce que l'un d'eux voudrait prouver, c'est la promesse faite par l'autre, de ne jamais faire son
profit personnel de ce contrat, et de n'en faire
que l'usage convenu; or, c'est précisément ce
dont la loi lui refuse la preuve par ces mots de
l'article 1341 : *ce qui serait allégué avoir été dit,
avant, lors et depuis les actes.*

Si cette perfidie, dont l'un des contractants
accuse l'autre, est vraie, elle offre le dol, non

dans la formation du traité, mais dans son exécution, ce qu'il importe essentiellement de distinguer : nous renvoyons, à ce sujet, au premier
volume de ce Traité ; n°. 93. Mais quand il
existe un commencement de preuve par écrit,
nul doute que le contractant trompé ne puisse
demander lui-même la nullité de l'acte. Ce point
de droit est déjà établi dans l'arrêt de la Cour
de Trèves, n°. 48; nous pouvons y réunir les
suffrages des Cours de Nîmes et de Caën, et l'autorité de la Cour de cassation.

En septembre 1801, le sieur Monnier forma
demande contre la dame Bardon, en condamnation de 6,000 fr., montant d'un billet par elle
souscrit, le 1er. juillet 1772. Un jugement par défaut ayant prononcé cette condamnation, la dame
Bardon en porta l'appel devant la Cour de Nîmes : là, elle reconnut que ce billet était écrit
de sa main, mais en soutenant qu'il n'avait jamais eu de cause sérieuse; que Monnier l'ayant
recherchée en mariage, vingt-neuf ans auparavant, avait exigé d'elle ce billet comme une preuve
de sa confiance en lui et de la sincérité de la foi
qu'elle lui avait jurée; que s'étant marié avant
elle, elle lui avait fait demander son billet par
le curé du lieu, et qu'il avait répondu qu'il était
déchiré; enfin, qu'il n'avait pensé à en tirer parti,
que depuis qu'elle avait hérité seule d'une parente commune, et pour s'en venger. Elle avait

demandé au bureau de conciliation qu'il s'expliquât sur ces faits; il l'avait refusé, ainsi que devant le tribunal d'Usès. Forcé de subir interrogatoire sur faits et articles, il s'était renfermé dans une dénégation absolue.

Dans cet état, la Cour de Nîmes, par un premier arrêt du 18 prairial an XIII, prenant pour commencement de preuve par écrit, le refus opiniâtre de Monnier de s'expliquer sur des faits aussi positifs, admit la dame Bardon à la preuve par témoins; et cette preuve faite, la renvoya de la demande de Monnier, par arrêt du 19 août 1806.

Il ne fut pas mieux reçu en cassation. Le motif de l'arrêt qui rejette son pourvoi, est : « que la disposition de l'article 2 du tit. 20, de » l'Ordonnance de 1667 ne reçoit pas d'applica- » tion aux faits de simulation; que l'article 3 du » même titre excepte aussi de la disposition gé- » nérale de l'article 2 le cas d'existence d'un » commencement de preuve par écrit, lequel » n'ayant pas été défini par la loi, a été aban- » donné à l'appréciation des juges. » Cet arrêt est du 9 février 1808. (*Voy. le Journal du Palais*, *coll. de* 1808, *p.* 321.)

Le sieur Desmares, promettant à la dame Delamotte de l'épouser, l'avait amenée, sous divers prétextes, à lui faire un contrat de vente d'une ferme, moyennant 40,000 fr., dont 30,000 fr.

étaient reconnus payés, le surplus devant l'être aux créanciers de la dame Delamotte. Cet acte passé, il osa refuser le mariage promis, et néanmoins conserver la ferme. Traduit par la dame Delamotte, en délaissement de cette propriété, sur le fondement que le contrat de vente n'était que simulé, et ne contenait qu'une donation faite sous la condition du mariage projeté, il ne craignit pas de soutenir le contraire.

Les créanciers de la dame Delamotte, auxquels elle avait engagé ce domaine, intervinrent; et, le 23 août 1816, le tribunal de Bayeux, convaincu par la réunion d'une foule de présomptions qu'en effet la dame Delamotte, séduite par l'espoir du mariage, n'avait entendu faire qu'une donation, condamna Desmares à le restituer. Ce jugement fut confirmé par arrêt de la Cour de Caën, du 31 août 1817; mais aux motifs des premiers juges, qui ne contenaient que l'analyse des présomptions, cette Cour ajouta prudemment le moyen de droit, sans lequel son arrêt eût été exposé à la cassation, « Attendu que quelques-» unes de ces présomptions forment elles-mêmes » un commencement de preuve par écrit; qu'il » se trouve dans l'interrogatoire de Desmares, » où il reconnaît qu'il existait un contrat de ma-» riage avant la vente; qu'il se trouve sur-tout » dans le contrat de mariage fait six jours après; » qu'en effet, ce contrat de mariage ne consta-

» tant aucun apport d'argent de la part de la
» veuve, prouve ou qu'elle n'a pas reçu la somme
» mentionnée au contrat de vente, ou qu'elle
» voulait en avantager le futur époux, que le
» mariage aurait rendu maître de tout le mobi-
» lier, etc. »

Desmares, devant la Cour de cassation, présentait ainsi son 3me. moyen : « Violation du
» principe de droit, qui veut que celui qui a par-
» ticipé à la simulation du contrat, soit non re-
» cevable à l'attaquer pour cause de simulation ;
» en ce que, dans le fait, l'arrêt attaqué avait
» admis la veuve Delamotte à demander la nullité
» de la vente comme simulée, quoiqu'elle eût
» participé à la simulation. »

L'arrêt du 7 mars 1820, qui rejette son pourvoi, sans daigner réfuter cette prétendue fin de
non recevoir, s'exprime ainsi sur le véritable
point de droit : « Considérant, au fond, que la
» foi due aux actes authentiques, peut être
» détruite par la preuve testimoniale et par de
» simples présomptions, lorsqu'il existe un com-
» mencement de preuve par écrit ; et que, dans
» l'espèce, l'arrêt attaqué a reconnu et pu recon-
» naître un commencement de preuve par écrit
» dans le contrat de mariage, souscrit par Des-
» mares. (*Voy. le Journal du Palais*, t. 57,
p. 551.)

Dans cette cause, il est vrai, les créanciers de

la dame Delamotte unirent leurs efforts et leurs droits à ceux de leur débitrice ; mais si la fin de non recevoir énoncée dans l'arrêt Nicole (*V.* n°. 48), et reproduite par Desmares, eût été fondée, ces créanciers seuls eussent été admis en ce qui les concernait, et la dame Delamotte n'en eût pas moins succombé daus tout ce qui lui était personnel; loin d'en avoir eu la pensée, les magistrats n'ont completté les preuves de simulation que par son serment.

54. Dans les simulations de la seconde classe, le contractant qui y participe ne le fait pas librement; ou c'est un infortuné qui, dans le besoin d'argent, se met à la merci d'un capitaliste, et souffre de la fraude, dont le contrat est pétri, plutôt qu'il ne la commet; ou c'est un joueur, à qui l'honneur semble commander d'assurer une dette dont il ne peut s'acquitter, ou enfin, c'est un pupille plié à l'habitude d'obéir à son tuteur : il n'y a pas seulement fraude, le dol de celui qui veut l'acte y joue le principal rôle, et la fraude n'est employée que pour consolider la rapine que le dol a préparée.

Dumoulin, en parlant des simulations auxquelles se soumettent les malheureux que l'usure dévore, a dit, fort ingénieusement, *egestas excludit voluntarium.* La Cour de cassation n'a pas été moins énergique dans la manière de signaler le motif d'équité qui, dans ce cas, fait la ra-

cine du point de droit : « Dans les conventions
» usuraires, l'emprunteur n'agit pas librement,
» tandis que le prêteur commet le dol » ; expressions de son arrêt du 10 décembre 1813. (*V. ci-
après sect.* 4. n°. 516.)

Il faut en dire autant de toutes les simulations
frauduleuses, qui ne sont l'œuvre que de l'un
des contractants au préjudice de l'autre, celui-ci
subissant la loi qui lui est faite, sans nul dessein
d'en faire réfléchir les conséquences sur personne. En ce cas, le contractant lésé est restitué
contre toutes ses obligations, par l'article 1116 du
Code civil, comme étant l'effet du dol; non-seulement il est, en la forme, recevable dans l'action
en nullité, mais au fond, il peut recourir à tous
les genres de preuves, même par témoins et par
présomptions. Ce point de droit sera plus complètement développé et justifié dans la sect. 4,
Des conventions illicites.

55. La preuve par témoins ou par présomptions, serait encore admissible, sans commencement de preuve par écrit, contre la simulation;
si, innocente dans son principe et dans le moment où elle a été pratiquée, elle devenait funeste par ses conséquences dans un cas imprévu,
lors duquel une des parties intéressées voudrait
frauduleusement s'en prévaloir. Dans cette hypothèse, comme dans celles qui précèdent, il n'y a
aucune turpitude à reprocher à celui qui se

plaint du fâcheux effet qu'il éprouve d'une simulation à laquelle il s'est prêté, sans prévoir l'événement qui cause ses regrets. La Cour de Toulouse a fait, de cette règle d'exception, une très-judicieuse application dans un arrêt du 9 janvier 1820.

Le sieur Darmenté, célibataire, avait une sœur, la dame Buzy, que par un testament il avait instituée sa légataire universelle. L'harmonie ayant été troublée un moment entr'eux, il le révoqua; mais bientôt la dame Buzy, probablement instruite de ce changement, et cherchant à regagner les bonnes grâces de son frère, y parvint; pour s'assurer un avantage plus solide qu'une disposition testamentaire, elle obtint de lui une obligation notariée, portant qu'elle lui avait prêté 6,000 fr., avec la clause, cependant, qu'elle ne serait exigible qu'après le décès de l'emprunteur, et ne porterait pas intérêt jusques-là.

Quelques années après, le sieur Darmenté s'étant marié, eut un enfant, et demanda l'annulation de cet acte, comme déguisant une donation, que la survenance de son enfant devait faire tomber; il articulait plusieurs faits établissant la simulation, et offrait de les prouver.

Sa demande fut rejetée par le tribunal de première instance, par le motif qu'il n'est pas permis à une des parties contractantes d'arguer de simulation l'acte qu'elle a souscrit volontairement. Il fut plus heureux sur l'appel, sa demande fut accueillie et l'obligation annulée, sans même que la Cour ait cru nécessaire qu'il prouvât les faits par lui articulés, les circonstances déjà connues ayant paru déterminantes. Voici les motifs de cet arrêt :

« Attendu que la qualité des parties qui figu-
» rent dans l'acte du 25 mars 1811; la circons-
» tance que Jean Darmenté était alors sans en-
» fants; les dispositions testamentaires qu'il avait
» faites en faveur de sa sœur, et qui prouvent
» ses intentions de la gratifier; l'acte par lequel
» il révoqua ses premières dispositions, et qui
» ont inspiré à la dame Buzy le besoin de lier
» son frère par un acte irrévocable ; l'impossi-
» bilité où elle était de prêter une somme de
» 6,000 fr.; l'invraisemblance que son mari,
» dont la fortune est très-bornée, lui eût fourni
» une pareille somme; les clauses de l'acte du
» 25 mars 1811, où on ne mentionne aucune
» numération d'espèces, et où la prétendue créan-
» cière se soumet à n'exiger le capital qu'au dé-
» cès du prétendu débiteur, avec renonciation
» à tous intérêts; tout prouve la simulation de
» l'acte du 25 mars 1811.

» Attendu que cette simulation fut accompa-
» gnée d'une tentative de dol et de fraude, ayant
» pour objet d'éluder les dispositions de la loi,
» sur la révocabilité des donations entre-vifs,

» pour cause de survenance d'enfant; mais que
» ce dol et cette fraude furent entièrement l'ou-
» vrage de Philippine Darmenté, et demeurèrent
» étrangers à son frère, qui, évidemment, n'avait
» aucun intérêt à les commettre; »

» Attendu que, s'il est de règle que la simula-
» tion d'un contrat ne peut être alléguée et prou-
» vée par les parties qui y ont figuré, c'est par
» une suite du principe que nul ne doit être ad-
» mis à alléguer sa propre turpitude; que dès-
» lors, la règle cesse lorsque la simulation n'a
» été accompagnée d'aucune fraude de la part de
» celui qui allègue la simulation; que les auteurs
» et les tribunaux l'ont constamment décidé ainsi;
» et que, d'après ce qui a été dit plus haut, elle
» est applicable à Jean Darmenté, avec d'autant
» plus de raison que, dans l'espèce, ce dernier
» agit plutôt pour son fils que pour lui, et qu'il
» importe à l'ordre public d'empêcher qu'on
» n'élude les dispositions législatives sur la révo-
» cabilité des donations entre vifs pour cause de
» survenance d'enfants;

» Attendu que l'affectation de déguiser sous
» les apparences d'un contrat onéreux, un acte
» de simple libéralité, place ledit acte sous l'in-
» fluence des dispositions portées par l'article
» 965 du Code civil.

» Attendu que la preuve offerte par Jean Dar-
» menté serait admissible en droit, mais qu'elle

» est inutile en fait, d'après les présomptions qui
» existent au procès. » (*Voy*. *le Journal des Au-*
diences de la Cour de cassation, *par M. Dalloz*,
1821, *p*. 88 du supplément.)

ARTICLE II. Actions des successeurs du contractant.

SOMMAIRE.

56. Successeurs ayant-cause.
57. Successeurs ayant des droits personnels.

56. Quand les héritiers du contractant n'exercent que ses droits, et n'agissent que comme le
représentant, on ne peut voir en eux que ses
ayant-cause; ils ne sont admis à se plaindre de
la fraude, que comme il l'aurait été lui-même,
suivant les développements que nous venons de
donner dans l'article qui précède. Par exemple,
les héritiers d'un failli qui par des actes simulés,
a mis tout ou partie de son actif à couvert des
recherches de ses créanciers, ne peuvent agir
utilement contre celui à qui ces biens ont été
confiés, qu'autant qu'ils auront la preuve écrite
de la simulation, dans une contre lettre, ou,
au moins, un commencement de preuve par
écrit.

57. Mais, nous l'avons dit, n°. 10 et 11, si les
successeurs ont des droits personnels que la loi
protège contre les volontés désordonnées de leur
auteur, comme sont les portions qu'elle veut être

réservées aux ascendants et descendants, par les articles 913 et 915 du Code civil, ainsi que les actions en retranchement des libéralités excessives faites aux enfants naturels, ou entre époux; dans ce cas, et autres de même nature, ils sont véritablement *des tiers*, à l'égard des actes faits à leur préjudice; et leurs droits doivent être réglés comme on va l'expliquer dans l'article qui suit.

ARTICLE III. Actions des tiers ou contre eux.

SOMMAIRE.

58. Interprétation de l'article 1165 du code civil, sur l'effet des conventions à l'égard des tiers.
59. La simulation ne peut pas leur nuire.
60. Lors même qu'elle serait prouvée par des contre-lettres ayant date certaine.
61. Pourvu qu'ils ayent été de bonne foi.

58. Les conventions n'ont d'effet qu'entre les parties contractantes; elles ne nuisent point aux tiers. *Article 1165 du Code civil.* Le sens de cette disposition n'est pas aussi absolu qu'il peut le paraître. Dans une infinité de conjonctures, les tiers sont lésés par des conventions auxquelles ils n'ont pris aucune part : tel est même l'unique but de la simulation frauduleuse. Ainsi dans une faillite, les complices du banqueroutier, se présentent avec des titres imposteurs et menacent d'envahir la majeure partie de l'actif. Ces conventions nuiront inévitablement aux tiers

créanciers légitimes, s'ils ne parviennent pas à confondre l'imposture ; leur action à ce sujet est toujours recevable, et aucune espèce de preuve ne leur est refusée.

59. La disposition de l'article 1165 reçoit une plus exacte application, dans le cas où, comme nous l'avons déjà fait apercevoir, n°. 49, un des contractants, simple dépositaire de l'objet de la convention simulée, abuse de la simulation, en livrant cet objet à un tiers, par vente, hypothèque ou autrement. Ce tiers qui, de bonne foi, a acquis un droit le conservera.

Il n'en est pas de cette hypothèse, comme de celle de la vente extorquée par dol. Dans ce dernier cas, le consentement donné à la vente par la personne trompée, est l'effet d'une erreur ; et quand elle est reconnue, le contrat tombe. *Voy. la 1re. partie de ce traité*, n°. 32.

Dans la vente simulée, au contraire, le consentement apparent du vendeur est volontaire. Il n'a pas voulu vendre, mais il a voulu paraître l'avoir fait ; et c'est parce qu'il a pratiqué ce mensonge, lui donnant toutes les couleurs de la vérité, qu'un tiers, étranger à ce mystère, a cru pouvoir traiter avec le propriétaire apparent. S'il osait réclamer sa chose contre celui-ci, c'est alors que s'appliquerait très-équitablement le maxime : *Propriam turpitudinem allegans non est audiendus.*

Le 20 décembre 1798, les demoiselles Lafare, voulant conserver leur fortune à leur frère émigré, firent une vente simulée de leurs biens à la dame Maucler, leur nièce, moyennant un prix déclaré payé comptant, et dont la dame Maucler leur donna une contre-lettre. Celle-ci, simple gardienne de ces biens, se permit, néanmoins, de les hypothéquer à plusieurs créanciers, et particulièrement au sieur Charcot, en 1806, pour une somme de 22,774 fr. En 1809, les demoiselles Lafare s'aperçurent du mauvais état des affaires de leur nièce, la traduisirent devant le tribunal d'Alais; et fondées sur ce que l'acte du 20 décembre 1798 n'était qu'un fidéicommis tacite, établi par leur contre-lettre, elles demandèrent la nullité de la vente. La dame Maucler reconnut la vérité de la simulation, et la nullité fut prononcée.

Cependant le sieur Charcot, voulant mettre à fin la saisie immobilière qu'il avait établie sur les biens, les demoiselles Lafare s'y opposèrent, en se prévalant du jugement rendu contre la dame Maucler. Aussitôt il y forma tierce opposition, et le tribunal d'Alais le rétracta. Les demoiselles Lafare ayant appelé devant la Cour de Nismes, trois autres créanciers de leur nièce, se joignirent au premier, pour demander le maintien du jugement de retractation; qui fut effectivement confirmé par arrêt du 14 août 1812.

Parmi les nombreux motifs qui justifient cette décision, nous ferons remarquer ceux-ci : « At-
» tendu que ni les aveux de la dame Maucler, ni
» les contre-lettres qu'on produit, et dont la date
» certaine ne remonte qu'au 11 novembre 1809,
» jour de l'enregistrement, ne peuvent préjudi-
» cier aux créanciers de ladite Maucler; ces con-
» tre-lettres et ces aveux leur étant étrangers ;

» Attendu que, quand cet acte serait simulé,
» la feintise ne pourrait exercer son influence
» qu'entre les parties qui y ont concouru, la
» simulation étant leur ouvrage commun; mais
» qu'elle ne saurait jamais nuire à des tiers qui
» n'ont pas dû connaître cette simulation, qu'il
» suffit pour un tiers de voir un acte régulier,
» pour qu'il doive croire à sa sincérité, et qu'il
» contracte légalement sur la foi de cet acte;

» Attendu que ce principe conservateur des
» transactions sociales n'est susceptible d'aucune
» modification ; que la plus légère atteinte qui
» lui serait portée, faciliterait la fraude, ren-
» verserait bientôt tous les actes, exposerait
» toutes les fortunes à être détruites; et jeterait
» le trouble dans le sein des familles; que les
» magistrats chargés du dépôt sacré de la justice,
» doivent essentiellement veiller à ce que de tels
» abus ne parviennent à s'introduire. (*Voy. le
Journal du Palais, tom.* 36, *p.* 420.)

Déjà la Cour de Caën, et par suite, celle de

cassation avaient consacré le même point de droit.

Lerebours ayant plusieurs enfants, et voulant avantager l'un d'eux, vendit tous ses biens à Blanlot, qui remit à Constance Lerebours une contre-lettre. Un an après, et sur affiches, Blanlot revendit une partie de ces biens à Fontenelle. Après le décès de Lerebours, ses autres enfants attaquèrent Blanlot et Fontenelle devant le tribunal de Caën; qui, sur la preuve de la fraude, annula la vente faite à Blanlot, mais en maintenant l'acquisition de Fontenelle. Ce jugement à été confirmé par la Cour de Caën, le 11 décembre 1809, et par la Cour de cassation, le 18 décembre 1810.

Un des motifs de l'arrêt de rejet est ainsi conçu :

« Le contrat qui avait rendu Blanlot proprié-
» taire n'étant attaqué par personne, lors de la
» vente à Fontenelle, il ne vendait pas la chose
» d'autrui; de son côté Fontenelle avait toute
» raison de croire qu'il n'achetait pas *à non do-*
» *mino,* puisqu'il traitait à la vue d'un contrat
» authentique, passé depuis plus d'un an, per-
» sonne ne réclamant, et pour des biens dont la
» vente était annoncée par des affiches publiques.
(*Voy. le Journal du Palais,* 1er. sém., 1811,
p. 417.

60. Deux observations importantes doivent

être faites sur ces décisions. 1°. Dans l'arrêt de
la Cour de Nismes, on lit que la contre-lettre
n'avait pas de date certaine, avant la demande;
il ne faudrait pas en conclure que, si elle avait
eu une date certaine avant la demande, elle aurait déterminé une solution contraire. Ce motif
est donné dans l'espèce, comme un point de fait,
ajoutant un moyen de plus à ceux qui déjà portaient à rejeter les réclamations des demoiselles
Lafare; mais quand la contre-lettre aurait eu
une date certaine, quand même elle eût été
donnée par un acte authentique, elle n'aurait
pas dû avoir plus d'influence sur la cause.

La publicité des actes notariés, ainsi que de
l'enregistrement, est plus de droit que de fait.
Dans les relations ordinaires, il est rare qu'on
aille consulter ces dépôts : le soupçon seul pourrait en donner la pensée ; et si on le concevait
dans une négociation, on s'abstiendrait de la négociation même. Or, dans les causes de dol et
fraude, on ne s'occupe que du point de fait. Si
donc on voyait un particulier vendre tout ou
partie de ses biens, et, dans le même temps, le
retenir pour lui et les siens, par un acte enregistré ou notarié, puis son acquéreur les revendre ou les hypothéquer à un tiers, par suite du
premier acte, cette excessive précaution ne ferait que manifester davantage le piège tendu aux
tiers. Ne serait-il pas évident que la duplicité

des actes, et la fixité donnée au second, n'auraient été imaginées que pour tromper à coup
sûr ? La fraude y serait si palpable, que suivant
les circonstances, elle pourrait présenter le caractère d'une véritable escroquerie.

61. On a du remarquer le soin avec lequel la
Cour de cassation, dans l'arrêt du 8 décembre
1810, a relevé tout ce qui justifiait la bonne
foi de Fontenelle : l'année qui s'était écoulée entre les deux actes; le silence des enfants de Lerebours, et les affiches qui avaient précédé la
revente. En effet, dans une semblable occurrence, s'il apparaissait que le tiers acquéreur
eût, de près ou de loin, participé à la collusion,
l'exception, qui n'est ouverte qu'à la bonne foi,
lui serait refusée.

§. 2.

Fraude dans les jugements.

62. Ce n'est pas seulement par des actes, c'est aussi dans des instances et par des jugements concertés, que, par fois, la fraude parvient à se préparer les moyens de nuire à des tiers; quelle que soit la surveillance du ministère public et des juges, trop souvent ce scandale se renouvelle dans les tribunaux.

Tantôt un homme, entrevoyant le moment où ce qu'il possède ne suffira pas à ce qu'il doit, fait former contre lui, par son confident, une demande en paiement d'une créance factice, se défend mal; ou acquiesce à cette action, qui est suivie de jugement, d'inscription hypothécaire, etc.; et il se dispose ainsi à faire, par les mains qu'il emprunte, revenir dans les siennes tout ou partie de son avoir.

Tantôt le possesseur d'héritages grevés d'hypothèques, voulant en distraire une partie au préjudice de ses créanciers, y concède des droits de propriété, d'usufruit, de servitude ou autres; et, pour le faire impunément, accéde à l'action dirigée dans ce sens, ou y succombe, par suite d'une défense assez astucieuse pour qu'elle puisse faire croire qu'il se défend de bonne foi, et cependant qu'elle ne puisse pas empêcher le succès de l'action.

On a vu des légataires universels trahir les intérêts des légataires particuliers, en se prêtant aux procédures qui devaient faire prononcer la nullité du testament. On a vu jusqu'à des pères et mères user de cette voie honteuse, soit pour franchir, dans les libéralités, les barrières établies par la loi, soit même pour attribuer une naissance légitime aux fruits secrets de leur commerce illicite; en un mot, la plupart des fraudes qu'on peut pratiquer par des actes, peuvent également être commises par des procédures collusoires, suivies de jugements que les magistrats trompés n'ont pas pu refuser.

63. Comme celui qui a été partie dans une instance, obtient justice du dol, par la requête civile, de même celui qui n'y a pas été appelé, peut combattre la fraude à la faveur de la tierce opposition; moyen conservé par l'article 474 du Code de procédure, et que toutes les législations ont accordé aux tiers lésés par des jugements; moyen précieux aux tribunaux eux-mêmes, toujours empressés de révoquer des décisions contraires à l'équité.

Néanmoins cette procédure, toute favorable qu'elle soit, lorsqu'elle milite pour des droits légitimes, a dû être soumise à des rigueurs, pour qu'on n'en abusât pas, en faisant sans cesse renaître les mêmes procès; et une peine pécuniaire est encourue, dans tous les cas, par celui qui l'a entreprise sans succès.

64. Les tiers ne sont pas toujours obligés d'y recourir pour faire rejeter, à leur égard, les jugements auxquels ils n'ont pas été appelés. En principe général, *la chose jugée* n'est telle que relativement à ceux qui ont concouru à la solution légale de la difficulté, elle n'est pas la vérité, elle est seulement réputée la vérité; *pro veritate habetur*; et cette présomption ne règne que sur ceux entre lesquels elle a été établie. *Sœpè constitutum est res inter alios judicatas, aliis non præjudicare. L. 63, ff. de re jud.* L'article 1351 du Code civil n'est

pas moins formel : L'autorité de *la chose jugée*
n'a lieu que lorsque la nouvelle demande est
entre les mêmes parties.

M. Merlin, dans son nouveau répertoire, à
l'article *tierce-opposition*, en fait l'observation
judicieuse, et renvoye aux articles *Chose jugée*
et *Curateur*; où il rapporte deux arrêts de cassation, qui ont accueilli des demandes, sans avoir
égard à des décisions antérieures et contraires,
auxquelles il n'avait pas été formé de tierce opposition.

Le premier est du 2 germinal an x, au profit
du sieur Delon, contre le sieur Lafaye, sur l'en-
voi en possession de biens, dont ce dernier avait
lui-même obtenu la remise, par jugement du 17
thermidor an III.

Le second est du 14 octobre 1806, dans le
procès de la dame de Navaille, contre laquelle
la dame Cresp et le sieur Fortin avaient obtenu l'exécution d'une transaction de 1782, nonobstant un arrêt du Conseil du 15 août 1783,
qui l'annulait, et auquel la dame Cresp et le
sieur Fortin n'avaient pas formé opposition.
Dans le réquisitoire sur lequel cet arrêt est intervenu, M. Merlin, alors Procureur-général, disait : « Mais ils n'y ont pas formé opposition : où
» est-il écrit que cela fût nécesssaire de leur part?
» La loi 63 ff. *De re jud.* dit tout simplement
» que la chose jugée entre deux parties ne pré-

» judicie pas à un tiers. Comment donc le tiers qui
» n'a pas été partie dans un arrêt, pourrait-il
» avoir besoin pour l'écarter de prendre la voie
» de l'opposition? Si, pour l'écarter, il avait be-
» soin de cette voie, il ne serait plus vrai de dire
» que cet arrêt ne lui préjudicie pas; il lui pré-
» judicierait certainement, et d'une manière bien
» sensible, puisqu'il ferait loi contre lui, tant
» qu'il ne l'aurait pas fait rétracter, par une
» procédure toujours dispendieuse, et qui, en
» cas de non réussite, emporte une peine pécu-
» niaire contre celui qui l'a entreprise. Que le
» tiers non appelé dans un jugement qui pro-
» nonce contre lui une condamnation quelcon-
» que, puisse l'attaquer par l'opposition, cela est
» incontestable : mais qu'il y soit tenu pour neu-
» traliser cette condamnation, c'est ce qu'au-
» cune loi n'a dit ; c'est ce qu'aucun auteur n'a
» enseigné ; c'est ce qu'aucun arrêt n'a jugé.

La doctrine du Procureur-général se retrouve,
dans l'arrêt intervenu, exprimée en ces termes :
« Attendu que tout ce que l'arrêt du Conseil a pu
» juger, est absolument *res inter alios judicata*,
» au regard de défendeurs qui ne furent ni ap-
» pelés, ni ouis. »

Pigeau dans sa *procédure civile*, *liv.* 2, *partie*
4, *chap.* 2, en a fait une règle de procédure.

Dans toutes les conjonctures où un jugement ne
porte que sur des intérêts absolument privés, et

dont l'exécution ne concerne que celui avec lequel il a été rendu, et celui à qui on l'oppose, il suffit donc à ce dernier de se prévaloir de ce qu'il n'y a pas été partie, et de ce que conséquemment son droit n'a été ni examiné ni jugé.

Paul demande à Thomas le désistement d'un héritage qu'il prétend lui appartenir. Thomas lui oppose un jugement qui contradictoirement avec Jean, l'en a déclaré propriétaire. Paul pour toute défense, fait observer qu'il n'a pas pu faire valoir son titre lors d'un jugement auquel on l'a tenu étranger; qu'on a jugé le droit de Jean et non le sien.

Le même système suffirait au tiers saisi, si un jugement intervenu entre le saisissant et le débiteur seulement, ordonnait qu'il paierait au saisissant une somme qu'il ne lui devrait pas.

Cette défense conviendrait encore aux créanciers appelés à une distribution de deniers. Si l'un d'eux prétendait à un privilège ou un rang d'hypothèque, qu'il se serait fait attribuer par un jugement prononcé seulement entre lui et le débiteur commun, les autres créanciers seraient incontestablement fondés à tenir ce jugement pour non avenu; les questions de privilège et d'hypothèque étant indifférentes au débiteur, et ne pouvant être valablement jugées qu'avec ceux sur lesquels elles tendent à donner une préférence.

65. Si le jugement sortait du cercle des inté-

rêts privés, et avait déjà reçu son exécution,
de la part des fonctionnaires publics; comme si,
dans le dernier exemple que nous venons de
donner, le privilège avait déjà été inscrit par le
Conservateur; ou si le jugement prononçant la
rectification d'un acte de l'état civil, avait été
exécuté; ou si en vertu du jugement, des scellés
avaient été apposés, un séquestre établi, etc.
Dans tous ces cas, et ceux de même nature, les
fonctionnaires qui ont obéi aux premiers ordres
de la justice, ne peuvent agir en sens contraire,
qu'en voyant la rétractation formelle de ces ordres, qui ne peut être donnée que sur une tierce
opposition.

Il serait encore indispensable d'employer ce
moyen, si l'on avait intérêt d'empêcher l'exécution irréparable d'un jugement; comme s'il ordonnait une vente d'effets mobiliers, ou leur remise à une personne insolvable; dans tous les
cas, autres que le délaissement d'un immeuble,
les juges peuvent ordonner un sursis; mais il
faut, pour cela, que leur premier jugement soit
attaqué par une opposition.

66. Lors qu'on veut ainsi résister à l'exécution
d'un jugement, sur-tout par la tierce opposition, il est de règle générale qu'il faut, non-seulement n'y avoir pas été appelé personnellement,
mais encore ne représenter aucun de ceux qui y
ont été parties; condition textuellement rappelée

dans l'article 474 du Code de procédure, et qui n'est, d'ailleurs, que la juste conséquence du principe que ce qui lie l'auteur, lie également tous *ses ayant-cause*.

67. Deux exceptions modifient cette règle.

La première a lieu, lorsqu'il est prouvé qu'il y a eu concert frauduleux entre ceux qui ont concouru au jugement. La source de cette sage prévoyance contre la fraude est dans la loi 55 Cod. *de...pig. et hyp.Præses provinciæ jus pignoris tui exequentem te audiet; nec tibi oberit sententia adversus debitorem tuum dicta, si eum collusisse cum adversario tuo.... constiterit.*

M. Merlin, dans son répertoire, tom. 8, au mot *tierce-opposition*, §. 2, art. 3, indique cette loi comme admise dans notre jurisprudence, et *généralement reçue dans nos mœurs*. Dans l'article 11 du même paragraphe, il rapporte un arrêt de la Cour de Nîmes, du 27 août 1806, qui rejette la tierce opposition des créanciers du sieur Rigal de la Piedera, à une sentence arbitrale rendue contre leur débiteur; et dans les motifs de cet arrêt on lit : « Que les créanciers » ne peuvent prendre, contre les jugements ren- » dus avec leur débiteur, que les mêmes voies » qui seraient ouvertes à leur débiteur lui-même, » à moins que le jugement ne fût attaqué comme » étant l'effet d'une collusion frauduleuse. »

La Cour de Toulouse a également reconnu

cette exception, dans un arrêt du 17 juin 1819;
elle a aussi rejeté l'opposition du sieur de Saint-
Lieux, à un jugement rendu contre son père, en
disant qu'il est vrai que le dol fait exception à
toutes les règles, et que, s'il était prouvé qu'un
jugement rendu entre l'auteur d'une reconnaissance, et celui qui en fut l'objet, ne fût qu'un
jugement collusoire, concerté pour valider une
reconnaissance nulle, il serait permis de croire
que ce jugement ne lie pas ceux contre lesquels
il fut dirigé. (*Voy. le Journal du Palais*, t. 60,
p. 334.)

Cette question a été plus directement traitée
devant la Cour d'Aix, et y a été résolue dans le
même sens.

Coullange, bijoutier, avait vendu à Treille et
Isoard deux cassettes de bijoux, et reçu en paiement de 5,742 fr., faisant partie du prix, des
traites souscrites par Treille et acceptées par
Isoard. Ce dernier ayant emporté à Marseille les
deux cassettes, les confia à Tronchet et compagnie, qui se chargèrent de les vendre, et lui avan-
cèrent de l'argent. Le 30 novembre 1807, sur
une demande concertée entre eux, Tronchet
fut, par jugement du tribunal de commerce, autorisé à vendre les bijoux à son profit. Coullange,
éveillé par le défaut de paiement de ses traites,
forma tierce opposition au jugement qu'il soutint
obtenu *par collusion*. En vain on invoqua contre

lui la règle ordinaire, qui fait du créancier l'ayant-
cause de son débiteur, lorsqu'il attaque les jugements rendus contre ce dernier. La Cour,
dans son arrêt du 4 juillet 1810, a dit sur
cette partie de la cause : « Quoiqu'en thèse
» ordinaire, l'opposition ne compète point au
» créancier de celui envers lequel le jugement a
» été rendu, il en est autrement quand il y a
» eu collusion entre le débiteur et la partie qui
» a obtenu gain de cause ; la collusion d'I-
» soard avec le sieur Tronchet et compagnie ré-
» sulte de leur conduite, de leur défense, des
» circonstances de la cause, et notamment de la
» facilité avec laquelle Isoard souscrivit, parde-
» vant le tribunal de commerce, à tout ce que
» les sieurs Tronchet et compagnie demandèrent
» lors du jugement du 30 novembre 1807. »
(*Voy. le Recueil de M. Sirey*, tom. 12, 2e. *part.
pag. 31.*)

On peut croire un instant que l'article 474 ne
doit pas supporter cette exception, puisqu'il est
général; mais si l'on se pénètre bien de l'esprit
de sa disposition, on reconnaîtra que son texte
même se prête à l'interprétation qu'on lui a généralement donnée.

Il veut qu'on se refuse à entendre celui qui représente une des parties au jugement, parce qu'il
suppose que cet opposant va exercer des droits
qui ont déjà été soumis à la justice par celui qu'il

représente, et que ce dernier, en se défendant, a défendu ses *ayant-cause*; mais, s'il est vrai qu'au lieu de faire connaître à la justice la vérité, il a laissé des chimères s'accréditer; s'il est vrai qu'au lieu de maintenir les intérêts de ses ayant-cause, il les a trahis; il sera aussi très-vrai que ses ayant-cause ne le représentent pas plus aujour-d'hui qu'il ne les a représentés lors du jugement; que la nouvelle instance n'est pas le renouvelle-ment de la première; que les droits à soumettre aux magistrats ne sont pas ceux qui leur ont été soumis; en un mot, qu'il ne s'agit que de dé-nouer une méprisable intrigue qui a trompé l'autorité même.

Ajoutons, à l'égard des créanciers, que le Code civil, par les articles 1166 et 1167, leur accorde deux droits très-distincts : l'un d'exercer les droits de leur débiteur, ce qui rend obligatoire à leur égard tout ce qui l'est pour le débiteur; l'autre, d'attaquer tous les actes faits par celui-ci en fraude de leurs droits; c'est cette faculté que la jurisprudence a étendue jusqu'aux contrats judi-ciaires.

68. Pour jouir de l'avantage de cette excep-tion, c'est au tiers opposant à prouver le fait de la collusion, à laquelle elle est attachée; la fraude ne se présumant que dans les cas exprimés par la loi.

Elle est suffisamment prouvée, si, d'une part,

on démontre l'injustice de la condamnation prononcée par le premier jugement; si, de l'autre,
on voit, par ce jugement même, qu'elle a été
consentie par la partie condamnée. Qu'on remarque bien la première condition, l'injustice
de la condamnation; ce serait en vain que l'on
se prévaudrait de ce que la créance n'était pas
établie; l'aveu qui en aurait été fait par le condamné devant être réputé hommage à la vérité
jusqu'à la preuve du contraire : il faut prouver
qu'il avait à sa disposition des moyens avoués
par l'équité, avec lesquels il pouvait éviter la
condamnation, et qu'il ne les a pas employés.
Voy. pour les exceptions le n°. 71 ci-après.

69. La preuve de la collusion peut se trouver
encore dans une contumace affectée, ou dans
une défense évidemment incomplette. On a dû
remarquer dans l'arrêt du 4 juillet 1810, que
nous avons rapporté ci-dessus, n°. 67, qu'un des
principaux motifs de la Cour d'Aix, pour déclarer la collusion, a été pris dans la défense d'I-
soard, et notamment dans la facilité avec laquelle il avait souscrit devant le tribunal de commerce, à tout ce qui lui avait été demandé par
les sieurs Tronchet et compagnie.

C'est par cette seule circonstance, d'une *défense suspecte*, que la Cour de Rouen s'est déterminée dans un arrêt du 25 brumaire an x. Le
14 juin 1793, la veuve Gouy avait vendu à Bour-

guignolle un terrain au Hâvre, moyennant une rente de 700 fr. au capital de 14,000 fr., et deux ans après, Bourguignolle l'avait revendu à Malherbe. Par suite de la loi du 16 nivôse an VI, il forma demande contre la veuve Gouy, pour faire réduire ce prix en valeur métallique. Les experts nommés, au lieu de trouver qu'il y eût lieu à réduction, estimèrent le terrain 16,325 fr. 75 c.; et par jugement du 9 fructidor an VII, Bourguignolle fut condamné à payer cette somme. Malherbe, acquéreur, menacé d'éviction, forma tierce opposition à ce jugement, et demanda communication de l'expertise. La veuve Gouy, refusant cette communication, le soutint non recevable dans sa tierce opposition, se fondant sur ce qu'il était l'ayant-cause de Bourguignolle, et que la chose était jugée. Il répondit que ce dernier, soit par sa négligence, soit par sa connivence avec le premier acquéreur, n'avait pas pu préjudicier à ses droits. Le 15 nivôse an IX, le tribunal du Hâvre rejeta la fin de non recevoir. Son jugement a été confirmé, et voici les termes de l'arrêt : « Considérant que si, en principe gé-
» néral, le tiers détenteur, successeur à titre
» particulier de l'acquéreur originaire, n'est pas
» recevable à attaquer par la voie de la tierce
» opposition, les jugements contradictoirement
» rendus contre ce dernier, ce principe souffre
» exception toutes les fois que l'acquéreur origi-

» naire a, par sa négligence ou par une mauvaise
» défense, sacrifié les intérêts de son successeur ;
» que, dans le fait, Bourguignolle, en négligeant
» sa propre défense, en substituant des conven-
» tions privées et volontaires à celles résultantes
» des actes, et aux errements judiciaires que
» comportent le procès, et en dérogeant aux con-
» ventions de son traité primitif, sur la foi des-
» quelles les sous-acquéreurs avaient eux-mêmes
» contracté, a sacrifié leurs intérêts et a aggravé
» leur sort. » (*V. le Journal du Palais*, 2ᵉ. *sém.*,
an 12, *p.* 142.)

70. Lorsque rien, dans la première procédure,
ne fait découvrir la collusion, et que cependant
des faits probatifs sont articulés, il est hors de
doute que la preuve par témoins peut être admise ; on ne peut pas faire réputer preuve littérale, le jugement dans lequel le tiers opposant n'a
pas été partie : on ne peut pas non plus exiger
de lui une inscription de faux ; il ne s'agit pas de
prouver le contraire de ce que le jugement exprime, mais d'établir que tout ce qui a été écrit,
produit, et dit dans l'instance, et lors du jugement, n'a été conçu et exécuté que par le dol et
la fraude, pour surprendre une décision juste
dans l'esprit des magistrats, et inique dans l'intention des parties.

71. L'ayant-cause est dispensé de prouver la
collusion ; si l'objet de sa tierce opposition est un

droit qui lui soit personnel et différent de ceux qui lui appartiennent comme ayant-cause; c'est le cas de la seconde exception à la règle générale contenue en l'article 474. Cette théorie est la même que celle que nous avons déjà présentée, nos. 10, 11, 56, 57, à l'égard des contrats que le successeur d'un des contractants peut attaquer, quand c'est en vertu d'un droit qu'il ne tient pas de son auteur, mais de la loi.

Aux divers cas, qu'à ce sujet nous avons indiqués, nous ajouterons ceux dans lesquels le Code civil autorise à demander la nullité d'un mariage, non-seulement les personnes qui s'y trouvent engagées, mais encore tous ceux qui y ont intérêt. Si donc un jugement rendu entre des époux, avait déclaré valable leur mariage, les enfants d'un précédent mariage de l'un d'eux, ou ses parents collatéraux, quoiqu'héritiers, n'en seraient pas moins recevables à faire rétracter ce jugement par tierce opposition.

Il en serait de même des jugements rendus sur la filiation des enfants légitimes ou naturels, et en général sur toutes les difficultés relatives à l'état civil. C'est à tous les membres de la famille que la loi confère la faculté personnelle d'en écarter quiconque veut y usurper une place : chacun, en l'exerçant, consomme son droit individuel, sans entendre, ni pouvoir compromettre celui des autres membres de la famille.

Le Code civil contient même, sur ce point de droit public, une disposition formelle : « Dans » tous les cas où un tribunal de première ins- » tance connaîtra des actes de l'état civil, les par- » ties intéressées pourront se pourvoir contre le » jugement. »

Cette grave question a subi récemment un examen solennel dans le procès du sieur de Saint Lieux. Le marquis Pagèze de Saint-Lieux, étant veuf d'une première femme dont il avait un fils, avait admis chez lui la d^{lle}. Dufresne, qui y donna, le 7 février 1765, naissance à un enfant inscrit sur les registres de baptême, sous le nom de Pagèze, fils du marquis de Saint-Lieux et de d^{lle}. Dufresne mariés. A la faveur de cet acte, en 1793, Pagèze avait obtenu contre le marquis de Saint-Lieux, un jugement qui le déclarait son fils légitime; et qui, sur l'appel devant le tribunal de Lavaur, avait été confirmé le 15 thermidor an III.

En 1818, le petit fils du marquis de Saint-Lieux forma tierce opposition à ce jugement, et demanda que Pagèze fût déclaré enfant naturel; son aïeul, et la demoiselle Dufresne n'ayant jamais été mariés.

Son opposition et sa demande furent accueillies par le tribunal de Lavaur, mais rejetées par la Cour de Toulouse. L'arrêt du 17 juin 1819, contient entr'autres motifs : « que les considéra-

» tions par lesquelles on voulait établir qu'en
» matière de question d'état, les descendants
» ne sont pas liés par le jugement rendu avec les
» ascendants, n'étaient pas sans force, mais qu'il
» était impossible, à l'aide de quelques considé-
» rations, de suppléer des dispositions législati-
» ves, qui n'existent pas, sur-tout quand ces
» dispositions seraient dérogatoires à des dispo-
» sitions générales et absolues. »

La Cour de cassation n'a pas adopté cette
théorie ; celle que nous venons de développer,
et qu'avaient accueillie les premiers juges l'a emporté. L'arrêt du 9 mai 1821 qui casse celui de
Toulouse, est appuyé sur des raisonnements
auxquels il serait difficile de résister : « Consi-
» dérant que les enfants acquièrent, en naissant
» d'un mariage légitime, des droits propres et
» personnels qu'il ne faut pas confondre avec
» ceux qui peuvent leur appartenir comme héri-
» tiers dans la succession de leurs auteurs ; qu'à
» l'égard de ces derniers droits, les enfants sont
» tenus de remplir tous les engagements de leur
» père, et qu'ils ne peuvent point, par consé-
» quent, former tierce opposition aux jugements
» rendus contre eux ; mais qu'il en est autrement
» des droits de famille acquis aux enfants par le
» seul fait de leur naissance en mariage légitime ;
» que, respectivement à ces droits leurs auteurs
» ne peuvent ni les obliger par leur fait, ni les

» représenter dans les instances où ces enfans
» n'ont pas été personnellement appelés; consi-
» dérant qu'il est constant en fait que le deman-
» deur n'a été partie, ni présente ni appelée, dans
» le jugement du tribunal civil de Lavaur, du 5
» Termidor an III ;

  » Considérant, d'ailleurs, que Pagèze, père du
» demandeur, avait un intérêt direct à la ques-
» tion de légitimité élevée par le défendeur con-
» tre le marquis de Saint-Lieux, non-seulement
» comme enfant légitime et membre de la famille,
» mais aussi comme donataire de tous les biens
» présens du marquis de Saint-Lieux. D'où il suit
» que le demandeur a eu, du chef de son père,
» droit et qualité pour former tierce opposition
» au jugement du 5 thermidor an III; et qu'en
» la rejetant, par fin de non recevoir, la Cour de
» Toulouse a fait une fausse application des ar-
» ticles 724, 1350 du Code civil, et violé l'article
» 474 du Code de procédure. » (*Voy. le Journal
du Palais,* tom. 60, *p.* 334.

  Ce procès ayant été renvoyé à la Cour de
Montpellier, la question y a été approfondie
avec une sagacité remarquable, par M. Ricard,
premier Avocat-général, qui, en faisant disparaître les abstractions dont on l'obscurcissait, a
rendu plus facile à apercevoir la justesse de la
solution donnée par la Cour de cassation. Elle
fut également suivie par les magistrats dont l'ar-

rêt s'exprime ainsi : « Attendu, sur l'exception
» prise de la chose jugée, que ce n'est point
» comme héritier de son aïeul, que le Comte de
» Saint-Lieux agit contre le sieur Pagèze, pour le
» faire déclarer fils naturel et non légitime du
» marquis de Saint-Lieux, son ayeul; qu'en for-
» mant cette action, il exerce des droits person-
» nels, des droits de famille, résultants du mariage
» du marquis de Saint-Lieux, aïeul, avec la de-
» moiselle de Lévis, et de la naissance de son
» père, fruit de cette union légitime; que ni le
» demandeur, ni son père n'ont été parties ouies
» ou appelées dans le jugement du tribunal de La-
» vaur, du 5 thermidor an III; qu'ils n'ont donc
» pas été représentés lors de ce jugement, dans
» leur intérêt propre et personnel; qu'on doit
» donc considérer ce jugement comme étranger
» audit comte de Saint-Lieux, et non suscep-
» tible de lui être opposé; et que par conséquent
» et à plus forte raison, sa tierce opposition en-
» vers ce jugement doit être reçue lorsqu'il exerce,
» tout à la fois, ses droits de famille et ceux que
» lui assurait la donation faite à son père, le 14
» août 1787. »

Ce dernier arrêt est du 24 janvier 1822. (*Voy.*
le Journal du Palais, tom. 64, *p.* 429.

Les mêmes principes sont applicables à la réclamation que font des enfants héritiers de leur
père contre les jugements dont l'effet préjudicie

aux portions de biens que la loi veut leur être réservées. Que les enfants d'un premier mariage, après le décès de leur père, trouvent un jugement sur séparation de biens, adjugeant à la femme du second lit des droits supérieurs à la portion d'enfant; lors même qu'ils ne prouveraient pas que leur père s'est prêté à cette exagération, il leur suffirait de prouver qu'il y a eu fraude à la loi. Les articles 1098, 1496 et 1527 du Code civil, leur donnent, sur les biens de leur père, des droits personnels qu'il n'a pas pu compromettre, et pour l'exercice desquels il n'a pas pu les représenter, ils doivent donc être admis à faire révoquer le jugement par une tierce opposition.

Le jugement rendu au profit d'un des enfants contre le père commun dont les dispositions ne seraient pas justifiées par d'autres documents, et ne reposeraient que sur le consentement ou la contumace du père, seraient également susceptibles de la tierce opposition des enfants, sans qu'ils fussent tenus de prouver la fraude; ce qui fait exception à ce que nous avons dit ci-dessus; n°. 68.

SECTION I.

FRAUDE DANS L'EXÉCUTION DES TRAITÉS.

SOMMAIRE.

72. Division du sujet.

72. Si le dol parvient souvent à surprendre aux hommes trop confiants des traités préjudiciables, plus souvent encore la fraude trouve dans les traités les plus sagement conçus, l'occasion de se jouer des espérances de ceux qui les ont souscrits. Comme elle sait varier ses artifices suivant les occurrences, nous la suivrons successivement dans l'exécution des principales conventions.

Ainsi nous consacrerons un chapitre particulier aux fraudes,

1º. Dans le mariage,

2º. Dans l'acquit des dettes,

3º. Dans les ventes et échanges,

4º. Dans les donations,

5º. Dans les louages,

6º. Dans l'usufruit,

7º. Dans les sociétés volontaires ou forcées,

8º. Dans les mandats,

CHAPITRE Iᵉʳ.

FRAUDE DANS LE MARIAGE.

SOMMAIRE.

73. Subdivision.

73. Cette convention, la plus importante de toutes celles que la civilisation a établies ; cette convention par laquelle deux personnes, l'une à l'autre étrangères jusques-là, confondant leurs destinées, mettent en commun leurs biens et leurs espérances, leurs plaisirs et leurs chagrins ; cette convention commande aux époux la plus scrupuleuse exactitude dans l'accomplissement de leurs promesses ; et si malheureusement leurs cœurs ne s'ouvrent pas à la tendresse conjugale, si la religion, ni l'honneur n'ont sur eux l'empire désirable, à la place de la fidélité survient la fraude, qui bientôt met le désordre dans leurs intérêts et leurs affections.

Chacun de ces deux désordres sera le sujet d'un paragraphe.

§. 1er.

Fraude des époux dans les intérêts communs.

SOMMAIRE.

74. Elle ne donne lieu qu'à l'action civile.
75. Cas où le complice est passif de l'action publique.
76. Il est toujours tenu des dommages et intérêts civilement et solidairement.
77. La Séparation de corps ne fait pas cesser l'exception.
78. La contrainte par corps peut être prononcée.
79. Dans ce cas, la séparation de corps peut l'être également.

74. Sous quelque régime que les conditions civiles de leur mariage aient placé les époux, la vie commune met tellement leurs propriétés mobiliaires à la discrétion de chacun d'eux, qu'à tout moment il leur est facile d'en faire un emploi abusif, ce qui, dans l'ordre moral, constitue de véritables larcins. Néanmoins, le caractère particulier, et en quelque sorte sacré, du lien qui les unit, a, dans tous les temps, fait établir pour règle générale, que ces soustractions fussent-elles accompagnées des plus graves circonstances, ne peuvent être réprimées que par la voie civile. A moins qu'il n'y ait eu attentat sur la personne de l'époux spolié, le ministère public lui-même n'en peut pas faire l'objet de sa poursuite.

En 1801, un vol considérable fut commis avec

effraction, dans l'intérieur de la maison du sieur Sicard à Alby. Sa femme et trois autres particuliers ses complices, furent traduits devant le directeur du jury, qui renvoya la femme, et ne mit en accusation que les trois autres prévenus. M. Bigot-Préameneu, alors Commissaire près la Cour de Cassation, crut devoir demander la cassation de cette ordonnance, persuadé que la qualité d'époux devait être indifférente à l'égard de l'action publique ; mais son pourvoi fut rejeté par arrêt du 6 pluviôse an x. (*Voy. le Journal du Palais*, 2e. *sém. an* 13, *p.* 305.) Cette jurisprudence avait été puisée dans plusieurs textes du Droit romain, et particulièrement sur la loi 2, Cod. re. amot. *Constante matrimonio neutri eorum, neque pœnalis, neque famosa actio competit : sed de damno in factum datur actio.*

75. Il n'existait d'incertitude qu'à l'égard des complices, qui, dans plusieurs Parlements, participaient à la faveur accordée à l'époux, lorsque, dans d'autres, elle leur était refusée. Le Code pénal a fait cesser ces incertitudes : « Les sous- » tractions commises par des maris au préjudice » de leurs femmes, par des femmes au préjudice » de leurs maris, ne pourront donner lieu qu'à » des réparations civiles. A l'égard de tous autres » individus qui auraient recélé, ou appliqué à » leur profit, tout ou partie des objets volés, ils

» seront punis comme auteurs du vol, article
» 380. »

Les complices de l'époux ne peuvent donc
plus être frappés de peines publiques, qu'autant
qu'ils l'ont aidé en recélant les choses volées;
parce qu'alors ils commettent et consomment la
soustraction, comme si elle était à leur profit;
et que, d'ailleurs, quand ils se sont emparés de
ces choses, il est difficile de reconnaître si c'est
pour leur compte, ou pour celui de l'époux coupable.

76. Hors ce cas, ils sont affranchis de l'action
publique, mais ils ne le sont pas de l'action civile; par cela seul qu'ils ont pris part aux larcins d'un époux, ils sont passibles comme lui,
et solidairement avec lui de tous les dommages
et intérêts dus pour leur réparation. Leurs obligations, à cet égard, sont écrites dans l'article
1382 du Code civil : « Tout fait quelconque de
» l'homme qui cause à autrui un dommage,
» oblige celui par la faute duquel il est arrivé à
» le réparer. »

Le sieur d'Hancourt, plaidant en séparation
de corps, avait, avec l'aide des sieurs Leroi,
père et fils, commis des déprédations dans les
biens de sa femme. Ces derniers, par arrêt du
Parlement de Rouen, du 7 mars 1787, furent
condamnés en 8,800 fr. de dommages et intérêts
envers la dame d'Hancourt. Ils se pourvurent

en cassation, mais leur pourvoi fut rejeté le 26 pluviôse an XIII. (*Voy. le Journal du Palais,* 2e. *sém. an* 13, *p.* 3o5.)

Ne se fût-on compromis dans ces désordres que par des conseils, s'ils étaient prouvés, ils devraient appeler la même sévérité sur celui qui, en les donnant, aurait stimulé le coupable et dirigé l'action. Dans la jurisprudence criminelle, on n'a jamais hésité à regarder les conseils, comme étant dans la cathégorie des faits qui *préparent et facilitent le crime*, suivant les expressions de l'art. 6o du Code pénal : or, les soustractions frauduleuses entre époux, pour n'être soumises qu'à une répression civile, n'en doivent pas moins être appréciées, quant au point de fait, comme elles le seraient par les tribunaux criminels.

Ainsi, ces serviteurs corrompus qui aident un de leurs maîtres à voler l'autre; ces amis lâches et perfides, qui au lieu de calmer l'effervescence des passions, dont les ménages sont par fois troublés, l'activent encore par d'imprudents avis ou de basses complaisances, doivent s'attendre à des condamnations civiles d'autant plus fortes, qu'elles sont les seules peines que, par une exception qui ne les concerne qu'indirectement, on puisse leur infliger.

77. La séparation de corps ne fait pas cesser cette exception; la loi romaine que nous venons

de citer, la faisait cesser dans le cas de divorce ;
mais le divorce brisait sans ressource les nœuds
du mariage ; les époux devenaient étrangers l'un
à l'autre, comme avant leur union. Après la séparation de corps, au contraire, le lien n'est que
relâché : les époux peuvent encore le resserrer,
et le motif d'honnêteté publique qui a dicté cette
exception, subsiste malgré leur éloignement.

78. La contrainte par corps peut-elle être
prononcée contre l'époux et ses complices?

A l'égard du mari et de ses complices, l'affirmative ne peut pas faire l'objet d'un doute.
Comme nous l'avons dit pour le dol, *t.* 1, *n*°. 50 ;
chaque fois que les tribunaux prononcent des
dommages et intérêts, excédant 300 fr., ils sont
autorisés, pour l'article 126 du Code de procédure, à assurer, par cette contrainte, une condamnation qui, sans cela, deviendrait souvent
illusoire.

On peut hésiter davantage relativement à la
femme. Si l'on s'arrêtait à l'article 2066 du Code
civil, portant expressément que les femmes et
les filles ne peuvent être exposées à cette contrainte que pour stellionat, on pourrait croire
que, dans le cas qui nous occupe, elles en
sont exemptes. Toutefois, il faut observer que
le Code civil, en rétablissant cette contrainte,
abolie pendant longues années, fixe en détail
les causes pour lesquelles on pourra y recou-

rir; et que c'est après ces premières dispositions, que se. présente l'article 2066. Ce rapprochement fait voir que le sens vrai de cet article, est que, de toutes les causes de contrainte
par corps signalées par cette loi, le stellionat est
le seul qui puisse la faire prononcer contre les
femmes et les filles. Mais, trois ans après, les auteurs du Code de procédure ont réparé plusieurs
omissions déjà aperçues et ajouté aux causes de
contrainte par corps, les dommages et intérêts,
les reliquats de compte de tutelle, curatelle,
administration, etc., aucune exception n'y est
écrite en faveur des femmes, et la disposition
les atteint par la généralité de ses expressions.

Jadis aussi l'Ordonnance de 1629, article 156,
exemptait les femmes de cette contrainte. Celle
de 1667 ne les y assujettissait que pour stellionat ou fait de commerce; et néanmoins, pour
dommages et intérêts, surtout quand ils tenaient
lieu de réparations civiles, cette exception n'était
point admise; elle a été rejetée par un arrêt du
Parlement de Paris, du 5 juin 1671, *rapporté au
Journal du Palais, tom.* 1, et par celui du Parlement de Metz, du 12 juillet 1708, qu'on trouve
dans le *Recueil d'Augeard, tom.* 2, n°. 42.

Ajoutons que, lorsqu'une femme est convaincue de soustraction frauduleuse dans la maison
conjugale, l'article 380 du Code pénal, en lui
faisant la remise de la peine publique, réserve

expressément les réparations civiles ; et que, par cette qualification, consacrée de tout temps aux dommages et intérêts en matière criminelle, les législateurs ont suffisamment fait entendre que la soustraction, pour être jugée civilement, n'en conserve pas moins son caractère naturel de délit, toujours réparable par la contrainte corporelle.

Au surplus, dans l'application de ce principe au mari, comme à la femme, il importe d'apporter tous les tempéraments que commande le caractère ineffaçable, imprimé aux parties par le mariage qu'elles ont eu le malheur de contracter. Lors-même que les dommages et intérêts excéderaient 300 fr., si la somme due ne compromettait pas essentiellement la fortune de l'époux qui se plaint, et si les faits n'avaient pas un haut degré de gravité ; si enfin les biens du coupable offraient des ressources suffisantes, les juges, à la prudence desquels la loi abandonne l'usage de cette arme formidable, refuseraient probablement de l'employer.

Si, au contraire, les faits étaient graves ; si la soustraction était considérable, relativement à la fortune du plaignant, et qu'il n'y eût pas d'autres moyens d'assurer sa créance, ce serait un devoir pénible, mais impérieux de prononcer cette contrainte. Le Parlement de Metz l'a prononcée par l'arrêt du 12 juillet 1708, dont nous venons de parler contre une femme convaincue d'un vol nocturne dans la maison de son mari. Elle fut condamnée « par corps à rapporter, rendre et » restituer à son mari, les deniers, billets et » collier de perles mentionnés au procès-verbal, » etc., en affirmant par lui que l'état joint par » lui au procès-verbal contient vérité, si mieux » n'aime ce dernier faire entrer sa femme dans » telle maison religieuse qu'il jugera à propos, » en lui fournissant les aliments et entretien né- » cessaires pour y rester jusqu'à l'entière exécu. » tion de l'arrêt. » (*Voy. le Recueil d'Augeard*, *t.* 2, *n°.* 42.)

Sans ce moyen extrême, la fortune la plus importante qui ne consisterait qu'en valeurs mo- biliaires, comme celle d'une partie des commer- çants, pourrait être envahie par l'un des époux, qui, sous de faux noms, et par tous les autres artifices familiers à la fraude, en jouirait avec scandale, bravant toutes les condamnations.

79. Les soustractions d'un des époux, par- venues à un degré de gravité, tel que cette con- trainte devrait être mise à la disposition de l'au- tre, entraînerait nécessairement la séparation de corps : non-seulement, dans la conduite de l'é- poux coupable, il faudrait reconnaître l'injure grave, l'une des causes principales de cette sé- paration (dans notre Droit, comme dans le Droit romain, l'injure devant s'entendre de tout

ce qui fait dommage à la personne, ou à son honneur, où à ses biens); mais il y aurait une extrême inconséquence à recourir à l'une de ces mesures sans l'autre.

Les règles que nous venons de rapporter sont communes aux deux époux; il en est aussi de particulières à chacun d'eux, conformément à la diversité de leurs devoirs et de leurs droits.

ARTICLE Ier. Soustraction de la femme.

SOMMAIRE.

80. La femme commune en biens ne peut disposer de rien, sans le consentement de son mari.
81. Le consentement tacite suffit en certains cas.
82. Gravité de la soustraction.
83. Il faut, à l'égard des tiers, qu'ils n'ayent pas eu juste raison de croire la femme autorisée de son mari.
84. Fraude présumée dans les actes privés de la femme datés d'une époque antérieure au mariage.
85. La preuve contraire n'est plus admissible

80. La loi, en faisant le mari chef de la communauté conjugale, lui a donné le droit de disposer, à son gré, de tout ce qui n'est pas spécialement réservé à sa femme; et celle-ci, soumise elle-même à l'autorité maritale, ne peut, à l'insu, et sans l'assentiment exprès ou tacite du mari, détourner le moindre objet, qu'elle ne s'expose, ainsi que les détenteurs des choses détournées, à de justes réclamations.

81. Nous disons exprès ou *tacite*, parce que le

gouvernement intérieur du ménage , dans nos
mœurs et nos habitudes , est ordinairement confié à la femme , ce qui souvent lui donne l'occasion de disposer d'objets modiques , et de le
faire utilement dans l'intérêt commun : le mari
qui s'en plaindrait , soit contre elle , soit contre
les tiers , ne serait pas écouté dans les tribunaux.

82. Deux circonstances doivent concourir pour
faire admettre une action aussi affligeante. Il faut,
d'abord que le tort éprouvé par le mari soit grave,
proportionnellement à sa fortune : si , entre
étrangers , comme nous l'avons dit sur le Dol ,
*tom. I*er. , *n*°. 15 , cette importance est requise
par la loi 9 , §. 5 , *ff. de Dolo*, à plus forte raison
est-elle nécessaire entre époux qui doivent ne
rendre publiques leurs dissensions , qu'après
avoir comblé la mesure de la patience, et quand il
s'agit d'un grand intérêt. Il faut , en second lieu,
qu'il y ait eu , de la part de la femme , une fraude
certaine , c'est-à-dise , le dessein de tromper
son mari , et de satisfaire , à son préjudice , des
désirs condamnables. Ces conditions ne sont relatives qu'à l'action en fraude , pouvant entraîner
des dommages et intérêts , la contrainte par corps ,
etc. , et non à l'action ordinaire du mari, de revendiquer les objets dont sa femme , même de
bonne foi , aurait disposé sans son consentement

83. A l'égard des tiers , lors même que la fraude

de la femme serait constante, s'il est prouvé que
ceux, auquels elle a livré les choses réclamées, ont
traité avec elle de bonne foi, et que, par la nature de la conduite de la femme, ils ont eu juste
raison de croire qu'elle avait l'assentiment de son
mari, le recours de celui-ci contre eux serait
rejeté : il ne pourrait s'en prendre qu'à lui-même
de l'excès de confiance par lui donné à sa femme.
Dans tout ce qui concerne l'administration du
ménage, la femme, qui ne peut s'obliger elle-
même sans autorisation spéciale, oblige cependant
son mari, même à l'insu de ce dernier, par suite
du mandat qu'il est censé lui avoir donné. C'est par
ce motif que, dans l'ancienne jurisprudence, on
trouve un grand nombre d'arrêts qui ont condamné des maris, à acquitter les dettes contrac-
tées par leurs femmes pour achat d'objets de
consommation journalière. (*Voy. le Répertoire
de Jurisprudence*, ou *le Nouveau Denisart*, au
mot *Autorisation*. On y trouve aussi quelques
arrêts d'exception, mais dans des cas où les achats
faits par une femme de mauvaises mœurs étaient
trop fréquents et trop considérables, pour que le
marchand ne fût pas lui-même suspect de fraude,
ou coupable d'imprudence. Tel est, entr'autres,
l'espèce de l'arrêt du Parlement de Dijon, du
8 janvier 1693.

Aucun texte du Code civil ne confirme précisément cette jurisprudence. Doit-on l'aban-

donner? non , sans doute. Nos lois municipales
étaient tout aussi sévères que cette loi nouvelle
sur la subordination de la femme , et ce n'est pas
dans leurs dispositions que les Parlements trouvaient les motifs de ces décisions, mais dans les
principes généraux du mandat : or , ces principes sur le mandat, exprès ou tacite, se retrouvent très-complétement dans l'article 1985. Nos
habitudes n'ont pas changé : la révolution, par
les alarmes continuelles qu'elle faisait concevoir,
a resserré les liens de famille dans la saine partie
de la population ; et les femmes y participent
plus que jamais à l'administration , jouissant de
cette honnête liberté que méritent la plupart
d'entr'elles , et dont elles ne doivent pas être
privées , parce que quelques-unes en abusent.

84. Cependant il en est qui, depuis que l'art d'é-
crire est devenu familier, ont trouvé le moyen d'é-
luder l'état d'interdiction où elles sont de s'obliger
et d'obliger leurs maris , en antidatant leurs obligations privées, et leur donnant une date antérieure au mariage ; mais la jurisprudence du
siècle dernier leur a fermé cette voie trop facile,
en annulant ces actes , quand les circonstances
en révélaient la fraude ; et, dans le cas contraire,
renvoyant le créancier à se pourvoir sur la nue-
propriété des biens de la femme. Néanmoins cette
règle pouvait fléchir dans certains cas, ainsi que
l'enseigne Pothier dans son *Traité des Obliga-*

tions, *tom*. Ier., *n*°. 259; mais le Code civil, article 1410, l'a rendu invariable.

85. Le créancier ne serait plus admis à prouver la légitimité de sa créance. De cette disposition, il résulte une présomption légale de fraude, non-seulement contre la créance en elle-même, mais surtout contre la femme qui a pu laisser ignorer cette dette, quoique légitime, pour obtenir un mariage qui peut-être n'eût pas eu lieu, si la dette eût été connue. D'ailleurs, le Code civil, n'ayant pas réservé la preuve contraire, les tribunaux ne pourraient pas l'admettre : *article* 1352.

ARTICLE II. Soustractions du mari.

SOMMAIRE.

86. Dans l'union conjugale, soumise au régime de la communauté, le mari remplit deux espèces

de fonctions très-distinctes : il est chef de la communauté et administrateur des biens de sa femme. Nous allons examiner comment, dans l'exercice des droits, et dans l'acquit des devoirs attachés à ces deux titres, il sait par fois commettre la fraude, et comment sa femme peut en obtenir justice.

87. Chef de la communauté, dans laquelle tombent tout ce que la loi générale ou celle particulière du contrat de mariage y a mis, ainsi que les produits des travaux et des économies des époux, le mari en est le seul maître, pour en disposer à son gré, sans être obligé ni de consulter sa femme avant de le faire, ni de lui en rendre aucun compte quand il l'a fait : *article* 1421.

88. Les limites de ce pouvoir, tracées par l'article 1422, sont : 1°. qu'il lui est interdit de donner, entrevifs, des immeubles de la communauté ; 2°. qu'il ne peut donner ni l'universalité ni une quotité du mobilier, si ce n'est pour l'établissement des enfants communs ; 3°. qu'il a seulement le droit de donner des effets mobiliers à titre particulier, pourvu qu'il ne s'en réserve pas l'usufruit. De l'ensemble de tout ce qui lui est permis et défendu, il résulte que jamais il ne doit faire son profit particulier de la chose commune, dont il n'est que l'administrateur; que, si la faculté d'en disposer, en maître, lui est donnée, ce n'est que dans l'intérêt commun, et par ce que

l'association conjugale ne peut être utilement administrée qu'avec un pouvoir aussi étendu ; mais que toute infraction directe ou indirecte aux devoirs qu'un tel pouvoir lui impose, est un abus d'autorité, une violation de la foi conjugale contre laquelle la femme a l'action en fraude.

Cette interprétation est d'ailleurs fortifiée par l'article 1437, portant expressément que «toutes » les fois que l'un des deux époux a tiré un profit » particulier des biens de la communauté, il en » doit la récompense. »

89. Pour faciliter l'application des dispositions du Code civil à cette action, nous ferons observer que ses auteurs, loin d'avoir cherché à étendre le pouvoir du mari, l'ont infiniment restreint. La Coutume de Paris, suivie en cela par la plupart des autres Coutumes, déclarait le mari *seigneur des meubles et conquêts immeubles* : elle l'autorisait non-seulement à *les vendre ou hypothéquer*, mais encore à en *disposer par donation entre vifs, à son plaisir et volonté, sans le consentement de sa femme, à personne capable et sans fraude.*

On vient de voir que le Code civil ne permet au mari de donner ni les immeubles, ni les meubles à titre universel, mais seulement de disposer, par don, des meubles à titre particulier : en cela, on a consulté les trois Coutumes de France qui avaient mis le plus de parcimonie dans les attributions du pouvoir marital : celles d'Anjou, art. 289; du Maine, art. 304, et de Lodunois, chap. 26, art. 6.

Tout ce qui, dans l'ancienne jurisprudence, était réputé *fraude*, de la part du mari, doit donc très-certainement l'être aujourd'hui, et de plus, on peut l'en trouver coupable dans une infinité de cas, où jadis on n'aurait vu que l'exercice de son droit; il n'y a d'exception qu'à l'égard de la portion de mobilier dont il peut disposer, ainsi que nous l'expliquerons bientôt, n°. 91.

90. D'abord, puisqu'il ne peut pas donner les immeubles, s'il était reconnu dans les ventes qu'il paraîtrait en avoir faites, des donations déguisées, la femme, ou ses héritiers, seraient fondés à en demander la nullité, par tous les moyens développés en la section première de ce volume.

Au premier rang des présomptions qui pourraient déceler cette fraude, il faut placer le cas où l'acquéreur serait l'héritier présomptif du mari, ou ce dernier l'héritier présomptif de cet acquéreur; l'identité d'intérêt entre de tels individus suffisait, jadis, pour faire annuler les donations du mari, quand la loi lui permettait de donner les immeubles. (*Voy. Pothier, Traité de la Communauté*, n°. 481. Cette circonstance ne serait pas suffisante aujourd'hui, parce qu'il ne s'agirait pas seulement, comme alors, d'un acte certainement gratuit, il faudrait annuler, comme gratuit, un acte qualifié onéreux; il n'en résulterait donc qu'une présomption, mais une présomption violente, et telle que, réunie à quelques autres indices, elle pourrait inspirer aux magistrats la sécurité suffisante pour réprimer la fraude.

91. Quant aux effets mobiliers, la loi, après avoir défendu au mari d'en donner ni l'universalité, ni une quotité, lui permet cependant d'en donner à titre particulier, et au profit de toutes personnes, pourvu qu'il ne s'en réserve pas l'usufruit. L'esprit évident de ce texte, un peu obscur et équivoque, est que la loi a seulement voulu éviter que, par des recherches minutieuses, le mari ou ses héritiers ne fussent tourmentés injustement pour de minces largesses qu'il aurait faites de bonne foi, et sans fraude, même à ses proches; mais, s'il était prouvé qu'il n'a usé de la seconde partie de la disposition que pour violer la première, la fraude aperçue devrait être punie.

Si, par exemple, le mari, pendant une instance en séparation, avait distribué gratuitement une partie importante de son mobilier à diverses personnes, et à titre particulier, l'intention de nuire à sa femme, plutôt que de se livrer à des actes de pure bienfaisance, étant certaine, il serait difficile de rejeter les plaintes de sa femme.

Que, prêt à succomber à une maladie grave,

un mari fasse ainsi des dons particuliers d'effets mobiliers, on ne pourrait voir, dans ces générosités tardives, que des infractions à l'article 1423, et, dans le mode employé, un détour frauduleux pour échapper à sa prohibition. Il faudrait donc réputer ces dons *testamentaires*, et, comme tels, les imputer sur la part du mari dans la communauté.

La même sévérité serait justement inspirée par des dons de meubles que ferait un mari pendant la maladie qui terminerait la vie de sa femme : c'est le sentiment de Lebrun, de Pothier et de M. Merlin. Il serait d'autant plus juste de suivre, cet avis, que, quand on ne serait pas convaincu que le mari a agi dans un esprit de fraude, au moins est-il constant qu'il a commis un abus intolérable d'autorité, en abandonnant ainsi des objets dont il savait que, bientôt, il n'aurait plus le droit de disposer.

Quand le don particulier aurait été fait dans un temps non suspect, s'il l'avait été en faveur du père ou de la mère du donateur, ou de ses enfants d'un précédent mariage, il serait rapportable à la communauté. C'est la conséquence de ce qu'il ne peut pas s'avantager lui-même, puisque l'incapacité de recevoir un don qui affecte un individu, affecte également ses père et mère et ses descendants. *Art.* 911.

A la vérité, l'article 1422 porte qu'il peut faire

ces *dons à toutes personnes,* et il résulte de cette généralité que les héritiers collatéraux, peuvent valablement les recevoir, ce qui est une dérogation à l'ancienne jurisprudence ; mais on ne peut pas aller jusqu'à dire qu'il soit lui-même compris dans cette aptitude générale ; or ce qu'il ne peut pas faire pour lui, il ne le peut pas davantage pour ses père et mère et ses enfants. C'est aux prohibitions, surtout, qu'est appliquable l'axiôme *pater et filius sunt una et eadem persona.*

Le Code a mis pour condition de ces donations de mobilier, que le mari ne s'en réserverait pas l'usufruit, parce qu'en effet, le mari, qui, dans ce cas, se réserve la jouissance de la chose, ne donne rien, et ne fait personnellement aucun sacrifice ; son aisance n'en est pas diminuée : dépouiller sa femme de la moitié qui lui est dévolue est son unique but.

Cette fraude peut être commise indirectement en délivrant la chose, et se réservant, par un traité secret, l'équivalent de sa jouissance : M. Merlin en donne un singulier exemple, dans le *Répertoire de Jurisprudence,* au mot *Indice.*

M. Sevin, Président des enquêtes au Parlement de Paris, recueillit, pendant son mariage, un legs de 90,000 fr., qui tomba dans sa communauté. Voulant en dédommager Denis Sevin, son frère, il acheta, sous le nom de ce dernier, des rentes sur la ville de Paris, dont le capital était d'une pareille somme, de 90,000 fr., produisant annuellement 3,000 fr. Le mari et la femme étant morts, à peu près dans le même temps, leur communauté tomba en partage au légataire de la dame Sevin, et au sieur Denis Sevin. Un almanach royal, négligé pendant l'inventaire, fit découvrir la supercherie de M. Sevin, qui y avait écrit :

«Du 6, Denis a reçu et m'a payé 1,000 fr. sur la ville.

» Du 15, Denis a reçu et m'a payé 1,250 fr.

» Du 16, plus reçu 500 fr.

» Reste à me payer 250 fr.

On trouva dans cette notice la preuve, 1°. qu'il avait 3,000 fr. sur la ville, quoique son nom ne fût pas sur les registres, et que celui de son frère y fût pour quatre parties de rente, montant à 3,000 fr.; 2°. que celui-ci recevait les rentes et en remettait, au fur et à mesure, les fonds à M. Sevin.

A cette circonstance se réunissant celle que M. Sevin n'était pas dissipateur, et qu'il avait conservé tous ses biens, à l'exception du legs de 90,000 fr., dont on n'apercevait pas d'autre trace, c'en fut assez pour déterminer le Parlement, à condamner, par son arrêt du 7 septembre 1717, Denis Sevin à rapporter à la communauté de son frère, les 90,000 fr. de contrats sur la ville.

Deux exemples récents vont prouver que les tribunaux actuels ne sont pas moins sévères que les Parlements, sur les abus de la puissance maritale.

Les sieur et dame Servais, marchands à Bruxelles, prirent à leurs gages Hermelinde Habens, comme fille de boutique, et bientôt la dame Servais se vit contrainte de retourner chez ses parents. L'année suivante, le 14 octobre 1810, Servais fit un acte privé par lequel il vendit à la fille Hubens, toutes ses marchandises, et la majeure partie de son mobilier. Cet acte fut enregistré le 15 novembre suivant; le bail de la maison, la patente et toutes les écritures du commerce furent mis sous le nom de cette fille; mais Servais continua à habiter avec elle, et de se livrer aux détails de son négoce, si ce n'est quelques jours avant la demande en séparation de corps que sa femme forma contre lui, et probablement parce qu'il en avait était informé. La dame Servais n'en obtint pas moins de faire apposer les scellés sur tout ce qui se trouva dans la maison.

Sur l'opposition de la fille Hubens, la dame Servais demanda la nullité de l'acte dont cette fille se prévalait; le soutint simulé et frauduleux, et faisant valoir l'extrême indigence d'Hermelinde, son état de domesticité, l'impuissance dans laquelle elle avait été d'acquérir, en si peu de temps, un fonds de commerce comme celui de Servais, la co-habitation de ce dernier avec elle, elle demanda à faire preuve des faits de fraude et de simulation. Elle y fut admise, et la levée des scellés ne fut ordonnée qu'à la charge, par la fille Hubens, de donner caution.

Sur l'appel, on prétendit pour elle, que le Code civil ne donnait à la femme la faculté de requérir les scellés sur les effets de la communauté qu'en cas de divorce; que d'ailleurs l'article 271 n'annulant les aliénations du mari, même en cas de fraude des droits de la femme, que lorsqu'elles sont postérieures à la demande en divorce, celles antérieures étaient inattaquables.

La Cour de Bruxelles n'eut aucun égard à ces subtilités, et confirma le jugement. Son arrêt du 13 août 1812, est ainsi motivé : « Attendu que » la faculté de requérir l'apposition des scellés » sur les biens mobiliers de la communauté, ac- » cordée par l'article 270 du Code, à la femme » commune en biens et demandresse ou défen- » dresse en divorce, prend son principe dans » cette même communauté, et a pour objet la » conservation des droits de la femme; que par » une parité de principes et de raison, il doit en » être de même lorsque, comme au cas présent, » la femme commune en biens, forme une de- » mande en séparation de corps ;

» Attendu qu'il est constant au procès, que la

» maison occupée actuellement par l'appelante,
» l'a été en dernier lieu, par l'intimée et son
» mari; qu'elle était le siège de leur société con-
» jugale, et que tout ce qui y existait et est compris
» dans l'acte de vente du 14 octobre 1811, faisait
» partie de cette société;

» Attendu que, s'il est vrai que le mari, comme
» chef de la communauté, a le pouvoir d'en dis-
» poser, il l'est aussi qu'en le faisant, il dispose
» réellement de la part appartenant à sa femme;
» de sorte que, si le mari de l'intimée n'a point
» disposé des biens de la communauté, ou ce qui,
» au cas présent, revient au même, si la disposition
» qu'il en a faite par le prétendu acte de vente,
» devait être considérée comme non avenue, l'in-
» timée serait restée propriétaire de sa part dans
» lesdits biens, comme elle l'était à l'époque du-
» dit acte;

» Que de ce qui précède, il résulte, 1°. que l'in-
» timée a intérêt à combattre l'acte du 14 octobre
» 1811, ainsi qu'elle a tenté de le faire dans l'ins-
» tance dont est appel, en l'accusant de fraude
» et de simulation; 2°. qu'elle est fondée à pour-
» voir à la conservation de ses droits éventuels
» sur les biens ayant fait partie de la commu-
» nauté d'entr'elle et son mari, par l'apposition
» des scellés sur lesdits biens, etc. » (*Voy. le
Journal du Palais*, tom. 35 p. 436.

Cet arrêt ne répond rien à l'argument tiré

de ce que l'article 271, n'annule les aliénations faites par le mari, en fraude des droits de la femme, que lorsqu'elles sont postérieures à la demande en divorce.

Nous ferons observer à ce sujet, que cette disposition n'a en vue que l'intérêt des tiers ; et que, dans ce sens, lorsque le mari, même dans l'intention de tromper sa femme, a vendu, par un acte sérieux, à un tiers de bonne foi, des objets de la communaté avant la demande, la vente est effectivement inattaquable ; mais si, comme dans l'espèce jugée la vente est arguée non-seulement de fraude, mais encore de simulation, l'article 271 cesse d'être applicable.

Le second exemple de la sévérité des tribunaux actuels, n'est pas moins remarquable. Marc-Alexandre Lhuillier avait prêté à Beaulieu 16,000 fr., mais il avait fait passer l'obligation au profit de Pierre-Félix Lhuillier, son frère. La dame Lhuillier ayant obtenu sa séparation de biens, et découvert la soustraction de son mari, forma opposition entre les mains du débiteur. Elle l'assigna ensuite, ainsi que son mari et son beau-frère, devant le tribunal d'Orléans, pour entendre déclarer que l'obligation de Beaulieu était la propriété de son mari, et n'avait été mise sous le nom de son frère que par fraude et simulation. Pierre-Félix Lhuillier fut interrogé sur faits et articles ; les faits de la fraude furent admis en preuve et prouvés ; la dame Lhuillier obtint un succès complet devant le tribunal civil et la Cour d'Orléans.

« Considérant (porte l'arrêt du 29 juillet 1822),
» que la fraude peut se prouver, non-seulement
» par la preuve testimoniale, mais encore par
» l'aveu judiciaire, et par des présomptions,
» lorsqu'elles sont graves, précises et concor-
» dantes ; que ces trois genres de preuves ont été
» fournies dans l'instance ; que, d'une part, les
» présomptions les plus fortes naissent des anté-
» cédents de la cause, et tendent toutes à dé-
» montrer l'existence d'un plan concerté entre
» Marc-Alexandre Lhuillier et son frère, pour
» enlever, soit à la femme Lhuillier, soit à ses
» héritiers, leur part dans la communauté ; qu'il
» résulte de l'interrogatoire de Pierre-Félix Lhuil-
» lier, et des aveux qu'il contient, la preuve de
» l'impossibilité dans laquelle celui-ci a été de
» prêter les capitaux qui sont l'objet des obliga-
» tions attaquées ; qu'enfin l'enquête qui a eu
» lieu, établit d'une manière non équivoque, la
» fraude pratiquée par Marc-Alexandre Lhuillier,
» pour soustraire ces capitaux à la connaissance
» et aux poursuites de sa femme, en les plaçant
» sous le nom de Pierre-Félix Lhuillier, son frère ;
» qu'il résulte en outre de l'enquête que Pierre-
» Félix Lhuillier a été et est encore complice de
» cette fraude, etc.» (*Voy le Journal du Palais*,
tom. 66, *p.* 38.

Ce même arrêt a jugé une autre question, d'une égale importance pour les femmes mariées. La dame Lhuillier avait renoncé à la communauté, et on lui opposait que l'obligation par elle attaquée, était antérieure à sa demande en séparation; qu'elle avait été contractée dans un moment où elle n'avait sur son mari aucune créance effective; son droit n'ayant été ouvert que par sa demande en séparation ; que dès-lors elle était non recevable à attaquer cet acte; les effets du jugement de séparation ne pouvant rétroagir, aux termes de l'article 1445, qu'au jour de la demande.

Le tribunal et la Cour d'Orléans ont uniformément décidé que, si sa renonciation à la communauté la privait de prendre, comme commune, moitié dans l'obligation, elle était fondée, en sa qualité de créancière, à revendiquer le tout pour le paiement de ses reprises; et que, quoique son droit pour recouvrer sa créance, ne fût ouvert que par sa demande en séparation, ses créances n'en subsistaient pas moins, au moment de la fraude pratiquée dans l'unique dessein de les rendre illusoires, ce qui suffisait pour faire accueillir sa demande. Ce point de droit a également été reconnu par un arrêt de la Cour de Rennes, du 7 août 1823, suivi d'un arrêt de rejet rendu par celle de cassation, le 25 janvier 1825. (*Voy. le Journal du Palais*, tom. 73, *p.* 5.)

92. Le mari trouve encore dans ses attributions une autre voie indirecte, mais facile, de tromper sa femme ; la loi l'autorise à contracter seul des dettes, pour le compte de la communauté, et à en hypothéquer seul tous les immeubles. S'il est capable de fraude, il peut, par des dettes simulées, ou s'enrichir lui-même sous le nom de ses affidés, ou enrichir ceux qu'il préfère à sa femme, aux dépens de cette dernière. Elle serait donc admise à prouver la simulation frauduleuse qu'elle articulerait contre une obligation de cette nature ; et si l'acte était souscrit au profit des père et mère ou des enfants de son mari, elle serait dispensée de prouver la fraude, suivant la règle : *qui non potest donare non potest confiteri. Voy. le n°. 37, ci-dessus.* Ce serait alors à celui qui se prétendrait créancier de la communauté, à prouver la légitimité de sa créance par des documents plus persuasifs.

93. Le mal-honnête homme n'a pas moins d'occasions de fraude dans l'administration de la fortune de sa femme.

94. Si dans les successions qui lui écheoient, il ne fait pas constater la quotité des valeurs mobiliaires par inventaire ou partage, et en dissimule tout ou partie, lors de la dissolution de la communauté ; si dans les partages, ventes, échanges ou locations de ses immeubles, il stipule secrètement des avantages pour lui ; dans

tous ces cas, l'action en fraude de la femme peut être appuyée, non-seulement sur les diverses circonstances qui, par fois, décèlent ces infidélités, mais encore sur la preuve par témoins. On lui opposerait en vain sa participation aux actes dans lesquels elle aurait été trompée; ces actes ne prouvent contre elle que les conditions dont son mari l'a instruite, et non celles frauduleusement concertées à son insçu, entre lui et les fauteurs de ses larçins. Nous avons trop souvent établi cette admissibilité de la preuve vocale contre la fraude, pour nous en occuper encore à ce sujet.

Un bail à loyer pourrait être annulé sans preuve spéciale de fraude, si les circonstances persuadaient suffisamment qu'il n'a été fait, par le mari, que pour nuire à sa femme, en abusant de son autorité.

Crouzeix, poursuivi en séparation de biens par sa femme, donna à loyer à Grégoire un moulin appartenant à cette dernière, et dont l'exploitation faisait travailler et vivre toute la famille. La femme en demanda la nullité; un jugement par défaut prononça la séparation, et suspendit l'instance relative au bail. Pendant les délais de l'opposition, Crouzeix et Grégoire appelèrent de ce jugement, et le 20 février 1826, la Cour de Riom, en confirmant le jugement de séparation, et évoquant le principal à l'égard du bail, annula cet

acte. « Attendu que, quoiqu'il puisse n'être pas
» frauduleux, quant au prix, il ne laisse pas
» d'être un acte de mauvaise administration, de
» la part de Crouzeix, relativement à la position
» de sa famille, en ce qu'il priverait son épouse,
» et une partie de ses enfants, des moyens d'em-
» ployer leur temps et leur industrie à l'exploi-
» tation du moulin dont il s'agit; et qu'il les pri-
» verait d'une partie des bénéfices de cette ex-
» ploitation, pour les faire passer à un fermier
» étranger; attendu, d'ailleurs, que la nullité de
» ce bail est une suite naturelle de la prononcia-
» tion de la séparation, sur-tout ce bail ayant
» été fait après la publication légale de la de-
» mande en séparation; ce qui seul le rendrait
» suspect. » (*Voy. la jurisprudence générale de
M. Dalloz*, 1826, n°. 220.)

95. Cette action de la femme contre le mari ne
peut être intentée par elle qu'après que, par le
décès de l'un d'eux, ou que, par séparation judiciaire, leur communauté est dissoute; tant qu'elle
subsiste, l'autorité et l'administration du mari
sont inconciliables avec de telles plaintes. Si cependant les faits étaient très-graves, et qu'en
temporisant, on eût à craindre la perte des preuves, la femme pourrait être admise à la former.

96. Dans quelque temps qu'elle la forme, elle
peut la diriger, non-seulement contre son mari,
mais encore contre tous ceux qui, en traitant avec

lui, l'ont aidé dans des fraudes, qu'il n'aurait pas pu commettre sans leur lâches complaisances. Dans la fraude comme dans le dol, tous ceux qui y prennent plus ou moins de part, sont tenus solidairement d'en réparer les effets. *Voy. le tom.* 1, *n* . 47.

§. 2.

Fraude dans les affections.

SOMMAIRE.

97. Subdivision.

97. Cette fraude est l'adultère, source ordinaire d'une grande partie des crimes qui affligent la société.

Dans un premier article, nous en considérerons les effets généraux, en présentant les règles communes à l'adultère du mari et à celui de la femme ;

Nous établirons, dans le second, les règles particulières à celui du mari ;

Dans le troisième, celles particulières à celui de la femme ;

Dans le quatrième enfin, nous verrons les effets de ce dernier adultère, relativement aux enfants, dont le mari est exposé à supporter la paternité.

ARTICLE Ier. Règles communes à l'adultère du mari,
et à celui de la femme.

98. Cette profanation du plus saint des contrats a de tout temps, et parmi presque toutes
les nations, été placée au rang des crimes, et soumise à des peines afflictives. Il était réservé à la
révolution française de l'absoudre ; l'assemblée
constituante, ou l'oublia, ou n'osa pas la comprendre dans le Code pénal de 1791. Les auteurs
du Code civil et du Code pénal actuel, ont réparé cette étonnante lacune, en réduisant cependant l'adultère au caractère de simple délit.

En le commettant, l'homme et la femme violent
également la foi conjugale ; mais celui de la
femme, qui expose le mari à subir toutes les
obligations paternelles pour les enfants d'autrui,
et dépouille les enfants légitimes d'une partie
de leur patrimoine, est infiniment plus grave,
au moins dans ses effets souvent réels et tou-

jours possibles, que celui du mari. Tels sont les motifs par lesquels on explique, plus qu'on ne justifie, la différence que la législation romaine et la nôtre, dans les derniers siècles, ont mise dans la répression de l'un et de l'autre adultère.

La Novelle 217, §. 5, *chap.* 9, ne fait, de l'adultère du mari une cause légitime des plaintes de la femme, que lorsque la concubine a été tenue dans la maison conjugale. Nos anciennes lois punissaient, au contraire, à peu près avec la même sévérité, les deux adultères; mais dans les deux derniers siècles, la novelle a été accueillie, et revit aujourd'hui dans nos Codes. Le mari qui tient sa concubine chez lui, est exposé, par le Code civil, à ce que sa femme demande sa séparation de corps, et par le Code pénal à une simple amende; en sorte que ce n'est pas l'adultère qui est puni, mais seulement l'abus intolérable que le mari fait de sa force et de son autorité, en violant ses promesses de fidélité, sous les yeux même de celle à qui il les a faites.

L'adultère de la femme, sans aucune circonstance aggravante, dans quelque temps et quelque lieu qu'il soit commis, l'expose à la plainte du mari, ainsi qu'à des peines pécuniaires et corporelles.

Cette disparité entre les époux, pour le même oubli de leurs devoirs, se concilie difficilement avec la fidélité mutuelle que leur impose l'article 212. Un instant même, lors de la rédaction du Code Civil, les réclamations de plusieurs Cours, soutenues par quelques membres du Conseil d'état, l'avaient fait rejeter, et on ignore comment elle a été rétablie.

Cependant, quelques règles sont communes aux deux époux.

99. Si celui qui aurait à se plaindre de ce désordre ne le fait pas, c'est ordinairement, par ce qu'il l'ignore, où, s'il s'en est aperçu, qu'il préfère un tourment secret à une vengeance publique, qui ne ferait qu'augmenter ses maux. La loi veut donc que son silence soit respecté, même par le Ministère public. Cette règle salutaire est écrite formellement pour l'adultère de la femme, dans l'article 336 du Code pénal, et pour celui du mari dans l'article 339.

100. Du moment où l'époux offensé a rompu le silence et frappé l'oreille de la justice de ses chagrins par une plainte régulière, tous les motifs de ménagement s'évanouissent, et il n'est plus en son pouvoir, puisqu'un instant il a voulu être vengé, de ne l'être pas. Le Ministère public peut et doit poursuivre le jugement de la dénonciation ; ses poursuites sont mêmes indépendantes de celles du mari pour obtenir la séparation de corps.

La Cour de cassation a consacré cette indépendance du Ministère public, quand une fois il a

été saisi par une plainte de l'époux. Le sieur L...,
accusant sa femme et le sieur P.... d'adultère,
les avait d'abord dénoncés au Procureur du roi
de Jaillhac, et avait ensuite formé demande en
séparation de corps, contre sa femme, devant le
tribunal civil.

Sur les poursuites du Procureur du roi, le
tribunal correctionnel, se fondant sur ce que le
sieur L... n'avait pas été appelé pour autoriser
sa femme, annula la demande. Le tribunal d'Alby,
étant saisi de l'appel du Procureur du roi, la
dame L.... et le sieur P.... opposèrent la demande en séparation, prétendant que jusqu'au
jugement de l'instance civile, l'action correction-
nelle, sur les mêmes faits, devait être interdite
au Ministère public; moyen qui eut l'assentiment du tribunal et fit annuler les poursuites.

Ce jugement, déféré à la Cour de cassation,
a été cassé par arrêt du 22 août 1816; et l'un
des motifs de cet arrêt est : « Que le sieur L...,
» ayant dénoncé sa femme pour adultère, le Pro-
» cureur du roi qui a reçu cette dénonciation, a
» été autorisé à poursuivre la répression de ce
» délit, tant contre la femme que contre son com-
» plice; que l'action du ministère public n'a pu
» être anéantie, ni même suspendue par la de-
» mande en séparation de corps, portée par L...
» devant le tribunal civil. » (*Voy. le Bulletin de
la Cour de cassation partie criminelle, tom.* 21,
p. 127.

Tel était le principe dans l'ancien Droit : *Adulterii crimine deducto in judicio, postquam de re constat legitimè, debet judex procedere nonobstante concordiâ partium. Bacard sur Julius clarus,* §. 2, n°. 10. Cependant Fournel, dans son *Traité de l'Adultère, p.* 18, rapporte un arrêt du Parlement de Rouen, qui a déclaré le Procureur-général, non recevable en pareil cas, à suivre sur la plainte du mari qui s'était désisté. Cet arrêt est aussi rapporté par Basnage, qui le date d'Octobre 1629.

Nous avions écrit ce qui précède avant l'arrêt du 7 août 1823, par lequel la Cour de cassation a changé sa jurisprudence, et cassé un arrêt de la Cour de Montpellier, qui avait déclaré valable la poursuite du Ministère public, nonobstant la réconciliation articulée par la femme. Nous n'en persistons pas moins à penser que la première décision de cette Cour est plus conforme à la morale et à l'ordre public ; que du moment où le mari a fait éclater son offense, il n'y a plus de motif plausible pour lui attribuer le droit de faire taire ou parler à son gré le Ministère public.

101. Il est rarement possible de prouver le fait qui consomme l'adultère ; plus qu'aucun autre, ce crime peut s'envelopper de ténèbres. Cependant, quand il s'agit, sur la plainte d'un des époux contre l'autre, d'appliquer la peine publique, ou d'admettre le désaveu que fait le mari

de l'enfant né de sa femme, l'adultère doit être
établi de manière à ce qu'il n'en reste aucun
doute dans l'esprit du juge; mais lorsqu'il n'est
question que d'une demande en séparation de
corps, lors-même que les preuves laisseraient
des doutes sur la consommation de l'adultère,
si elles révélaient, de la part de l'époux accusé,
non-seulement une passion désordonnée, mais
sa manifestation par des actions que réprouve
la décence, comme il en résulterait, pour l'autre
époux, une injure grave, et que ce tort suffit
pour autoriser la séparation, elle devrait être
prononcée.

La fidélité conjugale n'est pas seulement violée par l'adultère; elle l'est déjà par la tentative
suivie d'un commencement d'exécution; la moindre des faveurs que le mariage seul autorise,
accordée à un autre que l'époux, est une injure
plus grave que celle commise par des sévices ou
des coups. Conservons, à cet égard, la doctrine
professée par les anciens docteurs, sur-tout à
l'égard de la femme, qui se soustrairait ainsi
aux règles sévères de la pudeur. *Cum enim
adulterium sit difficilis probationis, et oscula
dicantur proxima et fere immediata prepara-
toria adulterii, optimè statutum est, ut mulier,
eo ipso quod convincitur osculum amatori
dedisse, dicatur etiam de adulterio convicta,
et hoc de mente omnium. Julius Clarus,
§. adulterium, n°. 16.*

102. Jusqu'au Code pénal de 1810, l'adultère, ayant été laissé, par les nouvelles lois, dans le rang des torts purement civils, n'était susceptible que de la prescription ordinaire; il n'en est plus ainsi. Par ce Code il est puni comme délit, et par les articles 637 et 638 du Code d'instruction criminelle, l'action civile, et celle publique résultantes d'un délit, se prescrivent par trois années. On ne pourrait pas même se prévaloir de ce que la fraude n'aurait été découverte que depuis moins de trois ans; cette exception n'est point admise à l'égard des délits, le temps fixé pour leur prescription, comprenant le délai jugé suffisant pour les découvrir.

103. Dans le procès des sieur et dame Demontarcher, dont nous donnerons les détails, n°. 113, la preuve de la dame Demontarcher fut complète, et le divorce fut prononcé. Son mari se pourvut en cassation; et parmi ses nombreux moyens, on tenta de faire revivre l'ancienne règle, *Testis unus testis nullus, de la loi* 12, ff. *de testibus*, qu'on prétendait violée, parce que les témoins ne rapportaient que des faits singuliers. Aucun de ses moyens ne fut admis; et sur celui-ci, la Cour déclara que cette maxime du Droit romain n'était pas érigée en loi dans notre législation; que d'ailleurs l'appréciation des dépositions rentre dans les éléments de la conviction des juges du fond.

II. 13.

104. Dans l'ancienne législation, lorsqu'il s'agissait d'adultère, ou de tout autre fait commis dans l'intérieur des familles, on admettait sans difficulté, comme témoins nécessaires, les parents et les domestiques des parties. C'est ce qu'attestent Dénisart, au mot *témoins*, et Jousse sur l'Ordonnance de 1667, *tit.* 22, *art.* 11. Dans le nouveau Dénisart, au mot *adultère*, §. 9, *n°.* 3, on lit un arrêt du Parlement de Paris, du 31 juillet 1745, qui « déclara la femme de Dupré,
» danseur à l'Opéra, convaincue d'adultère, quoi-
» qu'il n'y eût d'autres témoins qu'un ami du
» mari, le laquais et la cuisinière de la maison.
» La femme et son complice avaient été surpris
» dormant dans le même lit, et avaient été ré-
» veillés par la voix d'un chien qui aboya en en-
» tendant rentrer son maître. »

Par suite de cette jurisprudence, le Code civil, article 251, porte, à l'égard du divorce : « Les pa-
» rents des parties, à l'exception de leurs enfants
» et descendants, ne sont pas reprochables du
» chef de la parenté, non plus que les domestiques
» des époux, en raison de cette qualité ; mais le
» tribunal aura tel égard que de raison aux dé-
» positions des parents et des domestiques. » A la vérité cette disposition n'est pas répétée au sujet de la séparation de corps ; et l'article 307, renvoyant cette demande *à être instruite et jugée de la même manière que toute autre ac-*

tion civile, semble l'assujétir à la règle de l'article 283 du Code de procédure, pour les reproches
des témoins ; mais il n'en est pas moins vrai que,
suivant l'article 306, il y a lieu à la séparation
de corps, dans tous les cas où le divorce peut être
prononcé : d'où naît la conséquence que les faits
devant être les mêmes, il ne peut pas y avoir de
différence dans la manière de les prouver. L'identité, entre ces deux espèces, est si parfaite, qu'il
y aurait eu de la pusillanimité de ne pas appliquer à l'une, la règle instituée pour l'autre. Aussi
dès 1809, vit-on le tribunal de Tarbes et la Cour
de Pau, le tribunal de Versailles et la Cour de
Paris fixer ce point essentiel de procédure. Il y
eut pourvoi contre l'arrêt de la Cour de Pau ;
mais il fut rejeté par la Cour de cassation, le 8
mai 1810. (*Voy. le Journal du Palais*, 2e. tri-
mestre 1810, *p.* 193 *et coll. de* 1810, *p.* 378.)

Les tribunaux ne se livrent pas à l'arbitraire,
quand ils se bornent à réparer les défauts de
concordance échappés aux rédacteurs du Code,
dans ses diverses dispositions.

105. Avant le Code civil, la séparation de
corps pour adultère, emportait de plein droit,
contre l'époux jugé coupable, la déchéance des
avantages stipulés en sa faveur par le contrat de
mariage ; il semblait alors de justice rigoureuse,
que celui qui, par son inconduite, forçait à dis-
soudre la société conjugale, ne profitât pas de ce

que les conditions de l'association avaient de favorable pour lui. Relativement aux mariages antérieurs au Code , la même sévérité doit encore, aujourd'hui, être éprouvée par l'époux qui s'y expose, c'est un point de droit réglé, par deux arrêts de la Cour de cassation, l'un du 10 août 1809, l'autre du 10 décembre 1810. (*Voy. le Journal du Palais,* 2ᵉ. *sém* , 1809, *p.* 417, *et* 1ᵉʳ. *sém.,* 1811, *p.* 229.)

Doit-il en être de même pour les mariages contractés depuis? Une sérieuse controverse s'est établie sur cette question, dont l'affirmative et la négative ont également trouvé des partisans ; et parmi les magistrats, et parmi les jurisconsultes.

On appuyait l'affirmative sur le but moral de la déchéance ; sur ce qu'elle est prononcée par l'article 299 du Code civil, pour le cas de divorce, et devait, par une analogie irrécusable, être étendue à celui de la séparation de corps. La négative était soutenue par des motifs plus imposants encore, et qui l'ont emporté. Les voici tels qu'ils sont donnés dans l'arrêt de la Cour de cassation, du 17 juin 1822, qui casse un arrêt de celle de Metz : « Sans distinguer les » donations faites aux époux par des étrangers, » des donations faites par les époux entr'eux, le » Code civil dispose expressément que les dona- » tions faites par contrat de mariage, ne sont » pas révocables pour cause d'ingratitude. A ce

» principe général il n'a fait exception que pour
» le cas du divorce prononcé pour autre cause
» que le consentement mutuel. Les tribunaux
» n'ont pas à examiner si, sous le rapport de la
» peine à prononcer contre l'époux, il eut été
» convenable d'assimiler la séparation de corps
» qui ne rompt pas le lien du mariage, au di-
» vorce qui le dissout sans retour ; ils n'ont
» pas à balancer les divers motifs qui auraient
» pu déterminer le législateur à admettre ou à
» rejeter cette similitude entre les effets de deux
» actions dont, avant la loi abolitive du divorce,
» les époux avaient le choix ; ils n'ont pas à
» rechercher pourquoi le législateur, qui dans
» l'article 1518 du Code, a déclaré, en termes
» formels, que le divorce et la séparation, pro-
» duiraient le même effet relativement au préci-
» put, ne s'est pas exprimé de la même manière
» relativement aux donations et avantages portés
» aux contrats de mariage, dont il n'a prononcé
» la privation que pour le cas du divorce. Ils ne
» doivent, en un mot, connaître que le texte de
» la loi, sans pouvoir, sous des prétextes plus
» ou moins spécieux d'insuffisance dans ses dis-
» positions, créer des exceptions aux principes
» généraux qu'elle a établis, sans distinguer ou
» elle n'a pas distingué, et infligé des peines
» qu'elle n'a pas littéralement prononcées. »

A des raisonnements aussi justes, aussi éner-

giquement exprimés, tous les doutes doivent se
dissiper; et, jusqu'à la révision du Code, tout
effort en sens contraire, doit être et serait com-
primé : mais faisons des vœux, pour qu'alors
cette règle de suprême équité reprenne sa place
dans notre législation; et que la donation, même
par contrat de mariage, soit résolue par la séparation de corps. Elle fait, il est vrai, partie
des conditions de l'union, qui ne cesse pas de
subsister ; mais le bonheur mutuel des époux,
et l'accomplissement réciproque de leurs devoirs
en font aussi partie, et la partie principale. Si
donc les plus saintes promesses sont méconnues,
au point que la justice soit contrainte de séparer
les époux, les avantages stipulés sur la foi de ces
promesses, ne doivent pas leur survivre, par
suite du principe général écrit, pour tous les
contrats synalagmatiques, dans l'article 1184.
Alors la loi, non-seulement sera équitable, mais
on peut espérer qu'elle préviendra quelques désordres; la passion de l'intérêt servant, quelquefois, de contre poids aux autres.

Si c'est un oubli involontaire de la part des
rédacteurs du Code, il faut s'empresser de le
réparer. Si l'omission, comme on peut le soupçonner, a été réfléchie et déterminée par le désir
alors dominant, de rendre le divorce préférable
à la séparation, aujourd'hui, que des idées opposées ont tout-à-fait extirpé le divorce de nos

lois, et n'ont laissé aux époux malheureux d'autre issue que la séparation, tous les esprits doivent se rallier, pour qu'elle ait l'effet, qu'elle avait jadis, de faire révoquer les donations.

ARTICLE II. Adultère du mari.

SOMMAIRE.

106. L'adultère du mari n'autorisant sa femme à demander la séparation de corps, qu'autant qu'il a tenu sa concubine dans la maison commune, on a agité la question de savoir si quand elle s'est éloignée de la maison de son mari, elle est encore recevable à se prévaloir de ce concubinage?

Le tribunal de Dunkerque a été le premier saisi de cette question, sur une demande en divorce, et crut devoir rejeter la demande de la

femme en se fondant sur ce que, par son absence, la maison du mari avait cessé d'être la
maison commune; que, d'ailleurs, en s'éloignant de son mari, elle avait, en quelque sorte,
autorisé son désordre. La Cour de Douai, au
contraire, sans s'arrêter à la fin de non recevoir,
admit le divorce; ses motifs méritent d'être re-
marqués.

« Le législateur regarde, et le juge doit regar-
» der comme la maison commune, non-seulement
» celle qui, à certaine époque, est de fait, habitée
» par l'époux et par l'épouse; mais il faut aussi
» considérer comme telle, la maison habitée par
» le mari, qui, de droit, est le domicile de la fem-
» me, celle qu'elle est obligée d'habiter, où elle
» peut être également contrainte de rentrer, où
» enfin son droit et son devoir la placent et l'ap-
» pèlent, quand elle n'est pas repoussée par des
» désordres que la loi regarde comme cause de
» divorce. » Cet arrêt est du 24 juillet 1812.
(*Voy. le Journal du Palais*, tom. 34, *p.* 566.)

Quelques années après, la même question fut
présentée devant le tribunal de la Seine, entre
le sieur Dupuis et sa femme. Les juges de première instance, adoptèrent le sentiment de la
Cour de Douai. La Cour de Paris, au contraire,
partagea l'opinion des juges de Dunkerque, et
admit la fin de non recevoir; mais son arrêt du
29 mars 1817, a été cassé par la Cour de cassa-

tion le 21 décembre 1818. Cette Cour a érigé,
comme celle de Douai, en principe : « Que par
» ces expressions, *la maison commune*, le Code
» a entendu la maison où est, de droit, la résidence
» des deux époux, celle où le mari réside, où il
» peut contraindre la femme d'habiter, où elle
» a le droit de résider : qu'il suit de là que la
» femme est recevable à demander la séparation,
» lors même que les désordres se sont passés de-
» puis qu'elle a cessé, de fait, de résider avec son
» mari » (*Voy. le Journal du Palais*, tom. 54,
p. 369.)

Cette question venait d'être jugée dans le
même sens, et uniformément, par le tribunal
de Vienne, et la Cour de Grenoble. L'arrêt de
cette Cour ayant été déféré à la Cour de cassation, le rejet du pourvoi fut prononcé le 27 janvier 1819, et justifié par les mêmes motifs. On
peut donc regarder comme invariable aujour-
d'hui, cette juste interprétation de l'article 230.

107. Prise comme on vient de le voir, dans
les principes élémentaires des droits et des devoirs de la femme mariée, elle conduit à décider,
à l'égard des personnes qui possèdent plusieurs
habitations ; que le mari ne peut tenir sa concubine dans aucune d'elles, sans encourir la séparation de corps. Les rédacteurs du Code ont choisi
l'expression la plus propre à repousser toutes les
subtilités qu'on pourrait imaginer pour échap-

per à l'esprit de la disposition ; ils n'ont pas dit *la maison principale, le domicile,* mais *la maison commune,* désignant par là celle où les deux époux, que la loi suppose ne pas devoir se séparer, ont leur résidence de droit ; celle où la femme peut et doit se rendre du moment où son mari veut y séjourner, puisqu'*elle est obligée d'habiter avec lui, et de le suivre partout où il juge à propos de résider*; art. 214 ; et non *partout où il lui plait de la mener avec lui.* Qui voudrait prétendre qu'une femme, qui, par devoir, et, peut être, par un attachement que l'inconstance de son mari n'a pas encore éteint, voudrait ne pas le quitter, peut être impunément condamnée par lui, ou à se priver de le suivre dans une habitation qui leur est commune, puisqu'elle est à lui, ou à être témoin de ses infidélités?

108. Il en serait autrement de la maison dans laquelle le mari entretiendrait sa concubine, si les apparences en faisaient la demeure personnelle de cette dernière, et non celle du mari, lors même qu'il serait prouvé qu'il en fait les frais et que fréquemment il l'habite lui-même. Il suffit que la maison ne soit pas tenue en son nom, pour que sa femme n'ait ni le droit d'y venir, ni celui de s'informer de ce qui s'y passe; c'est une des conséquences inévitables de la choquante disparate qui se trouve entre l'art. 212, faisant au mari, un devoir de la fidélité, et larticle 230 qui l'en affranchit; là on veut qu'il en

fasse la promesse, ici on le dispense de la tenir.

109. Parmi les individus dont la profession ou le négoce ne s'exerce qu'en voyageant, et changeant à chaque moment de demeure, comme les marchands colporteurs, les comédiens, etc. si un mari avait avec lui, et sa femme et sa concubine, la femme recourant à la demande en séparation, comme au seul moyen de faire cesser son supplice, la justice ne pourrait pas la lui refuser. Quel est, en effet, le but de la tolérance légale, mais nécessaire, qui nous occupe? C'est seulement de soustraire le mari à la surveillance que sa femme voudrait exercer sur ses actions extérieures; surveillance incompatible avec l'obéissance qu'elle lui doit. Mais si les preuves de son infidélité se manifestent dans les lieux mêmes, où par devoir, et par le besoin de son existence, la femme doit résider, ce serait supposer que l'article 230 a pour base une immoralité révoltante, que de la laisser outrager impunément dans la seule résidence qu'elle puisse avoir.

Au surplus, nous renvoyons à ce que nous avons dit n°. 101, sur les preuves suffisantes dans de telles causes.

110. En vain le mari, après avoir ainsi outragé sa femme, dans la crainte de la demande en séparation, ferait cesser la cause de son désordre, en renvoyant sa concubine: il suffit que le fait ait eu lieu, pour qu'il doive en subir la pu-

nition; à moins que le silence de sa femme n'ait
été assez prolongé pour faire présumer une re-
conciliation entr'eux, ou qu'elle ne résultât d'autres circonstances.

111. Le mari, coupable de cet audacieux adultère, n'est pas seulement exposé à la séparation
de corps, mais si sa femme rivalise d'impudicité
avec lui, il a perdu le droit de faire prononcer
contre elle la peine publique; telle est la disposition de l'article 336 du Code pénal. La loi romaine plus sévère, voulait en ce cas, que les
deux époux fussent punis. L. 13. ff. *ad leg.
jul.* §. 3.

112. Perd-il également celui de demander la séparation? La raison de douter est que, suivant l'article 308 du Code civil, la femme contre laquelle la
séparation est prononcée, pour cause d'adultère,
doit être condamnée, par le même jugement, et
sur la réquisition du ministère public, à la réclusion; d'ou l'on pourrait inférer que, sous aucun
rapport, la justice ne doit s'occuper d'un adultère,
quand le mari, par ses déréglements, a affranchi
sa femme de la peine. On peut aussi être un
moment ébranlé par un arrêt du 7 nivôse
an VII, qui a cassé un jugement du tribunal civil
de la Manche, pour avoir rejeté la fin de non-
recevoir que la dame Deshommais, accusée d'a-
dultère par son mari, opposait à la demande en
divorce de ce dernier, la fondant sur l'adultère
dont elle l'accusait elle-même.

Toutefois, nous croyons cette fin de non-recevoir inadmissible. Quand la loi, par une disposition formelle, donne une action, il faut, pour
la refuser dans un cas particulier, obéir à un
texte aussi formel ; et l'argument tiré du Code
pénal, ne présente qu'une induction insuffisante
pour rejeter l'action qu'autorise le Code civil.
En effet, la fin de non-recevoir, établie par le
Code pénal, tant qu'on la renferme dans son objet, est infiniment morale ; il serait révoltant
d'entendre celui qui, dans son ménage, a donné
le scandaleux exemple de l'infidélité et du libertinage, demander la punition de sa femme, pour
avoir succombé à son exemple quotidien. Il y aurait, au contraire, une immoralité profonde à ne
pas séparer des époux livrés avec la même fureur à
leurs passions ; car si l'on refusait la demande du
mari, il faudrait, par la même raison, refuser
celle de la femme. Par ces refus, on produirait
une conséquence bien plus funeste encore ; aucun
des enfants auxquels la femme donnerait le jour,
ne pourrait être désavoué par le mari, celui-ci,
hors le cas de l'impossibilité physique, ne pouvant désavouer les enfans de sa femme qu'en la
faisant juger adultère : *art.* 313.

L'arrêt du 7 nivose an VII, a été rendu sous le
régime de la loi du 20 septembre 1792, dont
les éléments n'avaient rien de commun avec ceux
du Code civil, surtout depuis l'abolition du di-

vorce. Si le sieur Deshommais eût été admis au divorce pour l'adultère de sa femme, il se serait enrichi de toute la part de cette malheureuse dans leur communauté : il était donc juste de repousser sa plainte intéressée, puis qu'il s'était rendu indigne de la porter, en se livrant aux mêmes excès dont il accusait sa femme. Il trouvait, d'ailleurs, dans cette loi de 1792, un autre moyen, moins lucratif il est vrai, mais infaillible de faire cesser ses maux; il lui restait le mode du divorce *pour incompatibilité d'humeur.*

Aujourd'hui que, pour soustraire des époux aux dissentions d'une union mal assortie, il n'y a plus que la séparation de corps, et que l'adultère de la femme ne lui fait perdre ni ses biens, ni ses avantages, il est évident que cet arrêt de l'an VII ne peut pas plus influer sur les décision des tribunaux, que la loi de 1792 dont il n'es que le commentaire.

Aussi la même question, ayant été solennellement agitée, depuis le Code civil, devant la Cour de cassation, y a-t-elle été résolue dans un sens tout contraire. La compensation des adultères n'était pas prétendue par une femme contre son mari, mais par un mari contre sa femme; et l'on conviendra sans doute que, dans l'un comme dans l'autre cas, la question doit être soumise aux mêmes principes.

La dame Lad... ayant formé, contre son mari,

demande en séparation de corps, pour adultère par lui commis, avec une concubine, dans sa maison, le sieur Lad..., sans nier les faits qui lui étaient imputés, s'attacha aux fins de non-recevoir, et, entr'autres, il s'en faisait une des nombreux adultères dont il accusait sa femme, et qu'il offrait de prouver. Ce moyen ne trouva pas grâce auprès du tribunal d'Orléans, qui, dans le jugement du 15 mai 1820, s'exprime ainsi : « Sur l'exception d'indignité opposée par le sieur » Lad..., résultante de la conduite criminelle que » la dame Lad... aurait menée, et des faits de » déréglement dont elle se serait rendue coupa- » ble : considérant qu'on ne peut admettre d'au- » tres fins de non-recevoir que celles prévues par » la loi, et que, dans l'espèce, cette fin de non- » recevoir ne pourrait exister qu'autant qu'il » serait établi, en principe, une sorte de com- » pensation entre l'inconduite réciproque des » époux, ce dont les monuments judiciaires an- » ciens et modernes n'offrent aucun exemple, si » ce n'est sous le rapport des droits civils ; que » cette compensation entraînerait avec elle les » conséquences les plus funestes pour les mœurs » publiques et privées...., le tribunal déclare le » sieur Lad... non-recevable, etc. »

Le 16 août 1820, la Cour royale d'Orléans, adoptant ces motifs, confirma le jugement.

Sur son pourvoi, le sieur Lad... publia une

consultation signée de cinq avocats choisis parmi les plus célèbres de Paris, et dans laquelle on trouve, présenté avec beaucoup d'art, tout ce qui peut donner à ce paradoxe l'apparence de la raison ; mais la saine doctrine des magistrats d'Orléans triompha, et, par arrêt du 9 mai 1821, le pourvoi fut rejeté : « Attendu que l'arrêt atta-
» qué, en rejetant la fin de non-recevoir résul-
» tante de l'imputation d'adultère faite par le
» demandeur à sa femme, n'a violé aucune loi. »
(*Voy. le Journal du Palais, tom.* 60, *p.* 529.)

113. Dès 1812, on avait osé écrire et plaider, dans les trois degrés de juridiction, une autre fin de non-recevoir plus scandaleuse encore, et véritablement inouïe, contre la demande en séparation de corps d'une femme fondée sur l'adultère de son mari.

La dame Demontarcher, à l'appui de sa demande, offrait de prouver des faits non-équivoques, et particulièrement que son mari et sa concubine avaient plusieurs fois été surpris en flagrand délit. On ne craignit pas, pour le sieur Demontarcher, de déclarer que la personne, supposée sa concubine, était sa fille naturelle : il en offrit la preuve ; et, pour lui, on en concluait qu'ainsi il se trouvait accusé, non d'aldultère mais d'inceste ; et qu'un crime aussi monstrueux, étant moralement impossible, la preuve n'en était pas admissible. Le 21 février 1812, ce sys-

tème révoltant fut repoussé par le tribunal de la
Seine : «Attendu que, dans la supposition où
» Charlotte serait la fille naturelle du sieur De-
» montarcher, et que celui-ci serait coupable non-
» seulement d'adultère, mais encore d'inceste, la
» preuve des faits articulés par la dame Demon-
» tarcher n'en serait pas moins admissible, puis-
» que, pour être incestueux, il n'en serait pas
» moins adultère. »

La même indignation poursuivit cette auda-
cieuse défense à la Cour royale de Paris, qui la
proscrivit par arrêt du 11 juillet 1812, en adoptant les motifs des premiers juges, et à la Cour
de cassation, dont l'arrêt, du 26 du même mois,
s'exprime en ces termes :

« Attendu qu'une telle exception serait évi-
» demment contraire au but de la loi, puisqu'elle
» tendrait à donner, à une circonstance aggra-
» vante de l'adultère, l'effet de paralyser l'action
» qui en naît, au profit de la femme; et qu'il est
» contre la nature des choses que l'aggravation
» d'un crime ou d'un délit, puisse en assurer
» l'impunité; qu'il suit de là que l'arrêt attaqué,
» en admettant, dans l'espèce, la preuve du fait
» d'adultère, nonobstant la circonstance qu'é-
» tant prouvé, il aurait le caractère d'inceste,
» loin de violer la lettre, ni l'esprit de l'article
» 230 précité, en fait, au contraire, une juste
» application; Rejette, etc. »

Il est déplorable que la profession d'avocat soit, par fois, ainsi prostituée dans les tribunaux : peut-on suivre cette honorable carrière , sans savoir que l'espèce humaine étant assez dépravée pour que l'inceste soit possible, toutes les langues ont un mot qui le signale , toutes les législations des dispositions qui le concernent ? La loi 39, ff. *ad leg. jul.* , qui ne donne que cinq ans pour poursuivre l'adultère, en exige dix pour la prescription de l'inceste.; notre Code civil, articles 331 et 335 , défend de légitimer et même de reconnaître les enfants incestueux; l'article 762 ne leur accorde que des aliments. Quand ce crime est commis par une personne mariée, il est tout à la fois un inceste et un adultère. Jadis, à ce double crime, une double peine était infligée, (*voy. Balde, in cons.* 429, *lib.* 5.) et aujourd'hui, des avocats soutiennent qu'il doit être absous!

ARTICLE III. Adultère de la femme.

SOMMAIRE.

SOMMAIRE.

114. Indépendamment de l'adultère auquel le mari est exposé, pendant le mariage, il y a une autre fraude qu'on peut considérer comme un adultère moral, dont il peut être la victime au moment même où le contrat se forme : on a des exemples de femmes qui, unissant l'audace à la perfidie, ont osé porter dans le mariage, un enfant déjà conçu avec un autre homme que celui qu'elles épousaient.

Cette fraude, en quelque sorte plus odieuse que l'adultère même, ne peut pas lui être assimilée ; quant à la peine publique, les rigueurs d'une loi pénale ne pouvant pas être étendues, du cas qu'elle prévoit, à ceux qu'elle n'a pas prévus, l'analogie la plus exacte n'autoriserait pas cette extension; mais, si la conception avant le mariage, était prouvée par la naissance accélérée, aux termes de l'article 314 du Code civil (*Voy.* *ci-après*, art. 4, n°. 127), le mari, admis par cet article à désavouer l'enfant, serait également fondé à demander sa séparation de corps. Qui pourrait hésiter à voir dans cette déplorable conjoncture l'injure la plus grave, et l'outrage le plus sanglant que puisse recevoir un mari? Il est difficile de supposer, pour lui, un événement dont il doive ressentir plus d'humiliation et d'offense.

115. La femme, coupable d'adultère, encoure, comme nous l'avons déjà dit, la demande en séparation de corps de son mari; et quand la justice est saisie, si l'accusation est prouvée, non-seulement cette femme est séparée de son mari, mais elle est condamnée à la peine d'emprisonnement pendant trois mois au moins, et deux ans au plus : peine prononcée par le Code civil, art. 308, et par le Code pénal, art. 337. Le mari seul peut abréger le temps de sa captivité.

116. Plusieurs fins de non recevoir peuvent être utilement opposées à la demande du mari, il n'en est pas de plus décisive que celle résultante de la réconciliation des époux; l'art 270 du Code civil qui l'établit contre l'action en divorce, est indubitablement applicable à la demande en séparation; c'est même la conséquence

naturelle de l'article 308, qui n'admet la seconde action, que dans les cas où la première pourrait l'être.

On l'induit ordinairement du silence qu'a gardé le mari, depuis le moment où l'infidélité de sa femme lui a été connue ; toutefois, il importe, à cet égard, d'apporter beaucoup de soins dans l'examen des faits. Le retard du mari, à faire éclater ses chagrins, ayant pu être déterminé par la recherche des preuves, ou par quelqu'autre circonstance ; c'est à la sagesse des magistrats à apprécier, dans cette douloureuse position, la conduite de l'époux offensé ; et l'on peut dire, en général, qu'on ne doit pas présumer légèrement le pardon d'une faute, qui, punie ou pardonnée, n'en fait pas moins le malheur du mari envers qui elle est commise ; il faut donc que cette extrême générosité soit aussi certaine que le délit qu'on suppose effacé par elle ; pour cela, il importe qu'au silence, qui n'est qu'une preuve négative et dès-lors équivoque, il se réunisse quelques faits positifs, dont on puisse judicieusement induire la remise de l'offense.

C'est ainsi que le silence d'une femme, dont le mari voulait qu'on induisît une réconciliation entre eux, a été apprécié par le tribunal de la Seine et la Cour royale de Paris. La dame Demontarcher exposait elle-même, que, depuis plus de deux ans, elle avait aperçu la conduite criminelle de son mari : celui-ci s'en prévalait, comme si ce silence eût prouvé son pardon : « Attendu, » porte le jugement du tribunal du 29 juin 1810, » que la réconciliation doit résulter d'un fait po- » sitif, dont la preuve est commandée au défen- » deur qui l'articule ; que le délai, pour intenter » une demande en divorce, n'étant pas fixé par » la loi, on ne peut faire résulter la remise de » l'injure, du silence de la dame Demontarcher, » depuis l'époque où elle dit avoir eu connaissance » des faits qui motivent sa demande, puisque ce » serait créer une fin de non recevoir que la loi » n'a pas établie ; que d'ailleurs ce silence semble » avoir été déterminé par des circonstances im- » périeuses et des motifs puissants. »

Ce jugement a été confirmé par un arrêt de la Cour royale de Paris, du 20 avril 1811, qui s'est bornée à en adopter les motifs. (*Voy. le Journal du Palais,* 2ᵉ. *sém.,* 1811, *p.* 376.)

Le fait fréquemment articulé pour la femme, en pareil cas, est que les deux époux ont été vus couchés dans le même lit. Ce fait même, quoique fort grave, ne serait pas seul suffisant, surtout si telle était, avant l'adultère leur habitude ; le mari ayant dû, pour ne pas laisser apercevoir ses soupçons, ne rien changer dans ses manières, avant d'avoir recueilli toutes ses preuves.

117. La réconciliation des époux peut même, dans les cas ordinaires, éteindre l'action du mari

contre le complice de sa femme. Nos Codes
ne contiennent aucune disposition à ce sujet,
mais la plupart des auteurs en font une règle de
jurisprudence : on trouve dans le *Journal des au-*
diences du Parlement de Paris, *tom.* 5, un arrêt
du 7 juillet. 1691 , rendu sur les conclusions de
l'avocat général de Lamoignon, qui l'a ainsi décidé. Un mari, après avoir porté plainte en adultère contre sa femme et le comte de Cruseq,
qu'il indiquait comme complice., se réconcilia
avec sa femme, et néanmoins continua de poursuivre le comte de Cruseq., en paiement de dommages et intérêts : il y fut déclaré non recevable ;
on ne peut qu'applaudir à une telle décision. Si
le mari qui pardonne une offense aussi irréparable, le fait par religion., son admirable charité
doit s'étendre jusque sur le complice ; si c'est
pour d'autres motifs, c'est une bassesse révoltante de chercher de l'argent dans une telle occasion ; on peut aller jusqu'à craindre, que tout
ce qui s'est passé, ne soit une odieuse intrigue
entre le mari et la femme.

Cependant cette fin de non recevoir n'étant
pas écrite dans la loi, la question doit être rame-
née au point d'équité. Si un homme riche avait
débauché la femme d'un homme peu fortuné, et
que celui-ci eût fait des dépenses pour en obtenir justice, sans que rien ne pût faire soupçonner une coupable connivence entre le mari et la

femme, lors-même qu'ils se réconcilieraient, l'auteur de la séduction n'en devrait pas moins de justes dommages et intérêts au mari.

118. Nous avons établi, n°. 112, que l'accusation récriminatoire d'adultère, opposée par un des époux à la demande en séparation formée contre lui, pour adultère, ne pouvait pas être admise comme fin de non recevoir; et qu'en bonne morale ce devait être, dans l'état actuel de nos lois, un motif de plus, de ne pas forcer à la vie commune de tels époux; à plus forte raison, tous les autres torts qu'une femme pourrait reprocher à son mari, quelqu'en fût la gravité, seraient-ils inutilement mis au jour, pour résister à l'accusation d'adultère; ils ne la sauveraient ni de la séparation de corps, ni de la peine publique, ils pourraient seulement influer sur la fixation du temps pendant lequel la femme coupable serait privée de la liberté.

119. Si la femme, accusée d'adultère, avouait le fait principal, mais en protestant n'avoir été que la victime d'un de ces forcenés qui ont recours à la violence, pour immoler la pudeur à leur lubricité; il faudrait, avant tout, l'admettre à la preuve de ce fait justificatif; et si le viol était prouvé, toute idée de crime disparaîtrait; on ne pourrait que gémir sur son sort et sur celui du mari; l'adultère, comme tous les autres crimes, n'existe que lorsqu'il y a volonté de le com-

mettre. Aucune action ne pourrait donc atteindre cette infortunée, lors-même que, pour éviter à son mari une affliction sans remède, elle aurait d'abord gardé le silence sur cet événement; c'est ce que décide Papinien dans la *loi* 39, ff. *ad. leg. Jul. de adult. Vim passam mulierem, sententiâ Præsidiis provinciæ continebatur. In legem Juliam de adulteriis, non commisisse respondi : licet injuriam suam protegendæ pudicitiæ causâ, confestim marito denuntiari prohibuit.* La même décision se retrouve dans la *loi* 20, *Cod eod lit.*

C'est, avec tous les auteurs, que nous avons donné, à cette exception, pour unique base le *viol*, toute autre contrainte ne pouvant excuser la femme, si, cédant à des menaces qu'elle devait braver, ou à des forces auxquelles elle pouvait résister, elle a trop facilement cédé la victoire. Cette exception, puisée dans le Droit romain, doit être appréciée dans son esprit. Plusieurs textes du Digeste, *tit. de adulteriis*, s'expliquent dans le sens la femme succombe à une force invincible, *vim passam.* Quand la défense est sincère, la défaite est difficile; mais nous nous abstiendrons des détails dont ce sujet est susceptible, renvoyant à ceux donnés par Fournel dans son *Traité de l'Adultère*, *p.* 82, qu'on peut utilement consulter.

120. Par suite de ce principe, gravé dans

tous les cœurs droits, qu'il n'y a ni crime, ni délit sans la volonté de le commettre, la femme trompée par des artifices, et qui, croyant être avec son mari, se serait livrée à un autre homme, ne serait, non plus que la première, passible de la demande en séparation, ni de la peine publique, pourvu que l'erreur fût aussi avérée que ses funestes effets. Bertrande Derols, ayant vécu plusieurs années avec Arnauld du Thil, qu'elle croyait Martin-Guerre son mari, et dont elle avait eu deux enfants, au retour de son mari, reconnut son erreur : elle fut accusée d'adultère ; mais sa bonne foi parut évidente au Parlement de Toulouse, qui, par arrêt du 12 septembre 1560, l'a renvoya de l'accusation. (*Voy. les Causes célèbres, tom. 1.*)

121. Peut-on porter les conséquences de ce principe, jusqu'à excuser la femme qui, persuadée de la mort de son mari, s'est abandonnée à un autre homme? aucun texte de droit ne prononce sur son sort. Fournel ne s'en est pas proposé la question, et l'auteur de l'article *adultère*, dans le *Répertoire de Jurisprudence*, la condamne comme adultère. Cette opinion nous paraît exagérée; il n'y a pas, en morale, de vérité plus généralement sentie, que celle qui ne voit de punissable, que la faute commise avec intention: c'est à la lueur de cette vérité, que, dans les cas de viol et d'erreur, on n'hésite pas à reconnaître l'in-

nocence de la femme. Aucun motif raisonnable ne peut faire rejeter sa lumière dans le troisième cas. Sans doute, dans cette hypothèse, la femme est coupable, mais d'un simple stupre que les lois ne punissent plus. Avec la pensée que son mari n'existait plus, elle s'est crue dégagée de ses droits sur elle, et n'a succombé qu'en se manquant à elle-même.

Elle est encore coupable d'imprudence, pour s'être, trop facilement, laissée persuader par de fausses apparences; mais, si ces apparences étaient telles que le commun des hommes pût, comme elle, en être trompé, lui appliquer la peine publique, serait à nos yeux une injuste sévérité.

Nous n'en voyons pas moins, dans cette imprudence, une injure extrêmement grave pour son mari. Si le stupre qu'elle a commis n'est pas puni par la loi, il l'est par la religion; il l'est par l'opinion publique; le déshonneur en est la juste peine, et son mari peut refuser de vivre avec celle qui s'est consolée de sa mort présumée, en se prostituant.

122. A l'égard de la femme adultère, qui articule la connivence de son mari, quelque dégoutante que soit une telle exception, comme, malheureusement, de trop nombreux exemples ont prouvé que de pareilles turpitudes étaient possibles, on ne peut pas lui en refuser la preuve, et si la connivence est prouvée, la de-

mande en séparation du mari doit être repoussée. Dût-il avoir pour siens les enfants d'autrui, il ne peut pas s'en plaindre ; il n'y a, de la part de la femme, ni fraude, ni dommage, *volenti non fit injuria*. Mais il s'est plaint, et dès-lors le ministère public peut faire punir une femme qui n'en a pas moins outragé les lois et les mœurs. Par la loi 2 ff. *ad leg. jul. de adult.* le mari et sa femme convaincus de cet infâme trafic, étaient tous deux frappés de la peine publique, *lenocinium igitur mariti ipsum onerat, non mulierem excusat, nam hujus modi non est compensatio admissa.* Dans notre législation, le mari ne peut pas être condamné pour ce cas, que le Code pénal n'a pas mis au rang des délits. Ne peut-il pas l'être comme complice ? La solution de cette question dépend de celle que nous allons examiner.

123. L'article 328 du Code pénal, qui statue particulièrement sur le sort du complice de la femme adultère, ne doit s'entendre, et ne s'entend, en effet, que de celui avec lequel la femme a commis le délit ; peut-être eût-il été plus exact de le qualifier auteur du délit, comme la femme même. Quoiqu'il en soit, il s'agit de savoir si, par cette locution, on a voulu restreindre la complicité, dans le cas d'adultère, à l'individu qui y participe, nous ne le pensons pas.

Cette désignation était également en usage dans

l'ancienne jurisprudence; et, néanmoins, quiconque avait favorisé les coupables de ce crime, subissait toutes les conséquences de la complicité. Plusieurs textes du Droit romain sont formels à cet égard, et Fournel dans son *Traité de l'adultère*, en les rapportant, enseigne cette doctrine, comme n'éprouvant aucune controverse. D'ailleurs, la disposition de l'article 60 du Code pénal est général; elle déclare complices, et punissables comme tels, *ceux qui ont provoqué, facilité ou aidé à commettre une action qualifiée crime ou délit;* or, c'est par le même Code que l'adultère est qualifié délit; il est donc compris dans la règle générale. Pour l'en croire excepté, il faudrait trouver l'exception aussi clairement écrite que la règle; et certes, la locution équivoque de l'article 328 n'est pas suffisante.

Ainsi, sans balancer, on doit réputer tous ceux qui, par une basse complaisance, ou dans l'espoir d'un lucre honteux, aident les coupables de ce délit, passibles des mêmes peines, et tenus solidairement des dommages et intérêts, dans tous les cas où le mari offensé peut en réclamer.

Par les mêmes motifs, il doit demeurer pour indubitable que le mari, qui ne peut pas se prêter à la prostitution de sa femme, sans devenir le plus méprisable de tous ses complices, doit, dans ce cas, être puni comme elle.

124. Le point le plus difficile, en cette matière, et cependant le plus important, est la preuve du délit; pour l'éclaircir, il faut distinguer entre la femme adultère, et l'individu auquel elle s'abandonne.

Jadis quelques docteurs entraient dans des détails infinis sur le nombre et le caractère des circonstances nécessaires pour justifier cette accusation; il existait même entr'eux, peu d'accord sur les éléments de cette théorie. Descendant, sans le vouloir, jusqu'à l'obscénité, les uns exigeaient que les coupables eussent été vus *nudus cum nuda*; les autres qu'on les eût trouvés *in rebus venereis*. Il est probable que ces exagérations n'étaient suggérées que par la sévérité des peines qu'encourrait alors la femme adultère. Toutefois le plus grand nombre des jurisconsultes reconnaissait que ce crime, toujours voilé par le mystère, était suffisamment prouvé par les conjectures et les présomptions qu'un esprit judicieux pouvait concevoir des faits qui le préparent et le suivent. *Cum adulterium sit difficillimæ probationis, ita ut per directum probari non possit, solum conjecturis et præsumptionibus probatur. Matheu et Sans. de re crim. coutrov.* 11., n°. 16. *Cum clam et occultè committi soleant adulteria, sint que ob id difficilis probationis, factum hinc est ut conjecturis et præsomptionibus probari possint. Menochius de præsompt. l. 5, præsompt.* 41.

Telle est la règle qui, incontestablement, doit régler cette accusation. Les preuves écrites, la preuve vocale, les présomptions, l'aveu de l'accusée , en un mot, tous les documents qui peuvent inspirer quelque confiance, ont droit à celle de la justice. L'admission du jury, dans les matières criminelles, a eu sur la jurisprudence civile, l'heureux résultat d'amener tous les bons esprits à cette idée juste et vraie, qu'à l'exception des cas pour lesquels la loi éxige un genre spécial de preuve, un fait n'est prouvé que quand, par quelque moyen que ce soit, le juge en est convaincu; mais aussi qu'il est suffisamment prouvé, si la conviction est produite.

Par exemple, autrefois l'aveu de la femme accusée n'était pas jugé suffisant, quoique la raison dise hautement qu'à moins que cet aveu ne paraisse l'effet de la contrainte ou de l'aliénation d'esprit, il fournit la moins suspecte de toutes les preuves. Aujourd'hui ces difficultés scholastiques ne seraient plus écoutées.

Dans le projet du Code civil, la plainte d'adultère ne devait être admise contre la femme, que quand il aurait été *accompagné de scandale public, ou prouvé par des écrits émanés d'elle.* La plupart des Cours reclamèrent contre une disposition évidemment plus propre à favoriser qu'à réprimer ce délit. Au Consel d'État ce fut un guerrier (le premier Consul), qui s'allarma pour les mœurs, de cette disposition, plus que les magistrats auteurs du projet. Ses judicieuses observations, appuyées par M. Tronchet, conduisirent à la décision qu'il fallait laisser les juges peser les circonstances; et la disposition reçut la latitude qu'elle a dans l'article 229.

Nous ne pouvons pas donner une plus juste idée de la manière dont les preuves, à ce sujet, doivent être appréciées, en fait comme en droit, qu'en rapportant les jugements du tribunal civil et de la Cour de Bordeaux, rendus dans une cause de divorce pour adultère, qui suivit presque immédiatement la publication du Code civil.

Le sieur B..., ayant accusé sa femme d'adultère, ne le prouvait que par des lettres où l'aveu n'était pas formel, mais implicite, et par des témoins qui parlaient seulement de visites, de promenades nocturnes, et non de faits positifs. Les défenseurs de la dame B... essayèrent de lui sauver la honte d'une condamnation, en invoquant, pour elle, la doctrine des auteurs des 14e. et 15e. siècles; mais leurs efforts furent inutiles. Voici les principaux motifs du jugement rendu par le tribunal de Bordeaux, le 4 août 1806. « Considérant qu'il résulte de l'enquête que les » lettres remises au procès, ont été envoyées par » la dame B... au sieur L... par plusieurs émis- » saires; que celui-ci leur en remettait de son » côté; qu'ainsi il a existé entr'eux, une corres-

» pondance clandestine, après l'expulsion du sieur
» L... de la maison conjugale ; que divers témoins
» ont déposé de la manière dont cette correspon-
» dance avait été saisie ;

» Considérant que, d'après l'opinion commune
» des auteurs, la preuve de l'acte qui constitue
» l'adultère peut se faire, non-seulement par des
» témoins qui l'ont vu commettre, mais encore,
» attendu la difficulté d'en avoir des preuves *de
» visu*, par des présomptions fortes et violentes,
» qui s'induisent des faits qui en précèdent ou
» en préparent la consommation, lorsque ces
» faits eux-mêmes sont établis d'une manière in-
» contestable;...

» Considérant qu'entre autres faits d'où nais-
» sent les présomptions violentes qui, pour juger
» l'adultère, doivent, d'après les auteurs, avoir
» l'autorité des preuves, sont les lettres amou-
» reuses écrites par la femme à son complice; les
» rendez-vous qu'ils se sont donnés à l'insu du
» mari, les fréquentes visites de l'amant, faites
» à la femme, pendant la nuit ou durant le jour,
» à l'insu du mari, les réclusions de l'amant dans
» la maison conjugale, en l'absence du mari, sur-
» tout pendant la nuit;

Considérant que la correspondance et l'en-
» quête donnent, non-seulement la preuve de ces
» faits jugés suffisants par les auteurs, mais
» encore de la passion la plus déréglée, et des dé-

» sordres qui ne permettent pas de douter de la
» consommation de l'adultère;...

   » Considérant qu'il suffit de se rappeler des
» fragments des lettres de la dame B.... pour être
» convaincu que l'épouse qui écrit avec cette
» familiarité et cette passion, à un musicien
» qu'elle tutoye, s'est abandonnée à lui;...

   » Considérant qu'en rapprochant de ces termes
» toutes les autres lettres passionnées de la dame
» B... il est impossible de se défendre de l'idée
» des nœuds adultères qui la liaient, au sieur
» L..., et que *le gage qu'elle possède, trop pré-*
» *cieux pour jamais cesser d'aimer,* est l'enfant
» dont elle est enceinte;..

   » Considérant que les lettres et les témoins
» établissent que, nonobstant les défenses de son
» mari, la dame B... a reçu chez elle, en l'ab-
» sence de ce dernier, le sieur L..., soit en plein
» jour, soit dans la soirée; que même quelques
» témoins ont assuré qu'il y avait passé des nuits
» entières; que ces mêmes témoins ont également
» affirmé qu'un jour, après le dîner qu'elle avait
» fait avec le sieur L..., en l'absence de son mari,
» elle s'était renfermée dans sa chambre avec lui
» tête à tête; que d'après sa retraite de la maison
» conjugale, un témoin a attesté que la dame B...
» était allée avec une voiture prendre le sieur L...
» à l'hôtel Lalande, où il logeait, et qu'ils s'é-
» taient ainsi promenés en voiture, depuis huit
» heures du soir jusqu'à dix.

» Considérant que l'ensemble des faits et des
» circonstances qui viennent d'être rappelés, ne
» permet pas de douter qu'il a réellement existé
» entre la dame B... et le sieur L..., des liaisons
» si intimes, qu'il est moralement impossible de
» ne pas penser que l'adultère ait été consom-
» mé, etc. »

Pour la dame B..., devant la Cour de Bordeaux, on prétendit encore que les lois romaines et celles canoniques ne regardaient l'adultère
comme constant, que lorsqu'on administrait des
preuves positives du fait même d'adultère. C'est
à démontrer la fausse application de ces lois,
lorsqu'il s'agit seulement de séparer les époux,
que les savants magistrats de cette Cour se sont
principalement attachés, dans leur arrêt confirmatif, du 27 février 1807.

« Considérant que, puisque le Code civil est
» muet sur la nature des preuves de l'adultère,
» pour lequel il permet le divorce, il faut recou-
» rir aux anciens principes ;

» Qu'il faut bien distinguer dans les lois ro-
» maines recueillies dans les titres du Digeste et du
» Code, *Juliam ad legem de adult.*, le cas où elles
» permettent au père et au mari de tuer les cou-
» pables surpris en adultère, et celui où le juge
» doit prononcer le divorce pour cette cause, ou
» même punir l'adultère suivant les lois ; que si
» elles disent, pour autoriser le meurtre, qu'il

» faut avoir surpris les coupables, *in ipso flagitio,*
» *in rebus venereis, in ipsâ turpitudine*; pour
» autoriser les juges à prononcer le divorce, ou
» même à infliger les peines de l'adultère, la
» preuve de ce délit, comme de tous les autres,
» pouvait et devait résulter des présomptions
» violentes et claires qui ne permettent pas de
» douter ;

» Considérant que le Droit canon ne doit pas
» diriger les juges en cette matière ; que d'ail-
» leurs les Décrétales bien entendues, n'exigent
» pas, pour la séparation, la preuve physique de
» l'adultère;

» Considérant que si la Glose et les auteurs
» parlent souvent de ces mots, *in ipsâ turpitu-*
» *dine, in ipso flagitio, in rebus venereis*, qu'ils
» cherchent même à expliquer, c'est principale-
» ment à l'occasion des lois qui permettaient le
» meurtre des coupables surpris en adultère ;

» Considérant que les criminalistes et les au-
» teurs qui ont écrit sur le Droit civil, professent
» que, dans une matière où il est comme impos-
» sible d'acquérir la preuve physique, la loi qui
» veut réprimer, et la justice qui veut punir, se
» bornent à des présomptions, pourvu qu'elles
» soient violentes, précises, concordantes,
» et ne laissent à l'esprit aucun doute raisonna-
» ble;

» Considérant que la discussion des articles

» 229 et suivants, au Conseil d'État, fait voir
» que ces principes étaient adoptés par ceux qui
» ont préparé et proposé la loi;

» Considérant, en point de fait, que bien que
» la dame B... et le sieur L..., n'aient pas été vus
» consommant l'adultère, ou couchés dans le
» même lit, il n'en est pas moins constant,
» pour la justice, que l'adultère a été commis;
» que l'enquête et les lettres en fournissent, à la
» fois, la preuve testimoniale et littérale; que les
» présomptions qui résultent, à la fois, de l'enquête
» et des lettres combinées, sont si précises, qu'il
» est impossible à la raison de douter d'un fait et
» d'une conduite qui ont causé un scandale pu-
» blic; que par conséquent il est constant, en fait,
» pour la Cour, comme pour les premiers juges,
» que l'adultère a été commis, etc. (*Voy. le
Journal du Palais,* 1er. *sém.,* 1808, *p.* 25.)

Peut-être voudra-t-on opposer à ces décisions, pour les faire regarder comme trop rigoureuses, celles émanées du tribunal et de la Cour de Paris, dans la cause des sieur et dame Jo... en 1814 et 1815. Il est vrai que le succès obtenu par la dame Jo..., inspire quelque étonnement; que, dans des lettres dictées par une passion violente, elle avait très-énergiquement exprimé la volonté de sacrifier le reste de sa vie au bonheur de S...; qu'ayant fait prononcer sa séparation de corps pour sévices de son mari, elle avait été demeurer avec son amant, et à la ville et à la campagne ; qu'ils couchaient dans la même chambre ; qu'un témoin assurait les avoir vus dans le même lit. Mais il paraît que ce qui a fait recevoir avec défaveur la plainte du mari, c'est que sa conduite avec sa femme, avant la séparation de corps, avait été infiniment blâmable ; que les sévices dont il avait été convaincu étaient excessifs ; que les époux ayant été séparés, sa plainte n'avait d'autre objet que de se venger et de punir dans sa femme des torts qu'on pouvait croire n'avoir été que la conséquence des siens. Observons encore que cet arrêt est antérieur à l'abolition du divorce, et que les juges ont pu considérer qu'il restait au mari, pour sortir entièrement des liens qui l'unissaient à sa femme, la porte, alors toujours ouverte, de *l'incompatibilité d'humeur et de caractère*.

Dans la même cause, on fit infructueusement l'essai d'un nouveau moyen de rendre impunis les désordres de la femme. On argumentait pour la dame Jo... de ce que, par l'article 338 du Code pénal, « Les seules preuves admises contre le » prévenu de complicité, sont le flagrant délit et » celles résultant de lettres ou autres pièces, » écrites par le prévenu. » On prétendait que cette disposition dérogeait, même à l'égard de la femme, aux règles antérieures ; que prévenue du même fait que celui qu'on supposait son com-

plice, et menacée de la même peine, il implique-
rait contradiction d'admettre contre elle des
moyens de conviction reconnus insuffisants contre l'autre.

Cette argumentation est moins un moyen sérieux qu'une critique judicieuse de cette disposition bisare qui semble n'avoir d'autre but, que
d'indiquer au complice les précautions à prendre
pour braver la punition. Cependant elle fut accueillie par le tribunal correctionnel, dans un
des motifs de son jugement ; mais la Cour, tout
en confirmant la décision sur le fond, crut devoir proscrire un système aussi pernicieux, et
s'est ainsi exprimée, à cet égard, dans son arrêt
du 24 février 1815 : « Si le Code pénal a déter-
» miné d'une manière précise, la nature des
» preuves admissibles contre le complice de la
» femme prévenue d'adultère, il a laissé, à l'égard
» de la femme, ce délit dans la classe ordinaire
» des autres délits punis par la loi. » (*Voy. le
Journal du Palais*, tom. 42, p. 190.)

125. Comme on le voit, une exception, jusqu'à
ce moment inconnue, a été créée en faveur de celui à qui la femme s'est abandonnée. Quelques
soient les circonstances qui révèlent sa participation aux désordres de cette femme, il ne peut
être atteint qu'autant qu'on a contre lui le flagrant délit, ou des preuves écrites par lui-même.
En sorte que, quand il serait constant que l'adul-

tère ne serait que l'effet de la séduction, coupable
principal dans l'ordre moral, il serait impuni
dans l'ordre légal, et la loi n'aurait de sévérité
que pour la victime de ses artifices. Ses écrits
mêmes, s'ils contenaient une preuve déjà violente,
sans pouvoir suffire à la conviction, ne pourraient pas, comme commencement de preuve
par écrit, faire admettre la preuve testimoniale :
Les seules preuves admises... sont... etc. Ce texte
absolu enchaîne les tribunaux. Espérons qu'au
jour désiré de la révision du Code pénal, cette
inexplicable innovation sera bannie de nos lois.

En attendant, il importe de se prémunir contre un système qui tend à en empirer les conséquences, et qui cependant a trouvé grâce devant
le tribunal de Baugé et la Cour d'Angers. Dans
leur manière d'interpréter cette disposition, ce
ne serait pas assez que les coupables eussent été
trouvés en *flagrant délit*, par des témoins qui
en déposeraient, si, dans le moment même, le
mari ne l'a pas fait constater. Si, par exemple,
ceux qui en ont été témoins ne l'en ont pas instruit sur le champ, soit parce qu'il était absent,
soit parce qu'il est pénible de découvrir de telles
infamies, surtout à celui qu'elles doivent accabler de douleur, il ne serait plus temps de prouver le *flagrant délit*, et l'impunité du coupable
serait un droit acquis : voici le fait qui a donné
lieu à cette étrange décision.

Dans la nuit du 21 au 22 août 1819, la femme T.... disparut de la maison de son mari. Celui-ci, dès le matin, s'aperçut, non-seulement de sa fuite, mais encore que des effets mobiliers et de l'argent lui avaient été enlevés. Ses recherches long-temps vaines, lui firent enfin connaître, le 19 septembre, que sa femme s'était retirée dans la maison de M..., habitant d'une commune voisine ; qu'elle y avait été conduite par L..., sous le nom de Louise, et comme une jeune personne enceinte de ses œuvres, qu'il devait incessamment épouser ; que, depuis son séjour dans cette maison, L.... lui avait fait de fréquentes visites ; et enfin, que, pendant quatre nuits, ils avaient couché dans le même lit.

Dès le lendemain, T... rend plainte, le juge entend les témoins, tous les faits deviennent certains, plusieurs témoins ont vu la femme de T... couchée avec L.... Le 21 décembre, la Cour royale d'Angers, chambre d'accusation, ne trouvant pas contre L.... charges suffisantes des soustractions commises au domicile de T..., le renvoya, en réservant au ministère public et à la partie plaignante, leur action pour le délit d'adultère.

Peu de jours après, T... saisit le tribunal correctionnel de Baugé de sa plainte, se prévalant des dépositions déjà reçues, offrant néanmoins de faire entendre de nouveau les témoins, et de prouver le *flagrant délit*. Le ministère public se joignit au mari ; mais le tribunal le déclara non recevable contre L... « Attendu que les faits » établissant l'adultère avaient eu lieu du 27 août » au 7 septembre ; que la première plainte du » mari était du 20 septembre ;... que la femme » ayant quitté son domicile depuis 13 jours, et » n'étant point articulé que L.... et la femme T... » aient eu des relations ensemble depuis, il s'en- » suivait que les faits ne présentaient pas le *fla-* » *grant délit ;* la loi ne regardant comme tel, que » celui qui se commet actuellement, ou qui vient » de se commettre. »

Ainsi, parce que les faits d'adultères prouvés cessaient au 7 septembre, et que le mari ne s'é- tait plaint que le 20, ces treize jours faisaient cesser le *flagrant délit.* C'est la même idée que la Cour d'Angers, contre les conclusions du mi- nistère public, a plus longuement développée dans son arrêt du 8 mai 1820, en s'appuyant principalement sur ces mots de l'article 41 du Code d'instruction criminelle, pourvu *que ce soit dans un temps voisin du délit.*

D'abord cet article désigne trois cas de *fla- grant délit :*

1º. Le délit qui se commet ou qui vient de se commettre ;

2º. Celui dont l'auteur est poursuivi par la clameur publique ;

3º. Enfin le cas où le prévenu est trouvé saisi d'effets, armes, instruments ou papiers faisant présumer qu'il est auteur ou complice, pourvu *que ce soit dans un temps voisin du délit.*

Cette dernière partie de la disposition ne se rattache évidemment qu'au troisième cas, elle n'est placée que dans l'alinéa qui lui est particulier, d'ailleurs elle ne peut pas convenir au second; car celui qui est poursuivi par la clameur publique, l'est nécessairement dans le moment même du délit, et à coup sûr, elle n'appartient pas au premier; car cette idée de la *proximité du délit*, y est plus fortement exprimée, puisqu'il s'agit d'un délit qui se commet ou qui vient de se commettre.

Or le délit dont il s'agisssait dans l'espèce jugée était le premier des trois cas désignés, la fin du troisième alinéa lui est donc tout-à-fait étrangère : elle était nécessaire à la place qu'elle occupe, parce que des effets, armes, instruments ou papiers trouvés en la possession d'une personne, ne peuvent la faire présumer auteur ou complice, qu'autant qu'il s'est écoulé, depuis le délit, trop peu de temps, pour qu'il soit possible d'attribuer à une autre cause la détention de ces objets.

En second lieu, quand on voudrait appliquer cette partie de la disposition aux trois cas de l'article, elle n'aurait aucune influence sur la ques-

tion. Ce n'est pas à l'égard d'un temps utile pour
former l'action, que la loi parle d'un temps voisin du délit, c'est relativement au fait prouvé.
Ainsi quand des témoins déposent plusieurs mois
après un délit, et qu'ils déclarent avoir vu le
prévenu le commettant ou venant de le commettre, ils déposent du *flagrant délit*. Il en est
de même de ceux qui déposent avoir vu le coupable poursuivi par la clameur publique, ou
qu'ils ont vu des effets, des armes, etc. Dans
toutes ces circonstances, le fait, dont parlent
les témoins, a eu lieu, soit dans le moment
même du délit, soit dans un temps voisin, et il
en résulte la preuve du *flagrant délit*.

La Cour d'Angers a interprété l'article 338 du
Code pénal, comme s'il portait que le mari
n'a d'action contre le complice, que quand
il l'a trouvé lui-même en *flagrant délit*; si telle
eût été l'intention des législateurs, on concevrait
qu'ils eussent renfermé cette action dans un
bref délai, parce que, témoin lui-même de son
déshonneur, il ne serait pas excusable d'avoir retardé sa poursuite; mais ce n'a été ni la volonté
ni l'expression des rédacteurs de la loi. Ils n'ont
voulu qu'une chose, c'est que les *seules preuves
contre le complice, fussent le flagrant délit, ou
ses écrits*. Le flagrant délit n'est donc dans la
disposition, que comme le fait à prouver, de
quelque manière et dans quelque temps que ce

soit; et si, comme dans l'espèce, le mari n'en a
été instruit par les témoins, que plusieurs jours
après; qu'il en ait porté plainte aussitôt, il y a
un vrai déni de justice à ne pas l'écouter.

Enfin, dans quelque sens qu'on veuille expliquer la disposition *du temps voisin du délit*, on
conviendra, au moins, que la loi n'ayant pas fixé
de délai, en a abandonné la précision à la sagesse des tribunaux, pour le déterminer suivant
les circonstances : or, dans l'espèce, il était impossible de reprocher au mari le moindre retard, puisqu'il avait porté sa plainte le lendemain du jour qu'il avait découvert la retraite de
sa femme, et tous les autres faits constatés par
l'instruction; dans tous les cas, les décisions in-
tervenues ont donc fait une fausse application
de l'article 338 du Code pénal, et de l'article 41
du Code d'instruction criminelle.

Nous le répétons, avec confiance, *le flagrant
délit* n'est pas dans l'article 338 pour servir de
mesure au temps de l'action, mais seulement
pour être une des preuves admissibles au soutien de cette action : le rédacteur a choisi cette
locution pour remplacer décemment celles des
anciens docteurs : *in rebus venereis*, *in ipso
flagitio*, *in ipsâ turpitudine*. Lui chercher un
autre sens, c'est vouloir s'égarer.

126. A l'égard des autres complices, qui,
comme nous l'avons vu, n°. 123, peuvent être

compris dans l'accusation , tous les genres de preuves sont admissibles contre eux. La disposition en faveur du complice principal , est une exception, qui , ne pouvant pas s'étendre au-delà de son objet, laisse tous les autres sous le poids de la règle générale. On peut assigner pour cause à cette différence , que l'individu admis aux faveurs d'une femme criminelle , cède à une passion dont les cœurs les plus purs ne sont pas toujours exempts , tandis que ceux qui servent à de telles intrigues, sont nécessairement descendus au dernier degré de la corruption.

ARTICLE IV. Effets de l'adultère de la femme , à l'égard des enfants qui peuvent en naître.

SOMMAIRE.

127. Notions préliminaires.
128. Division.

127. Quels sont les enfants du mariage ? le mari croit le savoir; la femme, qui seule peut le savoir, ne le sait pas toujours; et c'est sur des probabilités que repose l'état des citoyens.

Ces probabilités, qui ne sont que des inductions tirées de phénomènes mystérieux et de faits équivoques, sont cependant les seuls moyens auxquels la loi a pu attacher son autorité, pour assurer au mariage sa dignité et aux familles leur repos.

L'appréciation de ces probabilités, telle qu'elle existe dans notre Code, est l'ouvrage des deux derniers siècles. Le Droit romain, si parfait sur tout ce que la raison peut expliquer seule sans interroger la nature, n'offre, dans les cas où l'on doit principalement étudier les faits matériels, que des documents aussi incomplets que l'étaient les sciences naturelles à l'époque où ce peuple conquérant dictait ses lois à l'univers.

Depuis ce moment jusqu'à nos jours, de continuelles controverses qui ont divisé les physiologistes comme les jurisconsultes, les expériences des premiers, et les méditations des autres ont élaboré la matière et préparé les notions, d'après lesquelles les auteurs du Code ont tracé des règles autant exactes qu'il était possible de le faire.

128. Pour en développer le véritable sens, nous diviserons ainsi ce sujet important:

1º. Enfants conçus avant le mariage;

2º. Enfants conçus et nés pendant le mariage;

3º. Enfants nés depuis le mariage.

DISTINCTION Ière.

Enfants conçus avant le mariage.

129. Six mois de trente jours étant généralement reconnus être le moindre temps que l'enfant, pour être viable, puisse rester dans le sein de sa mère, l'article 314 autorise le mari, dont la femme accouche avant le cent quatre-vingtième jour du mariage, à méconnaître l'enfant.

Ainsi, cette première présomption est toute entière contre la femme et en faveur du mari. Dans le cas prévu, ce dernier n'est astreint à aucune preuve, il lui suffit de faire son désaveu dans le délai prescrit ; c'est à la femme à se justifier, ou à ceux qui la représentent, si elle n'existe plus. La loi, cependant, indique elle-même trois cas, dans lesquels on peut, avec succès, combattre le désaveu.

130. *Premier cas d'exception.* Si le mari a connu l'état de grossesse dans lequel était la femme qu'il allait épouser, une présomption, plus forte que la première, s'élève contre lui. Sa conduite autorise à croire que cette maternité accélérée est son propre ouvrage, ou que, s'il en est autrement, c'est volontairement qu'il s'est exposé aux obligations qui retombent sur lui, et qu'il n'y a eu, de la part de sa femme, ni dol, ni fraude dont il puisse se plaindre.

Dans l'ancienne jurisprudence, la même règle était suivie; on n'exigeait même pas la preuve directe que la grossesse eût été connue du mari, il suffisait de faire voir qu'il y avait eu, entre les deux personnes, à l'époque présumée de la conception, des faits de fréquentation et de familiarité; ainsi qu'on le remarque dans le plaidoyer de Daguesseau, lors de l'arrêt du 16 juillet 1695, que nous ferons bientôt connaître. Mais alors la jurisprudence avait fondé, sur la cohabitation, une présomption de paternité qui n'est plus admise, et à juste raison; une femme pouvant, dans le même temps, se laisser approcher par plusieurs hommes. Ce serait donc inutilement qu'on prouverait des familiarités, telles que la paternité eût pu s'en suivre, ce ne serait pas satisfaire à la loi, elle veut qu'il y ait eu *connaissance de la grossesse*, ce qui est bien différent; parce qu'en épousant une femme, qu'on sait être en-

ceinte, on se charge volontairement de la paternité. N'est-il pas très-possible, en effet, qu'une
fille dépravée, après s'être livrée à un homme, recherchée en mariage par un autre lui convenant
mieux, se livre encore à celui-ci pour couvrir son
déshonneur, et l'amener à l'épouser?

Telle a été l'opinion de M. Proudhon, *tom* 2,
p. 18. M. Toullier, *tom.* 2, *p* 155, dans une note,
combat cette opinion, mais nous craignons qu'il
ne se soit rangé du côté de l'erreur. Suivant lui, il
n'est guère possible que l'homme, ayant co-habité
avec une femme enceinte, ait pu ignorer sa grossesse. Ce mot *guère* de M. Toullier, fait apercevoir qu'il ne regarde pas la chose comme impossible. Ne sait-on pas, combien est grand,
chez les femmes, l'art de cacher leurs fautes; et
que ce dont M. Toullier semble douter est, au
contraire, très-possible, sur-tout dans un commencement de grossesse. On doit croire que la
rédaction de l'article 314 a été précédée de toutes ces réflexions, et que c'est par elles qu'on a
été déterminé à vouloir, non qu'il fût *présumable*,
mais *prouvé* que le mari avait connu la grossesse.

M. Merlin, dans sa 4e. édition du *Répertoire*,
tom. 7, *p.* 235, est aussi de ce dernier sentiment; mais en se fondant sur ce que la recherche de la paternité est interdite aujourd'hui; ce
qui ne nous paraît pas le véritable motif, la re-

cherche de la paternité n'étant prohibée qu'à l'égard des enfants naturels. *Voy. ci-après*, nᵒˢ. 131 *et* 136.

La règle qui répute le mari père de l'enfant, lorsqu'il a épousé la femme qu'il savait être enceinte, est infiniment salutaire, et la sagesse de sa prévoyance est justifiée par l'espèce de l'arrêt dont nous avons déjà parlé. En 1686, Delatre recherchant en mariage la demoiselle Courtois, fut refusé par le père et la mère de cette jeune personne, qui, devenue enceinte, ouvrit son cœur à sa mère, et lui confia le secret de sa position. La dame Courtois, par pitié pour sa fille, se prêta à cette union, qui lui répugnait; mais, connaissant l'inflexible sévérité de mœurs de son mari, elle se chargea de l'amener à consentir au mariage, pourvu qu'on lui cachât, pendant toute sa vie, la faute de sa fille. Le mariage eût effectivement lieu, et, trois mois après, la dame Delatre devint mère. En présence de son mari, l'enfant fut baptisé par le curé de Saint-Jacques d'Amiens, sous le nom de ses père et mère ; néanmoins sa naissance, et le lieu où il fut mis en nourrice, restèrent dans le secret.

En 1691, Les craintes des sieur et dame Courtois se réalisèrent, et les dissipations de Delatre contraignirent sa femme à former contre lui une demande en séparation de biens. Delatre, pour s'en venger, porta contre sa femme une plainte en supposition de part; prétendant qu'elle n'était jamais accouchée, et que cependant elle faisait élever un enfant, qu'elle avait fait baptiser sous leurs noms. La dame Delatre, pour sa défense, articula et prouva tous les faits que nous venons de rapporter : la plainte inique de son mari fut rejetée, et le même arrêt le condamna à reconnaître et traiter l'enfant comme étant le sien. (*Voy. les OEuvres de Daguesseau*, tom. 3, *p.* 160.)

131 L'article 304 voulant, en termes prohibitifs, que, dans ce cas, le désaveu ne soit pas admis, on ne peut pas douter que la preuve, même par témoins, ne puisse être employée par la femme. Cependant le rédacteur du *Journal du Palais*, *collection de* 1806, *p.* 145, en rapportant un arrêt de la Cour de Besançon, du 29 prairial an XIII, semble enseigner, comme règle certaine, que la déclaration du mari, qu'il n'a pas connu la grossesse, étant fortifiée de son serment, doit faire rejeter la preuve par témoins. La rédaction de l'arrêt a pu lui suggérer cette idée ; mais, en la généralisant, il s'est éloigné du véritable point de droit. Dans l'espèce de cet arrêt, la décision a été ce qu'elle devait être ; la conséquence que l'arrétiste en a tirée, comme règle générale, n'en est pas moins une erreur. Paricot, ayant épousé Jeanne Jumery, le 26 floréal an XII, s'aperçut, aussitôt, qu'elle était enceinte et la chassa

de sa maison, en déclarant qu'il avait été trompé. Cette femme mit au monde une fille, le cent huitième jour du mariage. Paricot ne voulut pas assister à l'acte de naissance, dans lequel l'enfant fut qualifié *enfant naturel*. Il fit nommer un tuteur à cet enfant, et forma contre lui sa demande en désaveu. Sa femme, traduite elle-même devant le tribunal de Vesoul, ne comparut pas; et c'est dans cet état que Paricot, désavouant avec énergie un enfant, dont la mère n'osait pas même se défendre, fut admis, par les premiers juges, à affirmer qu'il n'avait pas, en se mariant, connaissance de la grossesse de sa femme.

Celle-ci, interjetant ensuite appel, et articulant tardivement des faits, ne pouvait plus être écoutée, puisqu'on avait contre elle, ainsi que l'a dit la Cour de Besançon dans son arrêt : « le » silence de cette femme et de sa famille, en pre- » mière instance, au bureau de paix, lors de la » nomination du tuteur et de la rédaction de » l'acte de naissance comme fille naturelle, sans » qu'il y ait eu aucune opposition; enfin le dé- » saveu du père si fortement prononcé. »

Dans tous les cas où les tribunaux peuvent autoriser la preuve testimoniale, ce n'est pour eux qu'une faculté dont ils peuvent ne pas user, si par les preuves déjà acquises, ils jugent que celle-là serait inutile; c'est ce qu'a fait et pu faire la Cour de Besançon.

Nous regrettons qu'elle ait ajouté à des motifs aussi décisifs, que la preuve offerte par Jeanne Jumery était refusée par la loi 2 ff. *De testibus* ; et par les articles 304 et 340 du Code civil.

La loi romaine citée, n'a pour objet que l'enfant réclamant un état, non la femme ayant à venger son honneur attaqué, et à repousser l'injure d'un désaveu.

L'article 314 ne dit rien dont on puisse argumenter sur la question, et l'article 340 ne s'occupe que de la filiation des enfants naturels ou adultérins ; c'est-à-dire, quant à ces derniers, ceux qui, dans leur propre système, devraient l'existence à un adultère ; c'est à ceux-là seuls que la recherche de la paternité est interdite, elle ne l'est pas aux enfants qui revendiquent un état légitime, et qui, par l'article 323, sont admis à prouver leur filiation, même par témoins, lorsqu'ils ont déjà en leur faveur, où un commencement de preuve par écrit, ou seulement des présomptions graves.

Au surplus, toutes ces autorités s'éloignent du sujet. Qu'elles soient ou non décisives, dans l'intérêt de l'enfant qui veut prouver sa filiation, très-certainement elles le sont à l'égard de la femme qui veut se laver de la tache d'un désaveu. L'article 314 est formel ; le mari est non recevable à lui faire cette injure, s'il a connu la grossesse. La loi pose le principe, sans indiquer de quelle manière pourra se faire la preuve de ce fait; donc elle les admet toutes ; et n'y aurait-il pas de l'absurdité à exiger de la femme, en pareil cas, un commencement de preuve par écrit. Le projet de la commission portait, *tit.* 7, *article* 7, que la preuve de ce fait devrait être faite *par des écrits du mari.* Cette disposition fut retranchée par la section du Conseil d'état, chargée de rectifier le projet. Aussi, dans le procès-verbal de la discussion du Code, au Conseil d'état réuni., on voit M. de Préameneu observer qu'on ne détermine pas par quels moyens la connaissance qu'a eue le mari de la grossesse de sa femme, pourra être établie; et M. Boulay lui répondre très-judicieusement, que la loi ne pouvait pas déterminer quels seraient les faits probants.

132. *Deuxième cas d'exception.* Lorsque le mari a signé l'acte de naissance, l'époque de la conception de l'enfant devient indifférente : par cet acte, il accepte et reconnaît la paternité; il fonde, en quelque sorte, l'état de l'enfant, et il ne faudrait pas moins qu'une inscription de faux, pour faire tomber une barrière aussi forte.

133. *Troisième cas d'exception.* Quand l'enfant n'est pas né viable, il n'y a plus de certitude sur l'époque de sa conception, et la présomption est pour la légitimité; le mari n'a d'ailleurs aucun intérêt à porter contre sa femme, une accu-

sation toujours injurieuse pour elle et humi-
liante pour lui-même.

La question de viabilité est abandonnée aux
lumières et à la sagesse des gens de l'art. Il avait,
d'abord, été arrêté à la Commission et au Conseil
d'état, d'établir pour règle que, si l'enfant mou-
rait dans les dix jours de sa naissance, il serait
réputé n'être pas né viable. Cette partie du projet disparut, par suite des conférences avec la
Commission du tribunat.

C'est au mari qui veut désavouer l'enfant, à
faire constater, régulièrement et contradictoirement, sa viabilité; sans cette circonstance, la
présomption légale que la loi tire de son rapport
avec la naissance avant le cent quatre-vingtième
jour s'évanouit, ainsi que le droit qui en est la
conséquence; en sorte que, si l'enfant meurt avant
le jugement du désaveu, sa viabilité restant incertaine, ce désaveu ne pourra plus être admis;
En vain le mari offrirait la preuve par témoins
d'un fait matériel, susceptible d'un examen difficile, et devenu impossible par sa négligence.

134. *Quatrième cas d'exception.* Lors-même
que la viabilité aurait été constatée, si l'enfant
venait à décéder avant le désaveu, il pourrait
être rejeté ou admis suivant les circonstances.
Dans le cas où cet enfant aurait survécu à sa
mère, et, par cette survie, atténué les avantages
faits au mari dans le contrat de mariage, sans

nul doute pour ce dernier serait fondé à faire, et suivre son désaveu. Il en serait de même si, sur ce désaveu, il fondait la demande, en séparation de corps, dont, n°. 118, nous avons pensé qu'il pouvait être un juste motif; mais, hors ces deux cas, il resterait sans intérêt et conséquemment sans action. Dans l'instance de Paricot, dont nous venons de rendre compte, l'enfant étant mort avant l'arrêt, M. le Procureur-général conclut à ce que le désaveu fût rejeté. Mais la Cour de Besançon passa outre, en se fondant « sur ce » que les successions qu'il avait pu recueillir et » transmettre, obligeaient de prononcer sur sa » légitimité. » (*Voy. la discussion sur le Code civil, par MM. Joanneau et Solon, tom. 3, p.* 58.)

135. Plusieurs circonstances peuvent encore autoriser la résistance au désaveu. « Pour que » le désaveu, a dit M. Duveyrier, au nom du tri- » bunat, ne soit pas une action scandaleuse, lé- » gèrement admise, il faut que le mari n'ait laissé » échapper, soit au moment du mariage, soit à » celui de la naissance, aucun signe, aucun aveu » volontaire exprès ou tacite de la paternité. »

Si, par exemple, des lettres de *faire part*, avaient par les soins du mari, annoncé la naissance de l'enfant à la famille; s'il s'était félicité; en un mot, s'il avait fait de ces actes emportant nécessairement acceptation de paternité, et que, tout-à-coup, changeant de conduite, il voulût flétrir sa femme par un désaveu, une fin de non recevoir contre son action la ferait proscrire.

136. M. Toullier, p. 153, partage ce sentiment, mais il exige que la preuve de cet aveu de paternité soit consignée, *dans un acte authentique ou privé*, sans donner les motifs de cette restriction. Et pourquoi n'admettrait-on pas la preuve vocale, si des faits graves et probants étaient articulés? Il n'y a pas de prohibition spéciale, et aucune des prohibitions générales n'est applicable à ce cas. La preuve par témoins peut et doit être admise pour la connaissance de la grossesse, nous croyons l'avoir établi, n°. 131 : il n'y a pas plus de raison de la refuser pour l'aveu de la paternité.

Cet aveu d'une paternité prématurée, ne fait que révéler la connaissance qu'avait le mari de la grossesse de sa femme. Ces deux circonstances ont entr'elles une telle corrélation, que la preuve de l'une emporte la justification de l'autre; et conséquemment le même genre de preuve peut être employé pour l'une comme pour l'autre.

Si l'on prétendait, ainsi que M. Merlin l'a fait au sujet de la connaissance de la grossesse, qu'il faut éviter d'admettre la recherche de la paternité prohibée par l'article 340, nous répondrions en insistant sur ce que déjà nous avons dit à cet égard; que cette prohibition ne comprend litté-

ralement que la paternité des enfants nés hors
mariage ; qu'on s'exposerait à de funestes erreurs, si l'on voulait raisonner par analogie,
dans deux thèses dont les éléments sont aussi différents.

1°. Quand une fille veut donner à l'enfant,
fruit de son libertinage, un père qui le désavoue,
elle l'accuse d'avoir participé à ses désordres.
Dans ce cas, la loi a dû toute sa sévérité à l'ac-
cusatrice, et toutes ses faveurs à l'accusé. Lorsqu'au contraire un mari désavoue l'enfant que sa
femme met au monde, il l'accuse d'une révoltante dépravation. C'est donc contre lui que
doivent être dirigées les rigueurs de la loi, toutes
les faveurs réservées à la mère et à son enfant.

2°. Tandis que la paternité d'un enfant naturel ne peut être prouvée que par la reconnaissance du père, dans un acte authentique, celle
de l'enfant légitime peut l'être, suivant M. Toullier lui-même, par un acte privé, et suivant
M. Duveyrier, elle l'est par tout acte, tout signe,
tout aveu volontaire, exprès ou tacite. Enfin et ceci
est décisif, l'article 323 autorise la recherche
de la paternité légitime, par la preuve testimoniale, lors même que l'enfant n'a ni titre, ni possession, du moment où il s'élève pour lui des
présomptions ou indices *résultant de faits assez graves pour déterminer l'admission de cette
preuve.*

Or l'enfant qui naît depuis le mariage contracté, est attribué au mari par la loi, puisqu'elle exige qu'il le désavoue dans un bref délai,
et que, s'il garde le silence, l'enfant reste dans
la famille. Cet enfant a donc un titre et un commencement de possession dont le désaveu du mari
suspend l'effet, mais qu'il ne détruit pas.

A cette première présomption, s'en joint une
autre qui n'est pas sans gravité : les mariages
sont presque toujours précédés des relations intimes et fréquentes que permet la pudeur, et
que conseille la prudence, d'où naît l'invraisemblance que l'état de la femme n'ait pas été connu
du mari.

Combien encore n'est-il pas invraisemblable,
qu'une femme s'expose volontairement à tous les
maux suites inévitables d'une fraude aussi révoltante que facile à découvrir !

Quand des faits constants produisent des présomptions d'un tel poids, il n'est pas possible
de refuser à la mère et à l'enfant, une preuve qui
peut sauver l'honneur de la première, et donner
un état à l'autre.

DISTINCTION II.

Enfants conçus et nés pendant le mariage.

137. « L'enfant conçu pendant le mariage a
» pour père le mari. » *Article 312 du Code civil.*
Ainsi se trouve placée dans notre législation la
fameuse règle *Pater is est quem nuptiæ demons-*
trant, que nous empruntions du Droit romain,
en lui donnant une inflexibilité qu'elle n'avait pas
dans ce Droit, et que les auteurs du Code civil,
lui ont très-sagement refusée.

Pour faire une sage application de la nouvelle
législation à cet égard, et éviter les fausses routes
dans lesquelles les anciennes doctrines pourraient engager, il importe de se bien pénétrer
des points différentiels qui existent aujourd'hui,
entre l'ancien et le nouveau Droit.

138. Il s'en faut, de beaucoup, que la règle *Pater*
is est etc. eût pour les jurisconsultes romains,
l'extrême rigueur que les nôtres lui ont donnée.
Le texte, dans lequel ils l'ont puisée, n'a même
pas pour objet direct d'attribuer au mari tous

les enfants de sa femme; il ne fait partie ni du titre *De suis et legitimis hœredibus,* ni de celui *De liberis agnoscendis,* ni de celui *De his qui sui vel juris alieni sunt.* Au Digeste on ne le trouve que dans le titre *De in jus vocando,* destiné à fixer comment certaines personnes peuvent être traduites en justice. La 5e loi de ce titre défend aux enfants naturels d'y appeler, sans la permission du Préteur, leur mère, qui leur tient lieu de père de famille; parce que, dit cette loi, la mère est toujours certaine, tandis que le père ne peut être reconnu que dans le mariage : *Quia mater simper certa est, etiam si vulgò conceperit ; pater verò is est, quem nuptiœ demonstrant.*

La loi *Filium,* 6. ff. *De his qui sui, vel juris alieni sunt,* est également invoquée par nos anciens jurisconsultes, comme ne dispensant le mari de reconnaître pour siens, les enfants de sa femme, que lorsqu'il y a impossibilité physique qu'ils soient de lui ; cependant son texte offre un tout autre sens. Son objet est, effectivement, de régler les diverses causes qui peuvent justifier le désaveu du mari, mais elle ajoute *vel aliâ ex causâ.* En sorte que le véritable sens du Droit romain, sur ce point important, était que du mariage naissait, une présomption légale de la paternité du mari; mais que ce dernier pouvait la combattre, en prouvant son absence, son impuissance, *ou toute autre cause.*

Quelques docteurs, il est vrai, ont prétendu qu'il fallait entendre ces mots *vel aliâ ex causâ*, comme s'il y avait *ou toute autre cause de même nature*. C'est ainsi qu'en substituant arbitrairement un sens étroit et particulier, à celui très-général de la loi, et par une foule d'autres subtilités, ils étaient parvenus à rétrécir, et à tellement encombrer la voie ouverte aux maris pour échapper aux fraudes de leurs femmes, qu'elle était devenue à-peu-près impraticable. Aussi, non-seulement le mari devait prouver la négative de sa paternité par des faits positifs, mais, lors même qu'il s'était procuré la preuve de faits de cette nature, s'ils n'établissaient qu'une impossibilité morale, rarement ils étaient admis; on exigeait presque toujours l'impossibilité physique, en dispensant la femme de toute justification. Loin de là, son aveu était compté pour rien, et les juges, tout en ayant la conscience pénétrée que l'enfant n'était pas du mari, le lui imposaient impitoyablement.

139. Nous ne citerons que trois exemples, sur un bien plus grand nombre, que les auteurs nous ont transmis. Nous les avons choisis dans la foule, parce qu'ils sont de nature à faire parfaitement sentir tout le mérite des heureuses innovations du Code civil, sur cette matière.

Pélorce, de Lyon, frappé de paralysie, se rendit aux bains de Barbotan, à cent cinquante lieues, et y resta pendant environ un an. Durant son absence, sa femme souffrit, notoirement, les assiduités d'un jeune homme. Devenue enceinte, elle en informa son mari, qui, d'abord, croyant la conception antérieure à son départ, s'en félicita avec elle ; mais l'accouchement ne venant pas répondre à ses calculs, des reproches amers succédèrent à des félicitations prématurées. Dix mois neuf jours s'étaient écoulés depuis la séparation des époux, quand l'enfant vit la lumière. Enfin Pélorce revint chez lui, et déjà sa femme portait dans son sein un second enfant. Les explications des deux époux amenèrent la femme à reconnaître, par écrit, que son mari n'était le père, ni de l'enfant déjà mis au monde, ni de celui qui s'en approchait. Pélorce, succombant, peu de temps après à ses maux et à ses chagrins, laissa à ses héritiers une recommandation écrite de le venger. Leur action n'eut cependant aucun succès. Les deux enfants, nés, l'un dix mois neuf jours depuis le départ du mari, l'autre sept mois et demi seulement depuis son retour, furent déclarés enfants légitimes, par arrêt du Parlement de Paris, du 2 août 1649.

Un sieur Vinantes ne fut pas plus heureux. Informé que, tandis qu'il faisait son service, comme officier du duc d'Orléans, à Paris, sa femme se livrait, à Laferté-Loupière et publiquement, au libertinage le plus effréné ; qu'indé-

pendamment de plusieurs hommes admis à son
intimité, le sieur Quinquet résidait habituellement chez elle; que, le 22 mai 1690, un enfant
de trois mois a été baptisé comme fils de Marie
Delaune, femme légitime du sieur Devinantes,
sans autre indication du père; que la nourrice
a été maraine, et le bédeau parrain; que l'accouchement a eu lieu en présence du sieur Quinquet; que c'est lui qui visite l'enfant, et lui donne
tous les soins d'un père. Il porta plainte en adultère, *et fut,* suivant les expressions de l'illustre
avocat-général d'Aguesseau, *assez malheureux
pour prouver tous ces faits.* Marie Delaune, après
avoir, d'abord, nié et sa grossesse et son accouchement, finit par avouer ses désordres et son adultère : *jamais crime,* dit encore ce magistrat, *ne
fut mieux prouvé.* Elle fut condamnée à toutes
les peines de l'authentique : la propriété de sa
dot fut attribuée aux deux enfants qu'elle avait
eus précédemment de son mari; l'usufruit en fut
accordé au mari; enfin le sieur Quinquet fut admo-
nesté et condamné aux dépens. Mais l'arrêt,
n'avait pas prononcé sur le sort de l'enfant, et
personne ne paiant sa nourrice; ce fut à Devinantes qu'elle s'adressa. Repoussée par lui, avec
indignation, elle appela Quinquet en cause. Un
curateur intervint pour l'enfant, et, sur sa
demande, par arrêt du 15 juin 1693, ce fut le
malheureux mari que l'on condamna à payer

la nourrice , à reconnaître et traiter l'enfant comme son fils légitime et aux dépens. (*Voy. les OEuvres de d'Aguesseau, tom. 2, p.*524.)

En 1722, la demoiselle de Saint-Cyr, parvenue à l'âge de vingt-six ans, sans titre ni possession d'état de fille de M. de Choiseul, aspira à cette qualité et aux biens qui devaient la suivre. Elle n'avait pour elle que le registre d'un chirurgien, prouvant qu'il avait accouché madame de Choiseul, le 8 octobre 1697 ; mais on lisait sur le même registre, que la conception de l'enfant remontait au 28 décembre 1696, temps où M. de Choiseul était en otage dans la citadelle de Turin. L'avocat-général Gilbert fut d'avis que la présomption légale de légitimité devait se plier devant la certitude du contraire, et surtout qu'elle ne pouvait naître d'un écrit qui n'attestait le fait de la maternité qu'avec des circonstances qui rendaient impossible la paternité du mari. Le Parlement de Paris, par arrêt du 18 juillet 1726, n'en déclara pas moins, la demoiselle de Saint-Cyr, fille légitime de M. de Choiseul.

Tel est souvent, il faut le reconnaître, l'effet de l'erreur, quand une longue tradition l'a accréditée, que les meilleurs esprits la prennent pour la vérité, et la soutiennent avec tous les avantages dont la nature les a doués. Depuis des siècles, on répéta itque, porter la moindre atteinte à la règle *Pater is est*, ce serait ébranler

la société dans ses fondements. L'immortel d'A-
guesseau lui-même, malgré toute l'étendue de
son génie et de son savoir, s'est laissé subjuger
par l'opinion dominante, et l'a, pour ainsi dire,
retrempée dans la cause du sieur Devinantes.

140. Cependant les exemples de paternité
ainsi dévolue, se multipliant sans cesse, les avocats généraux, Gilbert et de Saint-Fargeau, ten-
tèrent d'éloigner un peu la jurisprudence de
cette fiction qui fait père, même ceux qui ne
peuvent pas l'être, et de la ramener davantage
du côté de la vérité. Le premier, comme on vient
de le voir, enseignait, en 1726, dans la cause de
la demoiselle de Saint-Cyr, l'indivisibilité du
titre, voulant que, si le seul document prouvant
la maternité, signalait un adultère comme en
étant la source impure, la justice refusât d'en
faire le titre d'une filiation légitime. En 1758,
M. de Saint-Fargeau, dans la cause des enfants
Simonet, s'efforça de démontrer que, dans certains cas, l'impossibilité morale de la paternité
équivaut à l'impossibilité physique, ou plutôt
se confond avec elle. L'arbitraire n'en continua,
pas moins, de régner dans cette partie de la jurisprudence, jusqu'au moment où l'on s'occupa
du nouveau Code; et même, dans le premier
projet présenté, en 1800, par la Commission,
elle y consacrait, dans toute sa plénitude, l'invariable paternité du mari; elle l'empirait encore

en rejetant l'impuissance, même accidentelle, et n'admettant, pour toute exception, que le cas où l'éloignement des époux a été tel, qu'il y a eu entr'eux impossibilité de cohabitation.

La Cour de cassation fut la première autorité qui enfin osa plaider la cause de la vérité contre la fiction, en observant « qu'il lui parais-» sait difficile de laisser subsister la présomption » légale de paternité, dans le concours de deux » circonstances, de l'adultère prouvé et du fait » de séparation. »

Cette proposition fit une impression salutaire sur la section du Conseil d'état, chargée de faire, au projet de la Commission, les changements que les observations des Cours pourraient rendre nécessaires. On reconnut qu'effectivement il fallait faire fléchir la présomption légale de paternité, lorsque l'adultère serait prouvé ; et qu'à cette circonstance serait réunie celle, non de la séparation de fait, mais du recèlement de l'enfant. Dans la réunion de ces deux circonstances, le mari fut *admis à proposer tous les faits propres à justifier qu'il n'est pas le père.* Tel est aujourd'hui le texte de l'article 313.

Le même amendement fut reproduit et adopté pour la preuve de la filiation. Le projet admettait l'enfant qui, sans titre ni possession d'état, avait un commencement de preuve de filiation, à la compléter par témoins ; mais le mari ou ses

héritiers restaient, si la preuve était faite, dans
les liens de la présomption légale ; on crut devoir
les autoriser à *la preuve contraire*, *par tous les
moyens propres à établir que le réclamant n'est
pas l'enfant de la mère qu'il prétend avoir, ou
même, la maternité avouée, qu'il n'est pas l'enfant du mari*, c'est la disposition de l'art. 325.

Sans avoir positivement reconnu l'impossibilité morale, les législateurs l'ont essentiellement
admise, au moins dans les deux cas prévus par
les articles 313 et 325, et les vœux des avocats
généraux, Gilbert et de Saint-Fargeau, sont remplis. C'est dans ce sens que tous les auteurs modernes ont entendu ces nouvelles dispositions ;
et, quand on rapproche les articles 313 et 325
de l'article 312, il n'est pas possible de concevoir
un autre sentiment.

Remarquons sur-tout, et avec satisfaction,
qu'aucun des enfants reconnus légitimés par les
trois arrêts que nous venons de rapporter, ne
l'aurait été sous l'empire du Code.

Pélorce, dont l'absence, pendant les dix mois
neuf jours qui ont précédé la naissance du premier enfant de sa femme, était constante et non
déniée, aurait trouvé justice dans l'article 312.

Devinantes, à qui la naissance de l'enfant
avait été cachée ; qui prouvait que, lors de la
conception de cet enfant, il était absent, et que
sa femme se livrait à un libertinage scandaleux,
n'aurait pas invoqué en vain l'article 313.

Enfin l'article 325 aurait fait repousser de la famille de Choiseul, la demoiselle de Saint-Cyr, qui ne pouvait prouver qu'elle était fille de madame de Choiseul, qu'en prouvant qu'elle ne l'était pas de son mari.

Désormais donc une distance immense séparera deux hypothèses, jadis et trop long-temps confondues, actuellement soumises à des règles aussi contraires que les faits qui constituent chacune d'elles. En effet, parmi les femmes infidèles, les unes, ou dépravées jusqu'à l'audace, ou déterminées par l'espoir de fasciner les yeux d'un mari confiant, jettent, sans mystère, l'enfant du crime dans la famille ; les autres, soit parce que leur conscience est encore accessible à de sages réflexions, soit parce qu'elles redoutent un mari que les circonstances ne leur permettent pas de tromper, cherchent à ensevelir dans le secret, et leur faute et l'enfant qui y a trouvé l'existence.

Nous allons examiner séparément ces deux hypotèzes.

PREMIÈRE HYPOTHÈZE.

Enfant dont la naissance a été connue du mari.

141. Lorsque la femme est devenue mère, sans avoir dissimulé ni sa grossesse, ni son ac-

couchement, et que cependant le mari est convaincu de n'être pas le père de l'enfant, pour le faire échapper à la paternité dont il est menacé, deux choses sont à considérer, les formes qu'il doit observer, et les preuves qu'il est obligé de fournir.

142. Les formes consistent en un désaveu notifié à la femme dans le mois de la naissance, et suivi, un mois après sa date, d'une action en validité de ce désaveu, tant contre elle que contre un curateur donné à cet enfant, à la diligence du mari lui-même, articles 316 et 318 du Code civil.

143. La rigueur du premier délai ne pèse sur le mari que lorsqu'il est *sur les lieux de la naissance*; s'il est absent, il a, pour notifier son désaveu, deux mois à compter de son retour. Cette locution a donné lieu à une question résolue uniformément par le tribunal de première instance et la Cour de Paris.

Le sieur Texier, après une résidence de plusieurs années en Amérique, revint en France par Bordeaux; séjourna, pendant quelques mois, dans cette ville, et se rendit ensuite à Paris, où sa femme était restée. Il ne tarda pas à être informé que, durant son absence, elle avait donné le jour à trois enfants, et aussitôt il les désavoua. Sa femme et le tuteur de ces enfants lui opposèrent que son désaveu, n'ayant eu lieu que plus

d'un mois après son retour en France, il devait
y être déclaré non recevable. Cette tentative
n'eut aucun succès; et l'on décida que par ces
mots, *les lieux de la naissance*, on ne devait
entendre que ceux où cette naissance pouvait
être connue; c'est-à-dire le domicile conjugal, ou
la résidence habituelle de la femme. L'arrêt est
du 9 août 1813. (*Voyez le Journal du Palais*,
tom. 37, *p.* 429.)

Si, dans cette cause, on donnait, pour la dame
Tixier, trop d'étendue à la disposition, en voulant que le royaume entier fût réputé le lieu de
la naissance de ses enfants, il faut se garder de
l'excès contraire, et ne pas croire qu'on ne doit
entendre par ces mots, que la commune même
habitée par la femme. Évidemment les législateurs ne se sont servis d'une locution collective
et indéterminée, que pour signaler la contrée,
où, suivant les circonstances, il est raisonnable
de penser que le mari a pu être instruit de la
naissance; ce qui est laissé à l'appréciation des
tribunaux.

144. Le mari habitant avec sa femme, qui
s'aperçoit d'une grossesse dont il ne se croit pas
l'auteur, n'est pas obligé d'attendre la naissance
de l'enfant pour le désavouer. La loi a fixé un
délai bref après la naissance, ne voulant pas laisser trop long-temps le sort de l'enfant incertain;
mais on est toujours admis à anticiper sur les

délais, qui n'ont de rigueur que contre l'action.

Cet empressement peut être justement inspiré au mari par la crainte, soit d'une mort
prochaine, soit de tout autre empêchement ;
mieux que personne il connaît les mœurs et les
actions de celle qui lui a promis fidélité, et, sur-
tout, le plus ou le moins des relations intimes
qui ont pu les rapprocher : il est dès-lors très-
possible, que, dans l'intérêt de sa famille, il
veuille faire constater l'affligeante opinion que
les circonstances lui ont donnée sur la conception de sa femme.

Telle a été la position du sieur de Grady de
Liége Marié très-jeune à Victioire de Grady sa cou-
sine, il s'aperçut aussitôt que déjà elle était enceinte. Quatre-vingt-huit jours après son mariage, se
voyant aux prises avec une maladie grave, il fit
inviter le président du tribunal à se rendre
auprès de son lit et lui ouvrît le secret de son
cœur affligé : *lui déclarant demander le divorce,*
attendu que sa femme était grosse des œuvres
d'autrui, lors de leur mariage ; qu'il ignorait
cette circonstance, et avait été trompé.

Le cinquième jour qui suivit cette déclaration,
la mort l'enleva à sa famille. Le cent soixante-
quatrième depuis son mariage, sa veuve mit
au monde l'enfant qu'elle portait, et qui, par
suite d'une déclaration, par elle faite devant
un notaire, qu'il n'étaitpas de son mari, fut

inscrit, comme enfant naturel, sans désignation du père.

Néanmoins, le père de Grady, ayant demandé, contre sa veuve, la validité du désaveu fait par son fils, le tribunal de Liége crut devoir rejeter cette demande, en se fondant principalement sur ce que le désaveu n'avait pas été valablement fait avant la naissance de l'enfant. Sur l'appel, ce jugement a été réformé par arrêt de la Cour de Liége, du 13 fructidor an XIII (1805); et parmi ses nombreux motifs, on doit remarquer celui-ci : « Qu'aucune loi n'a défendu à un époux » qui voit sa dernière heure s'approcher, de dé- » savouer l'enfant qui est encore dans le sein de » son épouse, et qu'un pareil désaveu n'a été » frappé d'aucune nullité ; qu'ainsi le juge ne » peut le déclarer nul de sa propre autorité. » (*Voy. le Journal du Palais*, collection de 1806, pag. 235, ou *le Recueil de Sirey*, tom. 6, 1re. part., p. 952.) La veuve de Grady, encouragée par le succès inespéré qu'elle avait obtenu en première instance, s'est pourvue en cassation ; mais son pourvoi a été rejeté, le 25 août 1806. *Voy. ibid.*

145. Toutefois, ce désaveu de précaution est éventuel et subordonné à l'événement ; en sorte que, si l'enfant naît viable, il est prudent de le renouveler, et, sur-tout, de former la demande en validité du désaveu, dans le mois de la nais-

sance; autrement la femme pourrait, en s'atta-
chant au premier désaveu, soutenir qu'ainsi fait
à l'avance, le délai donné pour l'action a couru
du jour de la naissance de l'enfant.

Nous avons dit : si l'enfant nait viable ; en effet,
quoique cette exception établie par l'article 314,
à l'égard de l'enfant conçu avant le mariage, ne
soit pas rappelée pour celui qui ne l'a été que
depuis, elle ne doit pas moins être appliquée,
dans le second cas, par un motif irrésistible,
celui de l'inutilité absolue du désaveu, quand
l'enfant ne nait pas viable (*Voy. n°.* 133). Cet
événement ne pourrait plus entrer en considération que dans une plainte en adultère.

146. Le droit de désavouer l'enfant n'appartient qu'au mari. Si le délai, pendant lequel il a
pu l'exercer, s'est écoulé sans qu'il ait réclamé, il
est réputé avoir reconnu l'enfant pour être de
lui ; ou, si un autre sentiment l'a affecté, avoir
gardé le silence par des motifs dont il est le sou-
verain juge. Cependant cette dernière présomption ne militant plus, lorsqu'il est mort pendant
le délai, ses héritiers sont admis eux-mêmes au
désaveu, dans les deux mois qui suivent le premier acte de possession, fait au nom de l'enfant,
sur les biens du mari, ou le trouble par lui apporté à la possession des héritiers, *art.* 317.

147. Pour faire courir ce délai, il ne suffirait
pas que les prétentions de l'enfant eussent été

annoncées par lui ou pour lui, et même consignées dans des actes ; la loi a craint de multiplier des instances aussi scandaleuses ; et comme souvent de telles prétentions restent sans effet, elle n'a exigé des héritiers le désaveu et l'action qui doit le suivre, que lorsqu'il y a *trouble dans leur possession* ; c'est-à-dire un fait sérieux et positif qui rende l'action indispensable.

La dame Decanville, qui, en 1793, avait perdu son mari, convoqua, en 1796, un conseil de famille pour être confirmée dans la tutelle de ses quatre enfants. En 1803, provoquant de ce conseil l'autorisation de rembourser un emprunt, elle ne parla encore que de quatre enfants ; mais ceux-ci, lui ayant demandé, en 1806, le compte de sa tutelle, elle déclara en avoir un cinquième né le 2 juin 1794, quoique, dès le 13 décembre 1791, son mari eût été porté sur la liste des émigrés ; que le séquestre eût été mis dès-lors sur ses biens, et qu'il eût été mis à mort le 14 octobre 1793. Ses enfants lui répondirent qu'ils étaient les seuls héritiers de leur père ; on transigea, et il ne fut fait que des réserves, pour le cas où un cinquième enfant serait reconnu.

Quelques mois après, prenant le titre de tutrice de cet enfant, la dame Decanville fit faire des saisies-arrêts sur les débiteurs de ses premiers enfants, auxquels cependant elles ne furent point dénoncées. Enfin, le 13 mars 1812,

Anne Fraise, se disant fille et héritière de M. Decanville, renouvela ces saisies-arrêts, et, le 21 du
même mois, somma ceux qu'elle appelait ses cohéritiers, de lui rendre compte de la succession de
leur père. Le 2 mai suivant, les enfants Decanville lui notifièrent un désaveu, avec demande
en validité devant le tribunal de Rouen. Anne
Fraise prétendit qu'ils étaient déchus du droit
de la désavouer, pour ne l'avoir pas fait dans le
mois des prétentions élevées pour elle, par la
dame Decanville.

Le tribunal de Rouen, n'apercevant le trouble signalé par l'article 318, ni dans les alléga-
tions de la dame Decanville, lors de l'instance en
compte de tutelle, ni dans les saisies qu'elle avait
fait faire comme tutrice légale d'Anne Fraise,
saisies que, d'ailleurs, elle n'avait pas fait dénon-
cer, et qui n'avait eu aucun effet; ne voyant
de trouble que dans l'acte fait par Anne Fraise
elle-même, le 13 mars 1812, n'eut aucun égard
à la fin de non recevoir. Sa tentative, sur appel
devant la Cour de Rouen, éprouva le même sort.
Un arrêt confirmatif fut rendu, le 2 mai 1815.
(*Voy. le Journal du Palais, tom.* 45, *p.* 115.)

148. De cette décision, il ne faudrait pas conclure que les héritiers seraient non recevables à
prévenir, par une action, le trouble sérieux et
positif dont ils seraient menacés par des actes
indirects, mais certains; comme si le préten-

dant au titre de leur cohéritier prenait le nom
de la famille, ou faisait quelques actes de la nature de ceux hazardés par la dame Decanville au
nom de son cinquième enfant. Il y en aurait,
indubitablement, assez pour autoriser l'action ;
parce qu'instituée pour conserver les droits de
famille, elle est favorable, tandis que, par le
même motif, la déchéance de cette action encourue par le silence dans un court délai, est
une rigueur, et conséquemment de droit étroit.

149. M. Toulier, *tom.* 2, *p.* 170, enseigne
que « si l'acte de désaveu reste sans effet, faute
» de poursuite dans le mois, le mari et ses hé-
» ritiers peuvent en former un nouveau, dans le
» cas où le second délai ne serait pas expiré. »
Nous ne pouvons pas partager cette opinion,
qui nous parait diamétralement opposée à la disposition qu'elle interprète. Si les auteurs du
Code civil avaient eu cette pensée, ils n'auraient
fixé qu'un seul délai, où ils n'auraient fait courir
le second qu'après l'expiration du premier; ils
ont, au contraire, dans un texte fort simple et
fort clair, établi deux délais très distincts, l'un
pour le désaveu, l'autre pour l'action en validité
de ce désaveu que l'article 318 déclare non avenu,
s'il n'est *suivi*, dans le délai d'un mois, d'une action
en justice; l'action doit donc suivre le désaveu, sans
qu'il s'écoule plus d'un mois entre l'un et l'autre.
Effectivement, toutes les recherches, toutes les

réflexions qu'il convient de faire avant d'introduire une instance aussi grave, doivent précéder le désaveu. Puisque c'est par cet acte même, que la mère est accusée d'adultère, et qu'on impute à l'enfant de vouloir profiter d'un crime pour exercer une spoliation, doit-on s'étonner que la loi ait voulu, qu'après avoir ainsi jeté le gant, on se hâtât d'entrer en lice.

150. Quelques puissants que soient ces motifs d'accélérer une procédure, aussi affligeante pour les familles que scandaleuse pour le public, s'il était prouvé que des causes irrésistibles ont empêché de remplir les formalités; si, par exemple, le mari a été, pendant tout ou partie des délais, dans un état de maladie de corps ou d'esprit, qui ne lui a pas permis de se livrer aux recherches et aux démarches pénibles que commande une telle action, on ne peut pas lui opposer de déchéance. Ce cas n'est pas spécifiquement exprimé dans la loi, mais il l'est implicitement. Le retour du mari à la santé doit être regardé comme celui qui fait cesser son absence, ou l'événement qui lui fait découvrir la fraude. (*Voy.* n°. 143). Tel est le sentiment de M. de Malleville, dans son *Analyse de la discussion du Code*, tom. 1, p. 315 ; c'est aussi celui de M. Delvincourt, dans son *Cours de Droit*, tom. 1, p. 407.

151. Passons aux preuves nécessaires pour justifier cette accusation. L'instant de la concep-

tion de l'enfant peut précéder sa naissance de trois cent jours, ou seulement de cent quatre-vingt ; *article* 312. Ainsi, l'époque légale de cette conception se compose de cent vingt jours, faisant la différence des naissances avancées et de celles tardives. Le Code a donc réglé que le mari qui voudra rendre les tribunaux confidents de ses chagrins, sera tenu de prouver que, durant ces cent vingt jours, il a été dans l'impossibilité physique de cohabiter avec sa femme.

C'est sur ce seul but que doivent se diriger les preuves, et elles ne peuvent l'atteindre que par des voies également tracées par la loi ; savoir, l'éloignement et l'impuissance accidentelle.

152. Première cause d'impossibilité physique, éloignement. Ce mot *éloignement* est le seul par lequel le législateur a exprimé sa volonté à cet égard, imposant aux juges la tâche difficile d'en faire l'application, suivant la nature des faits et des circonstances. Et quoi de plus susceptible de difficultés que cette proposition : le mari a été, pendant cent vingt jours, assez éloigné de sa femme, pour qu'il y ait *impossibilité physique qu'il soit le père de l'enfant, par elle conçu à cette époque*.

153. Avant d'entrer dans le développement de cette partie importante de la nouvelle législation, nous croyons devoir justifier la doctrine que de mûres réflexions nous ont fait adopter,

quoique contraire à l'ancienne jurisprudence.

154. Déjà nous avons fait remarquer, n°. 138, combien les règles de cette jurisprudence, excessive dans sa sévérité à l'égard des maris, avaient subi de salutaires adoucissements, pour le cas où la femme adultère aura célé à son mari la naissance d'un enfant. Nous croyons fermement que, même dans le cas d'une naissance non dissimulée, les juges ayant reçu de la loi française le pouvoir de décider la question d'impossibilité physique, suivant leur conscience, ils en étoufferaient le cri, et méconnaîtraient leur devoir, comme leur droit, si, dans l'appréciation des preuves, ils n'osaient pas s'écarter des principes outrés de l'ancien droit.

Le mari était chargé de tout le poids de la preuve, et la femme dispensée d'en faire aucune : le rôle de celle-ci se bornait à puiser dans son imagination, ou dans celle plus fertile encore de ses conseils, toutes les suppositions capables d'atténuer les preuves d'impossibilité données par son mari. Bien plus, les magistrats, eux-mêmes, s'exerçaient dans cet art de créer de subtiles possibilités, dont il fallait que le mari prouvât la négative, à peine de voir le pain de ses propres enfants partagé par celui que l'infidélité de sa femme avait frauduleusement introduit dans la famille.

155. Par exemple, un mari prouvait qu'à l'époque de la conception de sa femme, il était en

prison pour dettes ; on lui disait ; vous avez pu recevoir les visites de votre femme, ou corrompre vos gardiens, et venir chez elle, donc vous ne prouvez pas l'impossibilité physique ; et, s'il faut en croire M. Toullier, cette objection serait encore admissible sous l'empire du Code. Suivant lui, *tom.* 2, n. 809 : « La prison qui s'épare » deux époux ne peut être assimilée à l'absence, » qu'autant qu'elle se trouverait dans une dis- » tance assez éloignée pour opérer l'impossibilité » physique d'un rapprochement ; autrement, la » complaisance ou la corruption des gardes et » des geoliers, pouvant se prêter à une réunion » momentanée, l'impossibilité physique n'exis- » terait plus. »

Ainsi, dans ce système, la prison serait une circonstance indifférente ; le mari, libre ou prisonnier, devrait prouver un éloignement par espace. M. Duveyrier est moins rigoureux : « on a de » mandé, dit-il, (dans son discours au Corps légis- » latif, comme orateur du Tribunat,) si la prison » qui séparait deux époux, pourrait être assimilée » à l'absence ? Il est clair que c'est l'absence elle- » même; pourvu, toujours, que la séparation ait » été tellement exacte et continuelle, qu'au temps » de la conception, la réunion d'un seul instant » fût physiquement impossible. »

Il est probable que les magistrats les plus sé- vères se rangeront du côté de ce dernier senti-

ment. La prison dans laquelle le mari est renfermé, produisant très-certainement un *éloigne-*
ment, tel qu'il est dans *l'impossibilité physique*
de cohabiter avec sa femme, à moins qu'il n'en soit
sorti, ou qu'il n'y ait reçu sa femme; mais, est-ce
au mari à prouver qu'il n'est pas sorti, et que sa
femme n'est pas entrée; ou à celle-ci à établir
que son mari est venu la voir, ou qu'elle s'est
introduite auprès de lui? c'est à cela que se réduit la question.

Sans doute, le mari doit prouver, par les registres de l'écrou, et le témoignage du concierge
et des guichetiers, qu'il a exactement gardé sa
prison, et que sa femme n'a pas été admise à le
visiter; sans cela il ne prouverait pas l'éloignement; mais, s'il a pour lui ces témoignages, il a
rempli sa tâche et satisfait à la loi, parce que la
véracité de ces témoignages n'est pas conciliable
avec la possibilité du rapprochement des époux.

Dira-t-on, avec M. Toullier, que la corruption
des gardes est possible, et que cela suffit pour
que le mari n'ait pas fait toute la preuve que la
loi exige de lui?

Dans cette critique captieuse, qui n'attaque
réellement que la preuve, on la confond avec le
fait à prouver, et si les tribunaux toléraient encore cette dangereuse confusion, on ne verrait
jamais un mari échapper à l'humiliant fardeau
d'une paternité chimérique. Eût-il fait le tour

de la terre, il rapporterait, en vain, des attestations des consuls de France de tous les lieux
où il aurait passé ou séjourné; en vain son passeport certifierait et son départ et son arrivée, ainsi
que les contrées par lui parcourues, et les époques de son passage; on lui dirait également : il
est possible que la corruption des autorités vous
ait procuré ces attestations, ou qu'un autre que
vous, à qui le signalement peut convenir, ait
fait, sous votre nom, le voyage que vous dites
avoir fait; et tout cela étant possible, vous ne
prouverez pas l'impossibilité physique.

Personne, probablement, ne voudra soutenir
ce système, qui tendrait à rendre tout-à-fait déri-
soire la précieuse faculté du désaveu ; et l'on
conviendra, au moins pour la dernière hypothèse, que la femme n'aurait de ressource que
dans une plainte en faux contre les attestations
rapportées, ou une plainte en supposition de
personne ; en un mot, que la preuve faite par
le mari ferait la loi de la cause, jusqu'à ce que
la femme l'eût détruite par une preuve contraire.

Cette solution inévitable conduit nécessairement à résoudre, de la même manière, la question relative à la prison, s'il résulte du témoignage de personnes non reprochables, que le
mari n'est pas sorti de ce lieu, et que sa femme
n'y est pas parvenue; tant que cette dernière

n'aura pas fait tomber la preuve par lui faite, on ne pourra pas refuser au mari le secours qui lui est assuré par l'article 312.

Cet article n'exige pas la preuve physique de l'impossibilité, mais la preuve de l'impossibilité physique. S'il n'en a exigé que la preuve, sans en restreindre la nature ni la forme, ce cas n'a rien de particulier, et rentre dans la catégorie générale des faits à prouver ; c'est-à-dire, 1°. qu'ils peuvent l'être par témoins, comme par tous les autres documents dignes de la confiance des magistrats ; 2°. que, quand la partie à laquelle la loi impose l'obligation de faire la preuve directe, l'a faite régulièrement, l'autre ne peut en éviter les effets qu'en fournissant la preuve contraire.

156. Ce que nous venons de dire de la prison du mari, qui n'est ici qu'un exemple, est applicable à celle de la femme retenue dans une maison de détention, et à tous les autres cas, où, par une force quelconque, les époux ont été tenus éloignés, et par là mis dans l'impossibilité de cohabiter.

La prison de la femme a même cela de particulier, suivant nous, que le mari n'a rien à prouver pour désavouer l'enfant conçu par elle pendant sa détention ; ou plutôt que sa preuve se trouve dans cette séparation physique ordonnée par la justice, et que c'est à la femme, où à son enfant, à prouver le rapprochement. Combien les mœurs ne seraient-elles pas blessées, si une autre opinion l'emportait, pour ajouter au chagrin du mari, déjà flétri par l'inconduite de sa femme, le supplice d'être réputé père de l'enfant qu'elle conçoit dans un lieu dont il n'a pas la surveillance? C'est à cette grande considération, qu'il faut attribuer les deux arrêts que le Parlement de Paris, habituellement si difficile sur les preuves d'impossibilité, a rendu, le 9 mai 1695 et le 1er. décembre 1601.

Le premier déclare adultérin l'enfant conçu dans la conciergerie, par Marie Joysel, femme du sieur Gars, procureur du roi à Mantes, accusée d'un premier adultère; le second déclare également adultérins les trois enfants que la belle épicière avait eus, depuis l'accusation d'adultère portée contre elle par Semitte son mari; elle les avait conçus, l'un dans la conciergerie, le second dans le couvent, où, par arrêt, elle avait été enfermée; et le troisième, dans sa fuite avec Lenoble. (*Voy. les Causes célèbres de Guyot de Pitaval, revues par Richer, tom. 3, p. 154.*)

157. Cette dernière circonstance doit aider dans la solution d'une autre question; celle de savoir qu'elle preuve on peut raisonnablement exiger du mari, dont la femme quitte le domicile conjugal, s'absente et revient enceinte? Vouloir qu'en pareil cas, le mari prouve l'impossi-

bilité physique par son éloignement du lieu de
la conception, c'est-à-dire d'un lieu qu'il ignorait, ce serait attribuer à la loi un aveugle despotisme que son texte ne lui donne pas, et que la
raison réprouve. Dans ce cas, il suffit assurément
que le mari prouve la désertion de la maison
conjugale par sa femme, et la notoriété publique
de son absence sans nouvelles, à l'époque de
la conception; une telle preuve remplit complètement le vœu de la loi. Il n'est pas, en effet,
de position apportant un obstacle physique plus
invincible à la cohabitation de deux époux, que
l'absence de l'un d'eux sans nouvelles. Pour
que le mari pût être astreint à une démonstration
plus directe, il faudrait, au moins, que la femme
prouvât qu'elle résidait dans un lieu peu éloigné
de la maison de son mari, et que celui-ci ne
l'ignorait pas. C'est dans ce sens, qu'a été rendu
l'arrêt qui vient d'être cité : la belle épicière
échappée du couvent où elle avait été enfermée,
et courant, au loin, avec Lenoble, avait conçu et
mis au monde le troisième enfant, déclaré adultérin par l'arrêt.

158. Examinons actuellement les faits à prouver, nous verrons ensuite par quels moyens ils
peuvent l'être.

On ne peut apprécier judicieusement les faits
propres à établir l'éloignement, qu'en considérant, 1°. l'espace qui séparait les deux époux;

2°. Les facultés physiques et pécuniaires du mari ;

3°. Les causes de son éloignement;

4°. Les causes morales pouvant jeter de la lumière sur la conduite des deux époux.

159. 1°. S'il est justifié qu'au premier jour des cent vingt réglés pour le temps présumé de la conception, le mari était dans un lieu tellement éloigné de sa femme, que, quelques fussent ses facultés, et quand ce jour-là même il en serait parti pour la revoir, il ne serait pas possible qu'il fût arrivé auprès d'elle le cent vingtième jour, comme s'il était dans les Grandes-Indes, ou dans une des îles de la mer Pacifique, la preuve de l'impossibilité physique serait complète; aucune difficulté ne pourrait atténuer une vérité aussi palpable.

Supposons un lieu moins éloigné, et tel que le retour ait pu s'effectuer en moins de cent vingt jours, comme sur le continent, la Russie, la Hongrie, etc., et au-delà des mers, les Antilles, le Sénégal, etc., il faudra prouver que le mari y a résidé, pendant assez de temps, pour qu'il n'ait pas pu passer, auprès de sa femme, un seul moment des cent vingt jours ; ainsi, Pierre prouve qu'il était à la Guadeloupe le premier jour de cette période, et qu'il n'en est pas sorti avant le cent sixième ; il ne peut être tenu d'aucune autre justification, parce qu'il est reconnu que quinze jours sont le moindre temps nécessaire pour le transport d'un vaisseau de cette île en France.

160. 2°. Dans cette supputation des distances que le mari a dû parcourir pour faire cesser l'éloignement, les juges doivent principalement avoir égard à ses facultés physiques et pécuniaires. Un homme jeune, bien portant et riche, ayant pu profiter de tous les moyens de transport que les progrès de l'industrie ont multipliés, prouverait, en vain, que le cent cinquième jour des cent vingt il était encore à Saint-Pétersbourg, puisque dans les quinze derniers il aurait pu franchir la distance de cette ville à Paris, où réside sa femme ; tandis que, dans la même circonstance, cette preuve serait suffisante, même pour un homme riche, s'il résultait des attestations des médecins consultés par les juges, qu'attendu son grand âge, il n'aurait pas pu, sans perdre la vie, supporter les fatigues d'un tel trajet, en si peu de jours. L'impossibilité physique, exigée par l'article 312, n'est pas absolue, mais purement relative à celui qui s'en prévaut. *Il peut désavouer, s'il prouve qu'il était dans l'impossibilité physique*, etc. Or, à peine de tomber dans l'absurdité, il faut reconnaître que ce qui est possible à l'un est, souvent, physiquement impossible à l'autre.

Il faudrait encore augmenter les éléments du calcul favorable au mari, s'il était constant qu'il était pauvre, et ne pouvait voyager qu'à pied, ou avec les faibles moyens auxquels les infortunés sont réduits ; surtout si, à sa misère, se joignait la vieillesse ou un état valétudinaire. Sans doute, cette espèce se réalisant, on ne manquerait pas de dire, pour la femme, qu'un don subit de la fortune, ou, ce qui est moins rare, la rencontre d'un de ces êtres généreux toujours prêts à secourir le malheur, a pu procurer à son mari les moyens qui lui manquaient pour accélérer son retour. La réponse est que les événements extraordinaires ne se présument pas, et que, quand le mari a fait une preuve avouée par la raison et l'équité, il ne suffit pas, pour la détruire, que sa femme offre à la justice des suppositions fantastiques, si elle ne peut pas fournir la preuve qu'elles se soient réalisées.

161. 3°. La diversité des causes de l'éloignement doit également influer sur les décisions de la justice : s'il a été volontaire, il est moins digne de l'intérêt des magistrats, que s'il n'a été que l'effet d'une obligation ou d'un devoir. Dans ce dernier cas, moins de sévérité doit diriger l'examen des preuves.

Les causes ordinaires de l'éloignement involontaire sont la prison, le bagne, la déportation, le bannissement, le service militaire, l'emploi public et la captivité.

Déjà nous nous sommes expliqués sur l'éloignement causé par la détention dans une maison de force, nos. 155 et 156.

162. La détention du forçat est différente : appliqué aux travaux publics, il jouit, pendant quelques instants, chaque jour, d'une espèce de liberté, dont il n'est pas impossible qu'il profite pour se réunir à sa femme, si elle habite la même ville, ou les environs. Dans ce cas, si la distance est telle qu'il ait pu la parcourir, et voir sa femme dans l'intervalle des appels, sa détention ne lui sera d'aucun secours pour le désaveu; mais, si l'espace qui le sépare de sa femme est assez étendu pour qu'il ne lui ait pas été possible de la visiter, et qu'il établisse que, durant les cent vingt jours, il a répondu à tous les appels, il aura fourni la preuve suffisante de son éloignement.

Sa femme prétendra-t-elle avoir elle-même franchi la distance pour se réunir à lui? Elle devra le prouver. Nous avons, il est vrai, dit, à l'égard de la prison, que le mari devait justifier, par l'attestation du concierge ou des guichetiers, que sa femme ne s'y était pas introduite. Nous l'avons ainsi pensé, parce qu'un des principaux devoirs des gardiens des maisons de force, est de n'admettre, auprès des détenus, que des personnes connues, et même, dans celles régulièrement administrées, sur le vu des permissions spéciales et nominatives par elles obtenues.

De cette circonstance, il résulte qu'il est facile au détenu d'obtenir, à ce sujet, les attestations convenables; et l'esprit de la loi étant d'assujétir le mari à toutes les preuves que la raison peut lui imposer, nous avons regardé cette obligation comme indispensable pour lui.

Mais il ne peut pas en être de même, à l'égard du forçat qu'aucune enceinte ne renferme pendant une grande partie du jour, et qui, dans l'atelier où il travaille, peut communiquer, sans surveillant, avec tous ceux qui daignent l'approcher. Exiger de lui qu'il prouve que sa femme n'a pas été de ce nombre, c'est-à-dire, une négative que rien de positif puisse produire, ce serait le condamner à l'impossible : idée inconciliable avec celle de la justice. Dans ce cas, et dans tous ceux du désaveu pour absence, le Code n'astreint le mari qu'à prouver son éloignement du domicile conjugal. Que ceux qui seraient tentés d'ajouter à cette obligation celle de prouver que sa femme ne l'a pas suivi, remarquent que leur système renverserait l'œuvre de la loi ; quelque fût la cause et l'immensité de l'éloignement, si la femme était admise à alléguer son rapprochement, sans être tenue de le prouver, le mari ne lirait, dans l'article 312, qu'une protection illusoire.

163. Le calcul des distances, sur les heures de liberté, doit, par les motifs que nous avons

donnés à l'égard du forçat, être appliqué au militaire en activité de service, et à tous ceux que des fonctions publiques attachent à une résidence éloignée de celle de leur femme : s'ils prouvent que, pendant les cent vingt jours, ils remplissaient les devoirs de leur état, à une distance trop considérable pour qu'ils pûssent, durant leurs moments de loisir, se rendre dans la maison conjugale; et si rien ne fait voir que la femme ait, elle-même, fait cesser l'éloignement, le désaveu est valable.

164. Enfin, la captivité mérite d'être appréciée d'une manière particulière, nous entendons parler de celles du militaire fait prisonnier de guerre, et de l'individu qui, pris par les barbares, a été tenu en esclavage : comme on ne peut pas, sans tomber dans une absurdité révoltante, prétendre qu'il est possible qu'il ait échappé à ses surveillants, et qu'ensuite, comme Régulus, il soit allé reprendre ses fers, il lui suffira de prouver que tout le temps légal de la conception s'est écoulé pendant sa captivité, pour être écouté dans son désaveu. Le calcul des distances n'est plus à considérer, la moindre opérerait comme la plus forte, puisqu'il faudrait toujours supposer que le mari, après un instant de liberté, a été de nouveau se livrer à l'esclavage, ou plutôt à la mort, peine trop ordinaire de cette désertion.

165. Les diverses causes d'éloignement que

nous venons d'examiner, doivent être prouvées par tous les documents écrits qui, quand elles sont vraies, les accompagnent toujours; c'est, pour la prison, comme nous l'avons dit, le registre de l'écrou; et l'attestation des gardiens pour le déporté, le forçat et le militaire, les registres des chefs et le témoignage d'une exacte obéissance aux réglements de discipline; pour les fonctionnaires publics, les actes, registres et autres pièces légales donnant la preuve de leur service effectif; enfin, pour le banni, le voyageur et le captif, les passeports, livrets, certificats de résidence et autres, que doit rapporter celui qui, à son retour, veut justifier la conduite qu'il a tenue pendant son absence. Lorsque l'éloignement est ainsi prouvé, la femme n'en peut détourner les conséquences, qu'en attaquant, par tous les moyens autorisés par la loi, les pièces sur lesquelles le mari a établi l'impossibilité.

Nous devons également faire observer que si le service effectif, qui peut et doit être constaté par écrit, ne l'était pas : la preuve testimoniale, qui en serait offerte, serait justement suspecte, et devrait être refusée, à moins qu'avant tout, la perte des preuves écrites, occasionée par une force majeure, n'ait été parfaitement établie.

166. 4°. Les circonstances morales peuvent surtout, en répandant leur lumière sur la con-

duite des deux époux, déterminer les juges dans l'examen des faits dont on fait résulter l'impossibilité physique. Nous le répétons, le but que le désaveu doit atteindre, est le seul point défini par le Code; il n'a point prescrit, pour ce cas, un mode spécial de preuve; tout ce qui, dans les autres causes, fait découvrir la vérité, la manifeste donc également dans celles-ci.

Ainsi, supposons qu'une circonstance grave ait forcé deux époux tendrement unis jusques-là, à se séparer, on écoutera avec faveur les protestations d'innocence données par la femme, surtout s'il paraît qu'elle a toujours joui d'une réputation sans tache : dans une telle occurence, on se prêtera volontiers à l'idée que le désaveu du mari est plus l'effet des craintes que son absence lui a inspirées, que de la conviction de son déshonneur; on pourra attribuer, à la même cause, sa dénégation du rapprochement articulé par sa femme; on croira, sans peine, que les époux ont réciproquement cherché tous les moyens capables de vaincre les obstacles qui les tenaient éloignés; et l'on ne reconnaîtra l'impossibilité physique, que lorsqu'elle aura résisté à toutes les analyses dont le fait sera susceptible.

Si, au contraire, la lutte s'engage entre un mari malheureux et une de ces femmes, opprobre de leur sexe, qui se livrent, sans honte, à toutes les occasions d'assouvir leur lubricité ; telles que la dame Devinantes, la belle épicière, et mille autres dont les noms salissent les fastes de notre jurisprudence ; certes, le magistrat intègre aura, dans cette hypothèse, une toute autre mesure que dans la premiere : il ne croira pas facilement qu'un homme aura ruiné sa fortune et sa santé, et mille fois exposé sa vie, pour franchir, dans le moins de temps possible, une distance considérable qui le séparait d'une femme faisant le malheur de son existence ; il ne croira surtout pas qu'un mari (comme Lenoble osait le soutenir dans ses odieux Mémoires pour la belle épicière dont il était le complice), ait fait enfermer sa femme successivement dans une prison et un couvent, pour, en suite, en escalader les murs, afin de se réunir à celle qu'il pouvait en faire sortir.

167. Nous ne craindrons pas de le redire trop souvent, l'article 312 n'exige pas l'impossibilité physique dans un sens abstrait et absolu. Si telle eut été la pensée des législateurs, leur texte porterait : Le mari peut désavouer l'enfant, s'il prouve..... *qu'il y avait*..... impossibilité.... etc. La disposition porte : «Le mari pourra désavouer l'enfant, s'il prouve...... *qu'il était*...... dans l'impossibilité.....» C'est donc relativement à l'individu, et à tout ce qui peut en faire apprécier les facultés, qu'il faut examiner s'il était dans l'impossibilité sur laquelle il appuie son désaveu.

168. Nous avons présenté, avec d'autant plus de confiance, les divers developpements qui précèdent, que la plupart de nos propositions ont déjà été consacrées par un jugement du tribunal de Mayenne, du 8 mai 1806, confirmé par la Cour d'Angers, le 18 juin 1807.

Le sieur Delozé, mari de la dame Mesnage, avait fixé sa résidence à Ernée, près Mayenne. Ayant émigré, il laissa sa femme dans leur habitation commune, et se retira à Saint-Elie, dans l'île de Jersey, depuis 1793 jusqu'au 11 ventôse an v, qu'il revint à Ernée; mais, dès le mois de nivôse précédent, sa femme, enceinte de huit mois, avait quitté cette ville, et s'était rendue à Paris, où elle était accouchée. Son enfant avait été inscrit par l'officier public du second arrondissement, le 5 pluviose an v, comme né de la veille, et nommé, dans l'acte, *Frédéric, fils de Louis Lozé et de Françoise - Louise - Adéline Mesnage, son épouse, sur la déclaration de Bigot, accoucheur, pour l'absence du mari.*

Atteint, de nouveau, par la loi du 19 fructidor de la même année, le sieur Delozé fut déporté en Espagne, et sa femme revint à Ernée, y répandre le scandale par la vie la plus licencieuse, qui fut suivie d'un second accouchement, le 2 germinal an ix. Cette fois, elle fit ses couches à Ernée même, et l'enfant y fut inscrit le même jour. L'acte porte : « Françoise-Angélique-Marie, née

» fille de Françoise-Louise-Caroline Mesnage,
» femme de Gabriel Delozé-Tripier, absent, et
» porté sur une liste d'émigrés, ladite dame De-
» lozé demeurant à Ernée. »

En l'an x, prévenue que son mari était autorisé
à rentrer en France, elle se hâta de quitter leur
maison commune, et de faire prononcer, le
26 ventôse, son divorce, sur l'exposé par elle fait
dans sa requête, et justifié par un acte de notoriété, de l'abandon de son mari, depuis huit ans,
sans nouvelles.

Un des premiers soins du sieur Delozé, à son
retour, fut de désavouer les deux enfants. Le premier, né sur la fin de janvier 1797, avait été
conçu en mai, juin ou juillet 1796, et il fut
prouvé que le mari, à cette époque, habitait
l'île de Jersey, éloignée seulement, il est vrai,
de quarante lieues d'Ernée ; mais il était constant qu'alors il ne pouvait pas y paraître, sans
s'exposer à la mort. La conception du second enfant, né sur la fin de mars 1801, remontait aux
mois de juillet, août ou septembre 1800, temps
pendant lequel le sieur Delozé était à Burgos en
Espagne ; son départ de cette ville n'était que
du 14 février 1801, visé à Noirmoutier, lors de
son arrivée, le 9 avril suivant. Cent soixante lieues
seulement séparaient les deux époux : l'éloignement du mari n'était véritablement assuré que
par le régime de terreur qui pesait sur lui, avant
sa radiation définitive de la liste fatale.

On voulut aussi, mais en vain, pour la dame Delozé, argumenter de la possibilité d'un rapprochement, malgré le divorce par elle demandé et obtenu ; pour abandon sans nouvelles pendant huit ans. Les désaveux furent admis.

Les décisions du tribunal de Mayenne et de la Cour d'Angers, dans cette cause, sont dictées par un tel esprit de sagesse et d'équité, que, dignes de servir de fanal dans les causes de cette nature, elles seront le complément de ce que nous avions à dire sur cette partie du droit.

Le jugement du tribunal de Mayenne est ainsi motivé :

« Considérant qu'il est prouvé que le sieur De-
» lozé a été porté sur la liste des émigrés ; qu'il
» se rendit à Jersey, et y habita depuis nivôse
» an IV, jusqu'en frimaire an V ; que les sieurs
» Mathilatre et Bonnechose ont été journellement
» avec lui pendant les années 1793, 1794 et 1795 ;
» qu'il résulte de leurs dépositions qu'il y a eu un
» intervalle de plus de trois mois, où les témoins
» ont cessé de voir M. Delozé ; savoir : frimaire,
» nivôse, pluviôse et onze jours de ventôse an V ;
» mais, rapprochement fait de ces époques avec
» l'acte d'enregistrement de Frédéric, du 5 plu-
» viôse an V, la déposition de ces deux témoins
» conserve toute sa force, pour constater l'im-
» possibilité physique de cohabitation, à l'époque
» de la conception de Frédéric, laquelle a dû

» avoir lieu en floréal, prairéal ou messidor an IV,
» d'après les lois constitutives de la présomption
» de conception rapprochées de l'acte de nais-
» sance.

» Considérant qu'à l'époque de la conception
» de Frédéric, la dame Mesnage n'avait fait au-
» cune absence d'Ernée; que son déplacement
» dans quelques paroisses voisines, pendant un
» ou deux jours, ne peut être regardé comme
» une absence propre à réunir les époux, sur-
» tout si l'on fait attention que ces voyages avaient
» lieu dans la compagnie du séducteur, ainsi que
» cela est prouvé par la déposition de plusieurs
» témoins concordants;

» Considérant que l'impossibilité morale de
» cohabitation résulte des preuves établies; que
» la dame Delozé était, à l'époque de la concep-
» tion, sous le poids de la prostitution la plus
» marquée, sous la puissance de son séducteur;
» qu'elle lui sacrifiait son fils et son père; qu'elle
» portait alors à son mari, la haine la plus con-
» sommée; ce qui résulte de l'expression de la
» dame Mesnage à son fils, et de la réception
» qu'elle fit au père du demandeur, lorsqu'il vou-
» lut la rappeler aux devoirs de l'honneur et de
» la vertu;

» Considérant que le sieur Delozé a justifié,
» par des passeports d'Espagne et de Noirmou-
» tier, de l'époque de sa déportation, après

» le 19 fructidor an v; que le passeport qui lui
» fut délivré à Noirmoutier dépose du temps de
» sa rentrée; que, quoique ces actes ne fassent
» pas une preuve entière, parce que le passeport
» d'Espagne ne paraît pas revêtu des formalités
» qui assurent son authenticité, deux témoins
» déposent conformément à ces actes, et consti-
» tuent la résidence en Espagne du sieur Delozé,
» à l'époque de prairial, messidor, thermidor
» et fructidor an VIII, temps de la conception
» de Françoise-Angélique-Marie.

» Considérant qu'il est prouvé à la cause, que
» la dame Delozé n'a fait, pendant ces mêmes
» mois, aucune absence d'Ernée; qu'elle y a été
» vue, chaque jour, par les habitants de la mai-
» son, les voisins et sa famille; que dès-lors il n'a
» pas été possible au sieur Delozé de cohabiter
» avec elle;

» Considérant qu'il est constant, par les en-
» quêtes, que, depuis le 1er. ventôse an IV, jus-
» qu'à la fin de messidor même année, la dame
» Mesnage a, dans la maison de son père, à Er-
» née, vécu dans un commerce adultérin avec
» un militaire employé dans les vivres; qu'elle a
» affiché sa mauvaise conduite avec lui; qu'elle a
» outragé la nature, en le protégeant contre son
» père, et lui facilitant les moyens d'outrager ce
» dernier; qu'elle a pris, en ville, un logement où
» elle recevait cet homme, après que son père
» l'eut chassé;

» Considérant que la dame Mesnage refusa la
» visite de son beau-père à cause de son mari;
» qu'à cettte occasion, elle tint, contre ce dernier,
» des propos capables d'établir le degré de haine
» qu'elle lui portait; que cette même aversion
» résulte encore du propos qu'elle adressa à son
» fils aîné, dans le même temps;

» Considérant que le demandeur a prouvé que
» la dame Mesnage a, depuis le 1er. floréal an VIII,
» jusqu'à la fin de fructidor suivant, vécu, avec
» un jeune homme d'Ernée, dans un commerce
» adultérin; que cette époque correspond avec
» la conception de Françoise-Angélique-Marie;
» qu'à cette époque le demandeur était absent;
» que l'officier rédacteur de l'acte de naissance
» du 2 germinal an IX, était tellement persuadé de
» l'illégitimité de cette fille, qu'il l'a enregistrée
» sous le nom de la mère, avec la mention seu-
» lement du nom de son mari absent;

» Considérant que la dame Mesnage, en se
» rendant à Paris pour accoucher de Frédéric,
» y alla avec le nommé Monsallier, commis aux
» vivres et demeurant, avec son séducteur, chez le
» père de cette dernière; qu'il est de notoriété pu-
» blique à Laval, qu'elle vécut avec ledit Monsal-
» lier pendant l'espace d'un ou deux ans;.

» Considérant, quant aux actes d'enregistre-
» ment des deux enfants, que, quoique ces actes
» soient irréguliers sous le rapport de l'énoncia-

» tion, des véritables noms du demandeur, cepen-
» dant ils ont un caractère suffisant pour établir,
» en leur faveur, un commencement de preuve
» par écrit; mais qu'il n'a été fait par les défen-
» deurs aucune enquête, et qu'il résulte de ce
» silence que les faits par eux signifiés, sont
» le fruit de l'erreur, faute de justification au
» soutien;

» Considérant que, quoique les deux enfants
» aient été nourris au domicile de la dame Mes-
» nage, tant avant que depuis son divorce, il est
» également prouvé que le demandeur ne les a
» ni vus, ni connus; qu'il ne leur a donné aucuns
» soin; enfin qu'il s'est pourvu contre eux, aussi-
» tôt qu'il a été relevé de l'état de mort civile,
» dans lequel il était placé, par suite de son émi-
» gration;

» Considérant que la délibération du conseil
» de famille est, de toutes les preuves éta-
» blies pour justifier de leur illégitimité, l'acte
» le plus imposant et le plus fort; que les con-
» naissances unanimes d'une famille, composée
» en partie des parents les plus proches de la
» dame Mesnage, servent de témoignage d'au-
» tant plus satisfaisant, que ce serait, à l'égard
» des enfants, le comble de l'iniquité, s'il n'était
» pas le plus véridique, le plus sacré et le plus
» religieux; qu'il répugne de penser qu'une fa-
» mille aussi probe qu'honnête, tous habitants

» de la ville d'Ernée, eussent sacrifié, en même
» temps, l'honneur de leur parente, et le sang
» dans la personne de ses enfants, quelles qu'eus-
» sent été les mœurs de la mère, si leur con-
» science leur eût présenté un doute sur l'exis-
» tence légitime ou coupable de l'un ou de l'autre
» enfant ;

    » Déclare Frédéric et Françoise-Angélique-
» Marie, bâtards et adultérins ; leur fait défense
» de porter le nom du sieur Tripier Delozé ; or-
» donne, etc.

Il paraît que la dame Delozé n'osa pas interjeter appel de ce jugement, qui ne fut attaqué
que par le tuteur des deux enfants ; mais la Cour
d'Angers, par son arrêt, du 18 juin 1807, ne fut
pas moins sévère que le premier tribunal. Voici
le texte de cet arrêt :

    « Considérant, sur la fin de non recevoir, que
» la dame Delozé, lors du retour de son mari en
» France, ne se trouvait plus dans la maison où
» il l'avait laissée ; que le divorce, par elle pro-
» voqué, l'écartait de la demeure de son mari ;
» que celui-ci n'est point venu dans la maison
» qu'elle habitait ; qu'il a même soutenu, sans
» que cela ait été contesté, qu'il n'a ni vu, ni
» parlé, ni cohabité avec la mère des enfants
» dont il s'agit, depuis qu'il est rentré en France ;
» que, jamais, il ne les a traités de ses enfants, ni
» ne les a vus, ni ne leur a parlé ; que d'ailleurs,

» d'après l'article 316 du Code, le mari n'est tenu
» de faire sa réclamation que dans les deux mois
» de la découverte de la fraude, si on lui avait
» caché la naissance de l'enfant; qu'en fait le
» sieur Delozé, depuis son retour, n'ayant point
» demeuré avec sa femme, il est naturel qu'il
» cherchât a completter la preuve de la fraude, en
» interrogeant sa femme elle-même, pour savoir
» si elle reconnaîtrait ou méconnaîtrait les actes
» de naissance;

» Que ce n'est que le 24 prairial an XI, que
» sa femme a fait une réponse positive, qui a
» complété la découverte de la fraude; que, le
» 24 messidor suivant, le mari a désavoué, et que
» le 14 thermidor, il a formé son action confor-
» mément à l'article 318 du Code;

» Et, au fond, attendu qu'il résulte des en-
» quêtes des 9 et 13 germinal, 30 messidor et
» 11 thermidor an XIII; que l'intimé a été absent
» et éloigné de son épouse pendant tout le temps
» déterminé par la loi, pour autoriser le désaveu
» des deux enfants dont il s'agit; et que, d'un
» autre côté, pendant ce même temps, la dame
» Delozé n'a point quitté la ville d'Ernée où elle
» demeurait; d'où suit l'impossibilité physique de
» cohabitation entre les deux époux;

» Attendu, d'ailleurs, que les autres faits prou-
» vés par lesdites enquêtes, et autres pièces pro-
» duites au procès, sont d'une telle gravité,

» qu'ils établissent également l'impossibilité mo-
» rale de la réunion des deux époux pendant le
» même temps :

» Par· ces motifs, sans s'arrêter aux fins de
» non recevoir proposées par l'appelant, la Cour
» met l'appellation au néant. » (*Voy. la jurispru-*
dence du Code civil, tom. 9 , *p.* 2o5.)

169. Parmi les motifs du jugement de première instance, il importe, sur-tout, de remarquer les conséquences graves et persuasives que
les juges ont judicieusement tirées de la délibération du conseil de famille. Ce conseil, formé
pour donner un tuteur aux deux enfants , et
dont plusieurs membres étaient, de la famille
même de la dame Delozé, avait cependant, à l'u-
nanimité, reconnu l'illégitimité de ces enfants.
Dans toutes les causes de cette nature, un pareil
avantage, remporté par le mari sur sa femme in-
fidelle, serait le complément le plus parfait des
preuves exigées par la loi ; c'est ce qu'on verra
encore dans l'arrêt rapporté ci-après.

170. Tous ceux qui ont écrit sur ce sujet, depuis le Code , se demandent ce qu'on doit décider des enfants qui naissent de la femme, lorsque la justice a prononcé, entre elle et son mari,
la séparation de corps?

Une idée peu favorable aux maris trompés,
qui se présente la première , est que le Code,
ayant fixé dans quels cas, et sous quelles condi-

tions la paternité pourrait être désavouée, et n'ayant rien statué pour le cas de la séparation de corps, les tribunaux violeraient ses disposi-tions restrictives, en admettant une exception qui n'est pas dans son texte.

Le chagrin que cette réflexion inspire, s'accroît encore quand on lit, dans les diverses analyses des conférences qui ont préparé le Code, que la section de législation du Conseil d'état, avait proposé de faire cesser, dans ce cas, la présomp-tion de paternité, à moins qu'il n'y eut eu récon-ciliation des époux; que cette proposition fut ajournée jusqu'après la discussion du titre du divorce; que la même section proposa aussi, à l'égard du divorce, que le mari ue fût pas obligé de reconnaître l'enfant conçu par sa femme, de-puis le jugement ordonnant la séparation d'é-preuve; enfin, que cette proposition fut rejetée et ne fut pas reproduite pour la séparation de corps. Aussi M. Toullier, *tom.* 1, *p.* 145, dé-cide-t-il nettement que cette circonstance ne fait pas cesser la présomption.

Cependant, la question mérite d'être plus mu-rement examinée. D'abord, M. Locré, secrétaire rédacteur de ces conférences, après avoir rendu compte de ce que nous avons rapporté, ajoute : « Le juge prendra sans doute en considération » cette position respective des époux; mais il ne » la regardera pas comme décisive. »

M. de Malleville, l'un des Conseillers d'état à
qui la rédaction du Code avait été confiée, dans
son *analyse du Code, tom.* 1, *p.* 313, enseigne très-positivement « que la femme qui con-
» çoit depuis la séparation, doit prouver le rap-
» prochement avec son mari; que les art. 312
» et 313 ne sont que pour les cas qu'ils ont pré-
» vus; et que, si le Code a dit que le mari ne
» pourrait désavouer l'enfant que dans tel cas,
» il ne s'ensuit pas qu'il l'ait exclu dans tel autre
» plus grave. » Il finit, cependant, par dire qu'il
est peut-être plus sûr de s'en tenir à la généralité
des expressions de la loi; mais il n'en a pas moins
émis son opinion personnelle, qui est d'un grand
poids.

M. Delvincourt, dans son *Cours de Droit,*
tom. 1, *p.* 407, s'exprime ainsi : « Je pense que
» l'enfant doit être déclaré illégitime, à moins
» qu'il ne prouve qu'il y a eu réconciliation ;
» autrement, en effet, on tomberait dans un
» cercle vicieux; car, si cet enfant était présumé
» être du mari, l'on devrait, par une conséquence
» nécessaire, en induire une réconciliation; il
» s'ensuivrait donc que la femme défendresse
» en divorce, ou en séparation de corps, même
» pour cause d'adultère, pourrait, en commet-
» tant un nouveau crime, faire déclarer son mari
» non recevable. »

M. Merlin, dans sa 4e. édition du *Répertoire*

de jurisprudence, au mot *Légitimité*, pag. 239, se borne à rapporter l'opinion de M. Locré, ce qui prouve qu'il la partage.

Enfin, la Cour de Rouen s'est prononcée, en 1814, en faveur du mari, et contre la présomption de paternité.

Allaume, aubergiste à Neubourg, avait obtenu, le 13 avril 1812, un jugement qui le séparait de corps pour sévices, injures, et mauvais traitements très-graves de sa femme envers lui. Un an après, le 24 avril 1813, elle donna le jour à un enfant. A l'instant même, Allaume fit notifier à l'officier de l'état civil, qu'il s'opposait à ce que cet enfant fût inscrit sous son nom : il ne fut présenté que le 29 à cet officier, et nommé seulement *Constant-Valentin*. Bientôt le désaveu fut formé, et la cause entre Allaume et le tuteur de l'enfant se présenta devant le tribunal de première instance. Le tuteur s'y prévalut, de ce que les deux époux, demeurant dans la même commune, il n'y avait pas impossibilité physique de rapprochement entre eux; Allaume lui opposait la séparation, et les difficultés éclatantes qui l'avait amenée, et offrait de prouver qu'il n'y avait pas eu de rapprochement entre lui et sa femme.

Le tribunal de première instance s'arrêta à la rigueur de la disposition de l'article 312, et, ne croyant pas pouvoir admettre l'exception proposée, rejeta le désaveu ; mais sur l'appel, la Cour

de Rouen autorisa Allaume, par arrêt du 9 août
1814, à la preuve des faits par lui articulés. Ce
premier arrêt, rendu par défaut, est ainsi conçu :
« Attendu qu'il est déjà constant en fait, que la
» femme Allaume a été séparée de corps d'avec
» son mari, sur la provocation de celui-ci, d'a-
» près la preuve par lui faite de sévices, injures
» et mauvais traitements des plus graves, com-
» mis par sa femme envers lui; que la femme
» Allaume n'est accouchée qu'après une année
» révolue depuis la séparation prononcée; qu'au-
» cun fait, tendant à établir une réconciliation,
» ou un simple rapprochement, n'a été articulé
» par les intimés; que les faits articulés par Al-
» laume, tant en première instance que sur l'ap-
» pel, acquièrent une grande consistance par les
» résultats de la délibération du consail de fa-
» mille. »

« Attendu, en droit, qui si la séparation de
» corps ne dissout pas le mariage, elle rompt du
» moins les rapports, les habitudes, les commu-
» nications entre les époux; que la maxime
» *Pater is est* n'est fondée que sur la cohabitation
» toujours présumée dans l'état ordinaire du
» mariage; mais que, dans l'état de séparation
» de corps, il n'existe plus la même présomption
» de cohabitation, et qu'alors la présomption de
» paternité, tirée de la maxime *Pater is est*,
» perd elle-même de sa force, et est susceptible

» d'être anéantie par les faits et les circonstances
» de la cause, propres à établir qu'il n'y a point
» eu de rapprochement entre les époux depuis
» la séparation; et vu que les faits articulés sont
» de nature à jeter les plus grandes lumières à cet
» égard, la Cour met l'appellation et ce dont est
» appel au néant...... avant faire droit au princi-
» pal.... appointe, etc. »

Cet arrêt avait été rendu par défaut contre la
femme Allaume et le tuteur de son enfant; ils y
formèrent opposition, et subsidiairement arti-
culèrent des faits de rapprochement postérieurs à
la séparation. Par un second arrêt, du 28 décembre 1814, rendu en audience solennelle, la
Cour, sur les conclusions conformes de M. l'avocat-général Brière, maintint son premier arrêt,
et appointa les parties à faire preuve des faits
par elles respectivement articulés. (*Voy. le
Journal du Palais*, tom. 41, *p.* 394.)

A ces motifs peuvent se joindre quelques considérations que nous soumettons aux magistrats et
aux jurisconsultes.

1°. Au moment où les Talon, les d'Aguesseau
professaient leur doctrine sur l'invariabilité de
la règle *Pater is est*, les mœurs étaient bien plus
sévères qu'aujourd'hui; l'autorité maritale n'était
pas seulement d'ordre religieux et civil, mais
dans les habitudes de la vie, au point que le mari,
qui la laissait échapper, devenait l'objet du ridi-

cule. La femme, alors, quittait peu sa maison, et nul n'y avait accès, sans la permission du mari : aujourd'hui, l'extrême urbanité a rendu les mœurs plus régulières en apparence, mais infiniment plus relâchées en réalité; la femme a ses sociétés particulières, et le ridicule serait, actuellement, pour le mari qui le trouverait mauvais.

Ce changement dans les mœurs, a très-certainement multiplié les occasions qui amènent le trouble et la division dans les ménages; il devenait conséquemment nécessaire de modifier les lois, qui ne sont bonnes qu'autant qu'elles sont en harmonie avec les mœurs publiques. Aussi, comme nous l'avons déjà dit, sur la fin du dernier siècle, plusieurs Avocats-généraux ont fait de louables efforts pour faire fléchir la jurisprudence sur la présomption de paternité. Lors des travaux préparatoires du Code, la plupart des Cours demandèrent des modifications à cette présomption, et le Code a été dirigé dans cet esprit. Les discours des orateurs, à son sujet, sont remplis de cette idée, qu'il fallait s'éloigner de l'excès pour revenir à la raison, et ce qu'ils ont ainsi annoncé est réalisé dans plusieurs de ses dispositions.

Si cependant la séparation de corps ne pouvait pas produire d'exception à la présomption de paternité, il faudrait reconnaître qu'à cet égard, au lieu d'adoucir, on aurait empiré les rigueurs de l'ancienne législation. Cette exception y était admise ; on reconnaissait, généralement, que la règle *Pater is est*, supposait nécessairement la cohabitation des époux.

Bartole, sur la loi *Filium*, enseigne que le fils légitime est celui qui naît d'un homme et d'une femme propres au mariage, et habitant ensemble ; *ad matrimonium contrahendum, et generandum habilibus simul cohabitantibus.*

Suivant Dumoulin, la règle *Pater is est* n'est justement applicable que lors qu'il y a cohabitation entre les époux ; *suppositâ cohabitatione, secùs si non cohabitent.*

Coquille, sur *la Coutume du Nivernais, tit. du Douaire, art.* 6, après avoir rappelé les peines de l'authentique contre la femme adultère, ajoute : « Toutefois les enfants qui sont nés, du- » rant le mariage, *en la maison du mari*, sont » réputés légitimes. »

Enfin, les jurisconsultes modernes n'avaient pas une autre opinion ; et, pour nous borner à une autorité qui dispense d'en citer d'autres, nous invoquerons le sentiment de M. Merlin, dans le *Répertoire de Jurisprudence*, première édition, au mot *Légitimité, p.* 381 : « Il y a une es- » pèce d'absence qui ne consiste pas tant dans la » distance des lieux, que dans l'éloignement des » esprits, et qui néanmoins produit le même effet » que l'absence proprement dite, avec la réunion

» des trois caractères dont nous avons parlé
» (longueur, continuité, certitude); c'est la sé-
» paration prononcée juridiquement entre deux
» époux, pour cause d'adultère, et qui n'a point
» été suivie de réconciliation. Le *Journal des*
» *Audiences* nous fournit deux arrêts, des 9 mai
» 1693 et 1er. décembre 1701, qui déclarent bâ-
» tards adultérins, des enfants conçus depuis la
» séparation pour cause d'adultère, et leur fait
» défense de porter les noms des maris de leurs
» mères. »

Le décret du 12 brumaire, an 11, art. 14, ré-
putait étrangers au mari les enfants nés depuis la séparation de corps ; et la Cour de cassation, dans ses observations sur le projet du
Code civil, déclara qu'il lui paraissait difficile de
laisser subsister la présomption de paternité dans
le concours de deux circonstances, de l'adultère
prouvé et du fait de la séparation,

Il est encore constant que la commission du
Conseil d'Etat avait proposé un amendement au
projet ; qu'il a été discuté, et non rejeté, ainsi
que, par erreur, le dit M. Toullier, mais ajourné
après la discussion du titre sur le divorce ; et non
reproduit depuis ; ce qui ne donne pas la même
conséquence, ainsi que nous espérons le faire
voir. (*Voy.* l'*Esprit du Code*, *par M. Locré*,
tom. 4, *p.* 19.)

Ces notions, en effet, aident à expliquer le silence observé sur cet amendement, lors de la rédaction définitive du Code.

Depuis le consulat, l'édifice public se relevait de ses ruines, mais lentement, et avec un funeste mélange dans les matériaux, comme dans les ouvriers, un retour sincère aux principes religieux était déjà sensible; mais, pendant trop d'années, les idées contraires avaient répandu leur maligne influence sur les esprits, pour que les conséquences ne s'en fissent pas long-temps ressentir.

C'est, dans la première année du consulat, qu'une commission présenta le premier projet du Code; aussi le divorce fut-il le seul moyen offert aux époux malheureux; mais les Cours et les tribunaux réclamèrent la séparation de corps, pour faire sortir enfin les personnes attachées à la religion catholique, de la déplorable alternative où elles étaient, depuis 1792, d'enfreindre les règles de leur culte, ou de rester dans une union devenue insupportable. La section du Conseil d'État, chargée de rédiger le projet amendé sur les observations des tribunaux, accueillit ce vœu; il fut assez fortement appuyé dans le Conseil, pour y faire dominer l'opinion favorable. Ses adversaires s'en aperçurent, et, tout en disant, que la séparation était une institution contraire au vœu de la nature et de l'intérêt social, ils se réduisirent à proposer que, si l'on voulait res-

pecter jusqu'aux *préjugés* de l'époux qui répugne-
rait au divorce, on réservât, au moins, à l'autre,
le droit de faire convertir une telle séparation en
un vrai divorce. Telle est l'idée qui concilia les
avis opposés, et produisit l'article 310.

Il est donc vrai que, si la séparation de corps
a trouvé place dans le Code, ce ne fut que par une
tolérance politique, et que toutes les dispositions de cette loi ont été combinées de manière à
rendre le divorce préférable; ce qui révèle pourquoi l'amendement relatif aux enfants conçus depuis la séparation, n'a pas été reproduit. En laissant au mari la crainte de supporter les effets des
nouveaux désordres de sa femme, on a voulu le
contraindre à faire taire en lui le conseil des devoirs, pour n'écouter que celui de l'intérêt.

Or, en supposant qu'avant la loi du 8 mai 1816,
abolitive du divorce, les magistrats dussent se
conformer à l'esprit qui a dicté cette partie du
Code, ne doivent-ils pas aujourd'hui, qu'un
esprit tout contraire lui a fait subir une modification aussi grave, s'y conformer également; la
loi, en rétablissant l'indissolubilité du mariage,
telle qu'elle était avant l'admission du divorce,
a donc, par une conséquence juste et nécessaire,
fait également revivre la jurisprudence qui ex-
cluait du mariage les enfants conçus depuis que
les époux avaient cessé de vivre ensemble.

Prétendre le contraire, serait une injuste critique de la loi nouvelle; ce serait soutenir que, ses auteurs, en abolissant le divorce , n'ont pas prévu qu'ils enlevaient aux maris, le seul moyen légal de se soustraire aux suites fâcheuses du libertinage de leurs femmes.

Les tribunaux n'exécutent de bonne foi les lois, qu'en se conformant plus encore à la pensée, qu'à l'expression du législateur. Du moment où la justice a délié le mari de l'obligation d'habiter avec sa femme ; qu'elle a éloigné celle-ci, suivant le langage de nos anciennes lois, de la table et du lit de son mari, *à mensa et thoro;* la présomption de paternité, produite par la cohabitation , tombe comme l'effet après la cause : une présomption contraire lui succède ; elle n'est plus celle de la loi, mais celle de l'autorité qui a prononcé en son nom; et, comme la première, elle doit commander, tant qu'elle n'a pas été détruite par la preuve contraire.

Les Anglais, qu'en France on aime tant à imiter, et qui souvent le méritent, ont, sur ce point, la même règle que consacrait notre ancienne jurisprudence ; indépendamment du divorce *à vinculo,* ils ont celui *à mensâ et thoro,* qui n'est autre chose que notre séparation. « Dans un di- » vorce *à mensâ et thoro , dit Blakstone, tra-* » *duction de* 1774, *tom.* 2, *p.* 181, l'enfant qui » vient à naître est bâtard de plein droit, parce » qu'on suppose que le mari et la femme se con-

» forment à la sentence de divorce, hors cepen-
» dant le cas où le commerce entre eux est bien
» prouvé. »

Terminons cette discussion, dont l'importance
peut faire pardonner la longueur, en rappelant
l'observation aussi juste qu'ingénieuse de M. Delvincourt ; un fait ne peut produire entre les
mêmes parties deux effets contraires : si la conception de la femme séparée fait présumer que
son mari en est l'auteur, il faut présumer en
même temps qu'il y a eu entre eux, de toutes
les réconciliations la moins équivoque, et reconnaître que, dès l'instant, qu'au lieu d'améliorer
ses mœurs, elle aura, de nouveau, forfait à
l'honneur ; l'œuvre de la justice sera brisé, et
son mari sera tenu de la reprendre.

Si l'on objectait que la présomption peut être
admise, dans l'intérêt de l'enfant, sans que, dans
celui de la femme, celle-ci soit dispensée de prouver la réconciliation, nous dirions que ce serait
dispenser de la preuve pour le cas le plus grave,
puisque la paternité déclarée, est irrévocable, et
exiger cette preuve pour le cas le moins sérieux,
puisqu'après la réconciliation, de nouveaux torts
peuvent faire revivre la séparation ; nous dirions
encore que la mère et l'enfant, puisant leur intérêt dans la même source, doivent être réglés
par le même principe ; enfin, que le zèle d'un dé-
fenseur peut le conduire jusqu'à un tel paradoxe,

mais que la conscience du magistrat n'y sera jamais accessible.

171. Il nous reste à présenter sur l'impossibilité physique une réflexion générale : la proposition si fortement exprimée par l'illustre Avocat-général, si servilement répétée depuis lui, si abusivement réclamée par toutes les femmes impudiques, dont les désordres ont retenti dans les tribunaux, est-elle donc aussi exacte qu'elle passe pour l'être ? Est-il donc vrai que ce serait *ébranler* la société dans ses fondements, que de porter la moindre atteinte à la règle *Pater is est?* Tout en admirant, autant que qui que ce soit, les œuvres immortelles de ce grand magistrat, nous confessons que cette proposition n'a jamais été à nos yeux qu'une pompeuse exagération ; sans doute, il importe de ne pas abandonner la légitimité des enfants aux caprices et aux passions qui peuvent troubler les ménages, et la présomption de paternité doit toujours suivre le mariage ; mais pourquoi ne pas la faire céder à la preuve du contraire ? Vouloir persuader que, si l'impossibilité physique n'était pas l'unique objet de la preuve contraire, *la société serait ébranlée jusque dans ses fondements*, c'est supposer que le plus grand nombre des femmes, peuvent donner lieu à de telles instances, que la plupart des maris seraient disposés à les intenter, et que les tribunaux seraient trop faciles dans leurs décisions.

Reconnaissons, au contaire, qu'il s'en faut de beaucoup que les femmes méritent cette injurieuse supposition, et que le plus grand nombre se compose de celles qui sont dignes de nos respectueuses affections ; que si le nombre de celles qui déshonorent leur sexe, est encore considérable, celui des maris qui osent s'en plaindre est beaucoup moindre, et ne comprend que ceux assez malheureux, pour n'avoir rien à apprendre au public.

On reconnaîtra aussi, sans doute, que les tribunaux apportent, surtout dans les causes dont l'éclaircissement du point de fait est abandonné à leur conscience, une sévérité qui peut rassurer, et que si des erreurs échappent au premier degré de la hiérarchie, elles sont scrupuleusement rectifiées dans les autres.

Pourquoi donc ces fraudes auquelles le mariage expose les hommes, ne seraient-elles pas susceptibles d'être prouvées, avec la même latitude que tous les autres genres de fraude? serait-ce parce qu'elles sont les plus cuisantes, parce qu'elles flétrissent un mari dans son honneur comme dans sa fortune, et le frappent jusques dans la personne de ses enfants? Nous ne craignons pas de le prédire, tôt ou tard on fera cesser cette injuste exception, pour une fraude dont aucun moyen licite ne peut garantir, et les premiers pas faits par les auteurs du Code, à l'égard des

des enfants nés en secret, nous autorisent à l'espérer.

Nos mœurs, loin d'y perdre, ne pourraient qu'y
gagner; les coupables ne seraient plus enhardis
par des règles qui leur assurent à peu près l'impunité; le mariage, offrant plus de sécurité, on
verrait probablement diminuer le nombre de
ces associations frauduleuses où se placent quelques personnes, pour en sortir à leur gré, si leurs
chaînes deviennent trop pesantes. Enfin, les
juges n'auraient plus à prononcer des décisions
si impérieusement commandées par la loi, et si
fortement désavouées par leur conviction personnelle.

Et pour donner une juste idée de l'excès des
maux auxquels conduit inévitablement ce que le
Code a conservé de l'ancienne jurisprudence,
nous allons rapporter les faits d'une cause célèbre
dans laquelle l'injustice la plus monstrueuse fut
commise sciemment, et l'on reconnaîtra, avec
effroi, que, si un événement de cette nature se
renouvelait aujourd'hui, les magistrats se ver-
raient contraints également, ou de comprimer en
eux ce désir religieux et salutaire qui les porte à
n'embrasser jamais que la vérité, ou de mettre
leur volonté à la place de celle de la loi, ce qui
n'est pas moins déplorable.

Vers 1751 ou 1752, le sieur Alliot, officier au
service du roi Stanislas, à Lunéville, avait huit

enfants, et désira établir sa fille aînée, âgée de vingt-trois ans. Un de ses amis, qui l'était aussi du sieur Dupont, conseiller à la Cour souveraine de Nancy, eut la fatale pensée de faire épouser la demoiselle Alliot par le sieur Dupont fils. Ces deux jeunes gens étaient faits, par leur âge, leurs agréments personnels, leur fortune et leur rang dans le monde, pour jouir de tout le bonheur d'un mariage bien assorti; mais, à la première entrevue, une antipathie invincible s'alluma dans leur cœur, et ne s'y est jamais éteinte.

La répugnance de la demoiselle Alliot s'éleva à un tel degré, que ses parents se virent obligés, pour la vaincre, d'implorer l'autorité du Roi; et qu'elle, pour échapper à toutes les autorités de la terre, voulut attenter à ses jours, malheur qu'on ne put éviter que par une surveillance continuelle.

De son côté, le sieur Dupont prit la fuite; mais, arrêté par les ordres de sa mère, il fut ramené à Lunéville, et contraint de se soumettre.

Enfin, le mariage se fit à la faveur de l'appareil le plus imposant : l'archevêque de Besançon présidait la cérémonie, et le Roi l'honorait de sa présence. Le soir, au moment de se rendre dans la chambre nuptiale, la demoiselle Alliot s'évanouit, et fut portée en cet état à son lit. Les deux époux ont, depuis, affirmé ne s'être jamais approché, ni en ce moment, ni dans aucun autre, pen-

dant les deux mois durant lesquels les deux familles les obligèrent à vivre dans le même appartement. La demoiselle Alliot mit fin à cette
contrainte en s'échappant de la maison du sieur
Dupont, pour s'enfermer dans un couvent. Son
père ouvrit enfin les yeux, et vit les maux que son
aveugle obstination avait accumulés sur la tête de
sa fille; il lui rendit sa tendresse, la retira du
couvent et la reçut chez lui.

M. Merlin, en rapportant ces faits avec une
foule de circonstances que nous avons omises,
assure qu'ils étaient la plupart notoires, et tous
uniformément avoués dans les interrogatoires
des deux époux. (*Voy. le Répertoire de Jurisprudence, au mot Légitimité.*)

Sept à huit années s'écoulèrent sans qu'aucune
circonstance leur ait donné l'occasion de s'occuper l'un de l'autre; cependant la D^lle. Alliot et
le chevalier de Beauveau s'étant rencontrés, leurs
cœurs s'ouvrirent aux sentiments qui n'avaient
pas pu naître entr'elle et le sieur Dupont. Les
suites en furent funestes. La demoiselle Alliot
devint enceinte; son père avait trop à se reprocher ses malheurs, pour reprendre sa première
sévérité : il reçut avec douleur, mais sans colère,
sa confidence, et l'envoya à Paris, faire ses couches. Le chevalier de Beauveau l'y suivit; et,
le 11 janvier 1760, elle mit au monde un enfant
qui fut baptisé sous le nom *Bazile-Amable*, *fils*

naturel de *Ferdinand-Jérôme de Beauveau*, et
de *Marie-Louise Alliot*. Le chevalier de Beauveau, présent, signa l'acte de naissance.

Le sieur Dupont, probablement instruit de
l'événement, avait, dès le 3 du même mois, formé
demande en nullité de mariage contre la demoiselle Alliot, qui, le 26 février, lui notifia pour
réponse qu'elle demandait elle-même cette nullité. Tous deux parurent devant l'official de Toul,
et y jurèrent, par serment, n'avoir jamais consommé leur union.

Mais bientôt cette cause prit une direction
très-contraire à l'intention des deux époux, qui
ne pouvaient s'entendre que pour se fuir. Le
chevalier de Beauveau avait sa fortune immense
grévée par une substitution qui devait la faire
passer dans sa maison, de mâle en mâle. Si l'enfant dont il se reconnaissait le père pouvait être
légitimé, par son mariage avec la demoiselle Alliot, toute espérance de recueillir un jour était
perdue pour ses parents collatéraux. Il n'en fallut
pas davantage pour en faire les ennemis du repos
de la demoiselle Alliot. Par leurs intrigues et
sans se faire connaître, cette infortunée fut dénoncée au Châtelet de Paris, pour être accouchée dans cette ville, et avoir supprimé l'état de
son enfant, en le faisant baptiser sous le nom du
chevalier de Beauveau, et non sous celui du sieur
Dupont, son mari. On donna en même temps,
pour tuteur à cet enfant, un nommé Larade.

Ce dernier intervint devant l'officialité de Toul, pour s'opposer à ce que le mariage de la demoiselle Alliot avec le sieur Dupont fût annulé comme ils le demandaient tous deux, soutenant qu'il avait été ratifié par la cohabitation suivie de la conception de l'enfant. L'official suspendit l'instruction, et renvoya, pour faire statuer sur l'état de l'enfant, devant les juges qui pouvaient en connaître.

D'un autre côté, le Châtelet de Paris ayant décrété, de prise de corps, la demoiselle Alliot, elle fut obligée d'en interjeter appel au Parlement et la cause y fut solennellement plaidée entre le tuteur de l'enfant, la demoiselle Alliot et le chevalier de Beauveau.

Par arrêt, du 17 juin 1761, la procédure criminelle tenue contre la demoiselle Alliot, fut annulée, l'intervention du chevalier de Beauveau fut rejetée, et il fut ordonné que le procès commencé en l'officialité de Toul, sur la validité du mariage, y serait continué.

Cette procédure reprise fut terminée par un jugement qui déclara qu'il n'y avait pas lieu à annuler le mariage, et l'enfant resta au sieur Dupont.

Si une cause aussi déplorable se renouvelait aujourd'hui, elle aurait le même sort, la sépararation volontaire des époux ne pouvant pas, d'après les dispositions du Code, nous le reconnaissons, faire cesser la présomption de paternité du mari, mais aussi faisons-nous des vœux pour la révision de notre législation, si imparfaite en cette partie, quand elle est admirée dans presque toutes les autres.

Un fait fut-il jamais plus évident pour les magistrats que l'illégitimité de l'enfant de la demoiselle Alliot ? Non-seulement la contrainte avait formé le nœud qui l'unissait au sieur Dupont, mais tous les deux avaient affirmé n'avoir pas consommé leur mariage. Depuis huit ans, ils ne s'étaient même pas rencontrés. Le chevalier de Beauveau, dont le nom, le rang et la fortune repoussaient l'idée d'une basse complaisance, s'était déclaré père de l'enfant dans l'acte constitutif de son état, et, par une loyauté dont il y a peu d'exemples, avouant et voulant réparer sa faute, il réclamait son fils.

Certes, une législation par suite de laquelle, sans pouvoir sur le point de fait écouter ceux qui en sont les auteurs, on refuse l'enfant à son père qui le réclame avec instance, pour le donner à celui qui le repousse avec indignation. Une législation qui commande aux juges de sacrifier ainsi leur sentiment intime et de réputer fiction la vérité, et la vérité fiction ; une législation enfin qui, pour un bien fantastique que personne n'aperçoit, produit des maux certains, désole les parties intéressées et afflige la société entière, est loin d'être parfaite.

On doit encore, pour s'éloigner de semblables
règles, en considérer les suites, pour ceux-là
même qu'elles ont pour but de protéger. Ces enfants intrus, mis par jugement dans une famille
qui les repoussait, n'y sont que pour y manger
le pain de douleur, et s'y voir une occasion de troubles et de désordres dont ils sont toujours la principale victime. Personne ne doutera assurément
que l'enfant de la demoiselle Alliot n'eût été beaucoup plus heureux, fils naturel du chevalier de
Beauveau, que fils légitime du sieur Dupont ;
en un mot, la légitimité ne produit ses fruits que
lorsqu'elle est écrite dans le cœur du père.

Pour donner d'ailleurs à cette partie du Code la
perfection désirable, il ne faut que remonter à la loi
Filium, qui en est la source ; que la présomption de
paternité ne soit que la conséquence de la cohabitation, *si assiduè moratur*; qu'elle continue à être
la loi des familles jusqu'à la preuve de l'impossibilité du mari, pourvu que cette impossibilité
puisse être établie non-seulement par des causes
physiques, mais aussi par toute autre cause,
vel aliâ ex causâ. Voy. ci-dessus n°. 138.

172. L'empêchement accidentel, prévu par
l'article 312, peut être continu ou seulement
momentané : l'empêchement continu, est celui
qui est l'effet de la mutilation ou de l'ampu-
tation des organes de la génération ; l'empêchement momentané peut être produit par une ma-

ladie assez longue et grave pour avoir mis le mari, pendant tout le temps assigné à la conception, dans l'impossibilité d'en être l'auteur. La preuve peut en être donnée, quant au point de fait et à sa durée, par témoins; et quant aux effets relativement à la puissance, par les attestations des hommes de l'art.

SECONDE HYPOTHÈSE.

Enfants dont la naissance a été célée au mari.

SOMMAIRE.

173. Conséquences du recélement.
174. Cas dans lesquels il est reconnu.
175. Déclarations dans les actes de naissance.
176. Enfant caché, mais inscrit sous le nom du mari, ou seulement sous celui de la mère.
177. Ière obligation du mari. Désaveu.
178. Ce qu'on peut réputer découverte de la fraude.
179. IIe obligation du mari, preuve de l'adultère et que l'enfant n'est pas de lui.
180. L'aveu de la mère est suffisant.
181. La plainte d'adultère et le désaveu peuvent être jugés simultanément.
182. Enfant inscrit sous de faux noms, ou comme né de père et mère inconnus.
183. Toutes les preuves sont à la charge de cet enfant.
184. Commencement de preuve par écrit ou par faits déjà constants, nécessaire.
185. Inadmissibilité de la preuve, si les faits excluent la paternité du mari.
186. La reconnaissance de la femme n'est pas même un commencement de preuve contre le mari.
187. L'enfant ayant la possession d'un état, est non recevable à en réclamer un autre.

173. Entre époux heureux, presque toujours l'annonce d'une grossesse est un bonheur de plus.

A la première lueur d'espérance, la femme la confie à son mari, et bientôt, tous deux, s'empressent d'en instruire leurs proches pour en recevoir les félicitations; la femme surtout est portée à cet empressement, par le double intérêt qu'elle a d'être plus agréable à son mari, et de recevoir de ceux qui l'entourent, les soins et les ménagements convenables à sa position.

Si donc, devenue enceinte, elle se tait, se condamne aux tortures qui doivent dissimuler son changement d'état, aux dangers d'une gestation contrainte à ceux d'un accouchement secret et pressé; enfin, à exclure son enfant de la famille, au moins pendant ses premières années, elle s'accuse elle-même, et cette accusation spontanée, réfléchie, exécutée avec tant d'énergie et de persévérance, est bien plus persuasive que toute autre preuve; la déclaration de celle qui s'avoue coupable, pouvant être imputée à la crainte ou à la violence, est moins démonstrative.

Telle est la circonstance habilement saisie par les auteurs du Code, pour apporter à l'ancien droit et à la présomption légale de paternité, plusieurs modifications importantes. C'est à ce sujet que M. Duveyrier a dit au Corps législatif: « L'excès n'est jamais la vérité, et il était bien de revenir avec précaution et scrupule aux lois ordinaires de la raison. » M. Merlin, dans son *Répertoire de jurisprudence*, au mot *Légitimité*, *pag.* 241, a dit également, en parlant de l'ancienne jurisprudence : « Cette jurisprudence est » considérablement modifiée par le Code, et, en » effet, la raison voulait qu'elle le fût. »

174. Il est donc essentiel de reconnaître tous les cas où il y a recel de la naissance, puisque c'est, à-peu-près, la seule occurrence dans laquelle le mari peut, avec quelque espoir de succès, entreprendre de se soustraire à une fausse paternité. Observons, d'abord, que s'il est vrai que le mari, excipant du secret de la naissance, doit prouver ce secret, il a suffisamment rempli son obligation, lorsqu'il prouve que l'accouchement a eu lieu hors de sa maison, ou qu'il en était absent quand l'enfant y est né ; dans ces deux cas, si sa femme ne l'a pas fait instruire d'un événement aussi intéressant pour elle et pour lui, elle le lui a caché ; si elle le lui a fait connaître, c'est un fait facile à éclaircir, et dont la preuve doit être mise à sa charge.

Une seconde observation, qui n'est pas moins importante, c'est que, quoique le Code se serve de l'expression *naissance cachée*, il faut, pour juger de la légitimité de l'enfant, s'attacher plus au secret de la grossesse, qu'à celui de la naissance même; en sorte qu'en vain le mari se prévaudrait de ce que sa femme est allée accoucher ailleurs que dans sa maison, ou qu'il était absent de chez lui, quand l'enfant y est né, s'il était prouvé que la grossesse lui a été connue, et ne lui a donné ni surprise, ni chagrin; mais aussi l'accouchement, sans mystère, d'une femme sortie de la maison de son mari ne prouverait pas que la naissance n'a pas été cachée, à ce dernier, si elle lui avait dissimulé et sa conception et sa grossesse. Le point important pour les magistrats est de découvrir, dans les circonstances du fait, quel a été le jugement porté par la femme elle-même sur sa conception. La loi, nous l'avons dit, attache peu d'importance à l'aveu que fait une femme sur la plainte en adultère. Plusieurs motifs peuvent faire douter de sa véracité; mais ce jugement libre et réfléchi de celle qui redoute d'instruire son mari de sa grossesse, est la plus forte de toutes les présomptions de l'illégitimité de sa conception. Au surplus, cette question, dont la solution est la plus influante sur les causes de cette espèce, n'offrant aux tribunaux qu'un point de fait à apprécier, ne peut pas être soumise à la censure de la Cour de cassation, ainsi qu'elle l'a déclaré elle-même dans l'arrêt, du 8 juillet 1812, qui va être rapporté; elle est donc abandonnée à leur conscience.

La théorie sur cette matière est parfaitement développée, dans les décisions dont nous allons rendre compte.

La première, est celle intervenue dans la cause du sieur Delozé, que nous avons rapportée,

n°. 168. Il n'avait point donné son désaveu que
plusieurs mois après son retour. Une des fins
de non recevoir que lui opposait le tuteur des
deux enfants désavoués, était appuyée sur ce
que la dame Mesnage avait chez elle, à Ernée, ses
deux enfants, et ne les avait pas cachés, lorsque
le sieur Delozé était revenu dans la contrée ;
qu'ainsi, pour les désavouer utilement, il avait
dû le faire dans les deux mois de son retour. Il
répondait que, pendant son absence, sa femme
avait déserté la maison conjugale, et fait briser,
par un divorce, les liens qui les avaient unis ;
qu'elle ne l'avait jamais informé de la naissance
de ses enfants ; que, depuis son retour, il ne l'a-
vait pas vue un seul moment, et n'avait découvert que peu de temps avant son désaveu, qu'effectivement elle élevait chez elle deux enfants,
qu'elle attribuait à leur mariage. Ces faits étant
constants, et la dame Mesnage n'ayant pas prouvé
le contraire, déterminèrent l'admission du désaveu.

Voici le sujet de la seconde décision. Le 16 avril
1806, le sieur Bougarel, notaire à Moulins, et la
dame Duchollet sa femme, se décidèrent à un
divorce par consentement mutuel : ils firent leur
inventaire, la liquidation de leurs droits, réglè-
rent la pension de leurs enfants, et fixèrent la
demeure de la dame Duchollet, pendant les délais
d'épreuve, chez le sieur Duchollet son père, à

Bourbon l'Archambaut. Les comparutions d'é-
preuve, devant le président du tribunal de Moulins, eurent lieu les 13 mai, 20 août, 29 novembre 1806 et 27 février 1807. Le 15 mai suivant,
ils demandèrent le divorce, qui fut ordonné le
18, et prononcé le 21.

Cependant, le 10 du même mois, la dame Bougarel avait donné le jour à un enfant ; il n'avait
été conçu que depuis son éloignement de la maison de son mari, qui remontait déjà à plus d'une
année. Elle le portait dans son sein, lors des
quatre dernières comparutions, et n'en avait rien
laissé apercevoir : aussi le maire de Bourbon
l'Archambault ne l'avait inscrit *que fils naturel*
de la dame Duchollet, sans indication de père,
sur la déclaration de l'accoucheur.

Dès le 11 juin, le sieur Bougarel, instruit de
cet événement, provoqua la nomination d'un
tuteur à l'enfant, qu'il déclara vouloir désavouer,
et remplit de suite les autres formalités. Le tuteur le soutint non recevable, pour n'avoir pas
fait le désaveu dans le mois. Le tribunal de Moulins rejeta la fin de non recevoir, par le motif
que l'enfant était né à Bourbon, tandis que le
sieur Bougarel habitait Moulins ; mais il ne
pensa pas qu'il y eût eu recel de la naissance.
Il importe de connaître ses motifs, pour mieux
apprécier ceux contraires donnés par la Cour de
Riom : « Considérant, sur la première question,

» que le sieur Bougare *l* habitant cette ville de
» Moulins, et la dame Duchollet celle de Bour-
» bon l'Archambault, lors de ses couches, il
» n'était pas sur le lieu de la naissance de l'en-
» fant; qu'ayant réclamé contre sa légitimité dès
» le 12 juin 1807, trois mois deux jours après
» la naissance dudit enfant, la fin de non rece-
» voir opposée, à raison du laps de temps, n'est
» pas fondée.

» Considérant, sur la seconde question, qu'a-
» vant d'articuler des faits tendants à établir son
» désaveu, le sieur Bougarel a dû faire statuer
» sur la question de savoir, si la naissance de
» l'enfant lui a été cachée; parce qu'il ne peut
» être recevable dans ladite demande, qu'autant
» que l'affirmative de cette question sera décidée;
» que, dès-lors, l'article 252 du Code de procé-
» dure civile ne reçoit pas ici d'application.

» Considérant, sur la troisième question, que
» la dame Duchollet n'a aucunement usé de clan-
» destinité, lorsqu'elle a donné le jour à l'enfant
» désavoué par le sieur Bougarel; qu'elle a fait
» ses couches dans la maison de son père, lieu
» de retraite que lui avait désigné l'ordonnance
» de M. le Président du tribunal, du 13 mai 1806;
» que l'enfant a été présenté, le même jour, à
» l'officier de l'état civil par l'accoucheur; que
» la circonstance de ce que l'acte qui en a été
» dressé n'indique pas le père, n'est pas plus

» le fait de la mère que de l'enfant; qu'on ne
» peut l'imputer qu'à un oubli blâmâble de l'offi-
» cier public; que l'enfant a été placé en nour-
» rice, à peu de distance de la ville de Bourbon
» l'Archambault; que sa naissance était notoire;
» que la mère l'a fréquemment visité; qu'il est
» dès-lors impossible de se rendre à l'idée que la
» naissance de cet enfant a été cachée au sieur
» Bougarel, puisque la dame Duchollet, alors
» son épouse, vu leur séparation, à raison de la
» procédure qu'exigeait leur divorce par con-
» sentement mutuel, ne pouvait rien faire de
» plus pour la lui faire connaître; que la loi ne
» reconnaît d'autre père que celui désigné par le
» mariage, *aritcle* 312 du Code, conforme *à*
» *la loi* 5. *ff. de in jus vocando ;* que l'enfant
» dont la dame Duchollet est accouchée, le 10
» mars 1807, se trouve né soixante-onze jours
» après leur séparation, qui date du 13 mai 1806,
» ce qui fait présumer que cet enfant a été conçu
» avant même la séparation volontaire des époux,
» pour procéder à leur divorce par consentement
» mutuel; qu'il n'est pas contesté, qu'au con-
» traire il est reconnu par Bougarel, que Jean-
» Baptiste-Julien, qui est l'enfant désavoué, est
» fils de ladite Duchollet; que cet enfant a, en
» outre en sa faveur, l'acte civil, qui lui donne
» ladite Duchollet pour mère; qu'ainsi la mater-
» nité étant incontestable et incontestée, on doit

» appliquer la maxime de droit : *Pater is est*
» *quem nuptiæ demonstrant* ;

» Considérant que l'enfant étant reconnu lé-
» gitime, l'omission faite par l'officier public,
» dans l'acte de l'état civil constatant sa nais-
» sance, du nom du père de cet enfant, doit
» être rectifiée conformément au Code.

Par ces motifs, le tribunal, en rejetant la
fin de non recevoir opposée par le tuteur de
l'enfant, déclara le sieur Bougarel mal fondé
dans son désaveu, et ordonna que le titre d'enfant légitime du sieur Bougarel, serait ajouté à
l'acte de naissance de Jean-Baptiste Julien.

On voit dans cette décision, que les juges de
Moulins étaient restés sous l'influence des anciennes règles, et n'avaient pas su se pénétrer
des changements essentiels que le Code y avait
faits.

Le sieur Bougarel appela de leur erreur à la
Cour de Riom : la dame Duchollet ne craignit
pas de se joindre au tuteur de son enfant, et de
se faire assister d'un sieur Mandosse, que depuis elle a épousé. L'arrêt qui réforme est ainsi
conçu :

« En ce qui touche les fins de non recevoir,
» résultantes de ce que Bougarel n'a point exercé
» son action dans les délais requis, par les motifs
» exprimés au jugement dont est appel, la Cour
» met l'appellation au néant.

» En ce qui touche le fond.... attendu que la
» naissance de l'enfant désavoué a été cachée à
» Bougarel, qu'on dit en être le père; que le
» dessein de cette fraude, et la fraude qui s'en
» est suivie, sont évidents par toutes les circons-
» tances qui ont accompagné la grossesse de la
» femme, et suivi la naissance de l'enfant;

» D'abord, en ce que la femme a affecté, pen-
» dant tout le cours des épreuves et de la procé-
» dure en divorce, même dans les derniers mois
» de sa grossesse, même encore après ses cou-
» ches, qui ont précédé, de près de deux mois,
» la prononciation du divorce, de dissimuler
» son état de grossesse, et la naissance de l'enfant
» qui en est provenu; de ne faire aucune propo-
» sition pour fixer le sort de cet enfant, quoique
» la loi en fît un devoir, et que ce devoir n'ait
» pas été négligé pour l'enfant premier né du ma-
» riage;

» 2°. Dans l'affectation coupable, de ne faire
» inscrire cet enfant que sous les noms de Julien-
» Jean-Baptiste, fils de Madeleine-Joséphine Du-
» chollet, sans exprimer le nom du père, quoi-
» que la loi ordonne d'en faire mention, et sans
» énoncer même si cette Joséphine Duchollet est
» fille, femme ou veuve, quoique l'enfant ait été
» présenté, à la municipalité, par un chirurgien
» accoucheur, ancien ami de la maison, qui ne
» pouvait ignorer l'état de la Duchollet, comme

» femme de Bougarel ; et quoique ce fait fût aussi
» parfaitement connu de l'officier public qui a
» reçu l'acte de naissance , ami pareillement de
» la maison , qui déjà avait reçu l'acte de ma-
» riage de cette femme avec Bougarel , et l'acte
» de naissance de son fils premier né;

» 3°. Que l'affectation y est d'autant plus mar-
» quée, que dans tous les actes de naissances du
» même temps , reçus par le même officier , on
» voit son exactitude à n'omettre aucune des
» énonciations et formalités requises par la loi;

» 4°. En ce qu'aucun parent de la famille n'a
» assisté à cet acte de naissance, qui n'a été té-
» moigné que par quelques hommes du peuple;

» 5°. En ce que dans le relevé , ou tableau ex-
» trait de ces mêmes registres, à côté du nom
» de Julien-Jean-Baptiste , et dans une colonne
» particulière destinée à déclarer l'état des en-
» fants, il est dit que ce Julien-Jean-Baptiste, né
» le 10 mars 1807, est enfant naturel;

» Attendu qu'en jugeant, en cet état, la de-
» mande en désaveu de paternité mal fondée, les
» premiers juges ont consommé leur ministère;

» La Cour dit qu'il a été mal jugé.... émendant,
» déclare que la naissance de l'enfant dont il s'a-
» git a été cachée à Bougarel; en conséquence,
» admet ledit Bougarel à proposer devant la Cour,
» les faits propres à justifier qu'il n'est pas le
» père dudit enfant, sauf à la Cour à ordonner
» s'il y a lieu, la preuve desdits faits. »

Le tuteur de l'enfant, et la dame Duchollet devenue femme Mandosse, se sont pourvus en cassation; mais l'instance, devant la Cour de Riom, n'en fut pas moins suivie. Le 20 mars 1811, un second arrêt déclara les faits articulés par Bougarel pertinents, et ces faits ayant été prouvés, un troisième arrêt, du 26 avril suivant, admit le désaveu, et fit défense à Julien-Jean-Baptiste, de prendre la qualité de fils de Bougarel.

Le pourvoi en cassation de ses adversaires contre cet arrêt, ainsi que contre le premier, ayant été admis par la section des requêtes, fu soumis à la section civile, qui, par un seul arrêt du 8 juillet 1812, les rejetta tous deux par les motifs suivants:

« Attendu, sur le premier moyen, que les faits
» qui tendent à établir que le mari qui désavoue
» l'enfant né dans le mariage n'en est pas le père,
» ne doivent être articulés que quand il a été
» jugé que la preuve est recevable, ce qui rend
» sans application, dans l'espèce, les dispositions
» de l'article 252 du Code de procédure civile;

» Attendu, sur le second moyen, que le tribu-
» nal de première instance avait consommé tout
» son droit, en jugeant que l'action introduite
» par le demandeur était non recevable, et que
» l'article 472 autorise, en pareil cas, la Cour
» d'appel qui réforme le jugement, à se retenir
» l'exécution de son arrêt, ou à renvoyer cette

» exécution, devant un autre tribunal que celui
» qui a rendu le jugement réformé ;

» Attendu, sur le troisième, que ces mots, *pour*
» *cause d'adultère*, qui se trouvent dans l'article
» 313 du Code, ne s'y trouvent que par opposi-
» tion à *l'impuissance naturelle*, dont le légis-
» lateur venait de s'occuper dans la première
» disposition dudit article, et seulement pour
» faire remarquer que, si la supposition de l'im-
» puissance naturelle n'est pas un motif suf-
» fisant pour autoriser le mari à désavouer
» l'enfant né dans le mariage , l'adultère de la
» femme suffit pour autoriser l'admission de cette
» action, lorsqu'à cette cause se réunit la certi-
» tude que la naissance de l'enfant a été ca-
» chée au mari ; que le récélement de la nais-
» sance de l'enfant, est la seule condition exi-
» gée pour rendre admissible l'action en désa-
» veu, lorsqu'elle est fondée sur l'adultère ; que
» l'article 313 du Code n'exige rien de plus ;
» qu'il serait frustratoire qu'il y eût preuve ju-
» ridique de l'adultère, pour que le mari pût
» être admis à rapporter la preuve qu'il n'est pas
» le père de l'enfant désavoué ; cette preuve ne
» pouvant se faire sans emporter nécessairement
» celle de l'adultère de la femme ; qu'aussi l'ar-
» ticle 313, ne porte pas que l'adultère de la
» femme sera préalablement jugé ; que la Cour
» de Riom a donc pu, sans violer ledit article,

» décider, en point de droit, qu'il suffisait au dé-
» fendeur à la cassation d'avoir établi que la
» naissance lui avait été cachée, pour rendre ad-
» missible la preuve qu'il n'était pas le père de
» cet enfant, qu'il avait désavoué pour cause
» d'adultère; que la Cour d'appel n'avait même
» pu rejeter la preuve de non paternité qui était
» offerte, sans ajouter à la disposition de l'article
» 313, et créer une fin de non recevoir qu'elle
» n'a pas établie, etc. » (*Voy.* le *Journal du*
Palais, tom. 35, *p.* 11.)

Ayant ainsi reconnu ce qui constitue le recel
de la naissance, voyons quels peuvent en être les
effets et les suites.

175. Parmi les femmes qui deviennent mères
en secret, les unes ne voulant échapper qu'au
danger du moment, et néanmoins conserver à
leur enfant l'odieuse faculté de se dire du sang
du mari, et de prendre part dans sa fortune,
font inscrire cet enfant sous leur nom et celui
du mari, ou au moins sous le leur, sans désignation de père.

D'autres le font inscrire sous de faux noms, ou
comme né de père et mère inconnus.

D'autres enfin, les mettent sous le nom de la
mère, avec l'indication naïve du père naturel.

Chacun de ces cas mérite d'être examiné séparément.

176. Lorsque l'enfant a été inscrit sous le nom

de sa mère et celui du mari, ou sous le nom de
la mère seulement, ce qui produit le même effet
par suite de la règle, qui présume le mari père
de tous les enfants de sa femme, cet enfant se
trouve avoir un titre qui subsisterait, s'il n'était
pas détruit ; mais déjà le mari est dans une position qui lui permet de détourner facilement la
paternité frauduleuse dont il est menacé ; la loi
ne lui impose que deux obligations.

177. La première de désavouer l'enfant, non
plus dans les deux mois d'une naissance qu'il
a ignorée , mais dans les deux mois de la découverte de la fraude, *art*. 314.

178. Cette disposition de la loi doit être sagement interprétée ; ce délai ne peut pas courir de
l'instant où quelques rayons de lumière ont fait
entrevoir au mari l'infidélité de sa femme ; sans
doute , si l'évidence lui est apparue, il n'y a pas
de motifs pour qu'il délibère, mais il lui faut pour
agir une intime conviction. Ce n'est pas légèrement, et sur des simples soupçons, qu'il peut accuser sa femme, et d'avoir commis un adultère,
et de lui supposer un enfant qui n'est pas de lui ;
les conjonctures, après le premier doute, peuvent
exiger des informations et des recherches, pour
lesquelles deux mois s'écouleraient trop rapide-
ment. Cette fraude qu'il soupçonne , et dont il
cherche les preuves, en tremblant de les trouver,
cette fraude n'est vraiment *découverte* pour lui

que du jour où la certitude qu'il redoutait, est venue l'accabler de chagrins pour la vie. Ce n'est donc que de ce jour que court le délai du désaveu.

Cette question est encore une de celles jugées par l'arrêt de la Cour d'Angers, du 18 juin 1807, que nous avons rapporté, n°. 168. Le sieur Delozé, pour sortir de l'état de perplexité où le mettait tout ce dont il était averti, sur les deux enfants nés pendant son émigration, prit le parti de faire, à la dame Mesnage, une sommation de s'expliquer, cathégoriquement, à ce sujet, sommation à laquelle, le 24 prairial an XI, elle lui repondit, audacieusement, avoir, en effet, donné le jour à deux enfants dont il était le père. La Cour, dans son arrêt, déclara que ce n'est que cette réponse positive qui avait complété la découverte de la fraude, et que le désaveu, fait le 23 du mois suivant, l'avait été dans le temps légal.

179. La seconde obligation du mari est de proüver que sa femme a, par un adultère, violé la foi conjugale. Pour les développements des principes sur cette action, nous renvoyons à l'article 3 de ce chapitre. Il faut encore qu'il prouve qu'il n'est pas le père de l'enfant dont on veut le charger, la femme pouvant, malgré ses désordres, avoir co habité avec lui, et lui devoir sa conception; réflexion infiniment juste que présente la loi 11, §. 7, ff. *ad leg. Juliam de adult.*

Non utique crimen adulterii quod mulieri ob-
jicitur, infanti præjudicat, cùm possit et illa
adultera esse et impuber defunctum patrem
habuisse.

Pour les éléments de cette preuve, la loi
n'a posé aucune limite; tous les faits propres
à établir cette négative, soit qu'il en résulte
l'impossibilité physique, soit qu'ils ne produisent
qu'une impossibilité morale, sont également
admis.

180. Ainsi la cause rentre dans la catégorie
générale de celles où un fait doit être prouvé,
et où tous les genres de preuve sont également
légitimes, en sorte que, si la mère faisait l'aveu
que son mari est étranger à l'enfant, il ne serait
plus nécessaire de fournir d'autres preuves, l'a-
veu judiciaire en étant le complément. «Aujour-
» d'hui, dit M. Merlin dans le *Répertoire de Ju-*
» *risprudence,* 4ᵉ. *édition,* au mot *Légitimité,*
» *p.* 249, d'après l'article 313 du Code, la décla-
» ration d'une mère convaincue d'avoir trahi la
» foi conjugale, ne suffirait pas plus que sous
» l'ancienne jurisprudence, pour faire juger illé-
» gitime l'enfant dont la naissance n'aurait pas
» été cachée au mari; mais si, aux précautions
» prises pour dérober au mari la connaissance de
» l'accouchement de sa femme, venait se joindre
» la déclaration de celle-ci, cette déclaration for-
» merait incontestablement l'un des principaux

» éléments de la preuve que le mari serait auto-
» risé à faire de sa non-paternité. »

181. On a élevé la question de savoir si l'action
en adultère ne devait pas précéder celle en désaveu, et être jugée avant que les tribunaux pussent s'occuper de la seconde? On appuyait le système de l'affirmative sur ce qui a été dit, à ce sujet,
au Corps-Législatif par MM. Duveyrier, Lahary
et Bigot de Preameneu; mais, si on peut induire
de ce qu'ils ont dit, que telle était leur opinion,
il est bien certain que l'article 313 ne contient
pas un mot qui puisse la justifier, et que les fins
de non-recevoir, que la loi n'a pas textuellement
créées, seraient des dénis de justice; il l'est encore, que celle qu'on voulait introduire est désavouée par la raison, l'adultère de la femme et
la non-paternité du mari pouvant être simultanément prouvées, sans qu'il soit possible d'a-
percevoir, dans cette simultanéité de procédure,
le moindre inconvénient pour l'une ou l'autre
des deux actions; la raison, au contraire, semble
réclamer cette jonction, puisque, dans l'une,
comme dans l'autre, on n'a, presque toujours,
à ne s'occuper que des mêmes faits.

Telle a été la décision de la Cour de cassation,
par son arrêt du 8 juillet 1812, dans la cause du
sieur Bougarel. (*Voy*. ci-dessus n°. 174.) M. Merlin, contre les conclusions duquel il a été rendu,
avoue qu'il avait soutenu ce système, plus en-

traîné par l'autorité dés orateurs que nous vé-
nons de citer, que par sa conviction personnelle.

182. Si la femme infidèle n'a pas porté plus
loin la fraude, et que, renonçant à attribuer à
son mari l'enfant de l'étranger, non-seulement
elle en dissimule la naissance, mais ne le fasse
inscrire que sous de faux noms, ou comme né
de père et mère inconnus, dans ce cas, le mari,
eût-il découvert des faits aussi affligeants pour
lui, n'est tenu à aucun désaveu, et la lutte ne
peut s'engager qu'autant que l'enfant, voulant
abuser du crime de sa mère, pour entrer dans une
famille qui n'est pas la sienne, formerait lui-
même l'action. C'est l'objet de l'article 323.

183. Dans ce cas, tout le poids de la preuve
directe tombe sur cet enfant, et il ne peut la faire
par témoins, suivant ce même article, que
« lorsqu'il y a commencement de preuve par
» écrit, ou lorsque les présomptions ou indices
» résultants de faits déjà constants, sont assez
» graves pour déterminer l'admission. » Observons, cependant, que la preuve, ainsi exigée, n'est
relative qu'à la maternité, et que, si l'enfant réclamant un état parvient à prouver qu'il est né
de la femme, la présomption de l'article 312
reprend pour lui une partie de sa force contre
le mari; elle pourra seulement être combattue
par tous les moyens capables de faire voir qu'il
n'est pas le père.

184. Malgré la clarté du texte de l'article 323, on peut élever la question de savoir si le commencement de preuve par écrit, ou par des faits déjà constants, nécessaire pour faire admettre la preuve vocale, doit embrasser la paternité comme la maternité ?

Il nous semble qu'il faut distinguer : si le commencement de preuve ne fait apercevoir que la maternité, sans aucun indice d'une paternité frauduleuse, la présomption étant toujours pour l'innocence de la femme, ces premières notions comprennent implicitement le mari, et la preuve vocale est admissible; mais, quand les mêmes documents qui indiquent la maternité de la femme, tendent, en même-temps, à révéler que le mari n'y a eu aucune part, les preuves directes et contraires sont également commencées, et s'entre-détruisent : le commencement de la preuve directe reste donc sans effet, et l'action doit être rejetée sur-le-champ.

Ainsi, une réclamation de la nature de celle de la d^lle. de Saint-Cyr scandaliserait aujourd'hui inutilement les tribunaux ; elle n'aurait, comme on l'a vu n°. 139, ni titre, ni possession. Le registre de Leduc qui faisait son unique commencement de preuve, en prouvant la naissance, prouvait que la conception avait eu lieu pendant la captivité de M. de Choiseul. L'avocat-général Gilbert, frappé de cette opposition dans les éléments d'un

même document , émit l'opinion que le Code a
consacrée.

185. Nous avons dit que la preuve de la maternité de la femme suffisait pour faire présumer
la paternité du mari , et obliger celui-ci à prouver qu'il n'en est pas l'auteur ; mais il est essentiel de reconnaître que cette preuve de la maternité ne serait pas même commencée. Si, à cet égard,
il n'y avait que la déclaration de la femme de la
réunion des deux circonstances qu'elle a caché la
naissance de son enfant à son mari , et qu'elle n'a
pas même osé le faire inscrire sous son propre
nom , sort la plus violente des présomptions que,
si cet enfant est d'elle, il n'est pas du mari. Telle
a été la décision du tribunal de la Seine, confirmée par arrêt de la Cour de Paris, du 11 juin
1814, dans la cause de la demoiselle Coumiobeux ;
elle réclamait le titre de fille du sieur Dargence et
de la dame Vial , sa femme ; elle articulait des
faits graves ; mais nommée, dans son acte de naissance, *Louise-Antoinette, née de la fille Coumiobeux , et de père inconnu* ; elle n'avait ni
titre , ni possession , ni le moindre fait *déjà* constant, si ce n'est que la dame Dargence la reconnaissait pour sa fille , et se joignait à elle pour la
faire déclarer enfant légitime de son mari. (*Voy.*
le *Journal du Palais*, tom. 39, *p.* 542.)

186. La preuve par témoins devrait même
être refusée, si, en supposant constante la ma-

ternité, la cause du mari présentait déjà des *faits propres*, selon l'expression du Code, à justifier *qu'il n'est pas le père de l'enfant*: c'est la conséquence évidente de l'article 325. La Cour de Poitiers l'a ainsi jugé le 29 juillet 1808.

En 1780, Brunet et Catherine Bouyer, sa femme, étant sans enfants, avaient été judiciairement séparés de corps. Catherine Bouyer avait depuis habité et vécu, en concubinage, avec Brudieu, à dix lieues seulement du pays de Brunet. Onze ans après, le 18 juin 1791, elle était accouchée d'un enfant, inscrit sous le nom de *Joséphine, fille de père et mère inconnus.*

En 1792, à peine la loi autorisant le divorce avait été rendue, qu'elle fit prononcer le sien, et épousa Brudieu. Dans leur contrat de mariage, ils déclarèrent que Joséphine était leur enfant, et qu'ils la légitimaient. Brunet étant mort, en 1796, ils vinrent exercer les reprises de la femme Brudieu sur sa succession, et l'acte qui les liquida contint la mention que Joséphine était leur enfant.

Cependant, en 1806, ils conçurent le dessein révoltant de ravir à la famille de Brunet le reste de la fortune de ce dernier, au profit de l'enfant de leur adultère. Un conseil de famille fut convoqué, pour aviser aux moyens de rétablir Joséphine dans l'état prétendu supprimé. La famille assemblée déclara qu'elle n'avait eu connaissance, ni de la grossesse, ni de l'accouchement de Catherine Bouyer.

Alors Brudieu, et sa digne compagne, eurent l'effronterie de faire dresser un acte authentique portant que *la religion et l'honneur* leur faisaient un devoir de déclarer que Joséphine était réellement la fille légitime de Brunet; que, si sa naissance avait été tenue secrète, ce n'avait été que pour éviter d'injustes soupçons de la part de Brunet.

Il est pénible d'être obligé, pour faire voir tout ce que cette affaire avait de hideux, de dire que ce Brudieu était prêtre, et curé, du lieu que sa vie licencieuse avec la Bouyer avait scandalisé! Il n'y avait en effet que l'aveuglement d'un rénégat qui pût lui faire invoquer la religion et l'honneur à l'appui d'un mensonge, et lui inspirer un espoir aussi injurieux aux tribunaux que l'était le sien.

Ainsi couvert de l'armure qu'il s'était forgée, il se crut fort; et, après s'être fait nommer tuteur de Joséphine, il fit sommation aux héritiers de Brunet de lui abandonner ses biens. Ils lui répondirent, en concluant qu'il fût fait défense à sa pupille de se dire fille de Brunet. Alors Brudieu articula des faits nombreux tendant à établir la maternité de Catherine Bouyer, et prétendit que ces faits, réunis à la déclaration de cette femme, rendaient incontestable la paternité de Brunet.

Le tribunal de Saintes crut pouvoir refuser de reconnaître un commencement de preuve de la maternité de Catherine Bouyer ; et, sans avoir le moindre égard aux faits articulés, rejeta la demande, le 11 juillet 1807. Sur l'appel, la Cour de Poitiers considéra la maternité de Catherine Bouyer comme indifférente, mais se détermina à confirmer le jugement, par des motifs puisés dans les faits et les actes dont nous avons rendu compte, et prouvant que, depuis la séparation de corps, aucun rapprochement n'avait pu avoir lieu entre les deux époux, la Cour s'attacha, surtout, au fait que la naissance de Joséphine avait été cachée à Brunet. (*Voy. le Journal du Palais, collection de* 1809, *p.* 303.)

Brudieu ne craignit pas de porter le récit de ses honteuses actions jusqu'à la Cour de Cassation ; mais il n'y fut pas mieux accueilli que par les premiers juges : un arrêt du 9 novembre 1809, sur les conclusions conformes de M. Merlin, rejeta son pourvoi, sous divers rapports, et, particulièrement, « parce que la Cour de Poitiers » avait pu, sans violer l'article 323, admettre » ou rejeter la preuve des faits articulés par Bru- » dieu, et avec d'autant plus de raison que l'ar- » ticle 325 lui donnait à cet égard la latitude de » déclarer que Joséphine, quoique fille de Ca- » therine Bouyer, n'était pas fille de Jean Brunet, » son premier mari. » (*Voy. le Répertoire de Jurisprudence*, 4e. édition, au mot *Légitimité.*)

187. 3º. Enfin, lorsque l'enfant a été inscrit sous le nom de la femme, mais avec indication d'un père autre que le mari, et que la possession d'état est conforme à ce titre, l'enfant ne peut pas en réclamer d'autre.

Cet état, il est vrai, est celui d'un enfant adultérin ; puisque sa mère était engagée dans les liens du mariage avec un autre que le père indiqué dans l'acte de naissance ; mais il l'a reçu et conservé, par le fait de ceux qui lui ont donné l'existence, et ce fait contient un aveu si formel de l'adultère aux yeux des législateurs, qu'ils y ont puisé, pour le mari, une fin de non-recevoir décisive, le dispensant de rien prouver : « Nul » ne peut réclamer un état contraire à celui que » lui donne son titre de naissance et la posses- » sion conforme à ce titre. » *Art.* 322.

L'ancienne jurisprudence, avec toutes ses rigueurs, n'avait pas été jusqu'à méconnaître la conséquence indubitable que fait naître, dans ce cas, la conduite de la femme, aussi audacieusement adultère, et de son complice. Entre plusieurs de ses décisions, nous ne rapporterons que la plus remarquable :

« Marie Carneville, mariée en 1738, à Antoine Lemarié, de Chaulny, près de Pontoise, s'enfuit, en 1741, avec Jean-Baptiste Bance, cordonnier. Ils se fixèrent à Barneville, près de Rouen, et y vécurent comme époux. Marie Carneville y eut,

en 1742, 1746, 1750 et 1756, quatre enfants présentés au baptême par Bance, et inscrits, suivant
sa déclaration signée, comme enfants nés de lui
et de ladite Carneville.

En 1754, Bance étant mort, cette femme avait
assisté, comme veuve, à son inhumation : l'acte
de sépulture le constatait. Un de leurs enfants,
en 1773, s'était marié en qualité de fille de Jean-
Baptiste Bance et de Marie Carneville. Cette dernière, en 1774, avait traité avec les héritiers de
Lemarié, pour ses droits résultant de leur contrat
de mariage; et, dans la transaction, il était dit
que Lemarié était mort sans enfants. Néanmoins,
quinze mois après, deux des filles de cette femme
se hazardèrent à se prétendre enfants de Lemarié,
et, à ce titre, réclamèrent sa succession. L'appel
d'un appointement saisit le Parlement de Paris
de cette demande, et, par arrêt du 11 juin 1779,
elles furent déclarées non-recevables, avec défense de se dire enfants Lemarié. (*Voy.* le *Nouveau Denisart*, au mot *État*.)

Pareille décision avait été rendue par la Cour
de Paris, depuis le Code, et par suite de l'article 322.

En septembre 1793, le sieur Degosse fut mis,
en réclusion, dans une des nombreuses prisons
qu'avait établies le règne appelé de la liberté, et
n'en sortit qu'après le 9 thermidor an IV. Il per-
dit, en 1803, Anne-Thérèse Buirette, sa femme,

qui lui laissa plusieurs enfants de la légitimité desquels il n'avait pas conçu de doutes ; mais, quatre ans après, un sieur Bourbone voulut lui en attribuer un de plus, qu'il repoussa. Suivant lui, la dame Degosse avait, pendant la réclusion de son mari, donné naissance à un enfant, inscrit sous le nom de Virginie Chady, fille naturelle de Michel Chady, restaurateur, et d'Anne-Thérèse Buirette, non-libre, âgée de trente-deux ans, native de Paris, paroisse Saint-Paul, y demeurant, rue Saint-Thomas-du-Louvre, n°. 248.

Ces designations se rapportaient parfaitement aux noms et aux lieux de naissance et d'habitation de la dame Degosse. Le sieur Bourbone ajoutait et offrait de prouver que cette femme était accouchée chez un sieur Coutouly; qu'elle avait confié son enfant à sa garde ; que cette garde, étant morte, après avoir révélé son secret à la portière de la maison, celle-ci en avait prévenu la dame Degosse, qui, le soir du même jour, avait repris son enfant, et l'avait mis dans la pension de la dame Bourbone, où elle l'avait entretenu jusqu'à son décès.

A ces faits, le sieur Degosse et ses enfants opposaient que l'acte de naissance de Virginie, en lui donnant pour mère Anne Buirette, lui donnait pour père Michel Chady, lui imposait son nom et l'état de sa fille naturelle ; que ce nom de Chady n'était pas un faux nom, Chady n'étant pas un être imaginaire ; qu'il était avoué que c'était, par les soins de cet homme, que l'enfant avait été mis en nourrice et en sevrage ; qu'il s'en était publiquement déclaré père ; enfin, que l'enfant n'avait été connu que sous le nom de *Virginie Chady*; d'où ils concluaient que, conformément à l'article 322, son tuteur était non-recevable à revendiquer pour elle un autre état.

Ces moyens ne furent pas accueillis par le tribunal de la Seine, qui, le 26 janvier 1808, crut devoir admettre le tuteur à prouver l'identité de l'enfant par lui élevé, avec celui dont l'acte de naissance était représenté. Sur l'appel, la Cour de Paris, en réformant ce jugement, termina le procès par la fin de non-recevoir : «Attendu, » porte l'arrêt, que la mineure Virginie réclame » un état contraire à son acte de naissance, et à sa » possession d'état.»

A ce motif, on est étonné de voir ajouté celui «que Virginie ne produit aucun commencement de » preuve par écrit, et qu'il n'existe dans la cause » ni indices, ni faits constants assez graves pour » faire admettre la preuve.»

Ces deux motifs ne peuvent pas concourrir dans la même cause : l'un, pris dans l'art. 322, suppose que l'enfant réclame un état contraire à celui qu'il possède et que lui donne son titre ; l'autre, pris dans l'article 323, est pour le cas où cet enfant n'a ni titre, ni possession constante, ou bien celui où il a été inscrit, soit sous de faux noms, soit comme né de père et mère inconnus. Virginie se trouvait placée dans l'une ou dans l'autre de ces deux hypothèses, mais elle ne pouvait pas être dans les deux. C'est évidemment une erreur échappée à la rédaction : l'arrêt est du 15 juillet 1808. (*Voy. le Journal du Palais, 2e. sémestre de* 1808, *p.* 424.)

Le point essentiel à remarquer sur cette fin de non-recevoir, c'est que l'état, d'où l'enfant veut sortir, doit être réel, c'est-à-dire, que le nom qu'il porte soit vrai, et la conséquence d'une paternité avouée, comme dans l'espèce précédente, où l'enfant avait été présenté à la municipalité par Chady, s'en déclarant le père, lui donnant son nom, et signant l'acte destiné à fixer l'état de l'enfant.

C'est aussi ce qu'on a vu dans la cause des filles Bance, et dans celle de l'enfant de Brudieu.

TROISIÈME DISTINCTION.

Enfants nés depuis le mariage.

SOMMAIRE.

188. Naissances dont l'article 315 autorise à contester la légitimité.
189. Cet article présume l'illégitimité.
190. Une provision alimentaire ne peut pas même être accordée à l'enfant pendant le procès.
191. La présomption peut être combattue par la preuve contraire.

188. La légitimité de l'enfant, né trois cent jours après la dissolution du mariage, pourra être contestée, art. 315. Ainsi la loi ne place l'enfant à l'ombre de la présomption de paternité du mari, qu'autant qu'il naît, au plus tard, le deux cent quatre-vingt-dix-neuvième jour depuis la mort du mari, devenue, depuis la loi abolitive du divorce, du 8 mai 1816, la seule cause de dissolution du mariage. Au-delà de ce terme, sa *légitimité peut être contestée.*

189. L'équivoque de ces dernières expressions a fait naître des difficultés : on a prétendu que le but de cet article était seulement d'autoriser les héritiers du mari à prouver l'inconduite de sa femme; mais que, jusqu'à ce qu'ils eussent fait cette preuve, la loi présumait la légitimité. Ce système absurde a été victorieusement combattu. La loi, ayant, par l'article 312, fixé à deux cent

quatre-vingt-dix-neuf jours la durée de la gestation la plus longue, et pris, dans l'article 315, le
même nombre de jours pour base de la disposition, on ne peut pas se refuser à l'évidence qu'au-
delà de cette période, qui circonscrit la légitimité
présumée, se trouve la présomption contraire.
Si les rédacteurs se sont servis de cette locution :
pourra être contestée, c'est pour que l'enfant, né
plus tard, ne fût pas exclus de plein droit, de la
famille, si elle ne le repoussait pas, mais aussi
pour autoriser la famille à l'exclure, si elle le ju-
geait illégitime.

Cette interprétation, la seule raisonnable, est
donnée par M. Duveyrier, dans son discours au
Corps-Législatif, et par tous les auteurs qui ont
écrit sur cette partie du Code ; cependant, la
question s'est présentée devant le tribunal de
Chambéry, au sujet de la veuve Chapelet, accouchée dix mois dix-huit jours après la mort de
son mari. Le jugement fut favorable à l'enfant.
il fut motivé sur l'ancienne jurisprudence, qui
offre, en effet, une foule d'arrêts légitimant des
enfants dont la naissance était encore plus éloignée du décès du mari, il fut aussi appuyé sur
ce que les héritiers du mari n'articulaient aucun
fait contre les mœurs de la veuve.

La Cour de Grenoble, sur l'appel, fut, elle
même, agitée par des doutes, il y eut partage d'o-
pinions. Mais toutes les chambres assemblées

rendirent, le 12 avril 1809, un arrêt conforme
à l'interprétation que nous venons de présenter.
(*Voy. le Journal du Palais*, 2ᵉ. *sémestre* 1809,
pag. 56.)

De semblables décisions ont, depuis, été rendues par le tribunal de Puget-Theniers, le 29 août
1810, et par la Cour d'Aix, le 8 janvier 1812,
dans la cause de la veuve Frédy, devenue mère
le trois cent neuvième jour de son veuvage.
(*Voy. le même Journal*, tom. 33, *p.* 216.)

190. Ce dernier arrêt mérite d'autant plus
d'attention, que, dans la même cause, il avait
été précédé d'une décision diamétralement contraire. A la vérité, il ne s'agissait, lors de ce
premier arrêt, que d'une provision alimentaire
de 600 fr. pour l'enfant, qui fut accordée, *sans
caution*, à son tuteur; mais une erreur, pour
ne tomber que sur un provisoire, n'en est pas
moins déplorable, lors surtout que la somme
ainsi accordée, sans caution, est perdue indubitablement pour celui qui la paie.

Les motifs de ce premier arrêt sont, entr'autres, que l'enfant, dont l'état est contesté par les
héritiers du sang ou par les collatéraux, a droit à
une provision, sur les biens de la succession, pour
ses aliments, d'après la règle «*Satius est eum qui
» forte filius non est, ali, quam eum qui forte
» filius est, fame necari*; qu'en déclarant que la
» légitimité de l'enfant né trois cent jours après

» le mariage dissous, l'article 315 ne décide rien
» d'absolu sur ce point, et la légitimité pouvant
» être admise ou rejetée, la présomption est,
» pendant le procès, d'après Domat, que l'enfant
» est légitime. »

Cette application des principes généraux à l'enfant né plus de deux cent quatre-vingt-dix-neuf
jours après la mort du mari, est une erreur contre
laquelle il importe d'autant plus de se prémunir,
que, dans les questions d'aliments, on écoute
plus volontiers les conseils de l'humanité qui les
accorde, que ceux de la sévérité qui les refuse.

Avant le Code, la règle *Satius est,* etc., et la
doctrine de Domat, pouvaient être judicieusement invoquées dans tous les cas où la légitimité
de l'enfant était attaquée, parce qu'alors la présomption de légitimité, n'ayant été par la loi renfermée dans aucune période, se présentait toujours la première, et faisait la loi de la cause, jusqu'à ce que l'illégitimité eût été démontrée ; il
était, dès-lors, conséquent d'accorder des aliments à un enfant qui, pendant le procès, était
présumé légitime.

Aujourd'hui encore, dans toutes les causes de
désaveu d'enfants nés depuis le cent quatre-
vingtième jour du mariage, jusqu'au trois
centième après sa dissolution, la loi, par les articles 312 et suivants, le présumant légitime, et
se bornant à autoriser la preuve contraire, une

provision alimentaire pourrait être obtenue , si
d'autres circonstances ne s'y opposaient pas. Cet
enfant a un titre qu'il faut détruire : tant qu'on
ne le lui a pas enlevé, la provision est due.

On peut aller jusqu'à la donner à la veuve enceinte, pour l'enfant qu'elle porte , parce que
l'époque de sa conception , étant encore incertaine, on n'a rien à opposer à la présomption
d'innocence qui milite pour elle.

Mais, à l'égard des enfants qui naissent, ou
plus tôt ou plus tard qu'aux termes assignés à
la présomption de légitimité , par cela seul
qu'elle ne s'étend pas jusqu'à eux, ils sont re-
poussés par la présomption contraire. On ne
pourrait donc pas leur accorder la moindre provision alimentaire , sans un arbitraire inexcusable.

191. Nous venons de voir que la présomption
de légitimité est refusée à l'enfant qui naît au-
delà du deux cent quatre-vingt-dix-neuvième
jour après la mort du mari; à cela se bornent les rigueurs de la loi pour lui; mais elle ne
le déclare pas inadmissible dans la famille : sa disposition n'est pas absolue; elle permet uniquement aux héritiers du mari de contester la légitimité , ce qui comprend, implicitement, pour
l'enfant le droit de résister, dans cette contestation, par la preuve de sa légitimité.

C'est, en effet, une vérité à laquelle, dans tous

lès temps , les médecins les plus célèbres ont rendu hommage, qu'une foule de causes peuvent retarder le terme d'une grossesse : ils en citent un grand nombre d'exemples. Le Code a fixé un terme , parce qu'il importait de bannir l'arbitraire d'un sujet aussi important; que d'ailleurs des naissances aussi retardées , quoique possibles, sont rares, et toujours occasionnées par des causes extraordinaires , susceptibles d'être prouvées.

Lors donc qu'elles seront établies, et que la conscience des magistrats en aura été frappée , l'honneur de la mère et la destinée de l'enfant triompheront infailliblement. Aussi , les deux arrêts que nous venons de citer comprennent-ils, dans leurs motifs, qu'il n'était articulé aucun fait dont on pût induire des causes de la nature de celles observées par les médecins.

Pour donner un exemple de ces cas d'exceptions admissibles aujourd'hui, comme dans l'ancienne jurisprudence , nous citerons l'arrêt célèbre de Renée de Villeneuve , née trois cent trente jours après le décès du sieur de Villeneuve, et cependant déclarée sa fille légitime. Les circonstances qui lui procurèrent ce succès, après vingt-huit ans de procédure , sont exposées avec étendue dans le *Journal des Audiences, tom.* 1er, *p.* 562. En voici l'exacte analyse.

Le sieur de Villeneuve , tombé subitement en

faiblesse, dans la nuit du 2 au 3 février 1624, était mort le sur-lendemain 4. La dame Dubois, sa femme, couchée auprès de lui, au moment de cette catastrophe, s'était, aussitôt après le dernier soupir de son mari, renfermée dans le couvent où elle avait été élevée.

Le 23 du même mois, s'étant aperçue d'indices de grossesse, elle en avait fait la déclaration judiciaire.

Le 1er. novembre, époque à laquelle elle espérait être délivré, elle avait éprouvée les premières douleurs qui précèdent un accouchement à terme.

Le 2 décembre, Charles de Villeneuve, frère de son mari, sur le fondement que l'enfant, ainsi retardé d'un mois, pouvait être mort dans le sein de sa mère, avait obtenu du juge d'Angers la nomination d'une sage-femme pour assister à l'accouchement.

Enfin, le 1er. janvier 1625, en présence de ce témoin non suspect, et après six jours d'efforts et de douleurs, la dame de Villeneuve, tombée dans un état de mort apparente, avait été accouchée par des chirurgiens qui lui avaient arraché un enfant flétri, et respirant à peine.

L'ensemble de tous ces faits notoires attestait si hautement la légitimité de l'enfant, que personne n'osa, d'abord, élever le moindre doute. Il fut présenté au baptême par des parents, et

inscrit sous le nom des sieur et dame de Villeneuve, sans aucune opposition. Ce ne fût que
quatre mois après que Charles de Villeneuve,
ne pouvant résister au désir d'usurper une succession importante, commença ses injustes hostilités. Il fut, un instant, le seul aggresseur, et
obtint, ensuite, l'intervention de ses neveux; mais
sa sœur, à qui un tiers de la succession aurait
appartenu, se refusa constamment à prendre
part dans un procès aussi révoltant.

La malheureuse veuve ne put pas long-temps
survivre à tant de maux et de chagrins. Sa famille, loin d'imiter Charles de Villeneuve, et de
vouloir ravir à l'enfant les biens de sa mère, la
fit élever avec soin. L'abbé Dubois, son oncle,
homme recommandable et prédicateur du Roi,
avait reçu une nouvelle protestation d'innocence
faite par la dame de Villeneuve, sa sœur, dans
son lit de mort, et assista sa nièce de tous ses
soins et de son crédit, dans le procès qu'elle eut à
soutenir. Une de ses tantes lui fit un legs accompagné *de souhaits ardents pour sa prospérité.*

Tels sont les faits et les circonstances qui ont
déterminé le Parlement à reconnaître la légitimité
de la demoiselle de Villeneuve. On ne peut
qu'applaudir à cette décision; et, certes, si des
événements de cette nature se renouvelaient, les
tribunaux, par une juste interprétation de l'article 315, n'hésiteraient pas à rejeter un désaveu

aussi odieux. Autant on doit de sévérité aux femmes pour qui le mariage n'est qu'une occasion de se livrer impunément à l'impudicité , autant les magistrats mettront d'empressement et de zèle à protéger celles que leurs bonnes mœurs justifient, et que les écarts de la nature exposent, par fois, à des soupçons immérités.

CHAPITRE II.

FRAUDES DES DÉBITEURS ENVERS LEURS CRÉANCIERS.

SOMMAIRE.

192. Notions préliminaires , division.

192. Le débiteur déloyal n'a pas plutôt reconnu sa dette, qu'il cherche à en alléger le poids, s'il ne peut pas s'y soustraire en totalité. Quelquefois, c'est en la contractant, ou même avant de l'avoir subie , que, déjà, ses artifices ont préparé le préjudice du créancier. Trop souvent il arrive, encore, que celui qui, de bonne foi, est devenu débiteur, avec l'intention et les moyens de remplir son obligation , tombant ensuite dans l'infortune , sans avoir le courage de se résigner aux privations qu'elle amène, éprouve dans ses sentiments la même altération que dans ses biens,

et recourt également à la fraude, pour échapper à ses promesses.

Le but que tous veulent atteindre, est de rendre vaines les poursuites de leurs créanciers, à l'ombre d'une insolvabilité feinte, et de jouir impunément de ce qui leur reste, sous le nom de personnes qui, par une coupable complaisance, se chargent pour eux des apparences de la propriété.

Dans toutes les législations, une action a été donnée aux créanciers contre ces fraudes : chez les Romains, c'était par l'*action paulicne* que le créancier poursuivait la révocation de tout ce qui avait été ainsi pratiqué en fraude de ses droits. *Ait ergo prætor, quæ fraudationis causâ gesta erunt. Hæc verba sunt generalia et continent in se omnem omninò in fraudem factam, vel alienationem, vel quem cumque contractum.* L. 1, §. 2, ff. *quæ in faud credi.* Le Code et le Digeste ont chacun un titre entièrement consacré aux développements de cette action.

Nos législateurs se sont bornés à instituer, dans l'article 1167 du Code civil, la règle générale qui autorise les créanciers à attaquer les actes faits en fraude de leurs droits. A la vérité, les formes sévères auxquelles l'authenticité des actes a été assujétie, dans les derniers siècles, le contrôle ou enregistrement de la plupart des autres actes, les saisies-arrêts, les saisies mobiliaires, celle des immeubles , et plus encore la publicité donnée au régime hypothécaire , ont fermé à la fraude une grande partie des voies qu'elle savait prendre, pour tromper les créanciers ; mais elle n'en a été que plus ingénieuse à profiter de celles qu'il n'a pas été possible de lui interdire. Ces dernières sont encore infiniment nombreuses.

Nous exposerons, dans un premier paragraphe, les principes généraux , et, dans le second, les diverses actions auxquelles les créanciers peuvent avoir recours.

§. Ier.

Principes généraux.

193. Le droit du créancier de se plaindre des dispositions que son débiteur a faites de ce qui lui appartient, ne commence que du moment où celui-ci n'offre aucune autre ressource pour

satisfaire à ses obligations. Eu vain, on prouverait qu'il a voulu tromper, si, par l'événement,
il ne fait éprouver aucune perte, la loi, pour
l'admissibilité de l'action, exige *consilium*,
fraudis et eventus damni. L. 1, *Cod. qui man.
n. poss.*

Si donc un créancier imprudent attaquait, soit
une libéralité, soit tout autre acte de son débiteur, la défense naturelle à laquelle il serait exposé, serait que le débiteur a, encore, dans sa
fortune des gages suffisants pour répondre de ce
qu'il doit; et l'instruction du procès, devant se
faire avant tout, sur cette question préjudi-
cielle, si l'allégation se trouvait fondée, l'action
serait inadmissible, et le créancier serait renvoyé à exercer ses droits sur les sûretés existantes. Effectivement, le débiteur ne cesse pas d'être
propriétaire absolu de ses biens; il a donc le
droit d'en user et d'en abuser à son gré, *salvo
jure alieno*, tant qu'il ne porte point atteinte aux
droits d'autrui.

194. Il y a exception à cette règle à l'égard
de l'hypothèque : le débiteur, qui a hypothéqué
ses immeubles, a infiniment restreint l'exercice de
son droit de propriété; il peut encore user, mais
il ne peut plus abuser; de-là cet axiême : *hypo-
tecare est alienare.* S'il cesse de jouir en bon
père de famille, s'il arrache des vignes encore
productives, s'il réduit en terre de bonnes prai-

ries, s'il démolit tout ou partie d'une maison, s'il coupe ses bois avant l'époque ordinaire, suivant l'usage du pays, en un mot, s'il dégrade le gage par lui donné, l'action est ouverte au créancier, tant pour exiger, de suite, son paiement, lors même que la dette ne serait pas encore échue, que pour ses dommages et intérêts.

Il y serait fondé, quand même le fond hypothéqué serait, encore, dans son état de dégradation, suffisant pour répondre de la dette ; le créancier a voulu l'avoir pour gage dans la plénitude de sa valeur, et le débiteur, en l'altérant, a violé la loi du contract.

L'article 2131 du Code civil, prévoyant le cas où l'immeuble, par des dégradations, est devenu insuffisant pour la sûreté du créancier, autorise, il est vrai, le débiteur à offrir un supplément d'hypothèque qui le dispense de rembourser une créance non exigible ; mais l'esprit évident de cette disposition est qu'elle n'a pour objet que les dégradations survenues par cas fortuit, et sans la volonté du débiteur. Dans le cas d'une dégradation volontaire et malicieuse, un supplément d'hypothèque, exposé aux mêmes dangers, ne serait qu'un remède illusoire, la dette est devenue incontestablement exigible, et des dommages et intérêts sont dûs. C'est ce que l'équité réclame et ce qui résulte de la combinaison des articles 1134, 1135, 1151 et 1188 du Code civil. Voy. nos. 214 et 215.

Inutilement, encore, on argumenterait de l'article 690, qui défend au saisi de faire aucune coupe de bois, ni dégradation, pour en conclure que, jusqu'à la saisie, il peut disposer de l'immeuble à son plaisir. Cette disposition a pour but de restreindre plus encore, les attributions du débiteur sur les fonds hypothéqués. Avant la saisie, il peut, comme nous l'avons dit, jouir en bon père de famille, tirer de ce fonds tous les produits ordinaires, et y faire tous les changements raisonnables que recommandent les règles d'une bonne culture, pourvu qu'il le fasse de bonne foi, et sans fraude envers ses créanciers; mais, du moment où l'héritage est mis sous la main de la justice, le débiteur ne peut pas même couper les bois pouvant l'être, suivant l'aménagement, ni faire le moindre changement : de tous les attributs de la propriété, il ne lui reste que la faculté de lever les fruits qui périraient, s'ils restaient sur le fonds.

L'article 690 est donc, complétement, étranger à la question actuelle, dont la solution est dans l'article 1134. « Les obligations doivent être exé» cutées de bonne foi.» *Voy. ci-après* n° 215, un arrêt du 16 août 1809, qui l'a ainsi décidé.

195. Par les mêmes motifs, il faut faire une seconde exception à la première règle, à l'égard du débiteur qui possède des meubles et des immeubles affectés de privilége; il n'a qu'une pro-

priété conditionnelle ; et pour peu que , dans sa
manière d'en jouir, il en altère la valeur, soit par
fraude , soit par cette grave négligence qui , dans
ce cas, est assimilée au dol, il s'expose à l'action
en fraude du créancier.

196. Une troisième exception concerne les
dettes commerciales : dès l'instant où un négociant a suspendu ses paiements , il est en *faillite*;
et quoique , sous d'autres rapports , il y ait des
différences essentielles entre la faillite et la déconfiture (*voy.ci-après n°. 219*), quel que puissent
être les ressources du failli , et quand, en définitive, il se trouverait, dans son avoir, des valeurs
égales ou supérieures à ses dettes , au moment
de sa chute , ses créanciers seraient fondés à faire
peser sur lui , et sur ceux avec lesquels il a traité,
toutes les présomptions de fraude établies par
le Code du commerce, et d'user de tous les droits
qui en sont la conséquence.

197. Enfin, quand un créancier se borne, soit
à exercer les droits de ses débiteurs , en vertu de
l'article 1166 du Code civil, soit à accepter une
succession , une communauté ou un usufruit
par eux abandonnés , il y a encore exception,
comme nous l'établirons en traitant ces sujets
dans leur ordre.

198. Hors ces cas d'exception, l'intention frauduleuse du débiteur, nous l'avons dit , ne suffirait pas pour faire recevoir l'action révocatoire

du créancier, s'il n'éprouvait aucun tort; de ce principe, sort le corollaire que, si sur l'action du créancier en fraude duquel l'acte a été dressé, tout ce qui lui est dû lui est offert par son débiteur ou tous autres, son intérêt s'évanouissant, l'action cesse d'être admissible.

199. La seconde condition de l'admissibilité de l'action révocatoire des faits et actes des débiteurs, est que la créance de celui qui s'en plaint leur soit antérieure ; autrement, il prouverait inutilement la fraude, puisqu'il n'en aurait pas été l'objet.

200. Si, cependant, il prouvait que la chose par lui fournie a servi à désintéresser ceux envers qui la fraude aurait été faite, il y aurait alors, à son égard, une fraude particulière et manifeste qui le subrogerait, en quelque sorte, aux créanciers satisfaits, et l'action révocatoire lui appartiendrait.

Cette règle, et les deux qui la précèdent, sont puisées dans la loi 1, §. 1, ff. *Quæ in fraud. cred.*

201. Il y aurait aussi exception à la seconde condition dont nous venons de parler, n°. 199, s'il était démontré, par les circonstances du fait, que les actes attaqués n'ont été conçus que pour tromper celui qui allait devenir créancier. Par exemple, un individu jouissant du crédit que lui donne une fortune notoire et importante, fait

des emprunts proportionnés aux facultés qu'on lui
connaît, mais, déjà, il avait vendu secrètement
un partie de ses biens ; les prêteurs, en prouvant
ces faits, devront être admis à l'action en fraude.
S'ils n'étaient pas créanciers, au moment même
des actes, il n'en est pas moins vrai que c'est en
fraude de leurs intérêts que ces manœuvres ont
été pratiquées, et la généralité de la disposition
de l'article 1167 embrasse cette hypothèse comme
toutes les autres.

C'est par ces motifs d'équité que Bartole, sur la
loi *Post contractum ;* Leprêtre, *dans sa centurie
première ;* Legrand, *sur l'article* 120 *de la Coutume de Troyes, gl.* 2, *n.* 17; Bouhier, *sur la
Coutume de Bourgogne, tom.* 1, *p.* 487, et
beaucoup d'autres auteurs, enseignent que les
donations et les aliénations faites par celui qui a
commis un crime, quoique consommées avant
le crime, peuvent être annulées, s'il est prouvé
qu'elles ont eu pour but de mettre les biens
du coupable à couvert. « Il s'est trouvé, dit
» Bouhier, des criminels assez méchants pour
» méditer, de loin, non-seulement de grands
» crimes, mais encore d'ôter à la justice les moyens
» de s'en venger sur leurs biens, en les mettant
» à couvert sous d'autres noms, par des actes
» fictifs; il a été nécessaire d'y apporter du re-
» mède : or, on n'a pu en trouver de plus con-
» venable que de révoquer ces actes, quand ils

» ont paru frauduleux : ça été le sentiment pres-
» que unanime des jurisconsultes. »

202. Il importe encore, à l'égard de cette fin
de non recevoir, dont est susceptible l'action du
créancier qui se plaint d'un acte frauduleux fait
avant l'existence de son droit personnel, d'observer qu'il ne faut pas confondre l'action révocatoire, proprement dite, qui n'est nécessaire
que lorsqu'il s'agit de dépouiller les tiers par
eux acquis, avec l'action en nullité, pour simulation absolue, des actes opposés aux créanciers.

Qu'un débiteur vende ses biens à vil prix, ou
qu'il les donne, ou même qu'il s'en dépouille
sans cause, ceux-là seuls, dont il lèze les intérêts,
en dissipant leurs gages, pourront faire révoquer les actes qui leur font préjudice, et ceux
qui ne deviendront créanciers qu'après ces
mêmes actes, ne pourront pas être admis à dé-
plorer la perte de valeurs que leur débiteur ne
possédait plus quand ils ont contracté avec lui;
mais si ce débiteur, au lieu de se dépouiller réellement, n'a fait, ce qui n'est que trop commun,
qu'enfouir, à la faveur d'actes simulés, des choses
qui n'ont pas cessé de lui appartenir, tout créancier, même postérieur à ces actes, et à qui
on les oppose, pour soustraire à ses poursuites
les objets qu'elles atteignent, peut très-certainement les arguer de simulation; il ne se plaint pas
de la fraude commise lors de la rédaction de

l'acte, mais de celle qu'on commet actuellement, en lui opposant, comme sérieux, des actes qui ne le sont pas ; et en voulant recéler, au moyen de ces simulacres, des valeurs qui, nonobstant l'apparence trompeuse, ont toujours été et sont encore la propriété de leur débiteur. On peut voir ce que nous avons dit ci-dessus, n°. 4, de la différence entre la simulation relative et celle absolue. *Voy*. aussi n°. 52. Nous reviendrons encore à ce sujet important, n°. 296, ci-après.

203. De même que le dessein de tromper, sans un préjudice effectif, n'autorise pas l'action révocatoire, le préjudice éprouvé ne permet de l'accueillir qu'autant qu'il a été la conséquence d'une intention hostile : *consilium fraudis, et eventus damni*. L'article 1167 du Code civil, offre le même sens, puisqu'il n'autorise les créanciers à critiquer que les actes faits par leurs débiteurs en fraude de leurs droits.

Ce que nous disons de l'intention hostile, ne doit pas être entendu dans ce sens étroit, que le créancier qui se plaint, soit tenu de prouver qu'il a été personnellement l'objet de cette intention ; il suffit à ce créancier de faire connaître le dessein qu'a eu le débiteur en général, de s'affranchir du soin de payer ses dettes. *Voy*. ci-après, n°. 207.

Les créanciers doivent donc prouver, et le dommage qui leur est fait, et l'intention qu'a eue leur débiteur de le leur faire ; mais comment établir cette intention, c'est-à-dire, l'impulsion morale et intérieure, qui a porté le débiteur à cette action ? Il semble d'abord, qu'assujettir à cette preuve le créancier, c'est lui promettre une réparation, et en même temps le réduire à l'impossibilité de l'obtenir. Tel n'est pas l'effet de la règle ; dans cette occurence, comme dans une infinité d'autres, si la preuve directe n'est pas possible, il en est d'indirectes que fournissent les présomptions offertes par les circonstances.

204. Si l'acte attaqué est à titre gratuit, presque toujours il ne faut, pour en prouver la fraude, qu'établir la détresse dans laquelle était le débiteur. Ce point de fait vérifié, il en résulte, de toutes les causes qui peuvent faire tomber une libéralité, la plus décisive, puis qu'il est évident que celui qui l'a faite, n'a été libéral que du bien d'autrui, et n'a pu y être porté que par l'intention d'enrichir son donataire aux dépens de ses créanciers: *Voy.* cependant ci-après, n°. 236.

205. Quant aux traités à titre onéreux, la critique en est, fort souvent, tout aussi facile, et le mauvais dessein du débiteur est suffisamment prouvé, s'il l'est que l'état de ses affaires, lors du traité soupçonné, était tel, que le préjudice qui en est résulté pour les créanciers, n'en a été que la conséquence nécessaire et inévitable.

Pour rendre plus sensible la différence à faire entre ce préjudice, conséquence immédiate de l'acte qui prouve le dessein de frauder, et le préjudice éventuel, qui ne dispense pas de prouver ce dessein, nous allons présenter deux exemples.

Le propriétaire d'une terre de 100,000 fr., ayant pour 40,000 fr. de dettes, la vend 60,000 fr., ne paie que ses dettes hypothécaires, et emploie le surplus à des spéculations mal conçues, ou contrariées par les événements, il finit par ne pas payer tout ce qu'il doit. Ses créanciers ne seraient fondés dans leur action en fraude, qu'autant qu'ils feraient la preuve directe que cette vente à vil prix n'a été faite par leur débiteur que pour disposer, à leur préjudice, des deniers qu'il s'est ainsi procurés.

En effet, la perte qu'ils éprouvent n'est pas l'effet nécessaire de la vente, et la vilité du prix n'a rien de concluant à leur égard, puisque si ce prix eût été conservé, ils eussent été payés; que s'ils ne l'ont pas été, c'est que, par la nature de leurs créances, ils ont été obligés de suivre la foi de leur débiteur, et qu'il est possible qu'il ait été plus malheureux que coupable dans l'emploi de ses fonds. Supposons, au contraire, que ce propriétaire, vendant pour 60,000 fr. seulement, une terre de valeur de 100,000 fr., eût pour 80,000 fr. de dettes, les créanciers seront fondés dans l'action en fraude, sans être tenus de prouver directement le mauvais dessein que les circonstances révèlent suffisamment. De la vilité du prix, jointe à son insuffisance pour payer toutes les dettes, sort une preuve indirecte, mais très-démonstrative, de la mauvaise foi du débiteur. S'il n'eût été que malheureux, il eût laissé à ses créanciers le soin de tirer de ses immeubles tout le parti possible, et aurait redouté jusqu'au soupçon, que la vilité du prix devait faire naître d'un prix réel plus considérable soustrait aux créanciers.

206. Nous venons de voir ce qui caractérise et prouve la fraude du débiteur; il n'importe pas moins pour la solution de la plupart des questions qu'elle fait naître, d'avoir une juste idée de celle des personnes avec lesquelles il a pratiqué ces traités suspects.

La simple participation de ces derniers à des actes dont elles ont pu ignorer le but secret, ne les constitue en fraude, qu'autant qu'il est établi que le mauvais dessein du débiteur leur était connu. *Hoc edictum coercet, qui sciens eum in fraudem creditorum hoc facere suscepit, quod in fraudem creditorum fiebat. Quare si quid in fraudem creditorum factum sit, si tamen is qui cepit ignoravit, cessare videntur verba Edicti. l. 6, §. 8, ff. quæ in fraud. credit.*

207. C'est donc cette connaissance qui doit être prouvée, et, pour qu'elle soit utile à tous les

créanciers, il suffit qu'elle ait eu lieu, à l'égard d'un seul; ainsi, le tiers qui a traité avec le débiteur, sachant que celui-ci ne pactisait avec lui que pour tromper un créancier, fût-il dans l'ignorance que ce débiteur avait d'autres créanciers, pourra être évincé par chacun de ces derniers : la mauvaise action qu'il a commise le fait sortir du rang des tiers de bonne foi, que la loi protége; et tous ceux dont elle blesse les intérêts ont action contre lui : *Illud certè sufficit et si unum scit creditorem fraudari, cœteros ignoravit : fore locum actioni, l. 10, §. 3, ff. quœ in fraud. cred.*

208. Une des circonstances qui répand, ordinairement, le plus de lumières sur la mauvaise foi des tiers, est la notoriété de la détresse du débiteur. Quiconque fait avec lui un traité préjudiciable à ses créanciers, sera difficilement écouté dans l'exception de bonne foi : la présomption, au moins, sera contre lui, jusqu'à ce qu'il ait prouvé que la notoriété n'était pas parvenue jusqu'à lui.

209. Indépendamment de cette infortune ordinaire, il en est une accidentelle, qui souvent fait ourdir des conventions frauduleuses, c'est celle dont est menacé l'individu accusé d'un crime ou d'un délit; il n'est que trop commun, en pareil cas, de voir le coupable disposer de ses biens, pour les soustraire aux condamna-

tions que la partie civile et le fisc pourront obtenir contre lui. La publicité qui accompagne toujours les accusations, établit, à l'égard des tiers, une présomption violente de fraude, qui peut facilement conduire à l'annulation des traités. *Voy.* ci-dessus, nº. 196. Le Mercure de France, pour le mois de janvier 1743, contient les détails d'une cause qui fixa, à cette époque, l'attention publique, et dans laquelle un traité de cette nature, fut l'objet d'une discussion digne, encore aujourd'hui, d'intéresser les ennemis de la fraude.

Louis Rossignol et sa femme avaient deux fils. Par le même testament, ils firent l'aîné leur héritier universel, à la charge de fournir à son frère, pour sa légitime, des valeurs, soit en biens-fonds, soit en argent ou billets, pour 26,000 fr., payables après le décès du survivant des testateurs. Rossignol père étant mort, sa veuve continua de jouir de tous les biens, et ses deux fils, vivant avec elle, ne s'étaient pas occupés du testament. Pierre-Rossignol, accompagné de son valet, le 13 février 1722, attendit, au coin d'un bois, le sieur de la Sourdière, l'assassina, et se réfugia, aussitôt, chez un seigneur voisin.

Le même jour, son frère aîné fit contrôler le testament; le 14, il le fit insinuer; le 15, il le déposa chez un notaire d'Angoulême, et, le 16, ce notaire s'étant transporté dans la maison où Pierre

Rossignol s'était réfugïé ; y dressa un acte , par lequel ce dernier déclara qu'ayant pris connaissance du testament, il en consentait l'exécution , et reconnut que son frère lui avait manuellement et comptant, payé, en espèces d'or et argent, et en billets au porteur, la somme de 13,000 francs, pour sa légitime paternelle.

Le 15 du même mois, avant cette quittance , le père et la veuve du sieur de la Sourdière avaient rendu plainte. L'homicide s'étant évadé , son procès fut instruit par contumace, et le 19 décembre 1722, par sentence de la sénéchaussée de Poitiers, il fut déclaré convaincu de l'assassinat du sieur de la Sourdière ; en conséquence condamné à mort, en 10,000 fr. envers les parties civiles et aux dépens. Le 24 du même mois , la sentence fut exécutée par effigie.

Aussitôt le sieur de la Sourdière père fit saisir , entre les mains de la dame Rossignol, ce qu'elle pouvait devoir à Pierre Rossignol son fils , et poursuivit, en hypothèque , l'acquéreur d'une maison dépendante de la succession du sieur Rossignol père. Louis Rossignol, fils aîné, défendit à cette action, et parvint à s'en faire renvoyer par sentence de la sénéchaussée d'Angoulême , du 7 mars 1739.

Sur l'appel devant le Parlement de Paris , le sieur de la Sourdière et la veuve soutinrent que la quittance devait être annulée comme frauduleuse et simulée, dans l'unique but de soustraire les biens du coupable aux condamnations civiles, par eux justement réclamées. Ils établissaient le point de fait en comparant l'indifférence dans laquelle étaient les deux frères sur le testament de leur père avant le crime, à l'empressement affecté qu'ils avaient eu, ensuite, à l'exécuter; en effectuant même un paiement, qui n'était obligatoire qu'après la mort de la dame Rossignol. Pour le point de droit, ils invoquaient le suffrage de la plupart des auteurs, qui, dès-lors, avaient écrit sur la matière, et enseignaient unanimement que « s'il est permis aux criminels de » prendre leurs revenus, et d'emprunter quelques » sommes, il ne leur est pas permis de vendre et de » donner tous leurs biens, ou la meilleure par- » tie; que s'ils le font, le contrat est censé frau- » duleux, et fait *suspicione pœnœ*, sur-tout » quand il y a concours de quelques présomp- » tions. » *Henrys, tom.* 2, *chap.* 54, *quest.* 36, *Cujas sur Papinien, l.* 2; *Dumoulin sur la règle de infirm. résign.*; *Mornac, sur la loi* 15, ff. *de donat.*; *Dargentré, sur l'art.* 188 *de la Coutume de Bretagne*; *Leprêtre, cent*e. 1re., *chap.* 84; *Ricard, des donations, chap.* 3, *sect.* 4, *n*o. 243; *Legrand, sur la Coutume de Troyes, art.* 120. Ils citaient, aussi, une foule d'arrêts des Parlements de Paris, Rouen, Toulouse, Aix et Bordeaux.

Pour Rossignol, on répondait, d'une part, que le criminel n'est frappé d'incapacité que du jour de sa condamnation, et non du jour du crime; que, pendant l'accusation, il peut administrer ses biens, et surtout recevoir de ses débiteurs ce qu'ils lui doivent. On citait à ce sujet *Leprêtre, Cent*e., 1re., *chap.* 84; *d'Olive, en ses questions de droit, quest.* 88e. *chap.* 7, *et la loi* 46 ff. *de jure fisci.* D'autre part, on soutenait que la négociation intervenue entre Rossignol et son frère, n'était autre chose qu'une libération; que la *loi* 41, ff. *de solut. et liberat.* décide que rien n'empêche un débiteur de payer valablement ce qu'il doit à un prévenu de crime, même pendant la poursuite; qu'autrement *plerique innocentium necessario sumptu egerent.*

Ce débat fut terminé par arrêt du 4 août 1742, qui, en infirmant la sentence, déclara nulle la quittance, et condamna l'intimé à payer les intérêts civils demandés par les appelants, sur ce qu'il devait à son frère pour sa légitime.

En combinant les nombreuses autorités, dont, de part et d'autre, on s'est prévalu, il est facile de reconnaître qu'elles n'ont rien de contradictoire; que puisées dans les mêmes sources, elles partent du même principe; qu'il est vrai que l'accusé n'est rendu incapable de contracter que par sa condamnation; que, jusques-là, il peut recevoir ce qui lui est dû, emprunter et même disposer d'une partie de ses biens; que les tiers qui ont contracté avec lui, doivent être maintenus dans leurs droits acquis; en un mot que toutes ces opérations sont valables, pourvu qu'il apparaisse que la bonne foi les a dirigées; mais qu'il est, également, vrai que de la position critique de l'accusé, naît la présomption, qu'il n'a agi que dans la crainte de sa condamnation, *metu pœnœ;* que si les circonstances, au lieu d'effacer cette présomption, la fortifient, si l'accusé a disposé du tout ou d'une grande partie de sa fortune; et surtout, s'il est constant que le tiers, qui a traité avec lui était instruit de son accusation, on ne peut plus voir dans ce qui a été fait, l'exercice, mais l'abus d'un droit, abus auquel la justice ne peut pas accorder sa sanction. *Voy.* ci-après, n°. 279.

§ II.

Actions en répression.

SOMMAIRE.

210. Division.

210. Pour l'application des règles qui précèdent aux diverses fraudes des débiteurs, deux actions sont ouvertes aux créanciers, l'une contre le débiteur, l'autre contre ceux que l'acte suspect peut intéresser.

211. Du moment où la fraude du débiteur s'est manifestée par un fait quelconque, et que ce fait préjudicie à son créancier, qu'en un mot il y a la réunion des deux circonstances, *consilium fraudis*, *et eventus damni*, le créancier est fondé à demander, par forme de dommages et intérêts, la partie de sa créance dont il est menacé d'être privé, et le remboursement actuel du surplus, le débiteur demeurant déchu de tous les termes qui lui ont été accordés dans l'acte constitutif de sa dette.

212. La demande alors prend le caractère de l'action en dommage, par suite de l'article 1382 du Code civil : « Tout fait quelconque de l'homme » qui cause à autrui un dommage, oblige celui » par la faute duquel il est arrivé, à le réparer.» Il importe de la caractériser ainsi, pour obtenir contre ce débiteur déloyal la contrainte par corps que, par l'article 126 du Code de procé-

dure, les tribunaux sont autorisés à prononcer, lorsqu'ils accordent des dommages et intérêts. Souvent il est arrivé que, par ce moyen extrême, les valeurs dérobées aux recherches, ont reparu et que la ruse a été déconcertée, on en verra un exemple ci-après, n°. 289.

213. Il est bon d'observer sur ces dommages et intérêts, qu'ils ne forment pas, pour le créancier, une créance nouvelle et particulière, mais qu'ils s'imputent sur la créance première. Quelque révoltante que puisse être la conduite du débiteur, le tort qu'il a voulu faire ne pouvait pas excéder sa dette, et en recevoir le montant total, est tout ce que son créancier peut exiger, à moins, cependant, que, par suite des manœuvres du débiteur, il n'ait éprouvé des torts particuliers.

214. La déchéance des termes accordés, le remboursement même du capital aliéné, s'il s'agit d'une rente, ne peuvent pas non plus faire de difficultés. Le débiteur, par sa fraude, a diminué les sûretés sur lesquelles le créancier a dû compter, et l'article 1188 du Code civil lui interdit, en ce cas, le droit de réclamer le bénéfice du terme.

Ces premiers effets de l'action en fraude sont obtenus dans tous les cas; mais ils ne peuvent sur-tout pas être refusés, lorsque le débiteur a commis la fraude seul, ou que s'étant servi d'un tiers, la bonne foi de ce dernier le fait maintenir dans la propriété de la chose échappée aux poursuites des créanciers.

215. Ainsi, le débiteur qui, après avoir affecté à la sûreté de son créancier, un meuble ou un immeuble, en altère la valeur, soit par fraude, soit par cette négligence grave qui lui est assimilée, est exposé à ses effets. *Voy.* ci-dessus, n°. 195.

Tous ces principes ont été consacrés par le tribunal de la Seine, et la Cour royale de Paris, dans une cause encore récente. Le sieur Montz avait hypothéqué tous ses biens aux sieurs Tourton et Ravel, pour une créance de 575,000 fr., et déjà, en octobre 1807, il lui avait été fait un commandement tendant à la saisie immobilière, lorsqu'il mit en coupe tous les arbres de son château d'Issy. Un huissier, envoyé par les sieurs Tourton et Ravel, constata que plusieurs avenues étaient abattues, et que le sieur Montz, à la tête des ouvriers, pressait l'ouvrage, qui se prolongeait pendant la nuit, et à la lueur des flambeaux.

Sur l'assignation donnée au sieur Montz, en référé devant le président du tribunal de la Seine, un tiers se présenta comme acquéreur des arbres, exhibant, pour prouver son droit, d'un acte privé, enregistré depuis le commandement. Le Président, sans s'y arrêter, fit défense de continuer la coupe et l'enlèvement des bois ; autorisa les sieurs Tourton et Ravel à mettre des gardiens, et ordonna que des experts constateraient les dégradations commises. La cause portée devant le tribunal, un premier jugement, du 30 avril 1808, annula, comme frauduleux, l'acte de vente dont le tiers s'était prévalu, et les dégradations ayant été portées par les experts à 44,584 fr., on revint à l'audience. Les sieurs Tourton et Ravel y conclurent à ce que le sieur Montz fût condamné, par forme dé dommages et intérêts, et par corps, à verser à la caisse d'amortissement, la somme à laquelle s'élevaient ses dégradations, pour être distribuée aux créanciers, avec le prix du château dont ils provoquaient la vente par une saisie immobiliaire. Un jugement par défaut, du 1er. décembre 1808, accueillit sans réserve leurs conclusions.

Le sieur Montz y forma opposition, et prétendit que l'article 690 du Code de procédure, interdisant au saisi toute coupe de bois ou dégradation, sous peine de dommages et intérêts, il résultait de cette prohibition, pour un cas prévu, que, hors de ce cas, le débiteur pouvait user de toute la latitude du droit de propriété, même sur la chose par lui hypothéquée : ce système était trop opposé aux premières notions du droit et de l'équité (*Voy.* ci-dessus, n°. 194), pour qu'il reçût un seul regard favorable. L'opposition du sieur Montz fut rejetée par jugement du 9 février 1809.

Pendant la procédure sur appel, la saisie fut terminée; le château d'Issy ne fut vendu que 150,000 fr., et dans l'ordre sur le prix, les sieurs Tourton et Ravel furent seuls colloqués pour leur créance de 575,000 fr. Changeant alors leurs conclusions, ils demandèrent que le sieur Montz fût condamné à leur payer les 44,584 fr., montant des dégradations, et par corps, en vertu de l'article 126 du Code de procédure, conformément au jugement de première instance; c'est ce qui fut ordonné par l'arrêt confirmatif du 26 août 1809. (*Voy. le Journal du Palais*, 1er. *sém.* 1810, *p.* 166. *Voy.* encore *ci-après*, n°. 297.)

216. La contrainte par corps a également été prononcée pour un fait de fraude, par un autre arrêt de la Cour de Paris, du 23 janvier 1810. *Voy.* ci-après, n°. 297.

217. La fraude la plus ordinaire des débiteurs consiste, comme nous l'avons déjà dit, à faire disparaître toutes leurs facultés, pour en jouir impunément, et braver leurs créanciers à la faveur d'une insolvabilité feinte. Un des effets remarquables d'une manœuvre aussi frauduleuse, est de relever, dans certains cas, le créancier de la prescription, que, trompé par cette apparence,

il aurait laissé se consommer. Le tribunal de commerce et la Cour royale de Lyon, ainsi que la Cour de cassation, ont unanimement reconnu ce point de droit.

Les sieurs Vivier et Blatin, porteurs de quatre billets à ordre, montant ensemble à 52,000 fr. sur le sieur Pons, firent protester le premier de ces billets, obtinrent contre leur débiteur un jugement, le 20 novembre 1810, et voulurent l'exécuter; mais l'huissier, chargé de la poursuite, constata qu'il lui avait été présenté un acte, par lequel Pons avait vendu tous ses meubles, et qu'il n'avait pas reparu dans le local qu'il occupait : les créanciers dès-lors, s'abstinrent de toutes poursuites. Dix années après, ils furent informés que la détresse de Pons n'était qu'un stratagème pour les tromper. Ils l'appelèrent de nouveau devant le tribunal de commerce de Lyon, pour être condamné au paiement des quatre billets. Pons leur opposa la prescription de cinq ans, et porta l'audace jusqu'à proposer son serment, sur le fait qu'il avait payé ces billets. Sa défense eut le sort qu'elle méritait, et la demande des sieurs Vivier et Blatin leur fut adjugée le 22 novembre 1816. Le jugement est ainsi motivé : « Considérant que les titres produits par » les sieurs Vivier et Blatin ont été souscrits par » Pons, et que la vérité n'en est pas contestée ; » que l'exception de prescription, dans la pensée

» du législateur, est fondée sur une libération pré-
» sumée; présomption qui cesse lorsqu'il est évi-
» dent que le débiteur n'a pas payé ; que, dans
» l'espèce, on s'est borné à faire valoir la pres-
» cription, comme unique cause de libération;
» c'est-à-dire, qu'il était présumable que Pons
» avait payé, et même qu'il avait compté 904 fr.;

» Considérant que les demandeurs, après avoir
» fait protester le billet de 2,000 fr., et obtenu
» jugement contre Pons, firent faire une saisie exé-
» cution au domicile de ce débiteur; mais qu'elle
» fut rendue inutile par la mauvaise foi de Pons,
» qui avait frauduleusement, et par des actes évi-
» demment simulés, vendu à un tiers son atelier
» de teinture, loué son local et ses appartements,
» et par la demande en séparation de biens for-
» mée par sa femme, pour se faire adjuger les
» effets de son mari; que le créancier n'a pas été
» réduit à l'impossible; qu'ayant rempli, autant
» qu'il le pouvait, par cette exécution, le vœu de
» l'article 259 du Code de procédure, le juge-
» ment du 20 novembre 1810, au lieu d'être pé-
» rimé, a acquis force de chose jugée en dernier
» ressort;

» Considérant qu'il résulte de la fuite et de
» l'absence de Pons, de l'aliénation de son ate-
» lier, de la demande en séparation de biens for-
» mée par sa femme, de la privation de son
» domicile, des jugements obtenus contre lui

» infructueusement; qu'il était dans un état d'in-
» solvabilité réelle et notoire, qui l'a mis dans
» l'impossibilité de payer des sommes dues aux
» sieurs Vivier et Blatin, et rendu toutes poursui-
» tes contre lui absolument inutiles et sans objet;
» que l'allégation de la part de Pons d'un paiement
» unique et à-compte, d'environ 900 fr., prouve
» clairement que sa libération n'a pas été inté-
» grale; que dans de telles circonstances, la pres-
» cription n'aurait d'autres succès que d'assurer
» les machinations du débiteur frauduleux, d'au-
» toriser la friponnerie, de consacrer le dol et de
» constituer en perte de légitimes créanciers;
» que d'après les règles de droit, la justice et les
» bonnes mœurs, on n'admet jamais le serment
» à l'appui d'un fait contre lequel s'élèvent des
» preuves qui en démontrent la fausseté, et lors-
» que le juge a la conviction que l'affirmation se-
» rait nécessairement mensongère. »

La Cour de Lyon adopta les motifs et toutes les
dispositions de ce jugement. Sur le pourvoi contre son arrêt, il en fut de même à la Cour de cassation, et l'arrêt de rejet, du 14 janvier 1818,
s'exprime ainsi : « Considérant qu'il est vrai, en
» thèse générale, que la présomption légale de
» paiement, puisée dans la prescription de cinq
» ans dont il s'agit, ne peut être écartée qu'à
» l'aide d'autres présomptions légales, et non sur
» de simples présomptions de l'homme; mais at-

» tendu que, dans l'espèce, le tribunal de com-
» merce et la Cour royale de Lyon, ont constaté,
» de la manière la plus positive, que Vivier et
» Blatin avaient été réduits à l'impossibilité d'a-
» gir, par les manœuvres frauduleuses et par le
» dol du demandeur ; attendu que l'exception du
» dol est autorisée par toutes les lois, etc. » (*Voy.*
le Journal du Palais, tom. 54, *p*. 60.)

ARTICLE II. Action contre les tiers.

SOMMAIRE.

218. Effets de cette action, subdivision.

218. Cette action, appelée en droit révocatoire, est la plus utile pour le créancier trompé ;
c'est par elle qu'il est conduit à reprendre dans
les mains du tiers possesseur, les choses que son
débiteur y a fait frauduleusement passer ; mais
alors, des intérêts opposés, également dignes
de la sollicitude des magistrats, se trouvent en
présence, la matière se complique, et l'on ne
peut pas apporter trop de prudence et de discernement dans l'application des principes que
nous avons exposés.

L'importance du sujet nous détermine à faire
connaître, d'abord, tous les cas dans lesquels
la loi elle-même présume la fraude des tiers, et
dispense le créancier de la prouver : nous par-
courerons ensuite ceux dans lesquels, au con-

traire, la loi présumant la bonne foi, le créancier qui accuse un tiers d'être en concert de
fraude avec son débiteur, doit le prouver, et
comment cette tâche peut être remplie.

DISTINCTION Iʳᵉ.

Présomptions légales de fraude contre les tiers.

‹ SOMMAIRE.

219. C'est particulièrement lorsqu'un débiteur
tombé en faillite s'il est commerçant, ou en déconfiture s'il ne l'est pas, manque à ses engagements, que s'élèvent les soupçons de fraude.
Cette suspicion est si naturelle, que la loi l'a ré-
gularisée en quelque sorte, en protégeant, par

des mesures de précaution, les intérêts des créanciers.

Pour en faire un sage emploi, il est bon, avant tout, de saisir la différence essentielle qui se trouve entre ces deux états, *faillite* et *déconfiture*, que quelques traits de ressemblance font trop souvent confondre.

Un commerçant est en faillite par cela seul qu'il cesse de remplir ses engagements, soit qu'il y soit contraint par une impuissance réelle ou un embarras momentané, soit qu'il n'y soit déterminé que par une spéculation frauduleuse; la déconfiture du simple particulier, au contraire, n'existe que quand il est dans l'impuissance réelle et absolue de pourvoir au paiement de ce qu'il doit.

Les causes de la faillite produisent si promptement et si publiquement leurs effets, qu'il est, presque toujours, facile d'en reconnaître, à peu près l'époque, et que, ni le débiteur, ni ses créanciers n'ont pu se faire une longue illusion; tandis que l'homme privé, n'arrivant à la déconfiture qu'insensiblement, secrètement, et après avoir long-temps flotté entre des succès et des revers, des espérances et des désapointements, on ne s'aperçoit de sa détresse que quand elle est à son comble.

Cependant les relations de ce dernier, circonscrites dans un cercle fort étroit, sont toujours l'effet de la libre volonté de ceux qui traitent avec lui, et ne lui doivent de confiance que dans la proportion des facultés qu'ils lui connaissent. Le commerce, au contraire, ne s'alimente que par une confiance presque sans bornes; ses opérations sont si rapides, elles sont soumises à tant de chances imprévues, exposées à tant de fraudes, et produisent un tel enchaînement d'obligations même involontaires, que le contre-coup d'une cessation de paiement se fait toujours ressentir au loin : rarement un négociant tombe, sans en faire tomber plusieurs.

220. Le législateur a donc dû établir, pour le commerçant, des règles particulières ; assujétir ses opérations, par la tenue de ses livres, à une espèce d'authenticité, et lui infliger des peines publiques, non-seulement quand il est convaincu de fraude, mais même lors qu'il n'est coupable que d'imprudence ou de négligence, articles 592 et 597 du Code de commerce. C'est ce qu'avait fait Louis XIV, par son Ordonnance de 1673, renouvelée par le Code actuel de commerce : dans l'une et l'autre loi se trouvent signalées plusieurs présomptions de fraude.

221. Ainsi les tribunaux de commerce sont chargés de fixer, sur les observations des créanciers et les documents fournis, le jour où la faillite a été ouverte. Cette décision est infiniment importante pour les créanciers, et surtout à l'é-

gard des tiers, puisqu'à compter de ce moment,
et même des dix jours qui l'ont précédé, divers
actes sont frappés d'une présomption de fraude :
c'est pourquoi non-seulement les créanciers,
mais toutes les personnes intéressées à la fixation
de cette époque, sont admises à proposer les
moyens propres à la découverte de la vérité, que
trop souvent le failli, par un redoublement de
dol, cherche à dissimuler, soit en retardant, soit
en avançant le moment où a eu lieu la cessation
de paiement, telle que la loi la suppose pour les
effets qu'elle doit produire.

Héran avait, en 1807, éprouvé de grands embarras dans son commerce ; néanmoins, en vendant plusieurs immeubles, faisant des emprunts,
et renouvelant une partie de ses obligations, il
était parvenu jusqu'au mois d'août 1808, sans
faillir ; mais, alors, il suspendit ses paiements,
et, par une perfidie révoltante, pour compromettre la plupart de ceux avec lesquels il avait
traité en 1807, et principalement les particuliers
auxquels il avait vendu ses immeubles, en Mai
et Juin, il déclara avoir cessé ses paiements le
15 mars 1807. Un jugement du tribunal de
commerce de la Seine fixa en conséquence, à cette
date, l'ouverture de sa faillite.

Le sieur Garnery, un de ses acquéreurs, forma
opposition à ce jugement, en la motivant sur ce
qu'Héran, en faisant ainsi fixer l'ouverture de

sa faillite, avait eu l'odieux dessein de faire annuler la vente qu'il lui avait faite. Les syndics
des créanciers insistèrent sur le maintien de ce
jugement; mais l'opposition de Garnery fut admise par les motifs suivants :

« Attendu qu'il résulte, tant du procès-verbal
» de vérification des créances que du rapport du
» juge commissaire, 1º. que la grande majorité
» des créanciers ne sont porteurs que d'engage-
» ments souscrits postérieurement au 15 mars
» 1807, époque à laquelle Héran a fait remonter
» la faillite dans sa déclaration ; 2º. que les créan-
» ciers qui le poursuivaient alors ont été payés
» depuis, puisqu'ils ne figurent pas au bilan, et
» ne se sont pas présentés aux vérifications;
» 3º. que la plupart des créanciers désignés au
» bilan, et vérifiés, ont reçu des à-comptes de-
» puis le 15 mars 1807, puisqu'ils n'ont présenté
» que des titres inférieurs en sommes à celles
» portées dans le bilan, d'où il suit que la ces-
» sation de paiement voulue par la loi n'a pas
» réellement eu lieu de la part d'Héran, au
» 15 mars 1807, et qu'il n'a pas cessé à cette
» époque, de faire des opérations de commerce;
» Considérant que des défauts partiels et non
» continus de paiement ne suffisent pas pour
» constituer une faillite ; que ce serait com-
» promettre le sort des créanciers qui ont traité
» de bonne foi avec Héran depuis le 15 mars

» 1807, et ceux qui sont porteurs d'engagements
» souscrits par lui postérieurement à ladite épo-
» que, que d'adopter la date erronée fixée par
» lui ; etc. »

La Cour de Paris, sur l'appel de ce jugement,
en adopta les motifs, et rejeta l'appel par arrêt
du 8 août 1809. (*Voy. le Journal du Palais*,
1ᵉʳ. *sémestre* 1810, *p.* 313.)

219. Par l'article 443 du Code de commerce,
à compter du jour de l'ouverture de la faillite, et
des dix jours précédents, nul ne peut acquérir hypothèques ou priviléges sur les biens du failli, lors
même qu'ils auraient été constitués auparavant ;
ils seraient sans effet, s'ils n'avaient été inscrits que
depuis : c'est l'expression formelle de l'art. 2146
du Code civil. Si cependant l'inscription n'était
que le renouvellement d'une première prête à
expirer, elle serait valable ; la loi défend d'acquérir, et non de conserver.

Cette règle ne comprend non plus ni les hypothèques légales, ni le privilége du vendeur puisqu'il se conserve sans inscription ; si cependant
un vendeur, dont le privilége aurait été inscrit sur
la transcription de l'acquéreur, donnait main-
levée de cette inscription, puis venait à la reprendre dans le temps suspect, son privilége lui serait justement refusé, la main levée par lui donnée
pouvant être regardée comme l'effet d'un concert frauduleux entre lui et le failli, pour aider
celui-ci à tromper par un crédit chimérique.

C'est ainsi que la Cour de Lyon et celle de cassation l'ont envisagée, entre le marquis de Rachais et les créanciers du sieur Berthier, par leurs arrêts des 11 février 1817, et 16 juillet 1818. (*Voy. le Journal du Palais*, tom. 53, p. 215.)

223. Les donations d'immeubles faites dans cet intervalle des dix jours sont également annulées de plein droit, et présumées frauduleuses par l'article 444 du Code de commerce. Nous croyons qu'il est échappé une erreur à M. Pardessus, dans ses *Eléments de Jurisprudence commerciale*, *p*. 575, en disant sur l'étroite limite de cette disposition : « Il serait plus conforme » à l'équité de considérer que, dans ce cas, le » seul tort éprouvé par des créanciers qui per- » dent, est un motif suffisant pour enlever au » donataire une libéralité qui l'enrichit. »

On ne pouvait pas faire révoquer indistinctement toutes les libéralités par la faillite, sans porter atteinte à l'irrévocabilité des donations, ainsi qu'au principe fondamental de l'action révocatoire écrit dans l'article 1167 du Code civil, exigeant que l'acte attaqué ait été fait en fraude des créanciers, *consilium fraudis*. Il faut donc que ce dessein soit prouvé par les créanciers, ou présumé par la loi ; c'est ce qu'elle a fait, mais en limitant l'effet de la présomption au temps suspect de fraude.

Au surplus, cette limitation n'est relative qu'à

la présomption légale, et les créanciers n'en ont
pas moins le droit, pour les donations antérieures au délai, d'exercer l'action révocatoire,
en prouvant le mauvais dessein qu'avait dès-
lors le donateur. Ils rentrent à cet égard dans le
droit commun. (*Voy. ci-après n°.* 237.)

224. Si un créancier, pour fait de commerce,
a reçu, pendant le temps suspect, une créance
non échue, ce paiement anticipé par un marchand
qui, peu de jours après, cesse de payer ses dettes
échues, est réputé frauduleux, et le créancier
est obligé de rapporter à la masse la somme par
lui touchée. *Article* 446.

225. Quant aux autres traités et paiements,
l'article 447 les maintient en faveur des tiers, à
moins que les créanciers ne prouvent la fraude.

On a cependant voulu obtenir de ces règles ex-
ceptionnelles des effets beaucoup plus étendus,
en donnant à l'article 442 une étrange interprétation, et prétendant que, puisqu'il désaisit, de
plein droit, le failli de ses biens, *à compter du
jour de sa faillite*, il en résulte pour lui une incapacité absolue, et telle, que tout ce qu'il a
fait depuis l'ouverture de cette faillite, est nul,
même à l'égard des tiers de bonne foi ; qu'ainsi
ceux qui se sont libérés doivent payer une seconde fois ; ceux qui ont reçu ce qui leur était légitimement dû, doivent le rapporter ; ceux qui
ont acheté de lui meubles ou immeubles, qu'ils

les aient payés ou non, cessent d'en être propriétaires; ceux qui sont devenus ses créanciers, ne
le sont plus, etc.

Dans ce système, non-seulement tous ces
traités sont présumés frauduleux, mais les intéressés ne sont pas même admis à prouver leur
bonne foi. « Il ne faut, a-t-on dit, aucune pré-
» somption légale de fraude pour les annuler,
» les articles 1242 du Code civil, et 442 du Code
» de commerce ne permettent pas de les déclarer
» valables. » Telle a été la doctrine professée, en
1811, par M. Pardessus, p. 577, doctrine dont
l'intérêt personnel s'est depuis emparé plusieurs
fois, mais, heureusement, sans succès.

Il serait difficile d'énumérer toutes les injustices que l'admission de ce système eût entraî-
nées. Un commerçant trébuche long-temps avant
de tomber : si ses proches, ses confidents et
quelques créanciers s'aperçoivent de ses premiers embarras, combien d'autres les ignorent,
et continuent de traiter de bonne foi avec lui? La
loi ne prévient la fraude par ses présomptions,
que pour protéger la bonne foi; il ne faut donc
pas les diriger dans un sens contraire : de tout
temps, les législateurs ont voulu prévenir les
manœuvres des débiteurs envers leurs créanciers; mais, tant qu'ils n'étaient pas désaisis, *de*
fait, de l'administration de leurs biens, les traités faits avec eux étaient valables jusqu'à la

preuve de la fraude. C'est le texte formel de la loi 6, §. 7. ff. *quœ in fraud. cred.* L'Ordonnance de 1673 n'avait, à l'égard des faillites, aucune disposition rétroactive.

Cette idée de la supposer ouverte du jour où le marchand a manqué à quelques engagements, n'avait pas encore été conçue. Cependant, dès 1666, le commerce de Lyon, effrayé des actes frauduleux avec lesquels, dans presque toutes les faillites, on trouvait moyen de frustrer les créanciers légitimes, avait demandé et obtenu une loi particulière qui annulait tous les traités faits avec le failli dans les dix jours précédents la faillite, et le 18 novembre 1702, le Roi en fit une loi générale. Mais ces deux lois ne parlent que de la faillite publiquement connue ; ce qui ne pouvait s'entendre, et ne s'entendait en effet que du jugement qui la déclarait.

Il est vrai que, plusieurs fois, on voulut donner à ces lois une interprétation contraire ; que des arrêts de circonstances paraissant l'adopter, furent obtenus ; mais ceux qui l'ont rejetée sont en bien plus grand nombre. On peut consulter, sur ce sujet, la nouvelle édition du *Répertoire de Jurisprudence*, au mot *Faillite*, où M. Merlin discute et établit ce point de droit de la manière la plus lumineuse.

La question est donc de savoir si le Code de commerce a dérogé à ces règles dictées par l'é-

quité, suivies pendant vingt siècles, et confirmées
expressément par l'article 1167 du Code civil.
Nous ne craignons pas de dire que cette dérogation est une chimère que l'obscurité de la rédaction de quelques articles a pu faire concevoir,
mais qu'un peu de réflexion sur le texte, et plus
encore sur l'esprit des dispositions, aurait dû
dissiper.

On doit observer que si, d'une part, ce que
prescrivent les articles 443, 444, 445 et 446, se
réfère aux dix jours qui précèdent *l'ouverture de
la faillite*; de l'autre, l'article 442 ne désaisit,
de plein droit, le failli de l'administration de ses
biens que *du jour de la faillite?* La différence de
ces deux locutions indique suffisamment que le
désaisissement de droit, prononcé par l'article
442, n'est que le corrélatif du désaisissement
de fait autorisé par les articles 454 et suivants
pour l'administration des syndics. Plusieurs pas-
sages du discours de M. de Sègur, en présentant
au Corps-Législatif le projet, ne permettent pas
d'en douter.

De cette interprétation de la lettre, passant à
celle de l'esprit, il faut reconnaître que la loi a
bien pu enlever au failli l'administration de ses
biens pour l'avenir, mais qu'elle n'a pas pu vouloir que ce qui avait été fait ne l'ait pas été. Si
les rédacteurs de cette loi avaient eu la même
pensée que ses interprètes, à coup-sûr ils se se-

raient autrement exprimés; ils auraient annulé *les effets* de l'administration passée, et n'auraient pas prononcé un désaisissement qui ne peut jamais avoir lieu que pour l'avenir.

Si l'on voulait développer tous les points de juste critique, dont l'interprétation contraire est susceptible, la discussion serait interminable; mais nous ne pouvons résister au besoin de présenter cette dernière réflexion. On doit, au moins, avouer que le texte de cette partie du Code de commerce fait naître le doute, et quand une loi nouvelle est dans cet état d'imperfection, c'est au sens qui la rapproche davantage des principes immuables de l'équité naturelle qu'il faut donner la préférence.

Or, si le système que nous examinons est fondé, il comprend non-seulement les négociations volontaires avec le commerçant dont, au moindre soupçon de tendance à la faillite, on peut s'abstenir, mais encore les négociations obligées, auxquelles on ne pourrait pas se refuser, dans la crainte d'un mal futur et incertain, sans en éprouver un certain et actuel. Par exemple, le débiteur d'un commerçant inquiet sur sa solvabilité, et craignant que, s'il tombe en faillite, on n'en fixe l'ouverture à une époque antérieure à sa libération, devra donc, en refusant son paiement, s'exposer à toutes les poursuites que ce commerçant, que rien ne flétrit encore, a le droit d'exercer contre lui, même à la contrainte par corps si sa dette est commerciale, même à être aussi suspecté de faillite par cette suspension de paiement.

Un système qui, dans ses conséquences, fait produire à la loi des effets aussi monstrueux, est évidemment l'erreur : aussi la jurisprudence l'a-t-elle repoussé comme il devait l'être.

La première fois qu'il fut présenté, ce fut devant le tribunal de commerce de Nantes, et, dans l'espèce, il devenait d'autant plus absurde, qu'il s'agissait d'un créancier qui, pour être payé de ses loyers, avait fait saisir et vendre, les meubles de son locataire, meubles sur lesquels il avait un privilége que la faillite de son débiteur ne faisait pas cesser. Néanmoins, les autres créanciers, en interprétant l'article 442, comme M. Pardessus, et attendu que, depuis cette vente, ils avaient fait déclarer le débiteur en faillite, avec fixation de son ouverture à une époque antérieure aux poursuites, prétendirent que les deniers reçus devaient être rapportés ; les juges de commerce se laissèrent entraîner à cette opinion. La Cour de Rennes, le 8 juin 1813, et la Cour de cassation, le 16 mai 1815, réformèrent, sans décider précisément la question, trouvant dans la circonstance du privilége un motif suffisant pour maintenir le paiement. (*Voy. le Journal du Palais, tom. 43, p. 252.*)

La question fut agitée plus isolément, quelques

années après, devant le tribunal de Belfort.
Meyer avait cédé à sa femme tous ses biens, en
paiement de ses droits et reprises ; et un des
moyens des créanciers , pour faire annuler cette
cession, était l'incapacité dans laquelle on prétendait que Meyer avait été de disposer de ses
biens, l'ouverture de sa faillite étant antérieure
à la cession. Cette prétention , rejetée par le tribunal de Belfort , fut portée devant la Cour de
Colmar. Cette Cour, par arrêt du 30 juillet 1819,
annula la cession en la réputant le fruit d'une
fraude certaine, commise sciemment par la dame
Meyer ; mais elle n'en crut pas moins de son devoir de signaler comme erreur le moyen d'incapacité du failli, plaidé pour les créanciers. Ses
motifs sont : « Que, dans la nouvelle législation,
» le jugement qui déclare la faillite peut en faire
» remonter l'ouverture et étendre à plusieurs
» mois, même à plusieurs années, le terme de
» dix jours qui était précédemment fixé ;

» Que, s'il a été reconnu qu'il était dans l'in-
» térêt du commerce que l'on puisse appliquer
» les effets de la faillite, pendant tout le temps
» intermédiaire entre la déclaration de la faillite
» et les dix jours qui précédent son ouverture ,
» il a été reconnu aussi qu'il importait à la foi
» publique, à l'intérêt même du commerce, qu'il
» soit déterminé quels étaient les actes qui, re-
» montant aux dix jours avant l'ouverture de la

» faillite, étaient susceptibles d'être maintenus
» ou annulés ;

 » Que cette détermination a été faite d'une
» manière précise par l'article 444 du même
» Code, lequel prononce la nullité de tous actes
» translatifs de propriété, faits à *titre gratuit*
» par le failli, et qui maintient les actes de ce
» genre, faits à *titre onéreux*, s'ils ne paraissent
» aux juges porter les caractères de *fraude*;
» qu'ainsi, ces caractères de fraude devenaient
» l'unique point à examiner, en ce qui concerne
» la vente des meubles et immeubles, faite par
» le failli, en 1816, à sa femme séparée quant aux
» biens, pour lui remplacer ses apports. »

Cette doctrine de la Cour de Colmar, opposée
à celle de M. Pardessus, est d'autant plus remarquable, que l'arrêt à été rendu sur une consultation donnée par lui, ainsi que par M. Locré,
et qu'il a eu occasion de défendre son système.
Nous ferons encore observer que, dans sa consultation, comme dans son *Cours de Droit
commercial*, tom. 3, n°. 1118, il avait reconnu
lui-même que son premier commentaire de l'article 442 devait, au moins, subir de grandes modifications ; il faisait une distinction entre les
actes relatifs à des opérations terminées au moment même où elles sont conclues, et ceux qui
ont pour objet des engagements destinés à être
remplis plus tard ; il convenait que les premiers

sont inattaquables, persistant à soutenir que les seconds ne devaient être maintenus, qu'autant qu'ils tourneraient au profit de la masse des créanciers.

Cette modification condamne son système, parce qu'elle est arbitraire, et n'est pas dans la loi; que l'article 442 établit une incapacité absolue, et non relative à certains actes. Il faut donc substituer à cette distinction, qu'aucun mot dans la loi ne justifie, la véritable, c'est-à-dire que tous les actes qui seront reconnus frauduleux doivent être annulés, et que tous les autres doivent être maintenus. C'est ce qu'ont fait les Cours, en rejetant le second système de M. Pardessus, comme le premier.

Il reparut, en effet, devant le tribunal de la Seine, en 1820, au sujet d'une cession faite par le sieur Choisy à la dame Potier, de 30,000 fr. à prendre dans une créance qui lui était due par l'administration de la guerre. Cette cession, du 13 novembre 1813, avait pour cause de libérer le sieur Choisy de ce qu'il devait à la dame Potier. Sept ans après, le 14 janvier 1820, le tribunal de commerce de Strasbourg déclara le sieur Choisy en faillite, et en fixa l'ouverture au 16 septembre 1813, deux mois avant la cession. Aussitôt le sieur Detroyes, syndic de la faillite, forma contre la dame Potier demande en nullité de sa cession, se fondant sur ce que le sieur Choisy, dessaisi de l'administration de ses biens, n'avait pas pu lui transmettre une créance dont il n'avait plus la libre disposition. Le tribunal de la Seine abonda dans ce sens, et, par jugement du 20 avril 1820, annula le transport. Mais il n'en fut pas de même devant la Cour royale : Me. Persil, pour la dame Potier, attaqua ce système, en développa les erreurs et les dangers, et obtint un succès complet. Le jugement du tribunal de la Seine fut réformé, et la cession faite à la dame Potier maintenue. « Attendu que le transport a été fait de bonne foi, » et sans fraude, à une époque où la faillite » Choisy n'était point déclarée, ni publiquement » connue, et où Choisy n'était point dessaisi de » l'administration de ses biens. » Cet arrêt est du 31 janvier 1821. (*Voy. le Journal du Palais,* *tom.* 59, *p.* 461.)

Enfin, la Cour de cassation, sur le pourvoi du sieur Detroyes contre cet arrêt, eut l'occasion de donner, à cet important point de droit, toute la force de son autorité. Son arrêt, du 28 mai 1823, s'exprime ainsi :

« Attendu que l'article 442 du Code de com- » merce, qui dispose que le failli, à compter du » jour de la faillite, est dessaisi, de plein droit, » de l'administration de ses biens, a uniquement » pour objet d'assurer le gage des créanciers, » en les autorisant à se saisir d'une administra- » tion dont le failli aurait pu abuser, s'il l'avait

» conservée ; que les règles relatives à la validité
» des actes faits par le failli, et des effets qu'ils
» doivent produire, sont déterminés par le droit
» commun en général, et spécialement par les
» articles 443, 444, 445, 446, 447 et suivants
» du Code de commerce ; que par suite, c'est à
» ces règles qu'il faut recourir et s'attacher, pour
» la solution de ces difficultés ; qu'aucune de ces
» règles n'annulent les actes faits par le failli au
» préjudice de ses créanciers, *que pour fraude*
» *légalement présumée ou constatée, et ce par*
» *des preuves positives;* que, dans l'espèce, le
» transport dont il s'agit n'est dans aucun des cas
» de nullité pour fraude présumée légalement, et
» qu'au contraire, il est constant et reconnu, en
» fait, par l'arrêt attaqué, qu'il a été fait de bonne
» foi, et sans fraude, à une époque où la faillite
» n'était point déclarée, ni publiquement connue,
» et où Choisy n'était pas dessaisi de l'administra-
» tion de ses biens ; que, conséquemment, en
» confirmant cet acte, loin de violer l'article 442,
» l'arrêt attaqué n'a fait qu'une juste application
» des règles de la matière ; Rejette, etc. » (*Voy.*
le *Bulletin de la Cour de cassation en matière
civile, tom.* 25, *n°.* 5, *p.* 227, ou le *Journal
du Palais, tom.* 67, *pag.* 481.)

Un arrêt de la Cour d'Amiens, qui avait annulé un paiement de 140,000 fr., fait par le failli,
le jour même où l'on avait fait remonter l'ouver-

ture de la faillite, a également, et par les mêmes
motifs, été cassé le 22 juillet 1723. (*Voy. le
Journal du Palais*, tom. 67, *p.* 487.)

Réduisons donc les règles particulières ac-
cordées au commerce, pour l'action révocatoire
dans les faillites, à celles-ci :

1°. Inefficacité de l'inscription hypothécaire,
prise dans les dix jours qui précèdent celui assigné à l'ouverture de la faillite. *Art.* 2146 du Code
civil, et 443 du Code de commerce.

2°. Nullité des donations d'immeubles, faites
pendant le même temps par le failli. *Art.* 444.

3°. Présomption de fraude, mais contre le failli
seulement, de tous actes et engagements pour
fait de commerce, faits à cette époque. *Art.* 445.

4°. Nullité des paiements faits par lui dans le
même temps, de ses dettes commerciales non-
échues. *Art.* 447.

Dans tous les autres cas, les actes et les paiements rentrent dans le droit commun, et ne peuvent être annulés contre les tiers, qu'autant que
la fraude est prouvée.

Ajoutons, à l'égard des quatre cas auxquels la
présomption légale de fraude est attachée, que,
suivant la judicieuse observation de M. Pardessus, la loi ne se borne pas à présumer la fraude ;
elle ne permet même pas la preuve de la bonne
foi, puisqu'elle prononce la nullité des actes
d'une manière absolue, ce qui rend inutile toute

tentative contraire : c'est l'exacte application de l'article 1352 du Code civil.

226. Non-seulement ces règles, exhorbitantes au droit commun, doivent être resserrées dans leurs limites, mais elles ne peuvent être appliquées qu'à ceux qui, très-certainement, ont fait le commerce, et non aux personnes qui, par des actes ou des faits équivoques, auraient été mal à propos regardées comme négocians, et tomberaient en déconfiture; c'est surtout à cet égard, qu'il faut se rappeler la différence entre la faillite et la déconfiture. *Voy. ci-dessus* n°. 219.

Nous pourrions rapporter, à ce sujet, une foule d'arrêts; nous nous bornerons à deux : l'un, par ce qu'il juge ces deux points ; l'autre, parce qu'émané de la Cour de cassation, son autorité suprême semble ne plus permettre de nouveaux efforts dans le sens contraire.

Le sieur Delagarde, ancien Président à la Chambre des comptes, et possesseur de la terre d'Adhémar en Provence, ainsi que de cinq savonneries à Marseille, vint, en l'an VI, à Versailles. Il s'y livra à la vente des savons, huiles et denrées coloniales qui lui étaient expédiés de Marseille par les fermiers de ses savonneries; et pour n'éprouver aucune difficulté, il prit une patente. En l'an VIII, il fit bâtir et meubla un hôtel : ses dépenses s'élevèrent à plus de 300,000 fr. Propriétaire de plusieurs actions de la banque de France, il en fut nommé régent; mais, en l'an IX et en l'an X, les possessions qu'il avait à Saint-Domingue ayant été perdues, son crédit tomba, ses billets furent protestés; il suspendit ses paiements; et, en frimaire an XI, un bilan fut déposé en son nom au greffe du tribunal de commerce de Paris.

Sa femme obtint sa séparation de biens, qui fut également publiée au tribunal de commerce; enfin, il fit avec ses créanciers unis un concordat, par lequel il leur abandonnait tous ses immeubles, à l'exception de ses savonneries; mais cet acte n'ayant pas reçu l'assentiment des trois quarts en somme de ses créanciers, resta sans effet; alors il vendit sa terre d'Adhémar au sieur Delamotte, moyennant 70,000 fr., et ses cinq savonneries à la dame de Caraman sa fille, pour s'acquitter envers elle de 400,000 fr., qu'il lui devait, et faisant le montant de sa dot.

Par suite d'un ordre ouvert à Montelimart du prix de la terre d'Adhémar, il fut distribué, le 12 fructidor an XII, à la dame de Caraman, pour les intérêts de sa dot, montant à 24,000 fr., et le surplus à la dame Delagarde pour ses reprises. L'ordre du prix des savonneries suivi à Marseille, fut terminé, le 9 prairial an XIII, par la collocation de la dame de Caraman, conforme à la compensation convenue dans son contrat de vente.

Après le décès du sieur Delagarde, arrivé le

17 vendémiaire an XIV, le sieur Thayée, un de ses créanciers, forma demande contre le sieur Delamotte et la dame de Caraman, en nullité des ventes à eux faites comme simulées et frauduleuses, et contre les syndics de la faillite, en reddition de compte. Cette demande fut déclarée mal fondée, par jugement du tribunal de Versailles, du 12 août 1808.

Sur une semblable demande de deux autres créanciers, la dame Penot et le sieur Cousin, semblable jugement fut prononcé par le même tribunal, le 28 février 1809.

D'un autre côté, le sieur Lasalete, aussi créancier, poursuivait l'instruction de la faillite devant le tribunal de commerce de la Seine, qui, nonobstant l'opposition du sieur Delagarde fils, par trois jugements, des 11 février, 25 mars et 13 septembre 1809, déclara la faillite ouverte, et autorisa les syndics provisoirs à faire diverses opérations.

Tous ces jugements des deux tribunaux ayant été attaqués par ceux dont ils blessaient les intérêts, leurs appels furent joints, et, sur le tout, intervint l'arrêt suivant : « Attendu que lorsqu'il » s'agit de déterminer l'état d'un individu par » rapport au commerce, et d'établir sur ce fon- » dement une question générale qui embrasse » toute sa fortune, et même intéresse des tiers, » les tribunaux doivent procéder avec une grande » circonspection ; qu'en principe, des faits isolés

» de négoce, ne constituent pas le négociant,
» surtout à une époque telle que l'an III, et an-
» nées suivantes, où la gêne des circonstances
» obligeait chacun de s'industrier pour se procu-
» rer des valeurs réelles et où tant de personnes
» se mêlaient en effet de commerce, sans préten-
» dre être négociants; qu'il faut, pour imprimer
» à quelqu'un cette qualité, qu'il apparaisse une
» continuité d'actes, de laquelle il résulte que
» l'individu s'est livré constamment au commerce,
» et en a fait sa profession habituelle; que d'ail-
» leurs, pour être commerçant, il ne suffit pas
» de vendre, autrement tout particulier qui se
» défait d'une chose, tout particulier qui vend
» sa denrée serait commerçant; que le commerce
» se compose du mélange des achats et des ventes;
» acheter et revendre est sa notion propre; et
» dès-lors qui vend sans acheter, n'est point à
» coup sûr un négociant; qu'en appliquant ces
» considérations au sieur Delagarde, on remar-
» que d'abord que tous les prétendus faits de
» commerce, à lui imputés, et auxquels on donne
» pour siége la ville de Versailles, se renferment
» dans le cercle des deux années IV et V, sans
» rapport aux années antérieures, sans influer
» également sur celles qui suivent, quoique le
» sieur Delagarde ait vécu jusqu'à l'an XV, et
» que la cessation de ses paiements ne date que
» de l'an IX; que d'autre part, dans tous ces faits,

F

» tels qu'ils sont indiqués, on n'aperçoit que des
» ventes, jamais d'achats ; que tous les certificats
» rapportés, qualifient en conséquence le sieur
» Delagarde, propriétaire, et non pas négociant ;
» que ce caractère singulier d'opérations tient
» visiblement à des circonstances particulières,
» et que la position du sieur Delagarde en donne
» le dénouement; que propriétaire d'usines à
» Marseille , et ne pouvant pas exiger d'écus
» de ceux qui les exploitaient, mais ne vou-
» lant pas non plus recevoir un papier sans va-
» leur, il se faisait donner par eux, en paiement
» de ses loyers, des marchandises; d'abord celles
» qu'ils fabriquaient, des savons, ensuite des
» denrées du pays, huiles, olives, etc. , ou des
» denrées coloniales ; telles que sucre et café qui
» abondaient à Marseille ; que les envois lui étaient
» faits à Versailles, où, depuis l'an III, il avait
» établi son domicile, qu'à mesure qu'ils arri-
» vaient, il s'occupait à les placer ; et que de là
» provenaient toutes ses ventes ; que pour éviter
» toutes recherches et toutes contestations avec le
» fisc, il s'était muni d'une patente, dont il a payé
» les droits, en l'an IV et en l'an V; mais la pa-
» tente ne fait pas le négociant , et n'est en cette
» occasion qu'affaire de prudence ; qu'après ces
» deux années, et en l'an VI, la situation du sieur
» Delagarde change ; il n'est plus question de
» ventes faites à Versailles; c'est que les circons-

» tances avaient changé, et que recevant, comme
» tous les propriétaires, ses revenus en argent,
» il n'avait pas besoin de vendre pour les conver-
» tir en numéraire ; qu'à cette époque on le voit
» régent de la banque ; fonction administra-
» tive, qui malgré ses rapports au commerce, ne
» confère pas la qualité de commerçant. Qu'on
» prétend, il est vrai que, dans le même temps,
» il a ouvert une maison de banque, mais que
» rien ne justifie cette assertion ; qu'il est cons-
» tant que le sieur Delagarde n'avait qu'un pied
» à terre à Paris, et que son domicile était tou-
» jours à Versailles ; que s'il a été inscrit tardi-
» vement, et pour l'an ix, au rôle des patentes,
» comme banquier à Paris, on ne prouve pas
» qu'il ait payé ; qu'au contraire, le certificat dé-
» livré par le percepteur annonce qu'il a été dé-
» chargé ; qu'au surplus, ni cette qualité de ban-
» quier à Paris, ni celle préexistante ou simulta-
» née de marchand à Versailles, ne sont établies
» par aucuns genres de preuve propres à la ma-
» tière, et qui, si le fait était vrai, devraient se
» présenter en foule ; tels que circulation active
» d'effets, comptes courants en débits et crédits,
» correspondance avec les différentes places ; que
» dans la multitude de billets à ordre, ou autres
» effets compris au passif, on n'en trouve pas
» qui aient pour cause de véritables dettes de
» commerce, comme comptes courants ou achats

» de marchandises ; mais qu'ils sont tous relatifs
» à des dettes ordinaires, principalement aux
» constructions qui ont amené la ruine du sieur
» Delagarde ; beaucoup portant en effet ces mots:
» *valeur en constructions ;* qu'il résulte de tout
» ceci, que, dans aucun temps, depuis son arri-
» vée à Versailles en l'an III, jusqu'à sa dispari-
» tion dans les derniers jours de l'an IX, le sieur
» Delagarde n'a rien fait qui le range dans la
» classe des commerçants ; que, si depuis cette
» dernière époque qui est celle du dérangement
» de ses affaires, ceux qui ont agi pour lui, et
» auxquels il avait laissé sa procuration, ont jugé
» à propos de lui donner cette qualité de négo-
» ciant, que jamais il n'a prise lui-même dans
» aucun acte ; si, en conséquence, on a déposé
» un bilan, on a convoqué des créanciers, on a
» proposé un arrangement ; si l'on a fait publier
» au tribunal de commerce la séparation de
» biens de la dame Delagarde, c'est une précau-
» tion dictée par les circonstances. Le sieur De-
» lagarde avait souscrit beaucoup de lettres de
» change ; il était frappé de condamnations par
» corps, et l'on trouvait bon, pour le mettre à
» l'abri des poursuites qui menaçaient sa liberté,
» de le présenter alors comme négociant, afin
» qu'il pût user des faveurs que la loi accorde aux
» personnes de cet état qui ont éprouvé des re-
» vers ; mais tous ces actes postérieurs à la dé-

» route du sieur Delagarde, et qui, au surplus,
» sont restés sans effet, n'ont pas pu dénaturer
» son état, ni lui donner une qualité qu'il n'avait
» pas; que s'il n'était pas négociant, il n'y a
» point eu de faillite, il y a simple déconfiture;
» dès-lors toutes les dispositions rigoureuses de
» la loi concernant les faillites, l'incapacité où
» elle met le failli de disposer de ses biens, la
» nullité dont elle frappe les actes passés depuis
» l'ouverture de la faillite, ou dans les dix jours
» qui l'ont précédée, sont ici sans application ;
» que le sieur Delagarde, resté dans la classe gé-
» nérale des citoyens, n'est plus sujet qu'à la loi
» commune, qui défend simplement au débiteur
» de rien faire en fraude de ses créanciers ; mais,
» dans l'espèce, qu'aucun fait de fraude n'est jus-
» tifié, et l'inculpation de fraude n'est pas même
» proposable contre des actes publics contenant
» vente d'immeubles, et qui notifiés à une mul-
» titude de créanciers inscrits, n'ont point éprou-
» vé de surenchères. »

Par ces motifs, la Cour rejeta les appels; et
sans avoir égard aux jugements du tribunal de
commerce de la Seine, confirma ceux du tribunal
de Versailles. (*Voy. le Journal du Palais,*
collect. 1810, *p.* 470).

L'arrêt de cassation que nous avons annoncé,
n'est relatif qu'à la déconfiture, et au point de
droit qu'aucune des présomptions légales, con-

cernant les faillits, ne peut, sans abus de pouvoir, être appliquée aux autres personnes deve-
nues insolvables. « En déclarant (porte cet arrêt
» du 2 septembre 1813) que les lois concernant
» les faillites, n'étaient pas applicables à Chailly,
» qui n'était ni marchand, ni négociant, ni ban-
» quier, l'arrêt attaqué n'a pu violer les lois qui
» ne règlent pas les engagements contractés par
» des particuliers non marchands. » (*Voy.*
Journal du Palais, tom. 35, *p.* 261).

227. Les créances sur les commerçants ne sont
pas les seules à l'égard desquelles, la fraude étant
plus facile, la loi a dû prendre des précautions
particulières pour déconcerter les intrigues ; les
créances du Trésor public contre les condamnés,
et contre ceux qui manient les deniers de l'État,
seraient plus exposées encore, sans des mesures
préservatrices.

Le Droit romain contient plusieurs textes,
donnant au fisc sur les biens de ses débiteurs,
une préférence qui rend vaines les manœuvres
pratiquées pour le tromper. La même prévoyance
avait dicté les Ordonnances, Édits et Déclarations de 1669, 1671, 1691, 1700, et 1707, ainsi
que quelques Décrets du Corps Législatif; mais
l'anarchie qui, pendant plusieurs années, a dé-
solé la France, a fait oublier ces lois importantes ; que l'article 2098 du Code civil, et mieux
encore les deux lois du 5 septembre 1807, ont

rétablies, et mises en harmonie avec le nouveau système hypothécaire.

228. Par la première, le Trésor a sur les biens des condamnés, pour le remboursement de ses frais de poursuite, un privilége que ses agents doivent faire inscrire dans les deux mois, à compter du jugement de condamnation, mais qui remonte, pour ses effets à l'égard des autres créanciers, au jour du mandat d'arrêt : l'hypothèque même légale, acquise depuis le mandat, est réputée consentie en fraude du fisc. Toute autre hypothèque est frappée de la même présomption de fraude, non-seulement si l'acte qui la donne est postérieur au mandat, mais encore quand cet acte, se trouvant antérieur au mandat, n'a été inscrit que depuis. Ce privilége ne peut être primé que par ceux énoncés aux articles 2101, 2103 et 2105 du Code civil, par les hypothèques que n'atteignent pas les présomptions de fraude dont nous venons de parler, et par les frais de la défense du condamné. Cette précaution extrême ne comprend que les frais de poursuite, et non l'amende, le texte d'une loi d'exception ne peut pas être étendu, même aux cas analogues, si elle ne les a pas prévus ; d'ailleurs, l'amende qui est un droit acquis sans valeur fournie, est très-différente de la créance, pour le retour au Trésor, de frais dont il fait l'avance ; aussi la restriction du privilége à cette dernière créance, est-elle reconnue par

une lettre du Ministre de la justice, du 19 mars 1808. (*Voy. le Recueil de Sirey, tom.* 10, 2e. *partie, p.* 265.)

229. Ces dispositions, comme on le voit, ne concernent que les priviléges et les hypothèques, ce qui laisse à l'individu mis en mandat d'arrêt, la faculté d'aliéner ses biens ; en sorte que, s'il les vend, et que ses acquéreurs fassent transcrire, ils ne pourront pas être recherchés par le fisc, même hypothécairement. Pour ne pas voir de contradiction entre cette proposition et celle qui précède, il faut considérer que la loi ne donne pas au fisc une hypothèque directe sur les biens de l'accusé, mais seulement un privilége, pour écarter les créanciers qui concourraient avec lui sur ses biens; qu'il n'est, des-lors, frappé d'aucune incapacité, et qu'il peut continuer d'hypothéquer et de vendre, pourvu qu'il le fasse sans fraude; pourvu encore que ceux qui prennent hypothèque sur lui, soient assez prudents pour s'assurer que ses biens peuvent répondre de leur créance après celle du fisc. Les législateurs n'ont pas voulu porter plus loin les précautions ; une incapacité plus absolue aurait fait commencer la punition avant le jugement, ce qui serait incompatible avec l'esprit de liberté et d'équité qui respire dans notre législation. Cette interprétation a été donnée par les Ministres de la justice et des finances, dont les décisions ont été trans-

mises par la régie à ses agents, le 14 avril 1809.
(*Voy. Sirey, tom.* 10, p. 352.)

Mais si, par un respect extrême pour le principe de la propriété, la loi n'a pas attaché la présomption de fraude à ces aliénations tardives, il
n'en est pas moins vrai qu'elles inspirent naturellement une si forte suspicion, qu'il faut peu
y ajouter pour en obtenir l'annulation. *Voy. ci-
dessus*, n° 209.

230. La seconde loi du 3 septembre 1807,
régularise le privilége du Trésor sur les biens des
comptables. La base de ce privilége est la juste
présomption que, quand un des innombrables
agents, dans les mains desquels passent les deniers publics, est en déficit, tout ce qui se trouve
de meubles dans ses habitations, ainsi que tous
les immeubles acquis à titre onéreux, depuis
qu'il exerce son emploi, soit par lui, soit par sa
femme, même séparée de biens, proviennent de
ces deniers, par lui frauduleusement détournés.
Sa femme ne peut vaincre cette présomption légale, qu'en justifiant de son droit personnel et
légitime à ces biens, pour les avoir recueillis de
son chef, ou pour avoir employé ses propres deniers à en faire l'acquisition, et c'est à la conscience des juges que la loi confie le soin d'apprécier les preuves fournies.

231. Pour l'efficacité de ce privilége, et le concilier avec les intérêts légitimes des créanciers

du comptable, la loi a diverses dispositions. Par l'article 5, elle fixe un délai de deux mois, à compter de l'acte translatif de propriété, pendant lequel ce privilège peut être utilement inscrit, et cependant laisse aux créanciers du comptable les priviléges qui leur sont antérieurement acquis et régulièrement conservés, ainsi que tout autre hypothèque valablement inscrite.

Par l'article 7, elle commande aux comptables d'énoncer leurs titres et qualités dans les actes, par lesquels ils achèteront et vendront des immeubles, sous des peines graves; et aux receveurs d'enregistrement, comme aux conservateurs des hypothèques, de requérir ou de faire, au vu de ces actes, l'inscription du Trésor public.

De cette dernière disposition il résulte qu'il est difficile que l'inscription du Trésor soit jamais devancée par celles des autres créanciers du comptable; cependant, il peut arriver qu'un comptable après avoir, sans énonciation de sa qualité, et dans un pays où elle ne sera pas connue, acheté un immeuble, l'hypothèque a un tiers avant l'inscription du fisc, quoique ses agents, découvrant la fraude, aient pris cette inscription dans les deux mois. Dans ce cas, on pourrait agiter la question de savoir, si le privilége du Trésor est primé par l'hypothèque du créancier?

Pour ce dernier, on pourrait dire que sa créance

étant *légalement inscrite*, ne peut, aux termes du n°. 3 de l'article 5, éprouver de préjudice du privilége du Trésor inscrit postérieurement; et que c'est, en prévoyant ce cas, que l'article 7 menace les comptables dissimulant leur qualité, de la destitution, et d'être poursuivi comme banqueroutiers frauduleux.

Le sentiment contraire est justifié par plusieurs réflexions, qui nous semblent décisives; 1°. Toute interprétation qui laisse sans objet la moindre partie dans le texte d'une loi, est nécessairement erronée, et doit céder la place à celle qui donne la vie et la force à toutes les parties du texte interprété. Or, que deviendrait la disposition, qui tout en établissant le privilége du Trésor sur les immeubles acquis par le comptable, n'exige son inscription que dans les deux mois de l'enregistrement du contrat d'acquisition, si un créancier, en prenant inscription dans ces deux mois, pouvait primer le Trésor, dont la créance inscrite postérieurement se trouverait cependant l'avoir été dans les deux mois? Cette créance aurait donc le même sort que celle inscrite après le terme, et l'empressement qu'on aurait mis à profiter du délai serait inutile; ce qui n'est pas soutenable.

2°. Ce privilége est absolument semblable à celui attribué, par l'article 2109 du Code civil, aux cohéritiers sur les biens partagés, en pre-

nant inscription, dans les soixante jours, de l'acte
qui fait cesser l'indivision, durant lequel temps,
porte la loi, aucune hypothèque, ne peut produire d'effet au préjudice du cohéritier. La loi de
1807, il est vrai, ne contient pas cette dernière
disposition, mais elle y est nécessairement sous-
entendue ; elle est la conséquence irréfragable,
non-seulement de ce que deux mois sont donnés
pour l'inscrire utilement, mais aussi de ce que
le droit accordé au Trésor est un privilége.

3°. Effectivement, c'est la base essentielle du
système établi par cette loi ; elle distingue entre
les biens qu'avait le comptable avant sa nomination, ou qui lui sont parvenus depuis à titre gratuit, et ceux par lui acquis depuis sa nomination.
Elle donne au fisc, sur ces derniers, un privilége,
à la seule condition qu'il sera inscrit dans les
deux mois de l'acquisition ; sur les autres, elle
ne lui confère qu'une hypothèque à la charge de
l'inscription, conformément à l'article 2134 du
Code civil, c'est-à-dire ne produisant son effet
que du jour où elle est réalisée.

DISTINCTION IIme.

Fraude dont la preuve doit être fournie contre les tiers.

SOMMAIRE.

232. Si la rapidité nécessaire aux opérations de commerce, et la confiance qui y est indispensable, donnent à la fraude de plus faciles et plus

fréquentes occasions de s'y glisser, que dans
les transactions civiles, les moyens de la prévenir et la démasquer y sont aussi bien plus nombreux. Ces moyens sont, d'abord, la faculté donnée
aux Tribunaux de commerce d'admettre toute espèce de preuve, dans quelque contestation que ce
soit. (*Voy*. 1ʳᵉ. *partie*, *nᵒ*. 131.) Ils sont encore
abondamment fournis par les écritures que le
négociant est astreint à tenir et conserver de
tout ce qui a rapport à son commerce et aux dépenses de sa maison ; mesure salutaire que nous
a transmise l'ancienne législation, et au maintien de laquelle les tribunaux ne peuvent pas
apporter trop de sévérité.

La loi n'a fait en cela que rendre obligatoire,
dans l'intérêt général, ce que les négociants eux-
mêmes avaient conçu les premiers dans leur intérêt particulier. Ils doivent donc, chaque fois
que la justice le trouve convenable, représenter
leur livre-journal, celui de leurs inventaires an-
nuels, la liasse des lettres par eux reçues, et le
registre contenant la copie de toutes celles qu'ils
ont écrites. *Livre* 1ᵉʳ., *tit*. 11 *du Code de commerce*.

Les exemples de fraudes découvertes par l'examen des livres d'un commerçant sont innombrables : un des plus notables est celui que nous
avons rapporté dans la 1ʳᵉ. *partie*, *nᵒ*. 134 ; on y
voit la dame Dandurain obtenir la réduction à

3,308 fr. 14 s. 6 d. d'une créance que Marimpoey prétendait être de 8,990 f. *Voy*. aussi ci-après n°. 235.

L'importance de l'examen de ces livres se fait surtout sentir dans les faillites, véritables tempêtes du commerce, qui portent tout-à-coup la désolation au loin, et alarment même ceux qu'elles n'atteignent pas directement, par la crainte des faillites ultérieures.

233. Lors donc qu'une de ces calamités appelle les personnes qu'elle afflige, à partager le résidu qu'il a plu au failli de leur laisser, elles sont réunies devant un des juges de commerce qui procède à la vérification des dettes, parmi lesquelles, trop souvent, la fraude en a placé de mensongères. Tout réclamant pour fait de commerce est tenu, si on l'exige, de représenter ses livres et les lettres qu'il a dû recueillir. Ces documents sont comparés à ceux du failli, ainsi qu'aux titres produits par le réclamant ; et si la créance n'est pas sincère, en tout ou partie, il est difficile qu'on ne parvienne pas à s'en apercevoir.

234. Les créanciers sont d'ailleurs admis, par l'article 509, à articuler et à prouver même contre les créanciers non commerçants, tous les faits qui sont à leur connaissance ; disposition fondée sur le principe général qu'en matière de fraude, et surtout à l'égard des tiers, la preuve des faits graves et concluants ne peut jamais être refusée.

De ce principe découle la conséquence que, par la seule force des présomptions, les juges peuvent, soit rejeter en totalité, soit réduire en partie, une créance même fondée en titre, quand leur conscience est pénétrée de la certitude qu'il y a fraude dans la réclamation. Sans ces règles, que de créances éteintes ne verrait-on pas renaître dans les faillites, dont la plupart ne sont que des spéculations frauduleuses.

Marie Deleuze se prétendait créancière sur Allais, failli, de 43,759 fr., montant de sept billets qu'elle représentait. Les syndics soutenaient et prouvaient, par de nombreuses et graves circonstances, qu'il ne lui était dû que 12,600 fr. Le 28 octobre 1812, le tribunal de commerce de Nismes, accueillant ces présomptions, prononça la réduction demandée ; son jugement fut confirmé par arrêt de la Cour de la même ville, du 23 novembre 1813, et le 12 décembre 1815, le pourvoi de Marie Deleuze fut rejeté par la Cour de cassation :

« Attendu qu'en matière de vérification de
» créance sur un failli, les tribunaux de commerce
» sont autorisés, par l'article 509 du Code de
» commerce, à ordonner des enquêtes et à faire
» citer les personnes qui peuvent donner des
» renseignements ; que, par conséquent, d'après
» l'article 1353 du Code civil, les tribunaux peu-
» vent admettre aussi des présomptions graves

» et concordantes , qui sont abandonnées aux
» lumières et à la prudence des magistrats ; que la
» Cour , dont l'arrêt est attaqué , n'a ni violé ni pu
» violer aucune loi , en admettant les présomp-
» tions graves et concordantes qui ont servi de
» base à sa décision.» (*Voy. le Journal du Pa-*
lais , tom. 44 , *p.* 541.)

235. Le créancier réclamant ne pourrait raisonnablement refuser l'exhibition de ses livres
qu'autant qu'il se serait écoulé plus de dix ans ,
et qu'il déclarerait les avoir détruits, l'article 11
du Code de commerce , le dispensant de les
conserver plus long-temps ; encore pourrait-on
exiger qu'il affirmât la sincérité de cette déclaration. L'usage dans lequel sont les commerçants ,
pour peu que leur négoce soit important, de conserver leurs livres toute leur vie , et cela dans
leur propre intérêt , éléverait contre la déclaration de celui qui assurerait n'avoir plus les siens,
non une présomption légale , mais une de ces
présomptions graves qui , concordant avec plusieurs autres , pourrait faire rejeter sa demande.

S'il prétendait n'en avoir pas tenu , les circonstances serviraient à reconnaître le plus ou moins
de véracité de sa déclaration : très-constamment ,
il serait en contravention à une des régles les plus
importantes du commerce , et ne pourrait faire
accüeillir sa créance , qu'autant que sa bonne foi
serait évidente.

Le rejet en serait prononcé sans la moindre hésitation, si, contre sa prétention, il était prouvé qu'il a tenu des livres : il en serait de même à l'égard de celui qui aurait prétendu n'avoir plus ses livres antérieurs à dix années, s'il devenait constant qu'il les possède encore.

Un négociant soutiendrait, en vain, avoir les siens, s'il ne prouvait pas l'accident qui l'en aurait privé.

Enfin le refus, sans motifs justifiés, emporte déchéance de toute réclamation. Telle est la conséquence de la Déclaration du Roi, du 13 septembre 1739, dont la Cour de Dijon et celle de cassation ont fait une rigoureuse, mais très-juste application dans leurs arrêts des 15 pluviôse an x, et 12 floréal an xii.

Lerat déposa son bilan le 14 frimaire an vi, et y porta les frères Manuel pour 17,000 fr., dont 10,000 fr. déjà payés à compte. Lors de la vérification, les frères Manuel se prétendirent créanciers de 198,428 fr. pour solde d'un compte qu'ils offraient *de vérifier sur les livres dont ce compte était tiré, et qu'ils produiraient au besoin.* Pressés de représenter ces livres, ils changèrent de langage, déclarant « n'avoir jamais tenus de » livres contenant leurs négociations avec Lerat; » et dans le cas où l'on refuserait d'ajouter foi à » un compte extrait d'une feuille informe re » trouvée par hazard, ils exhibaient une obliga

» tion de 60,000 fr. souscrite le 28 pluviôse an
» IV, par Lerat, pour solde de tous comptes en-
» tr'eux. »

Cette tergiversation fit insister davantage sur
la représentation de leurs livres ; et, le 21 thermidor an IX, le tribunal ordonna que, dans dix
jours, ils seraient tenus de le faire, sinon ils ne
seraient admis que pour la dette reconnue par
Lerat dans son bilan.

Il y eut appel de part et d'autre; et la Cour,
faisant droit à celui des syndics des créanciers,
déclara les frères Manuel totalement déchus de
leur créance. Les principaux motifs de l'arrêt
sont : « Que, d'après l'Ordonnance de 1673, et
» la Déclaration de 1739, soit que l'on considère
» les frères Manuel comme ayant des livres sur
« lesquels ils ont inscrit leurs négociations avec
» Lerat, et qu'ils refusent de représenter, soit
» comme n'y ayant porté rien qui fût relatif à ces
» négociations, ils ont, dans l'un comme dans
» l'autre cas, encourru la peine de la déchéance ;
» qu'il y a d'autant moins à hésiter d'user à leur
» égard de toute la sévérité de la loi, qu'ils ne
» sont pas à l'abri de violents soupçons de fraude,
» pour avoir constamment varié sur le titre cons-
» titutif de leur créance, comme sur les éléments
» dont elle est composée. »

L'arrêt de la Cour de cassation, sur le pourvoi
des frères Manuel, n'est pas moins énergique :

« Attendu que, faute de se conformer aux
» dispositions de l'Ordonnance de 1673, celle de
» 1739 prononce la déchéance du créancier;
» que les frères Manuel se sont placés dans cette
» hypothèse, en se déclarant créanciers en résul-
» tance de leurs livres de commerce, que d'abord
» ils offraient de représenter, et qu'en défini-
» tive ils ont refusé de produire; d'où il suit
» que la Déclaration de 1739 a été justement ap-
» pliquée; que la reconnaissance de Lerat, insé-
» rée dans son bilan ou dans un écrit quelconque,
» ne pouvait pas constituer un titre à un créan-
» cier qui n'en représente pas d'autre; que d'ail-
» leurs les variations et réticences des frères Ma-
» nuel sur le montant, la nature du titre et les
» éléments de leur créance, suffiraient toutes pour
» justifier le jugement attaqué. » (*Voy. le Journal du Palais*, 2ᵉ. *sémestre an* xii, *p.* 145.)

Les dispositions de l'Ordonnance de 1673, et
de la Déclaration de 1739, se retrouvent implicitement dans les articles 501 et suivants du Code
de commerce, et commandent aujourd'hui la
même sévérité.

En résumé, sur cette matière, reconnaissons
que les véritables titres du négociant sont ses livres; que des actes isolés, pour des créances
dont ses livres ne contiennent pas les éléments,
doivent être regardés comme les œuvres de la
fraude, tandis que la créance dont les livres

donnent l'origine , la nature et les progrès , est suffisamment justifiée , lors même qu'elle n'aurait pas été réglée dans un titre définitif.

Passons aux autres moyens de déconcerter la fraude des débiteurs. Celui le plus ordinairement employé par eux pour frustrer leurs créanciers , est de disposer de leurs biens par des actes à titre gratuit ou onéreux.

236. En général, on tient pour principe relativement aux aliénations à titre gratuit, qu'il suffit que la fraude du débiteur soit prouvée pour que le tiers soit dépossédé , sans qu'il soit nécessaire de lui prouver autre chose que la déloyauté de celui qui , généreux à son égard , a commis un véritable larcin envers ses créanciers. (*voy. ci-dessus* n°. 204) Cette règle est fondée sur l'équité naturelle, qui ne peut pas tolérer que, de la même source , découlent une perte pour le créancier et un lucre pour le donataire. *Simili modo dicimus , et si cui donatum est non esse quærendum an sciente eo cui donatum , gestum sit , sed hoc tantum , an fraudentur creditores : nec videtur injuriâ affici is qui ignoravit , cum lucrum extorquatur , non damnum infligatur. L. 6 , ff. quæ in fraud. cred.*

Domat, dans ses *Lois civiles , p.* 192, en fait une règle de notre Droit : « La bonne foi du do- » nataire n'empêche pas qu'il ne fût injuste, qu'il » profitât de la perte des créanciers. » Cette doctrine n'a jamais eu de contradicteurs dans notre ancienne jurisprudence, et le Code civil ne contient pas un mot qui puisse l'altérer. Aussi, dans la lettre du Ministre de la justice, dont nous avons parlé, n°. 228, remarque-t-on ce passage.

« Il y a une différence à faire entre les aliéna-» tions à titre onéreux et les dispositions à titre » gratuit : celles-ci sont plus facilement révo-» quées que les autres. Il suffit, en effet, de prou-» ver la fraude de celui qui a disposé ; tandis que, » pour les aliénations à titre onéreux, il faut en-» core prouver la participation de l'acquéreur à » cette fraude. »

La transcription de la donation, qui n'ajoute rien à son mérite, ne serait d'aucun poids contre l'action révocatoire. (*Voy. le Traité des Donations,* de M. Grenier, n°. 93.)

237. Pour établir la fraude du donateur, il suffit de prouver son infortune au moment de la donation, parce qu'en effet, si alors ses dettes surpassaient son avoir, il ne pouvait en rien donner qu'au préjudice de ses créanciers. C'est donc ce préjudice que doit prouver celui qui se plaint, en sorte que le donataire doit être admis, s'il le demande, à la preuve contraire, c'est-à-dire à faire voir que la détresse de son bienfaiteur est postérieure à sa libéralité, et que lorsqu'il lui donnait, il pouvait le faire sans léser personne. Il faut encore que celui qui l'inquiète fût créan-

cier du donateur au moment de la donation.
(*Voy. le n°.* 199.)

238. Sous ce rapport, comme sous une infinité d'autres, les donations, par contrat de mariage, ne doivent pas être comprises dans les aliénations à titre gratuit, mais bien dans celles à
titre onéreux. C'est un point généralement reconnu que tout ce qui est donné ou promis aux
époux, soit entr'eux, soit par leur père et mère,
soit par toute autre personne, est réputé condition de leur union. Des êtres raisonnables ne se
marient qu'en considérant les moyens mis à leur
disposition , pour supporter les charges auxquelles ils s'exposent, et il est évident que tout
ce qu'ils reçoivent dans cette vue, ils ne le reçoivent qu'à titre onéreux : on ne peut donc pas les en
priver, sans prouver qu'en acceptant la donation,
ils savaient qu'on leur donnait ce qui, conscien-
sieusement, aurait dû être réservé aux créanciers
du donateur. (*Voy. Domat*, *liv.* II, *tit.* x, *section* 1, *art.* 11.)

239. Cette exception, comme le principe qu'elle
modifie, est fondée sur un texte formel du droit :
*In maritum qui ignoraverit , non dandam ac-
tionem , non magis quam in creditorem qui à
fraudatore quod ei deberetur acceperit. Cum is
indotatam uxorem ducturus non fuerit. L.* 25,
ff. *quæ in fraud. cred.*

240. On remarquera sans doute que cette loi

semble ne s'occuper que de l'intérêt du mari qui
a reçu, de bonne foi, une dot constituée en fraude
des créanciers du père de sa femme; mais les
motifs d'équité qui ont dicté cette décision, plai-
dent également en faveur de cette femme, si,
comme son mari, elle a ignoré le tort que, pour
l'établir, son père a fait à ses créanciers. Elle a
effectivement, en se mariant, contracté les mêmes
obligations, elle a pris dans le monde un autre
rang, elle s'est exposée à devenir mère, et a dû
compter sur sa dot, pour l'aider à nourrir ses
enfants. Telle est l'esprit de la loi 14ᵉ. au même
titre, qui veut que, quand la femme a profité
sciemment de la fraude de son père, elle soit
tenue de céder aux créanciers de ce dernier, l'action qu'elle a contre son mari en répétition de sa
dot : *Si fraudator pro filiâ suâ dotem dedisset*
scienti fraudari creditores, filia tenetur, ut
cedat actione de dote adversùs maritum. Puisqu'elle n'est tenue d'abandonner sa dot que lors
qu'elle a connu la fraude; elle doit donc la conserver dans le cas contraire.

241. Lorsque le mari a ignoré la source impure
de la dot de sa femme, mais que celle-ci l'a connue, les créanciers du père ne sont contraints à
laisser au mari que les droits qu'il y a personnellement comme chef de la communauté, ou comme
donataire de sa femme par leur contrat de mariage. À la dissolution du mariage, tout ce qui
n'est pas donné au mari, retourne aux créan-

ciers du père , sans que les enfants du mariage puissent y rien prendre, lors même que leur mère étant morte la première , ils auraient renoncé à sa succession , le mari n'en transmet rien à ses enfants, son droit n'étant attaché qu'à sa qualité, s'éteint avec elle.

242. La main mise des créanciers sur la dot de la fille de leur débiteur a lieu, quand même elle été mineure lors de son mariage ; la minorité n'est d'aucun secours dans les délits et les quasi délits , comme nous l'avons établi pour le dol. *Voy. la première partie, n°. 49.*

243. Les mêmes principes s'appliquent au cas où le débiteur a doté son fils, au préjudice de ses créanciers ; si l'âge et les autres circonstances de fait n'établissent pas que le fils ait connu le mauvais état des affaires de son père , il doit conserver la dot qui a servi à fonder son établissement.

Dans le cas, au contraire, où on démontrerait que la position de son père lui était connue, les créanciers auraient contre lui une action en restitution des choses données , et la femme conserverait seulement son hypothèque légale sur les immeubles, sauf son action solidaire contre son mari et son père , pour tous les torts que leur mauvaise foi lui ferait éprouver.

Toute action serait interdite à cette femme , toute hypothèque lui serait refusée, si l'on découvrait qu'elle était elle-même complice de la fraude.

244. Enfin, les donations d'un des époux à
l'autre, par leur contract de mariage, sont également hors des atteintes des créanciers du donateur, quand le donataire a été de bonne foi.
C'est avec une surprise extrême que nous avons
lu, dans la *Jurisprudence générale* (1826, 2. 236)
un arrêt de la Cour de Bordeaux, du 18 juin 1825,
portant « que le principe général de l'action ré-
» vocatoire des créanciers est applicable aux do-
» nations par contract de mariage ; que la bonne
» foi du donataire n'est dans ce cas d'aucune con-
» sidération. » Nous croyons avoir suffisamment
établi la proposition contraire ; nous ajouterons seulement qu'une telle donation, faisant
partie des conventions de mariage, et par fois
ayant été la plus décisive, elle se trouve placée
sous la protection spéciale écrite dans l'article
1347 du Code civil, en faveur de toutes les conventions de mariage qui ne lèsent pas les bonnes
mœurs. Comment pourrait-on concilier ce texte
absolu avec le droit que pourraient avoir les
créanciers du mari, comme dans l'espèce, de
ravir à sa femme les 12,000 fr. sur lesquels elle a
compté en se mariant, sans lui prouver que,
connaissant l'insolvabilité de son mari, et voulant
s'enrichir aux dépens de ses créanciers, elle a
fait un pacte offensant les bonnes mœurs.

Nous nous persuadons que cette grave erreur
ne s'est glissée que dans la rédaction de l'arrêt ;

que la décision a été déterminée par les autres circonstances de la cause, et probablement que
l'insolvabilité du mari était trop évidente pour
que sa femme eût pu l'ignorer, en l'épousant ;
parce qu'en effet, en pareil occurrence, il est
difficile de croire à la bonne foi de la femme.

Cependant, comme il n'est pas rare de voir
des intrigants se parer assez adroitement des
apparences de la fortune, quelquefois de l'opu-
lence, pour fasciner les yeux d'une famille, et
alléger leur misère au préjudice de la personne
qu'ils épousent; il importe de conserver intact
un principe précieux, dont les tribunaux sauront
bien ensuite faire ou refuser l'application, suivant les preuves de bonne ou de mauvaise foi.

245. La femme qui, ayant des créanciers, se
dote elle-même, ne fait pas une donation, son
mari est tenu de ses dettes, et les créanciers
exercent leurs droits directement contre lui,
sauf les modifications établies par l'article 1410
du Code civil. *Voy. ci-dessus*, n°s. 84 *et* 85.

246. Dans les traités à titre onéreux dont il
nous reste à parler, le débiteur cherche à rendre
vaines les poursuites de ses créanciers, ou en
simulant un passif qui les décourage, ou en dissimulant son actif.

247. Il se couvre d'un passif simulé, soit en
consentant des condamnations sans cause, au
profit de ceux qui l'aident dans ses manœuvres,

soit en souscrivant à leur profit des obligations feintes, soit enfin en faisant revivre des obligations éteintes.

248. Nous avons déjà traité des condamnations collusoires existantes sur un débiteur, et des moyens que peuvent employer les créanciers légitimes pour les faire disparaître. *Voy*. n°. 62.

249. Nous n'ajouterons ici que ce qui regarde les séparations de biens obtenues par les femmes mariées : souvent elles ne sont qu'une intrigue concertée entre les deux époux pour tromper leurs créanciers. Le désir d'en préserver ceux-ci a fait multiplier les moyens de rendre publiques ces instances. *Art*. 1443 et suivants du Code civil, et 865 du Code de procédure.

Les créanciers, sans intervenir dans la cause, peuvent prendre communication des pièces justificatives, *art*. 871. Lorsqu'ils le jugent convenable à leurs intérêts, ils peuvent intervenir, non-seulement pour discuter les répétitions de la femme, qu'ils croiraient exagérées, mais même pour attaquer les motifs allégués à l'appui de la demande en séparation. Prétendre, comme quelques-uns l'ont pensé, qu'ils doivent se borner à l'examen des reprises que veut faire la femme, c'est commettre une grave erreur : d'une part, la loi n'a pas ainsi limité l'objet de l'intervention qu'elle autorise; de l'autre, leur intérêt et leur droit sont sensibles, puisque, tant que la

communauté subsiste, les revenus des biens de
la femme y tombent, appartiennent au mari,
leur débiteur, et font partie de leur gage : c'est
même pour leur conserver cet avantage, que
la femme n'est admise à se séparer de biens que
lorsque sa dot *est en péril*.

250. Les obligations feintes peuvent être combattues par toutes les voies que nous avons tracées dans cette *deuxième partie*, n°. 15 *et suivants*.

251. Un arrêt de la Cour de Bruxelles offre
l'exemple de la renaissance frauduleuse d'une
dette anciennement acquittée par le débiteur,
et qui fut attaquée avec succès. Cloué était originairement créancier d'une rente de 112 fr. sur
les biens de Moisson. La veuve Collard, aussi
créancière de ce dernier, s'étant fait envoyer en
possession des biens de Cloué, faute de paiement, Cloué la poursuivit à son tour, en réclamant quatorze années de la rente. Elle s'en défendit, en offrant de prouver, par témoins, que
le 11 mars 1795, Moisson avait remboursé cette
rente. Les premiers juges pensèrent que la preuve
testimoniale n'était pas recevable, et autorisèrent
la continuation des poursuites. Le 17 janvier
1810, la Cour de Bruxelles, réformant ce jugement, admit la veuve Collard à faire la preuve,
soit par les pièces produites ou à produire, soit
par témoins, du remboursement articulé. En

voici les motifs : « Attendu que, si la rente a été
» remboursée, il n'a pas dépendu de Moisson de
» la faire revivre, et de gréver par là, au préju-
» dice d'autres, des biens dont il était dessaisi ;
» que ce fait étant celui d'un tiers à l'égard de
» l'appelante, la prohibition de la loi, relative-
» ment à la preuve testimoniale, n'est pas ap-
» plicable ; qu'elle l'est d'autant moins, qu'il ré-
» sulte des faits et circonstances de la cause, les
» indices les plus frappants que la reconstitution
» de la rente pourrait être l'ouvrage d'une collu-
» sion frauduleuse, afin de faire revivre un ca-
» pital éteint. » (*Voy. Sirey, tom.* 11, *p.* 38.)

252. Par un bien plus grand nombre de voies,
le débiteur improbe parvient souvent à dissimuler son actif : elles sont toutes comprises dans
cette courte règle : *Qui aliquid fecit ut desinat
habere quod habet. L.* 3, §. *ult.* ff. *si quid in
fraud. patri.* Aussi la loi, dans sa prévoyance,
a-t-elle multiplié les moyens par lesquels les
créanciers peuvent ou prévenir ces fraudes, ou
les réprimer.

253. Ils les préviennent en s'emparant, par
des oppositions ou des saisies-arrêts, des droits
qu'ont leurs débiteurs sur des tiers, et les exerçant eux-mêmes ; faculté qui leur est particulièrement conservée par les articles 1166 du
Code civil, et 557 du Code de procédure.

254. Lorsque la saisie-arrêt n'a pour objet

qu'une créance mobiliaire, le saisissant, qui n'en a ni les titres, ni les documents, est exposé à toutes les manœuvres de la fraude, si son débiteur et le tiers-saisi conspirent pour rendre vaine sa poursuite.

Dans sa prévoyance, la loi n'a pu opposer à ce danger que l'affirmation du tiers-saisi, exigée par l'article 571 du Code de procédure.

255. Cependant, cette affirmation, qui doit toujours accompagner la déclaration du tiers-saisi, n'est pas un obstacle à ce que le saisissant ne soit admissible à prouver, par tous les moyens en son pouvoir, même par témoins, l'existence de la dette, à quelque somme qu'elle s'élève, et à faire juger frauduleuse la déclaration du tiers-saisi. Les motifs par lesquels la Cour de Bruxelles, dans l'arrêt du 17 janvier 1810 (que nous venons de rapporter, n°. 251), a jugé qu'un tiers pouvait prouver par témoins la libération de son débiteur contre un titre écrit, militent également en faveur du tiers voulant établir la créance du débiteur sur le saisi ; lorsqu'il les accuse tous deux de fraude, et demande à les en convaincre.

256. Il peut même arriver que les faits et les circonstances produisent des présomptions suffisantes pour avoir, sur-le-champ, justice de la fraude ; c'est ce qui s'est réalisé dans une affaire dont Denisart, au mot *saisi-arrêt*, rend compte. Un chirurgien avait traité, dans une maladie, la

femme-de-chambre du sieur Desmarais, et fait une saisie sur ses gages. Un an après, ayant assigné le sieur Desmarais en déclaration, celui-ci soutint, d'abord, que les gages des domestiques étaient insaisissables. Condamné sur ce point, il déclara ne rien devoir, et le Châtelet accueillit sa déclaration. Au Parlement, on prétendit, avec raison, qu'en supposant qu'au moment de la saisie-arrêt, il ne dût rien à sa femme-de-chambre, au moins depuis et pendant l'instance, il n'avait pas pu se libérer sans fraude. Par arrêt du 24 octobre 1726, il fut condamné à payer les gages de cette fille, depuis le jour de la saisie-arrêt, à raison de 100 fr. par an.

257. Hors les cas de fraude, le saisissant, n'agissant, dans la saisie-arrêt, qu'au nom de son débiteur, n'est que son *ayant-cause* : en conséquence, les quittances et autres actes libératifs que le tiers-saisi représente font foi, même de leur date, quoiqu'enregistrés postérieurement à la saisie-arrêt. L'article 1328, uniquement conservateur des droits des tiers, n'est pas applicable, lors même que la libération aurait eu lieu par anticipation, comme si un locataire avait, par bienveillance, ou par d'autres motifs également plausibles, avancé au propriétaire un ou plusieurs termes ; si rien de mensonger n'était aperçu dans la déclaration, elle ferait la loi des parties.

Puiser une opinion contraire dans le droit que les articles 2102 du Code civil et 820 du Code de procédure donnent aux propriétaires des maisons et des fermes, pour le paiement de leurs loyers sur les sous-locataires, ce serait s'égarer. Dans ce cas, le créancier n'exerce pas le droit de son débiteur, mais le sien propre, c'est-à-dire, le privilége attaché à la nature de sa créance.

258. L'article 1166, dans sa généralité, comprend toutes les espèces de droits, à la seule exception de ceux attachés à la personne. Ainsi, du moment où le créancier est informé que son débiteur a un droit ou une action à exercer, il peut le mettre, en quelque sorte, sous sa main, en notifiant, tant à son débiteur qu'au tiers sur lequel frappe le droit ou l'action, qu'il s'oppose à ce qu'ils en traitent sans sa participation ; et si, au mépris de cette opposition, ils portent la moindre atteinte à ce droit, ce qu'ils auront fait, et qui se trouvera préjudiciable aux intérêts du créancier, sera réputé frauduleux, et annulé.

Les sieur et dame Dupuy, créanciers du sieur de Ségur, informés que ce dernier avait dirigé contre le sieur Mauperché, une action en rescision pour lézion de la vente qu'il lui avait faite d'un hôtel à Paris ; que les gens d'affaires du sieur de Ségur, depuis deux années, ne donnaient aucune suite à cette action, et s'occu-

paient à en traiter avec Mauperché , leur firent
signifier , ainsi qu'à Mauperché , le 20 floréal
an x, qu'ils s'opposaient à tous arrangements
qui seraient faits à ce sujet, sans les y appeler.
L'événement justifia leurs craintes , car, malgré
leur opposition , Mauperché profita de l'état de
maladie où était Barabé, l'un des agens du sieur
de Ségur, qui mourut le surlendemain , pour
lui faire signer un désistement pur et simple de
l'action. Neuf ans après, les sieur et dame Dupuy
intervinrent dans cette instance abandonnée ,
conclurent à la nullité du désistement, et à ce
que l'action fut suivie par le sieur de Ségur dans
un délai, passé lequel ils lui seraient subrogés. Le
sieur de Ségur fit défaut; mais Mauperché leur
opposa le désistement, et le tribunal de la Seine
les déclara non-recevables à intervenir dans une
instance éteinte par le désistement du demandeur.

Les principes protecteurs des créanciers furent mieux appréciés par la Cour de Paris , dont
l'arrêt, du 24 février 1806, déclara nul et frauduleux le désistement de Barabé , pour le sieur
de Ségur, subrogea les sieur et dame Dupuy à
leur débiteur , et les autorisa à suivre sur l'action en rescision. Les motifs sont : « Que
» tout créancier, pour empêcher que son dé-
» biteur ne transige avec des tiers, en fraude
» de ses droits , peut s'opposer à ce qu'il soit

» fait entr'eux aucun arrangement hors de sa
» présence ; que Dupuy avait pris cette précau-
» tion ; que dès-lors Barabé n'a pas pu, comme
» mandataire de Ségur, se désister au préjudice
» de cette opposition. »

259. Nous n'en ferons pas moins observer
que, dans ce cas, comme dans tous les autres,
un seul excepté, cette mesure préservatrice de
l'opposition n'est qu'une sage précaution, et
qu'elle n'est pas indispensable, en sorte que,
quand les sieur et dame Dupuy n'auraient pas
formé opposition à l'arrangement, ils n'eussent
pas cessé d'être recevables, en intervenant, à soutenir le désistement nul, et fait en fraude de
leurs intérêts. Mais l'avantage qui en résulte est
précieux, en ce qu'elle peut dénouer l'intrigue,
et que si elle ne déconcerte pas les coupables,
elle en assure la répression, sans qu'il soit besoin de prouver leur fraude, autrement que
par leur résistance à l'opposition. Tel a été le
résultat de celle des sieur et dame Dupuy, qui,
sans cela, auraient été contraints à prouver plus
complétement la fraude de Mauperché.

260. Nous venons de dire qu'il y a exception
pour un cas : c'est celui du partage de succe~ .on.
Le repos des familles paraît avoir suggéré aux
rédacteurs du Code, cette disposition nouvelle
dans la législation, par l'article 882 : « Les créan-
» ciers d'un co-partageant, pour éviter que le

» partage ne soit fait en fraude de leurs droits,
» peuvent s'opposer à ce qu'il y soit procédé hors
» de leur présence ; ils ont le droit d'y interve-
» nir à leurs frais ; mais ils ne peuvent attaquer
» un partage consommé, à moins toutefois qu'il
» n'y ait été procédé sans eux ; et au préjudice
» d'une opposition qu'ils y auraient formée. »

Cette disposition est trop formelle, pour qu'il soit possible de méconnaître que son objet est de faire rejeter toute plainte en fraude, contre un partage consommé, quelques graves que puissent être et les faits et les preuves ; l'article 1167 contient, d'ailleurs, une exception spéciale pour les partages, qui ne permet pas le moindre doute.

261. Infailliblement l'expérience amènera la révision de cette disposition. Sans doute il importe que les familles ne soient pas exposées légèrement à des recherches, lorsque parmi les copartageants, il s'en trouve dont les affaires sont en désordre ; ce but serait suffisamment rempli, en maintenant tous les partages faits, de bonne foi, avant l'opposition des créanciers, mais c'est faire beaucoup trop que d'exclure l'action en fraude. Avant le Code, le créancier n'y était admis qu'en prouvant que tous les copartageants s'étaient rendus complices de la fraude du débiteur : or, quand cette preuve est faite, quel intérêt peut inspirer une famille où

ce concert a existé? encore s'il était toujours possible aux créanciers de prévenir ces manœuvres,
par leur intervention dans les partages, il serait
naturel de les punir ainsi de leur négligence ;
mais qui ne voit combien il est facile, quand tous
les copartageants sont présents et majeurs, pour
peu que les créanciers soient éloignés, de rendre
vaine leur intervention?

262. Au surplus, nous pensons qu'une telle
disposition, qui forme exception à la règle générale contenue dans l'article 1167 du Code civil,
doit être restreinte à son objet direct et spécial;
c'est-à-dire, aux partages ordinaires, dans lesquels chaque copartageant reçoit sa portion en
nature, autant que la divisibilité des choses a
pu le permettre, et aux licitations auxquelles on
a été contraint d'avoir recours dans l'impossibilité de partager. A l'égard des cessions de droits
successifs, quoiqu'elles tiennent lieu de partage,
et leurs soient assimilées, pour les effets qu'elles
produisent entre les copartageants, il nous semble qu'elles doivent rester soumises à l'action
en fraude des créanciers du vendeur, s'il apparaît que c'est, pour échapper à leurs poursuites,
que la cession a été conçue.

Qu'on se pénètre bien de l'esprit et de la lettre
de l'article 882, de ceux qui le précèdent, et de
celui qui le suit immédiatement, et notre sentiment sera probablement accueilli : on y trouve

exprimés la forme et les effets du partage, ainsi
que de la licitation, et il n'est pas dit un mot de la
vente des droits successifs, quoique dans l'article 780 il en ait été fait mention; mais seulement pour la réputer *acte d'héritier*.

On pourrait regarder comme opposés à cette
opinion, un arrêt de la Cour de Paris, du 11 janvier 1808, et celui conforme rendu sur le pourvoi, par la Cour de cassation, le 25 janvier 1809.
La demoiselle Buchillot, au lieu de prendre part,
avec ses frères et sœurs, à l'abandon que son
père leur avait fait de tous ses biens, avait reçu
d'eux 21,000 fr. pour lui tenir lieu de ses droits.
Cet acte était attaqué par le sieur Gibon, son
créancier, qui prétendait avoir hypothèque sur
la portion de sa débitrice, dans les immeubles
abandonnés par son père, et ses prétentions furent rejetées. Mais la question d'hypothèque fut
la seule agitée dans cette cause; le sieur Gibon
n'argua pas de fraude le traité fait entre sa débitrice et ses frères, et tout porte à croire qu'il
l'eût fait inutilement, le traité n'ayant eu lieu
que plus d'un an après l'abandon du père à ses
enfants, ce qui éloigne toute idée de concert frauduleux; et fait connaître qu'il eût été facile au
sieur Gibon d'empêcher, par une opposition, le
préjudice dont il se plaignait. (*Voy. le Journal du Palais,* 1re. *sém.* 1808, *pag.* 311, *et*
1er. *sém.* 1809, *p.* 353.)

Le transport de droits successifs tient lieu de partage ; mais il n'en est pas un. Pour un partage, il y a des formalités à remplir, des délais à observer, une famille entière à réunir : ce sont autant de garanties contre la fraude, c'est sans doute ce qui a déterminé l'exception ; tandis que le transport de droits successifs peut se faire au moment même de l'ouverture de la succession, par un héritier déloyal ; et ce n'est pas en s'abandonnant à une analogie très-imparfaite, que les tribunaux se décideront à ouvrir une porte de plus à la fraude.

263. Les droits échus à un débiteur, dans une succession, échapperaient plus facilement encore à ses créanciers, par la renonciation qu'il est en son pouvoir d'y faire. Si les créanciers n'étaient pas admis par le Code, comme ils l'étaient par l'ancienne jurisprudence, à l'accepter pour lui. L'article 788 leur en attribue expressément le droit; ils peuvent, porte cet article, se faire autoriser en justice, à accepter en son lieu et place. Cette règle appartient à la législation française, et est une heureuse extension de l'action révocatoire que n'avait pas admise le Droit romain, ainsi qu'on le voit par les textes qu'a recueillis Pothier, *dans son Traité des successions, chap.* 3, §. 3.

264. La mesure dont nous parlons, ainsi que toutes celles qui ne consistent qu'à faire ce que

lé débiteur aurait pu faire lui-même, a cela de particulier que le créancier, pour s'en servir, n'est pas obligé de prouver que c'est dans un esprit de fraude que son débiteur n'a pas profité de cette occasion d'augmenter sa fortune, parce qu'en effet, quand il serait vrai, qu'il n'aurait pas eu l'intention de frauder ses créanciers, très-certainement, puis qu'il n'a pas eu recours au bénéfice d'inventaire, il y a eu, de sa part, au moins négligence de ses intérêts, ou libéralité envers ses cohéritiers; or, ces sentiments, dans un homme qui a contracté des obligations, et ne s'occupe pas d'avantage de les remplir, le constituent en *faute grave*, faute qui, dans une infinité de cas, comme déjà nous l'avons fait observer, et que nous le ferons encore par la suite, doit être assimilée au dol. La proposition du Droit romain : *qui occasione acquirendi non utitur, non intelligitur alienare*, est une subtilité inadmissible dans le nôtre. L'héritier qui renonce, abdique un droit acquis ; il met hors de ses mains ce que la loi y avait mis ; donc il aliéne, *desinat habere quod habet*. En ne voyant dans le Droit romain qu'une subtilité, contre laquelle on doit se prémunir, nous avons pour guide un de ses plus célèbres et plus conscientieux interprètes. (*Voy*. le *Traité des Donations entre époux*, de *Pothier*, n°. 88.)

Le créancier prenant à ses risques l'événement,

n'a rien à prouver. Si, après l'examen de la succession, elle n'offre aucun avantage, sa démarche n'est qu'inutile, elle n'a préjudicié à personne, et pour peu qu'elle procure un résultat
actif, le créancier a agi utilement pour lui, et
pour son débiteur, dont elle a diminué la dette.

Ce point de droit a été agité devant la Cour
de Bourges, et il y a été résolu en ce sens.
Les sieur et dame Lebœuf, étant débiteurs de
25,000 fr. envers le sieur Nettement, il échut à
la dame Lebœuf une succession à laquelle elle
renonça : le sieur Nettement l'accepta pour elle,
et appela ses cohéritiers devant le tribunal de
Clamecy, pour faire déclarer valable son acceptation. Les cohéritiers de la dame Lebœuf demandèrent la nullité de cette acceptation, se
fondant sur ce que le sieur Nettement n'articulait aucun fait de fraude contre la renonciation,
et leur fin de non recevoir fut accueillie par le
tribunal de Clamecy.

L'appel devant la Cour de Bourges fut combattu par la même objection, et par cette autre
qu'on puisait dans la circonstance, que l'insolvabilité des sieurs et dame Lebœuf n'était pas établie. Elles furent l'une et l'autre rejetées par
l'arrêt du 19 décembre 1821, dont voici le texte
sur cette partie de la discussion : « Considérant
» que la dame Lebœuf était l'une des héritières
» du sieur Bellanger, et qu'elle a renoncé à sa

» succession ; qu'aux termes du Droit, les créan-
» ciers de celui qui renonce au préjudice de leurs
» droits, peuvent se faire autoriser en justice à
» accepter la succession, du chef de leur débi-
» teur, en ses lieux et place ; que, dans l'espèce,
» la dame Lebœuf doit et ne paie pas le capital
» de 25,000 fr. et les intérêts ; que, d'un autre
» côté, divers actes produits, attestent que ses
» biens sont en expropriation, et que le préju-
» dice que cette renonciation peut faire à ses
» créanciers, est évident....... La Cour a mis le
» jugement dont est appel au néant, etc. » (*Voy.*
le *Journal du Palais*, tom. 67, p. 203.)

On citait cependant Pothier, M. Delvincourt,
et particulièrement M. Toullier, comme favorables au système des intimés. D'abord, quand
Pothier écrivait, aucune loi positive n'avait
institué cette action en faveur des créanciers, et le Droit romain la leur refusait ; ce n'é-
tait donc, comme nous venons de le dire, que
par une extension de l'action révocatoire autorisée par ce droit, que les tribunaux admettaient
les créanciers à révoquer dans leur intérêt la renonciation de leur débiteur, et dès-lors, tout ce
qui doit justifier l'action révocatoire, c'est-à-dire,
l'impuissance de payer, et la preuve de la fraude
devaient être exigées ; mais aujourd'hui le Code
civil a textuellement donné cette action aux
créanciers, et cela indépendamment de l'ac-

tion révocatoire, conservée par l'article 1167. Il
y a sur-tout une différence remarquable entre les
deux actions : par l'art. 788, il suffit que la renonciation ait été faite *au préjudice* du créancier,
pour qu'il ait droit d'accepter la succession ; par
l'article 1167, il faut que l'acte qu'il veut attaquer ait été fait en *fraude* de ses droits ; la différence entre ces deux dispositions est facile à
saisir ; le préjudice est indépendant de la volonté
de le faire, tandis qu'il n'y a pas de fraude sans
l'intention de la commettre ; et c'est parce que
cette différence entre les deux hypothèses était
dans l'esprit des auteurs du Code, comme dans
leurs expressions, qu'ils ont fait une disposition
particulière pour les renonciations à succession,
au lieu de renvoyer à leur égard, à l'article 1167.

MM. Delvincourt et Toullier ont enseigné, il
est vrai, que même dans les cas d'une renonciation à succession, le créancier qui s'en plaint
doit prouver qu'elle a été frauduleuse ; mais en
cela, nous osons le dire, ils sont plus rigoureux
que la loi, et n'ont peut être pas assez médité sur
son texte et sa pensée. Les artifices de la fraude
sont si difficiles à dévoiler, qu'attacher à l'admission d'une action le devoir de prouver ces
artifices, c'est refuser l'action dans le plus grand
nombre des cas où elle serait utile. Pour imposer
cette obligation, il faut donc que la loi l'ait
voulu clairement, impérieusement ; et nous

croyons avoir démontré que le Code qui l'a voulu
dans l'article 1167, ne l'a pas voulu dans l'article
788. Comment de si habiles professeurs n'ont-ils
pas aperçu le motif de cette différence ? Dans
les actes qui font l'objet de l'article 1167, il s'a-
git de dépouiller des tiers qui ont acquis des
droits à titre onéreux ou gratuit, à eux conférés
par le débiteur; la présomption est pour la bonne
foi de ces tiers. Il est de souveraine justice de ne
porter atteinte à de tels actes, qu'autant qu'il y
a eu fraude, et qu'elle est prouvée ; dans l'article
788, au contraire, il n'est question que de droits
aveuglement abandonnés par l'héritier, et dont
les cohéritiers profitent par aventure, sans titre
onéreux, ni gratuit. Ici la présomption est pour
la fraude du débiteur, et certes on ne peut qu'applaudir à l'heureuse idée qu'ont eue les auteurs
du Code, de ne vouloir, dans ce dernier cas,
que la preuve du préjudice; encore une fois,
celui qui, ne payant pas une dette exigible, répu-
die une succession qui lui fournirait l'occasion
de s'acquitter, au moins en partie, le fait, ou par
une incurie révoltante, justement assimilée au
dol, ou dans la vue de tromper ses créanciers,
soit en gratifiant ses cohéritiers à leur préjudice,
soit même en conservant, sous leur nom, des
biens qu'il semble dédaigner.

265. Les mêmes motifs nous éloignent du sentiment de M. Toullier, qui veut que le créancier

ne soit écouté dans cette action, qu'en rapportant la preuve de l'insolvabilité de son débiteur, par la discussion préalable de tous ses biens.

C'est encore une obligation qu'arbitrairement on impose au créancier, sans que la loi ait un seul mot qui puisse raisonnablement l'autoriser. Et qu'elle obligation que celle de discuter tous les biens d'un débiteur! On ne connaît que trop le temps et les dépenses qu'entraîne une telle mesure; au moins, quand la loi l'ordonne elle-même, comme en faveur de la caution, article 2023, elle veut que celui qui demande cette discussion, indique les biens à discuter, et fasse l'avance des deniers nécessaires. M. Toullier ne s'explique pas à ce sujet; ce point était cependant assez influent sur la question, pour qu'il méritât une explication.

Mais, suivant nous, on ne doit pas hésiter à refuser aux cohéritiers le bénéfice de discussion, même avec ses charges. Les articles 1166 et 1167, ont consacré, en faveur des créanciers, deux actions essentiellement distinctes : par l'une, ils poursuivent la révocation des actes que leurs débiteurs ont faits en fraude de leurs droits, et cette fraude ne pouvant, dans les cas ordinaires, se présumer sans l'insolvabilité du débiteur, la jurisprudence qui en exigeait la preuve doit être maintenue; par l'autre les créanciers exercent seulement les droits que leurs débiteurs négligent d'exercer; et dans ce cas, la solvabilité du débiteur est indifférente, il suffit qu'il ne paie pas ce qu'il doit, pour que le créancier, dont le gage comprend toute la fortune de ce débiteur, s'empare des droits qui en font partie; or c'est indubitablement à cette dernière cathégorie qu'appartient la faculté d'accepter la succession répudiée.

Pour le sentiment contraire, MM. Delvincourt et Toullier se fondent sur ce que la faculté dont nous nous occupons en ce moment, est accordée au créancier pour le cas où son débiteur a renoncé au *préjudice* de ses droits. A les entendre, il doivent prouver ce préjudice, et ne peuvent le faire, qu'en rapportant la preuve que leur débiteur n'a pas d'autres ressources, c'est donner à ce mot une étendue beaucoup trop arbitraire. Ce n'est pas ainsi que l'entendait M. Bigot Préameneu, en présentant cette partie du Code au Corps-Législatif : « Celui qui contracté des dettes, di- » sait-il, engage tous ses biens; ce gage serait » illusoire si, *au préjudice* de ses créanciers, il » négligeait ses droits : ils doivent donc être ad- » mis à agir directement, leur intérêt *et la crainte* » *des fraudes* établissent leurs qualités. »

Aux yeux du législateur, par cela seul que le débiteur néglige de conserver tout ce qui dépend de sa fortune, il fait préjudice à ses créanciers, dont il diminue le gage; et pour que ces der-

niers puissent agir directement, il suffit qu'ils y
aient intérêt, et que la fraude soit à *craindre*.
Ce dernier mot donne la solution de la question.
Le préjudice du créancier n'est pas exprimé dans
l'art. 788, comme condition de l'action qu'il autorise, mais comme l'objet que par cette action on
peut éviter. Nous l'avons déjà dit, c'est une faculté
donnée aux créanciers, ils l'exercent à leurs risques ; et ce n'est qu'après l'examen des valeurs de
la succession qu'on sait s'il y a eu ou non préjudice ; mais plus les cohéritiers du renonçant opposent de résistance, plus les tribunaux doivent
présumer ce préjudice, et être disposés à admettre
l'acceptation.

266. Tout ce qui vient d'être dit de la renonciation à succession, s'applique à la renonciation
à communauté faite par une veuve ou ses héritiers, au préjudice de ses créanciers : ceux-ci
trouvent également dans l'article 1164 la faculté
d'accepter de leur chef.

267. Enfin, l'article 622 les autorise à faire
annuler la renonciation à un usufruit, que leur
débiteur ferait à leur préjudice ; et pour y parvenir, il suffirait qu'ils s'obligeassent à en acquitter toutes les charges, et donnassent caution
convenable. Ils ne pourraient éprouver aucune
contradiction fondée, ni de l'usufruitier, puisqu'il aurait abdiqué, ni du propriétaire, puisque
son droit n'est utilement ouvert qu'à l'extinction de l'usufruit.

268. De toutes les occasions de tromper les créanciers, il n'en est pas dont ils soient plus souvent victimes, que celle qui met la succession de leur débiteur à la merci de ses héritiers. Avant le Code, on distinguait dans les spoliations de succession celles qui précédaient la renonciation du spoliateur à la succession spoliée, de celles qui n'étaient commises qu'après. Les premières donnaient aux créanciers le droit de faire réputer héritier pur et simple le successible qui s'en était rendu coupable ; quant aux secondes, elles étaient réputées de simples larcins, et ne conduisaient le créancier qu'à la restitution de l'effet diverti ; aujourd'hui l'article 792, dans les deux cas, annule la renonciation, et assujettit l'auteur du divertissement au paiement de toutes les dettes.

269. Si une personne appelée à une succession y renonçait, en recevant une indemnité, soit de ses cohéritiers pour sa part héréditaire, soit des donataires dont elle pouvait faire annuler ou réduire les dons, les créanciers de la succession, en prouvant ce traité secret, par l'effet duquel l'héritier recueillerait tout l'utile de sa qualité, et se soustrairait aux charges, seraient bien fondés, en invoquant les articles 778 et 780 du Code civil, à le faire condamner, nonobstant sa renonciation, au paiement de leurs créances.

270. Pour en imposer aux créanciers sur les

apparences de l'infortune, la fraude a des manœuvres plus difficiles à combattre, ce sont les
traités simulés en tout ou en partie, qui attri-
buent à des tiers, la propriété des choses sur lesquelles les poursuites sont dirigées.

271. Fort souvent à une saisie mobiliaire, on
oppose la revendication des meubles trouvés au
domicile du débiteur, qu'un tiers prétend lui
avoir été vendus par ce dernier, et dont il dit
lui avoir laissé l'usage à titre de prêt, louage ou
usufruit.

Si cette vente alléguée n'est que verbale ou
par acte privé, n'ayant pas de date avant la saisie, elle ne mérite aucune considération ; lors-
même que le prix serait inférieur à 150 fr., la
preuve par témoins n'en serait pas admissible ;
les traités, quelque légitimes qu'ils soient, ne
pouvant être opposés aux tiers qu'autant qu'ils
ont une date antérieure à l'ouverture de leurs
droits.

Si l'acte privé avait une date certaine avant la
saisie, il serait plus régulier à la forme, sans être
au fond moins suspect : le débiteur qui se laisse
saisir dans ses meubles, est nécessairement en
proie à la misère, s'il ne l'est pas à la mauvaise
foi ; dans l'un comme dans l'autre cas, il est difficile de croire qu'on se soit exposé à lui payer
le prix de ses meubles, tout en les abandonnant
à sa discrétion ; une convention aussi extraordi-

naire, passée dans une telle conjoncture, sur-
tout si sa date légale est postérieure à l'exigibilité de la dette, doit être présumée frauduleuse
et déclarée telle, à moins que le tiers revendi-
quant ne détruise la juste présomption de fraude
qui s'élève contre lui, par d'autres circonstances
capables de désarmer les magistrats.

Lors même qu'il y a eu déplacement des meubles, et qu'ils ont été mis en la possession du
prétendu acquéreur, s'il est prouvé que ce dernier savait le vendeur endetté, et dans la détresse, la collusion entre eux serait suffisamment
justifiée, et les meubles seraient replacés sous la
main des créanciers : c'est le sentiment de Pothier. (*Voy*. son *Traité du Contrat de vente*,
n°. 320.)

Il en serait de même, quand l'acte servant de
titre à la revendication, serait un simple louage
des meubles revendiqués fait au débiteur saisi,
par une personne autre que celles qui font profession d'en louer. « En fait de meubles la pos-
» session vaut titre. » Article 2279. Le créancier
qui a saisi des meubles , dont son débiteur est
en possession, a donc pour lui la présomption
légale , sans être obligé de prouver la fraude
dans les actes qu'on lui oppose ; c'est à ceux
qui veulent faire cesser cette présomption , à
prouver la sincérité des actes dont ils se pré-
valent.

272. Les ventes de récoltes sont encore des artifices familiers aux débiteurs, pour enlever à
leurs créanciers la faculté de saisir utilement les
fruits de leurs héritages. Les tribunaux doivent
apporter d'autant plus de sévérité dans l'appréciation de ces traités, que le Code de procédure,
se conformant, en cela, aux anciennes Coutumes,
n'autorise les créanciers à pratiquer la saisie
brandon que six semaines avant l'époque ordinaire de la maturité des fruits; en sorte qu'ils
n'ont que ce temps fort court pour saisir leur
gage, et que le débiteur a toute l'année pour aviser aux moyens de le leur enlever.

Cependant, si de nombreux motifs peuvent
faire soupçonner la fraude dans ces ventes, aucun n'est suffisant pour la faire présumer en
droit; quelque soit la misère du vendeur, elle
n'a pas pu être, pour son acquéreur, une raison
de ne pas traiter avec lui, puisque la récolte vendue ne reste pas à la disposition de ce vendeur.
Si donc l'acte a une date certaine avant la saisie,
lors-même qu'il serait postérieur à des poursuites
que l'acquéreur a pu ignorer, son maintien ne
doit pas être refusé, à moins que le créancier
n'en prouve la fraude : on peut néanmoins s'autoriser du soupçon qu'il fait naître, pour déférer, même d'office, le serment à l'acquéreur sur
le mérite de son acquisition.

273. Certains débiteurs, menacés de l'expro-

priation de leurs immeubles, s'empresse de se procurer, par des baux frauduleux, le moyen de conserver une partie de leurs produits, au moins pendant quelques années, ou de recevoir des fermiers des deniers d'entrée qui altèrent d'autant le gage des créanciers.

Par l'article 691 du Code de procédure, la loi présume frauduleux les baux faits par le débiteur, depuis le commandement tendant à l'expropriation forcée, et autorise les créanciers à en demander la nullité. Tous ceux antérieurs sont donc présumés faits de bonne foi, jusqu'à la preuve du contraire; et il faut en dire autant des baux faits par le failli avant sa faillite.

274. Les preuves de fraude qu'alors les créanciers sont obligés de fournir, varient à l'infini, suivant les lieux, les temps et les circonstances. Nous allons indiquer les plus ordinaires.

La vilité du loyer, jointe à la connaissance qu'aurait eue le locataire, de l'état de gêne du locateur, seraient des signes infaillibles et suffisants, pour mettre en évidence la culpabilité de l'un et de l'autre. Il n'en a pas fallu davantage pour déterminer la Cour de Paris, dans une cause de cette nature.

En juillet 1806, Sakoski, marchand de cuirs, avait cessé ses paiements, sans cependant avoir déposé son bilan, lorsque Bande, son créancier, après avoir fait vendre ses meubles, poursuivit l'expropriation de sa maison, seul immeuble qui lui appartînt. Le 4 septembre, jour indiqué pour l'adjudication, le sieur Monge se prétendit locataire de cette maison, moyennant 1,500 fr. par an, suivant un bail privé du 7 mai, enregistré seulement le 29 juillet. L'adjudication eut lieu, mais on réserva à l'adjudicataire la faculté de faire annuler le bail, en cas de fraude. Le sieur Michaut, aussi créancier, resta adjudicataire de la maison pour le prix de 52,150 fr., et demanda la nullité du bail du sieur Monge, se fondant sur l'état de détresse de Sakosky au moment de ce bail, ainsi que sur la vilité du loyer, comparé au prix pour lequel la maison venait de lui être vendue.

Le tribunal de la Seine n'eut aucun égard à ces moyens, et maintint le bail, en considérant que le 29 juillet, date de l'enregistrement de l'acte, les affiches pour la vente de la maison n'étaient pas encore apposées, et que Sakosky n'avait pas déposé son bilan; que dès-lors il avait pu disposer de sa maison.

Sur l'appel, au contraire, les moyens du sieur Michaut prévalurent; et par arrêt du 22 janvier 1808, le bail fut annulé comme frauduleux.

Les autres indices ou présomptions de collusion frauduleuse dans les baux, sont :

1º. Le renouvellement par anticipation ;

2º. Leur durée excédant celle en usage dans la contrée ;

3°. Le paiement d'avance de plusieurs termes ;

4°. Les clauses contraires à une sage administration ;

5°. La diminution du prix des loyers antérieurs ;

6°. Le silence gardé sur le bail, dans des conjonctures où il était naturel de le mettre au jour ;

7°. L'inconvenance de la chose louée avec l'état du prétendu locataire ;

8°. La possession de la chose louée retenue par le locataire ;

9°. La parenté ou l'intimité du débiteur avec le locataire.

Ces diverses circonstances, et une infinité d'autres de même nature, prises isolément, ne pourraient produire qu'une suspicion insuffisante pour annuler le bail passé dans un temps où le débiteur avait encore le droit de le faire. C'est par la réunion de plusieurs d'entre elles, et leur corrélation, qu'elles peuvent acquérir la gravité nécessaire à la démonstration de la fraude.

Plusieurs exemples que nous allons rapporter, complèteront parfaitement cette importante théorie.

En 1807, Quesnel, débiteur de Moret avec hypothèque spéciale sur un domaine, fit un bail de douze ans à Vaury de ce domaine, pour un fermage inférieur à celui du bail précédent, et se fit payer un terme d'avance : il vendit ensuite le domaine au sieur Collin, à la charge d'entretenir le bail; mais Moret réclama la mise aux enchères, en demandant la nullité du bail, comme fait en fraude de ses droits. Le jugement du tribunal de Corbeil fut conforme à sa demande; les motifs sont : « Qu'aux termes de l'article 1167 » du Code , tout créancier peut attaquer les ac- » tes faits en fraude de ses droits, et que cet ar- « ticle n'excepte pas de sa disposition les baux à » ferme; que la diminution du prix du bail qui » existait auparavant, ainsi que la durée insolite » du nouveau; que le paiement anticipé d'un » terme au détriment du créancier saisissant , et » enfin que, d'après la notoriété publique, ce » prétendu bail a été fait au-dessous de la valeur » des terres, sur-tout à sa date; d'où il résulte » des motifs graves et concordants, suffisants » pour prouver que le bail, du 2 janvier 1807, » a été fait en fraude des créanciers. »

En confirmant ce jugement , par arrêt du 3 mai 1810 , la Cour de Paris s'est bornée à en adopter les motifs. (*Voy. le Journal du Palais*, *deuxième sémestre* 1810, *p.* 313.)

Richard, débiteur de Johannot, vendit divers héritages situés à Bercy, près Paris, moyennant 40,000 fr. Johannot fit une surenchère, par l'événement de laquelle le prix de l'adjudication , qui lui en fut faite à lui-même , s'éleva jusqu'à

160,000 fr. D'abord, Potard s'opposa à sa prise de possession, se prévalant d'un bail principal, et de plusieurs sous-baux dont un était fait à la dame Chaboud, sœur de Richard. Johannot fit de vains efforts pour faire annuler le bail de Potard; il fut obligé de l'exécuter jusqu'à son expiration au 1er. octobre 1809. A cette époque, Renet, à qui il avait loué ces héritages, éprouva une autre résistance de la part de la dame Chaboud, qui, en 1805, dans le premier procès, n'avait exhibé qu'un sous-bail partiel, et se prétendit, ensuite, locataire principale, en vertu d'un bail du 1er. brumaire an XIII, ne devant expirer que le 1er. octobre 1822. Il ne fut pas difficile à Johannot d'en obtenir la nullité, qui fut prononcée par jugement du tribunal de la Seine, du 16 mai 1810 : « Attendu que le bail du 1er. brumaire
» an XIII, a été évidemment fait en fraude des
» créanciers du sieur Richard, dans le double
» dessein de détériorer la valeur du fonds, de
» le conserver à vil prix sous un nom interposé,
» et de s'en assurer la jouissance dans le cas où les
» mesures projetées, pour la soustraction de la
» propriété, ne réussiraient pas; que les preuves
» de simulation et de fraude du bail, résultent,
» à l'égard de Richard, bailleur, 1°. de ce qu'il
» avait mis son entreprise sous le nom de Po-
» tard, qui l'a, depuis, transportée à la dame
» Chaboud, sœur de Richard; 2°. de ce qu'au

» moyen de son association avec Joulain, et du
» sous-bail de la dame Chaboud, sa sœur, Ri-
» chard se trouvait remis en possession de la
» totalité de sa propriété, louée à Potard; 3°. de
» ce qu'il n'a pas cessé d'habiter les lieux, et de
» ce que l'habitation se trouve précisément dans
» la partie dont la dame Chaboud paraît être lo-
» cataire ; 4°. de ce que Richard a passé contrat
» de vente de l'immeuble, produisant alors
» 23,000 fr. de loyer, pour un prix illusoire de
» 40,000 ; 5° de ce que ce contrat de vente oblige
» l'acquéreur d'exécuter les baux et sous-baux
» authentiques sans les énoncer ; 6°. de ce que Jo-
» hannot, surenchérisseur, ayant demandé que
» les baux fussent indiqués, l'acquéreur, prête
» nom évident de Richard, a affecté de ne pas les
» connaître, ce qui a fait insérer, dans le juge-
» ment, que l'acquéreur n'entretiendrait que
» les baux légitimement faits ; 7°. de la durée
» du bail et de la vilité du prix; que les preuves
» de la simulation, à l'égard de la dame Cha-
» boud, résultent de sa qualité de sœur de Ri-
» chard, de celle d'épouse de l'associé de son
» frère, et de ce qu'elle a conservé ce dernier
» dans les mêmes lieux et les mêmes meubles,
» dont la propriété est sous son nom;.... que la
» simulation résulte encore à son égard, du soin
» qu'elle a pris de laisser ignorer ce bail, lors
» de la contestation qu'elle a soutenue pour faire

» valoir le sous-bail, à elle fait par Potard, tan-
» dis qu'elle ne jouissait plus en vertu de ce sous-
» bail. » Par arrêt de la Cour de Paris, du
13 août 1810, le jugement a été confirmé sans
nouveaux motifs. (*Voy. le Journal du Palais,
collection de* 1811, *p.* 237).

Les autres Cours qui ont eu occasion de juger
des baux de cette espèce, n'ont pas été moins
sévères que celle de Paris.

Cornu créancier, depuis 1810, de Seurre et
sa femme, fit saisir, en 1814, l'auberge et le
domaine qu'ils avaient hypothéqués à sa créance;
l'adjudication en fut faite à son profit, le 28 mai
1816. Aussitôt la d^elle. Seurre, fille de ses débiteurs, lui fit notifier deux baux; l'un de l'auberge, l'autre du domaine, pour de modiques
redevances, que son père et sa mère lui avaient
faits, le 13 novembre 1813; c'est-à-dire 13 jours
après l'échéance de leur dette envers Cornu. La
nullité en a été prononcée par le tribunal de
Charolles, le 13 juin 1816, dont le jugement
a été confirmé par la Cour de Dijon , le 26 novembre suivant, en ces termes :

» Considérant que les baux dont excipe la d^elle.
» Seurre, sont incontestablement frauduleux et
» simulés; que cela résulte, 1°. de la qualité des
» parties contractantes , parentes en ligne di-
» recte; 2°. de l'impossibilité où la fille Seurre
» se trouvait d'acheter le mobilier nécessaire à

» garnir une auberge, n'ayant pas eu d'occasion
» de faire des gains considérables ; 3°. des stipu-
» lations insolites que contiennent les baux dont
» il est question, telles que l'énonciation que la
» fille Seurre avait payé d'avance une année en-
» tière du premier bail, et qu'elle serait dispen-
» sée des réparations excédant 3 fr.; 4°. de l'épo-
» que de la confection de ces actes qui n'ont été
» souscrits qu'après que les contraintes dirigées
» contre les mariés Seurre étaient déjà commen-
» cées ; 5°. du défaut d'exécution des mêmes
» actes, et du silence que les père et mère Seurre
» ont gardé sur leur existence, pendant tout le
» cours de la procédure en expropriation ; 6°. en-
» fin, de la vilité évidente du prix, qui n'est porté
» qu'à une somme de 315 fr. pour une auberge
» assez considérable et une locaterie ; que les
» mariés Seurre, en faisant des baux simulés d'im-
» meubles dont ils prévoyaient être incessamment
» dépouillés, ont évidemment agi en fraude des
» droits de leurs créanciers ; qu'aux termes de
» l'article 1167 du Code civil, tout créancier a le
» droit d'attaquer les actes faits en fraude de ses
» droits ; qu'ainsi le tribunal de Charolles a très-
» sagement jugé, en prononçant la nullité des
» actes dont il s'agit au procès, etc. » (*Voy. le
Journal du Palais, tom. 49, p. 282.)

La Cour de Rouen, par arrêt du 28 avril 1824,
confirmatif d'un jugement du tribunal d'Evreux,

a également annulé comme frauduleux un bail à ferme, qu'un débiteur, poursuivi par ses créanciers, avait fait de ses immeubles. Elle a reconnu, dans l'état de déconfiture où se trouvait ce débiteur, dans la durée du bail, qui était de trente-six ans, et dans les charges imposées au fermier, la preuve qu'il n'avait été fait et consenti réciproquement, qu'en fraude des créanciers.

En vain, sur l'appel, le fermier offrit de réduire son bail à neuf années, la Cour décida très-judicieusement que ce bail, étant frauduleux, ne pouvait pas plus être maintenu pour une partie de sa durée, que pour le tout. (*Voy. Sirey*, tom. 24, *deuxième partie, p.* 279.)

275. Cette action est si favorable, que, si le bail suspect a été tenu secret lors de la vente, et n'a paru que depuis, les créanciers, n'en ayant éprouvé aucun tort, n'ont point à s'en plaindre mais leur action révocatoire passe à l'acquéreur, exposé à toutes les conséquences de la fraude. C'est ce que la Cour d'Angers a décidé le 20 juillet 1822.

Le 10 avril 1819, Troté afferma un champ à Cordelet pour dix-huit ans; un mois après, il lui fit souscrire l'obligation de lui payer, pendant le même temps, une redevance de trente boisseaux de seigle et froment, et le lendemain, il lui vendit ce même champ, sans faire mention du bail. Sur la notification de cet acte par Cordelet, aux créanciers, Leroux, l'un deux, fit une surenchère, et resta adjudicataire. Aussitôt, Cordelet fit connaître son bail; mais Leroux, qui avait acheté le champ comme libre, en demanda la nullité, se fondant seulement sur ce que Cordelet, en devenant propriétaire de la chose affermée, avait éteint par confusion les droits qu'il pouvait y avoir comme fermier; ce système irréfléchi fut rejeté, comme il devait l'être, par le tribunal de première instance.

Mieux conseillé devant la Cour d'appel, il conclut à ce que le bail de Cordelet fut déclaré frauduleux, comme fabriqué dans le dessein de dérober aux créanciers de Troté une partie de leur gage, préjudice qui retombait sur lui, qui avait acheté le champ, sans charge d'aucun bail; sa nouvelle défense eut un plein succès.

« Considérant, porte l'arrêt, que le proprié-
» taire Troté était exposé à des poursuites judi-
» ciaires, quand il a consenti ledit bail; qu'il lui a
» donné une durée insolite, celle de dix-huit
» ans ; que peu de temps après, il a reçu une
» obligation de rente en grains, payable aussi
» pendant dix-huit ans, le même terme qui était
» assigné au bail à ferme; qu'à cette obligation
» d'une rente temporaire, on ne peut attri-
» buer d'autre cause qu'une augmentation du
» prix du bail; que, presqu'aussitôt, Troté a
» vendu, à celui qui était bailliste des objets af-

» fermés, sans faire mention du bail ; que le prix
» de vente était au-dessous de la valeur des objets
» vendus, puisqu'ils ont été surenchéris, et que
» l'adjudication en a été faite ; que, du cumul
» de ces actes et de ces circonstances, il résulte
» que le bail n'était pas sérieux ; qu'il avait été
» imaginé dans l'intérêt de Troté, pour sous-
» traire à ses créanciers une partie de son reve-
» nu, et pendant longues années, que ce préju-
» dice, qui ne portait dans l'origine que sur les
» créanciers, tournerait au détriment de l'adju-
» dicataire, s'il était maintenu ; met au néant, etc.,
» déclare le bail du 10 avril 1819, nul, etc. »

276. Dans un cas semblable, si le bail était
énoncé dans la vente, soumise aux enchères, et
que le créancier surenchérisseur n'en eût pas
demandé la nullité, il ferait partie des conditions
de l'adjudication ; la découverte que l'on ferait
ensuite de la fraude n'ouvrirait aucune action en
faveur de l'adjudicataire, qui, chargé du bail,
et ayant acheté en conséquence, ne pourrait se
plaindre d'aucun tort ; il serait obligé de l'exécuter ; mais les créanciers seraient fondés à exercer leurs droits sur les portions de prix, distraites
frauduleusement ; ils auraient même, à ce sujet,
tant contre leur débiteur que contre le tiers
complice de sa fraude, l'action en dommages et
intérêts.

277. Les créanciers ne sont pas moins exposés

à la fraude, dans la vente même des immeubles que font leurs débiteurs.

Quelquefois l'aliénation est complétement simulée, n'ayant pour objet que de mettre la propriété sous le nom d'un tiers, et de braver, par cette fourberie, tous les efforts des créanciers qui n'ont pas d'hypothèque, ou qui, en ayant une, ont négligé de la faire inscrire.

Quelquefois aussi, la vente est sérieuse, quant à l'aliénation, et la fraude ne consiste que dans la dissimulation d'une partie du prix.

278. Dans la première hypothèse, la preuve du concert entre le débiteur et son prête-nom est souvent fort difficile : si quelque accident n'a pas mis au jour le secret de leur intrigue, on ne peut recourir, pour le découvrir, qu'aux moyens que nous avons indiqués sur *l'interposition de personne*, dans la seconde partie, page 33.

279. Nous y ajouterons de nouvelles réflexions sur les symptômes qui décèlent souvent cette espèce de simulation, et qui en sont presqu'inséparables.

1°. Le débiteur ne peut faire choix, pour son prête-nom, que d'un parent ou d'une personne dont l'intimité avec lui peut être connue.

2°. L'aliénation met subitement hors de ses mains, tout ou une grande partie de ce qui faisait le gage de ses créanciers.

3°. Elle coïncide toujours avec la cause des poursuites qu'il a voulu rendre vaines.

4°. On n'aperçoit presque jamais ni la cause de l'aliénation, ni l'emploi du prix qui y est exprimé.

5°. Pour peu qu'il se soit écoulé de temps depuis ce travestissement, le débiteur a continué de recueillir directement ou indirectement les produits de la chose aliénée, et d'en acquitter les charges.

C'est avec les présomptions nées de ces circonstances, que plusieurs fois des ventes simulées ont été combattues et détruites.

Voiturier, clerc de greffe à Dijon, avait commis un faux dans une enquête. Sur la plainte des Chartreux, il avait été condamné à leur payer 500 fr. d'amende et aux frais ; mais, aux poursuites qui furent faites sur ses biens, Gaudet opposa la vente que Voiturier lui en avait faite pendant le procès. Par arrêt du Parlement de Dijon, du 20 décembre 1596, l'opposition de Gaudet fut rejetée.

« La fraude (dit Bouhier, de qui nous empruntons cet arrêt, *tom. 2, pag.* 496) paraissait » manifestement, tant par le temps où la vente » avait été faite, que parce qu'elle était de tous » biens, sans nécessité, ni emploi. »

Par ces mêmes motifs, le Parlement de Paris a maintenu la saisie faite par le receveur des

amendes, des biens de Christophe de Salle, qui,
pendant son procès, dont l'issue a été sa condamnation à la peine capitale, et à une amende
de 4,000 écus, les avait vendus à Debare. L'arrêt
est du 22 mai 1599, et rapporté par *Leprêtre*,
cent^é. 1, *chap.* 85.

Bartole, *sur la loi* 15, ff. *de Donat*, en parlant de ces accusés, qui se hâtent de donner ou
de vendre leurs biens, enseigne la même doctrine : *Si donavit vel vendidit omnia bona, si
conjunctæ personœ, si post donationem vel
venditionem reperiatur possidere, si clam, si
de propinquo sequatur delictum, si sub condi-
tione, si contigerit bona publicari.* *Voy.* ci-dessus, n°s. 201 et 209.

280. Lorsque la simulation ne consiste que
dans la soustraction d'une partie du prix, la
preuve de la fraude est beaucoup plus facile ;
tous les documents qui font connaître la véritable valeur de la chose vendue, et, en particulier,
l'estimation par experts peuvent être employés.
La vilité du prix ainsi constatée, ne peut pas seule
faire admettre l'action révocatoire, autrement
on la confondrait avec l'action en rescision, que le
créancier peut exercer pour son débiteur, qui
néglige de la former ; mais si la lésion, sans être
des sept douzièmes, est considérable, on y trouve
déjà la présomption la moins équivoque de collusion frauduleuse du vendeur et de l'acheteur.

Qu'à ce violent indice se joignent quelques-uns de ceux que nous venons de signaler, comme si la vente avait été faite dans un temps voisin du terme d'exigibilité de la créance, ou qu'elle eût laissé le débiteur sans autre ressource, et qu'on ne justifiât, pour ce dernier, ni de la nécessité de vendre, ni de l'emploi du prix, la fraude serait suffisamment constante; il ne s'agirait plus que d'en reconnaître les justes conséquences.

281. Lorsque le paiement du prix exprimé est établi, non pas seulement par l'acte attaqué, ou des quittances du vendeur, mais par des renseignements positifs, par exemple, par la délégation qui en serait faite à un créancier non suspect, la vente pourrait être maintenue, à la charge, par l'acquéreur, de faire état aux créanciers du supplément de prix. Mais, si, pour le paiement de ce prix, on n'avait que les déclarations des contractants, ce serait une inconséquence blâmable de les réputer coupables de fraude, et en même temps de se confier à leurs assertions. Il est juste d'annuler l'acte pour le tout, et de remettre la chose vendue à la disposition des créanciers, pour y exercer leurs droits. Fût-il vrai que l'acquéreur eût réellement payé au vendeur, tout ou partie de la somme énoncée dans l'acte, du moment où l'on a acquis la conviction qu'il a connivé avec le débiteur pour tromper, on peut croire qu'il s'est ménagé des

moyens secrets, pour n'en pas être dupe; et quoiqu'il en soit, sa punition ne peut pas être trop cuisante.

Telle a été la décision uniforme dans une cause soumise aux trois degrés de juridiction. Le 20 février 1810, Paris vendit, par acte privé à Hisseaux, une carrière d'ardoise, moyennant 13,000 fr. dont 3,000 payables le 1er. juillet suivant, 3,000 le 1er. janvier 1811, et 7,000 fr. trois ans après le contrat. Le 1er. juillet arrivé, Hisseaux ne paya pas le terme échu, mais le 21, il vendit à Josset, Brion et Magniète, les trois quarts de l'ardoisière, pour 2,475 fr., payables à des termes très-rapprochés; et le 31, il vendit aux mêmes le quart qu'il s'était réservé, moyennant 150 fr., que l'acte portait avoir été payés comptant.

Paris, sur la notification qui lui fut faite de ces deux contrats, tenta, d'abord, une surenchère, mais elle fut reconnue irrégulière; alors il demanda la nullité des ventes, comme l'œuvre d'une collusion odieuse entre son débiteur et les trois acquéreurs. Dans l'instruction, on parvint à mettre en évidence un acte privé, passé entr'eux le même jour que la première vente, par lequel les trois acquéreurs s'étaient obligés à rendre Hisseaux indemne de toutes les poursuites de Paris.

Le tribunal de première instance accueillit la

demande, et son jugement fut confirmé par arrêt de la Cour de Metz, du 22 juin 1815 : « At-
» tendu qu'il n'est pas possible de se dissimuler
» que les deux actes de vente, consentis par His-
» seaux, au profit des appelants, les 21 et 31
» juillet 1810, moins de six mois après l'acquisi-
» tion qu'il avait faite par contrat sous-seing-
» privé, de l'ardoisière d'Eteiguieres, avant d'a-
» voir payé la moindre partie du prix, au moment
» où était échu le premier terme, sans énoncer
» ces faits, qui, d'ailleurs, ne pouvaient être
» ignorés des acquéreurs, font naître le soupçon
» d'un concert frauduleux, entre le vendeur et
» les acquéreurs, pour enlever, au premier ven-
» deur, le prix et la chose qu'il avait précédem-
» ment vendue ; que cet esprit de fraude se dé-
» veloppe, d'ailleurs, par la vilité de prix de la
» seconde vente, si différent du premier ; en
» outre, par la stipulation des termes de paie-
» ment, extrémement courts dans le premier
» contrat, et la déclaration de quittance, dans
» le second ; tandis que les acquéreurs, qui n'i-
» gnoraient ni d'où provenait à leur vendeur,
» l'ardoisière, ni les conditions de la vente, ni
» sa passation avec le premier vendeur, se se-
» raient bien gardés de s'exposer à payer deux
» fois, et même au-delà, le prix de leur acqui-
» sition, si l'acte, qui la renfermait, n'eût été le
» produit d'un concert frauduleux, entr'eux et

» leur vendeur, pour enlever et détruire, envers
» le véritable propriétaire de l'ardoisière, le gage
» de sa créance privilégiée; que ce concert frau-
» duleux se démontre et acquiert le dernier degré
» d'évidence, par le billet donné par les appelants
» à Hisseaux, le 20 juillet 1810, avant les actes
» de rétrocession, qu'il se sont fait faire par
» celui-ci; d'où il suivait qu'ils avaient consenti
» d'assumer sur leur tête, les événements qui
» résulteraient des actes qu'ils ont obtenus de
» la faiblesse et de la mauvaise foi d'Hisseaux. »

Le pourvoi en cassation a été rejeté par arrêt
du 3 juillet 1817 : « Attendu que les juges de la
» Cour royale ont pu, d'après les principes con-
» signés dans les lois, induire le dol et la fraude,
» des diverses circonstances qu'ils ont consignées
» dans l'arrêt. » (*Voy. le Journal du Palais*,
t. 52, *p.* 406.

282. Les créanciers hypothécaires, utilement
inscrits, ayant, sur les autres, l'avantage d'arriver
au même but, sans être tenus de prouver la
fraude, et, par la seule force de leur hypothèque, on a voulu en tirer la conséquence, que
l'action en fraude des contracts d'aliénation leur
était interdite, même lorsque, leur action hypothécaire étant éteinte, ils restaient sans autre
ressource.

Ce dangereux système fut, pour la première
fois, présenté devant la Cour de Limoges, qui,

par arrêt du 11 juin 1812, parfaitement motivé, le repoussa comme une grave erreur, et admit à la preuve des faits de dol et de fraude, un créancier, qui, d'abord, avait fait une surenchère, à laquelle il n'avait donné aucune suite. (*Voy. le Journal du Palais*, t. 38, p. 75.)

On le représenta ensuite avec plus de succès devant le tribunal de Rethel, et sur l'appel devant la Cour de Metz qui l'accueillit par arrêt du 28 avril 1814. (*Voy. le Recueil de M. Sirey*, tom. 19, 2ᵉ. *partie*, p. 226.) Mais l'année suivante cette même Cour ne craignit pas de désavouer sa première décision, en jugeant diamétralement le contraire, par l'arrêt du 22 juin 1815, que nous venons de rapporter au n°. qui précède.

Il n'y a effectivement rien de commun entre les attributs de l'hypothèque et l'action en fraude. L'hypothèque ne suppose que des mutations sérieuses, sincères et publiquement manifestées, dont chacun peut prévoir les résultats; et si les droits qu'elles confèrent, deviennent dommageables, celui qui en souffre ne peut s'en prendre qu'à son imprudence. L'action en fraude, au contraire, ne poursuit que les traités simulés, fallacieux, et enveloppés de mystères, dont difficilement on pénètre le secret; et l'homme doué de prudence et de sagacité, peut en être blessé comme le plus insouciant. Les mesures qu'autorise l'hypothèque, peuvent, il est vrai, déconcer‑

ter la fraude dans certains cas, même sans qu'on sache qu'elle existe : félicitons-nous de ce que notre législation, en cela supérieure à celle des anciens, a créé un moyen de plus pour garantir des embûches de l'improbité ; mais ne retournons pas l'arme contre celui qu'elle doit défendre, et laissons libres les deux voies qu'elle a ouvertes contre la fraude. Le Code qui les a conservées toutes deux, n'a établi entre elles aucune espèce de dépendance.

283. On peut cependant admettre, comme règle générale, que l'action révocatoire des ventes d'immeubles faites par les débiteurs, n'est recevable de la part des créanciers que du moment où les acquéreurs les leur opposent ; jusques-là ils n'en éprouvent aucun préjudice, et doivent agir comme si elles n'existaient pas. Il est même possible qu'on n'ose pas s'en prévaloir : étant sans intérêt, ils sont sans action ; mais dès que, sur une tentative hypothécaire, l'acquéreur revendique l'héritage, l'action est fondée. Le créancier, auquel cet acte est notifié, peut, il est vrai, provoquer la mise aux enchères de l'héritage, et par-là neutraliser les effets de la fraude ; mais ce n'est qu'une faculté instituée en sa faveur, il peut ne pas vouloir, et même ne pas pouvoir en user, parce qu'en en usant, au lieu de recevoir de l'argent, il s'expose à en donner, et à devenir propriétaire dans une contrée

éloignée du siége de ses affaires. La loi a mis pour condition à cette faculté, que le créancier se soumettrait à porter ou à faire porter le prix à un dixième en sus de celui exprimé dans l'acte; il faut même qu'il donne caution : or, combien de créanciers légitimes ne se trouvent-ils pas dans l'impuissance de remplir de telles obligations? Nous ne concevons pas comment on a pu, un seul instant, avoir la pensée qu'une faculté aussi onéreuse, et exposée à toutes les pointilleries inévitables dans de semblables procédures, privait les créanciers d'une action que l'article 1167 accorde à tous, sans condition ni obligation particulière.

284. La Cour de Paris et celle de cassation sont si éloignées de ce sentiment, qu'elles ont décidé que le contrat frauduleux, suivi même d'adjudication par suite de surenchère, était encore susceptible de l'action en fraude des créanciers, si l'adjudication était au profit du premier acquéreur.

Constant ayant failli, puis attermoyé avec ses créanciers, avait vendu trois maisons moyennant 50,000 fr. à Seguin qui sur la surenchère d'un des créanciers avait conservé ces maisons pour le prix de 68,300 fr. Cependant, douze ans après, Constant n'ayant pas pu rétablir ses affaires, les syndics de ses créanciers attaquèrent cette vente comme frauduleuse.

Séguin se fit une fin de non recevoir de la surenchère qu'il avait éprouvée, et de l'adjudication
qui faisait son titre ; il se prévalut encore de la
distribution de son prix entre les créanciers. Ces
moyens éblouirent le tribunal de la Seine, qui
pensa qu'en supposant que la fraude eût ourdi
la première vente, ses effets avaient été amortis
par l'adjudication. La Cour de Paris, au contraire,
reconnaissant que cette adjudication faisait encore aux créanciers, par la vilité de son prix,
une énorme lésion ; qu'elle n'était qu'une suite
de la fraude qui avait présidé au premier acte,
et sur-tout que le profit en était resté à Séguin
l'un des auteurs de l'intrigue, annula et la vente
et l'adjudication.

L'arrêt du 23 juillet 1818, qui rejette le pourvoi de Séguin, s'exprime ainsi : « Attendu que
» la Cour royale de Paris, usant du pouvoir dé-
» féré aux tribunaux et aux Cours royales, à l'é-
» gard des actes translatifs de propriété à titre
» onéreux par des faillits, a prononcé sur la de-
» mande des créanciers de Constant, que l'acte
» de vente, du 21 germinal an x, lui paraissait
» porter des caractères de fraude ; qu'elle a pu,
» en conséquence, en prononcer l'annulation ;
» que par suite de cette annulation, la suren-
» chère et l'adjudication sur icelle, suivent le sort
» de la première vente, comme annulée par le
» fait du premier vendeur. » (*Voy. le Journal
du Palais*, tom. 53, *p*. 553.)

285. Il en serait autrement si l'adjudication était faite à un autre que le premier acquéreur ; la bonne foi de ce tiers acquéreur devrait être présumée ; il ne pourrait succomber à l'action en fraude qu'autant qu'on prouverait sa participation aux manœuvres du débiteur.

286. Cette action des créanciers, contre ceux à qui leurs débiteurs font passer frauduleusement leurs biens, est du nombre de celles que la loi n'a pas renfermées dans un délai particulier, et qui ne peuvent être atteintes que par la prescription de trente ans. La Cour de Metz, par l'arrêt du 28 avril 1814, dont nous avons fait mention au n°. 282, a cependant cru pouvoir appliquer à cette action la disposition de l'article 1304 du Code civil; mais, en cela, il lui est échappé une erreur palpable ; Cet article qui fait exception à une règle générale, et qui, dès-lors, doit être reserré dans le cercle de son objet, ne comprend que les actions en nullité ou rescision des *conventions;* c'est-à-dire les actions ouvertes aux contractants eux-mêmes, pour faire annuler ou rescinder les conventions dans lesquelles ils ont éprouvé un tort dont la loi veut la réparation ; aussi la même disposition contient-elle des modifications pour les cas de violence, dol, erreur, défaut d'autorisation des femmes mariées, interdiction et minorité. Ce qui lève toute équivoque sur ces mots *actions en nullité,* qui proba-

blement ont conduit à l'erreur, c'est que dans l'action révocatoire, c'est contre les deux contractants qu'elle est dirigée, par un tiers qui n'a pas concouru à la convention. De tout temps on a, par de justes motifs, abrégé le temps pendant lequel un ‘contractant qui se prétend lésé par son propre ouvrage, doit invoquer le secours de la justice; mais les tiers, à la connaissance desquels les conventions qui leur nuisent n'arrivent souvent que fort tard, et qui, plus tard encore, parviennent à en découvrir la fraude, ont toujours eu le laps de trente ans pour intenter leur action. Dans l'espèce de l'arrêt que nous venons d'examiner, au numéro précédent, on a vu que Séguin avait une possession paisible de douze années; et que ni au tribunal de la Seine, ni à la Cour de Paris, ni à celle de cassation, on n'osa pas même opposer cette prescription de dix années.

287. Il est encore une autre ressource, dont savent par fois user des débiteurs, pour conserver impunément les valeurs qui pourraient servir à acquitter leurs dettes; c'est de faire leurs acquisitions d'immeubles sous des noms empruntés. Cette fraude, fort difficile à découvrir, plus encore à démasquer suffisamment pour en avoir justice, ne peut être mise au jour que par quelque circonstance fortuite, produite par l'imprudence, l'indiscrétion ou la mésintelligence des

coupables. Nous en avons cependant deux exemples récents.

Delescaille et Brénu avaient, en société, fourni à Paulée, pour l'armée du nord, six mille cordes de bois dont Paulée leur devait le prix. Par suite d'un compte entre eux, Brénu devait à Delescaille 27,000 fr. sur cette même fourniture, pour le recouvrement desquels il avait fait des poursuites inutiles, lorsqu'il découvrit que Brénu avait obtenu de Paulée la vente de soixante-dix bonniers de terre, en paiement d'une partie de leur créance commune; mais que le contrat d'acquisition était sous le nom de la dame Kuchue, avec laquelle Brénu avait des relations intimes. Il les traduisit tous deux devant le tribunal de Bruxelles, pour voir déclarer frauduleux l'acte de vente fait à la dame Kuchue; dire qu'elle n'y était que prête-nom de Brenu, et que ses titres de créances seraient exécutés sur les soixante-dix bonniers de terre, comme étant la propriété de Brénu, et non celle de la dame Kuchue. Brénu convint que la vente lui avait été faite par Paulée, en paiement du bois livré par la société, mais il prétendit qu'étant débiteur lui-même de la dame Kuchue, et ne prenant les soixante-dix bonniers de terre que pour la payer, il avait fait passer directement l'acte en son nom, pour éviter des droits d'enregistrement. La dame Kuchue se retrancha sur son contrat et la transcription qu'elle en avait fait faire.

Le 9 frimaire an x, un premier jugement admit Delescaille à prouver le fait par lui articulé : que l'acte de la dame Kuchue n'était que l'œuvre de la collusion, concertée entre elle et Brénu, pour le frustrer de sa créance; et le 2 germinal an xi, il obtint un second jugement ainsi conçu : « Considérant que Delescaille n'a cessé » de faire des poursuites pour se faire liquider, » assurer et payer de sa créance, ainsi qu'il est » justifié par les pièces du procès; que Brénu a » mis en usage divers moyens pour éluder, et se » soustraire au paiement de cette créance, et » même aussi en paraissant faire sortir de ses » mains des propriétés immobiliaires; qu'un des » principaux moyens dont il s'est servi, quoique » associé de Delescaille, c'est d'avoir traité sans » la participation, et à l'insu de ce dernier » avec Paulée, débiteur de la société; qu'un autre moyen non moins important, employé par » Brénu, a été de se concerter avec la dame Ku- » chue, avec laquelle il a des liaisons depuis l'an 11, » à l'effet de faire échouer, par une intelligence » secrète, les voies de droit réclamées par le de- » mandeur pour le recouvrement de son dû; que » l'intelligence de Brénu et de la dame Kuchue, » se démontre par l'enchaînement des faits qui » se sont succédés, depuis le 9 nivôse an v, les- » quels sont également établis par les pièces pro- » duites au procès; que de cette intelligence,

» il est résulté une collusion entre eux préjudi-
» ciable aux intérêts du demandeur, en passant,
» en fraude de sa créance, par l'intervention de
» Paulée, un acte de vente simulé, le 15 pluviôse
» an VII, de soixante-dix bonniers de terre, pour
» le prix de 8,000 fr. ; que le demandeur ayant
» prouvé la collusion entre les défendeurs, et
» ayant également prouvé que les soixante-dix
» bonniers de terre ont été transmis à Brénu,
» pour l'extinction des prétentions qui leur étaient
» communes, il a entièrement satisfait à l'interlo-
» cutoire, etc. »

Le contrat a été déclaré frauduleux : il fut
permis à Delescaille de poursuivre l'exécution
des jugements par lui obtenus, sur les soixante-
dix bonniers de terre, si mieux n'aiment Brénu
et la dame Kuchue payer les sommes dues, ou
indiquer d'autres biens appartenants à Brénu.

Ce jugement a été confirmé par arrêt de la
Cour de Bruxelles, du 23 thermidor an XI, suivi
d'un arrêt de la Cour de cassation, du 19 nivôse
an XII, qui a rejeté le pourvoi. (*Voy. le Journal du Palais*, *collect. de l'an* 12, *p.* 326.)

Le second exemple n'est pas moins remarquable. Le sieur Ouvrard débiteur du sieur Séguin
de 6,871,000 fr., paraît avoir tenté de s'en affranchir. Il possédait la belle terre du Raincy,
et en était réputé propriétaire, comme l'ayant
achetée du sieur Destillères. Cependant, en 1808,

elle fut vendue à une princesse du temps, moyennant 800,000 fr. Le sieur Séguin qui avait pris une inscription sur cette terre, ajouta à cette précaution de faire former, entre les mains de la princesse, une opposition au paiement du prix.

Sur la demande en validité formée par lui, tant contre le sieur Destillères que contre le sieur Ouvrard, le sieur Destillères demanda la nullité de l'opposition et de l'inscription. Il convint avoir anciennement vendu cette terre au sieur Ouvrard, mais à réméré, et prétendit l'avoir reprise à défaut de paiement. Il représentait, à l'appui de sa défense, un acte sous seings privés du 20 octobre 1806, enregistré le 15 décembre suivant. On lui opposa un jugement du tribunal de la Seine, du 12 germinal an XII, qui, sur la demande d'un sieur Vincent, serrurier, contre lui Destillères, en paiement de travaux considérables exécutés au Raincy, donnait acte à Vincent, de ce qu'Ouvrard avait déclaré être seul propriétaire ; on lui opposa encore une ordonnance du directeur du jury, du 4 janvier 1806, portant « que si le Raincy » a été acquis originairement par le sieur Destil- » lères, la déclaration qu'a faite ce dernier, le 11 » germinal an XIII, par laquelle il confesse positi- » vement avoir transmis cette propriété au sieur » Ouvrard, qui est resté son débiteur d'une somme » d'environ 300,000 fr., celle que ledit Destillères

» a faite le 22 frimaire dernier, par laquelle il avoue
» aussi positivement que depuis il a été désintéres-
» sé, paraissent suffisantes pour faire considérer
» désormais le sieur Ouvrard comme véritable pro-
» priétaire du Raincy; que, d'autre part, le sieur
» Ouvrard a déclaré formellement, par le ministère
» de son avoué, à l'audience du 22 germinal der-
» nier, qu'il est seul propriétaire du Raincy, etc. »

Le sieur Destillères s'efforça de détruire l'effet
que ces deux pièces produisaient sur la conscience de ses juges, et recourut à toutes les argu-
ties du barreau. Suivant lui, l'aveu judiciaire ne
fait preuve que dans l'instance qui l'a fait naître,
et en faveur seulement de celui pour qui il a été
fait. L'ordonnance d'un directeur du jury n'est
qu'une preuve testimoniale inadmissible contre
le contenu dans des actes.

Ces subtilités trouvèrent grâce devant le tribunal de la Seine, qui, le 15 janvier 1809, fit main-
levée de l'inscription et de l'opposition du sieur
Séguin; mais il n'en fut pas ainsi devant la Cour
de Paris. Son arrêt, du 13 juin 1809, est d'autant
plus essentiel à recueillir, qu'il consacre, de nouveau cette règle précieuse pour les honnêtes gens,
et redoutable pour les autres, qu'en matière de
fraude, tout document, quelqu'en soit la nature,
est admissible et victorieux, s'il peut donner aux
magistrats la conviction. Voici le texte de cet arrêt : « Attendu que, suivant l'article 1356 du

» Code civil, l'aveu judiciaire fait pleine foi con-
» tre celui qui l'a fait ;

   » Attendu qu'au tribunal civil de Paris, du 20
» germinal an XII, Ouvrard a déclaré être seul
» propriétaire du domaine du Raincy; qu'il est
» constaté par l'ordonnance du directeur du jury,
» du 4 janvier 1806, que Caroillon Destillères,
» dans sa déclaration du 11 germinal an XIII, a
» déclaré avoir transmis à Ouvrard la propriété
» du domaine du Raincy, et qu'Ouvrard était son
» débiteur d'environ 300,000 francs ; que dans
» une deuxième déclaration, du 22 frimaire an
» XIV, il a confessé que, depuis sa première
» déclaration, il avait été totalement désinté-
» ressé par Ouvrard, et que, sous le mérite
» desdites déclarations, ladite ordonnance a
» statué qu'il n'y avait pas lieu à suivre sur la
» plainte ;

   » Attendu que, par ces confessions, il est judi-
» ciairement prouvé, qu'au 4 janvier 1806, Des-
» tillères s'était dessaisi de la propriété acquise
» par le contrat du 13 vendémiaire an x ; que
» cette propriété appartenait à Ouvrard, et que
» ce dernier était libéré du prix de la vente ;
» qu'ainsi, à cette époque, le domaine du Raincy
» est devenu le gage des créanciers d'Ouvrard,
» sauf l'effet des hypothèques légalement acqui-
» ses sur Destillères, vendeur ;

   » Attendu que les déclarations faites en l'acte,

» sous seing privé, entre Destillères et Ouvrard,
» le 20 octobre 1806, ne peuvent détruire des
» aveux judiciaires et authentiques, dont le bé-
» néfice, à cette époque, était acquis à tous les
» tiers intéressés ; que ces aveux préexistants
» à l'acte du 20 octobre 1806, et constatant in-
» variablement le fait de la propriété d'Ouvrard,
» et de sa libération envers Caroillon Destillères,
» prouvent que c'est, par dol et fraude, que,
» dans ledit acte, 1°. il a été supposé que, depuis
» le contrat d'acquisition du domaine du Raincy
» par Destillères, sous la date du 13 vendémiaire
» an x, il n'y avait eu qu'un projet de vente
» non réalisé, et néanmoins suivi immédiatement
» d'une pleine possession de sa part; et que la
» vente confessée judiciairement a été supposée
» faite seulement le 20 octobre 1806, moyennant
» un prix de 800,000 fr., avec convention de ré-
» solution, à défaut de paiement de ce prix aux
» termes indiqués, 2°. que c'est, par dol et
» fraude que des lettres de change ont été mises
» dans les mains de Destillères, et collusoirement
» protestées sur Ouvrard ; 3°. que c'est, par dol
» et fraude, que l'acte du 2 septembre 1807, a
» été fait sous l'apparence d'un délaissement par
» Ouvrard à Destillères, faute de l'acquit des let-
» tres de change, alors échues, et pour faire re-
» vivre fictivement les effets du contrat du 13 ven-
» démiaire an x ; que ces fausses déclarations ont

» été faites, et ces conventions simulées dans
» lesdits actes, dans l'intention de soustraire le
» domaine du Raincy à l'action des créanciers
» d'Ouvrard, propriétaire, dans l'intervalle du
» 4 janvier au 20 octobre 1806;

» Attendu que, dans la réalité, l'acte du 2 sep-
» tembre 1807, est une revente par Ouvrard à
» Destillères, moyennant le prix de 800,000 fr.,
» revente qui donne ouverture à tous les droits
» hypothécaires acquis sur Ouvrard, vendeur;

» Par ces motifs, la Cour maintient les ins-
» criptions prises par Séguin sur Ouvrard, comme
» charge hypothécaire de la vente faite par lui,
» du domaine du Raincy à Destillères, par l'acte
» du 2 septembre 1807, et moyennant 800,000 f.,
» et déclare son arrêt commun avec Ouvrard : ce
» dernier et Destillères sont en outre condamnés
» aux dommages et intérêts de Séguin. » (*Voy.*
le Journal du Palais, 2ᵉ. *sém.* 1809, *p.* 549.)

288. Cette règle, qui donne aux juges la plus
grande latitude sur les moyens propres à déterminer leur opinion dans les accusations de fraude,
vient encore d'être confirmée par un arrêt de la
Cour royale de Paris, du 28 novembre 1822. Le
silence observé par les accusés sur les faits articulés, leur fuite lorsqu'ils sont appelés à un interrogatoire sur faits et articles, lui ont paru
des circonstances faites pour completter les preuves de l'accusation, et dispenser de la preuve tes-

timoniale; faculté qu'en effet les articles 252 et 330 du Code de procédure donnent aux tribunaux. .

Le sieur Desbarreaux était créancier de 4,000 fr. sur le sieur Delamaillardière, qui, pour satisfaire ce créancier et beaucoup d'autres, n'avait que deux rentes viagères, l'une de 8,000 francs, l'autre de 1,000 fr., dues par le sieur de Gannay : ces rentes avaient été saisies par quelques créanciers, et allaient être vendues le 28 février 1820, quand le débiteur, par un traité secret, crut pouvoir désintéresser ceux qui le poursuivaient, et éviter que ceux qui sommeillaient, lui fissent à l'avenir, courir le péril auquel il voulait échapper. Il fit donc au sieur Schoen, par deux actes notariés, le transport de ces deux rentes, moyennant 45,000 fr., énoncés dans l'acte, lui avoir été payés auparavant. Le 21 novembre suivant, le sieur Desbarreaux fit saisir ces deux rentes, et, le 13 janvier, le sieur Schoen l'appela en référé, pour voir ordonner provisoirement son paiement. La cause renvoyée à l'audience du tribunal de la Seine, le sieur Desbarreaux articula l'insolvabilité du sieur Delamaillardière, la connaissance qu'en avait le sieur Schoen, l'existence dans la main d'un tiers d'une contre-lettre, portant que le transport de la rente de 1,000 fr. n'était que simulé; que sur le prix de celle de 8,000 fr., Schoen n'avait payé que 4,000 fr.;

qu'il devait, en recevant les arrérages, en payer
une partie aux créanciers, qui avaient saisi les
rentes, et garder pour lui le surplus. Le sieur
Desbarreaux fit signifier ces faits aux sieurs Delamaillardière et Schoen, le 19 juin 1821, offrant d'en faire la preuve par témoins, et demandant l'interrogatoire de ses deux adversaires. Ils
ne firent pas sur les faits la réponse cathégori-
que qu'exige l'article 252 du Code de procédure,
dans les trois jours de la notification. Schoen
fut le seul qui, six mois après, fit une réponse
purement négative; mais il ne se présenta pas
pour subir l'interrogatoire. Le sieur Delamaillardière le subit, et avoua plusieurs des faits, notamment la simulation de la cession de la rente
de 1,000 fr. Cet aveu amena celui de Schoen;
mais seulement sur cette cession; tous deux per-
sistèrent à soutenir que celle de la rente de
8,000 fr. était sincère.

Le tribunal de la Seine crut ne pouvoir annuler que celui de ces deux transports dont ils
avouaient la simulation, et ordonna l'exécution
de l'autre. La Cour royale plus sévère, sur l'appel du sieur Desbarreaux, prononça ainsi :
« Sans qu'il soit besoin d'entrer dans le détail
» des faits de la cause, où les preuves de fraude
» abondent de toutes parts; attendu que Schoen,
» assigné pour être interrogé sur faits et arti-
» cles, n'a pas comparu, ni présenté son excuse,

» ni offert depuis de purger sa demeure, et qu'il
» n'a point dénié, dans les trois jours, les faits
» articulés ; usant de la faculté accordée par les
» articles 252 et 330 du Code de procédure,
» tient les faits pour avérés ; et attendu qu'ils
» sont pertinents et admissibles, faisant droit.....
» annule le transport de la rente viagère de
» 8,000 fr. ; déclare valable l'opposition de Des-
» barreaux, etc. »

289. Nous n'abandonnerons pas ce sujet important, sans rappeler un principe applicable à
toutes les fraudes des débiteurs envers leurs
créanciers, c'est que tout ce que l'un d'eux parvient à reconquérir sur un débiteur déloyal, ne
profite pas seulement à l'auteur de la découverte,
mais à tous les créanciers de ce débiteur, sauf
les droits de privilège et d'hypothèque, en faveur
de ceux qui peuvent les exercer sur la chose re-
conquise. Le nouveau Denisart, *tom.* 9, *p.* 76,
rapporte, à ce sujet, un arrêt du Parlement de
Paris, du 10 février 1767, rendu dans une espèce singulière. Un marchand et sa femme déclarés, par un premier jugement, coupables de
banqueroute frauduleuse, subirent un second jugement, qui les condamna solidairement, et par
corps, à payer au sieur Ponchet une somme de
1,650 fr. Effrayés des poursuites de ce dernier,
ils détachèrent de leur proie les fonds nécessaires pour le désintéresser, et les déposèrent :

les autres créanciers, instruits du dépôt, formèrent opposition à sa délivrance, et demandèrent la distribution de la somme déposée. En
vain le sieur Ponchet résista, en voulant faire réputer paiement de sa créance un dépôt fait pour
lui seul; en vain les débiteurs prétendirent avoir,
par ce dépôt, éteint une dette compromettant
leur liberté; on jugea que les deniers déposés ne
pouvaient pas être la propriété légitime de ces
débiteurs; qu'avant et lors du dépôt, ils apparte-
naient à tous les créanciers, et la distribution en
fut ordonnée, sauf au sieur Ponchet à reprendre
ses poursuites.

Il faut cependant observer, à l'égard de l'action contre les tiers, que les créanciers postérieurs à l'acte révoqué, ne peuvent pas concourir avec ceux antérieurs; que ces derniers sont
les seuls qui puissent recueillir le profit de l'action; que si après le paiement de leurs créances,
il reste quelque chose au tiers évincé, les autres
sont non recevables à le lui contester; c'est la
conséquence de la règle rappelée ci-dessus,
n°. 199. On peut voir dans le nouveau Denisart,
t. 9, *p.* 84, une dissertation fort lumineuse à
ce sujet, par M. Levasseur.

CHAPITRE III.

FRAUDES DANS L'EXÉCUTION DES CONTRATS DE
VENTE ET ÉCHANGE.

SOMMAIRE.

290. Division.

290. Ces fraudes peuvent être commises par
le vendeur, comme par l'acheteur, et ce que
nons dirons des fraudes de chacun d'eux sera
commun aux échangistes, qui sont respectivement vendeur et acheteur.

§. Ier.

Fraudes du vendeur.

SOMMAIRE.

291. Altérations frauduleuses de la chose vendue avant la
livraison.
292. Peuvent être prouvées par témoins.
293. Évictions de l'acquéreur provenant de la fraude du
vendeur.
294. Comment, dans ce cas, doivent être réglés les dommages et intérêts?
295. Comment dans la vente de la chose d'autrui?
296. Concours de deux acquéreurs d'un immeuble ; l'un deux
n'ayant qu'un contrat simulé.

291. La première obligation du vendeur est
de livrer la chose vendue dans l'état où l'acqué-

reur a entendu l'acheter. Toute altération de cette chose survenue par le fait volontaire du vendeur, est une fraude qui peut autoriser l'acheteur, quand ses effets sont graves, à demander la résolution du contrat, et dans tous les cas, au moins, à réclamer des dommages et intérêts.

292. Les faits et toutes les circonstances qui doivent légitimer cette action, peuvent indubitablement être prouvés par témoins. Il ne s'agit pas, s'il y a un acte, de prouver contre et outre son contenu, mais d'établir un fait tellement indépendant de la convention, que, dans certains cas, il pourrait être réputé soustraction frauduleuse, et poursuivi comme telle.

Si, par exemple, le propriétaire d'une maison, après l'avoir vendue et, avant de la livrer, en détachait quelques accessoires, comme des glaces, des boiseries, des tableaux, des statues, etc., l'acquéreur serait admis à prouver non-seulement l'enlèvement fait par le vendeur, ou de son ordre, mais encore que les objets enlevés étaient incorporés avec la maison, et y avaient été attachés à perpétuelle demeure.

Lors même que la soustraction serait antérieure à la rédaction du contrat, s'il était articulé qu'elle a été commise depuis les paroles données, et à l'insu de l'acquéreur, la preuve en serait également admissible. On ne pourrait voir dans ce fait, qu'un vrai larcin, dont il serait absurde

de prétendre que l'acquéreur pouvait se procurer la preuve écrite.

Nous donnerons pour second exemple, de
cette espèce de fraude, le fait de celui qui, ayant
vendu une bête de somme, et ne devant la livrer
que quelques jours après, en abuserait pour lui
imposer un travail forcé, ou altérerait sa santé,
soit par défaut de soins, ou d'aliment, soit en
lui en donnant sciemment de mal sains.

Au-delà du terme convenu pour la livraison,
le vendeur est moins rigoureusement tenu de
veiller à la conservation de la chose, mais il ne
peut rien faire qui en diminue la valeur, sans
s'exposer à l'action en dommage : il encourt
même les conséquences de celle en fraude, si, par
méchanceté ou par une négligence inexcusable, il
la laisse s'altérer. Cette doctrine est celle de Pothier dans son *Traité du Contrat de vente, n°. 55.*
« Si depuis que l'acheteur est en demeure d'en-
» lever la chose, le vendeur, par malice, la laisse
» perdre ou détruire, il sera tenu de cette perte.
» Il en est de même si on peut lui reprocher une
» négligence crasse, une lourde faute; car une
» telle faute ne diffère guères de la malice et est
» contraire à la bonne foi. *Dissoluta negligentia*
» *prope dolum est.* L. 29, ff. *mand.* »

293. La seconde obligation du vendeur, est
de garantir l'acquéreur de tous les troubles que
celui-ci peut éprouver, et dont la cause provient

directement ou indirectement de son fait; et s'il
ne peut pas les faire cesser, il doit l'indemniser
des pertes qu'il éprouve. Mais, pour l'évaluation
des pertes , on met une grande différence entre
l'éviction occasionnée par un fait qui ne compromet pas la bonne foi du vendeur, et celle
que la fraude à fait naître. On suit, à cet égard ,
les mêmes règles que nous avons développées sur
les évictions qui résultent du dol. *Voy. partie*
1re. *n*º. 27.

294. Nous devons y ajouter deux observations
importantes, 1º. la règle établie par l'article 1151
du Code civil, portant que la fixation de l'indemnité faite par les parties dans la convention,
pour le cas où l'une des parties manquerait à
son exécution, est valable, et qu'il ne peut être
alloué une somme plus forte ni moindre, cesse
d'être applicable, quand c'est de la fraude que
provient l'inexécution, surtout à l'égard de la
promesse de garantie dans les contrats de vente.
Celte règle, quelque générale qu'elle semble
être, subit la modification de celle plus générale
encore de l'article 1163. « Quelques généraux
» que soient les termes dans lesquels une con-
» vention est conçue, elle ne comprend que les
» choses sur lesquelles il paraît que les parties
» se sont proposé de contracter. »

Or, on ne peut pas supposer que les parties se
soient respectivement réservé la faculté d'échap-

per à leurs obligations par des moyens frauduleux : on doit croire que l'indemnité stipulée ne l'a été que pour les cas indépendants de leur volonté.

Ainsi, que dans un contrat de vente il soit dit qu'en cas d'éviction le vendeur rendra le prix et un tiers en sus, on doit croire que les parties n'ont eu en vue que les évictions des tiers, et pour des causes inconnues du vendeur ; si ce dernier, abusait de la disposition, et de ce que l'acte n'a pas une date certaine, pour vendre la même chose à une autre personne, moyennant un prix supérieur, et au premier et à l'indemnité promise, il voudrait en vain trouver son salut dans la convention première, il devrait, pour dommages et intérêts, restituer, au moins, tout ce que, par cette seconde vente, il a si abusivement obtenu. C'est encore la doctrine de *Pothier*, n°. 150.

2°. Quand même la fraude aurait précédé la vente, comme si la chose avait déjà été vendue, et que le second acquéreur ne pût pas en prendre possession, il faudrait appliquer les mêmes règles. La convention d'indemnité suppose nécessairement une prévoyance suggérée par de simples doutes : or celui qui vend encore ce qu'il a déjà vendu, n'est pas dans cet état d'incertitude, et c'est sciemment qu'il promet de livrer ce qu'il sait ne le pouvoir plus.

295. Si la chose d'autrui a été vendue de bonne foi, le vendeur n'est pas tenu, lors de l'éviction de l'acquéreur, de lui rembourser les dépenses voluptuaires et d'agrément qu'il y a faites; mais si c'est sciemment qu'il a transmis ce qui ne lui appartenait pas, il doit indemniser celui qu'il a ainsi trompé même de ces dépenses de pur agrément; l'article 1655 du Code civil en contient la disposition formelle.

296. Le concours de deux acquéreurs d'un immeuble est aujourd'hui réglé, non par la préférence que l'ancien Droit donnait à celui qui le premier en avait pris possession, mais par l'antériorité du titre légalement prouvée. Nous avons établi ce point de droit de notre législation actuelle, dans la 1re. *partie, n°. 37.*

Si cependant ce titre antérieur n'était que simulé, le second acquéreur serait-il recevable à l'attaquer comme tel, et à se prévaloir de la simulation pour faire maintenir son acquisition?

Quand la simulation est absolue, il n'y a qu'un acquéreur, et nous n'hésitons pas à penser qu'il serait fondé à soutenir que le vendeur, n'ayant vendu sérieusement qu'à lui, lui a transmis, non la chose d'autrui, mais celle dont il n'avait pas cessé d'être propriétaire.

Cependant une Cour, très-recommandable par ses lumières, a rendu un arrêt récent qui semble adopter le sentiment contraire; mais nous croyons pouvoir dissiper les doutes qu'il peut inspirer.

La solution de la question actuelle était indifférente dans l'espèce jugée par cet arrêt, dont le dispositif est de la plus haute sagesse. La proposition que nous regardons comme une erreur, se trouve parmi les motifs, et le dispositif en est tout-à-fait indépendant.

Voici l'espèce . Tasly, propriétaire de deux domaines, en vendit un, le 28 décembre 1805, à Taillefer, moyennant 10,000 fr., dont 3,000 fr. sont dits dans l'acte payés comptant. Le 14 octobre 1806, il vendit le second à Mazel et Vidal, et comprit, dans cette vente, une pièce de vigne, qui, jusqu'alors, avait toujours fait partie du premier domaine, et avait été exprimée dans la vente faite à Taillefer. Ces seconds acquéreurs s'en mirent en possession comme du domaine, sans éprouver aucune difficulté. Quelque temps après, Tasly, débiteur de Lacaux, de 6,000 fr., lui fit cession de pareille somme à prendre sur les 7,000 fr., prix restant dû par Taillefer de la première vente. Ce dernier, pressé par de vives poursuites de payer cette somme, céda à Lacaux, le 28 avril 1807, tous les droits à lui conférés sur le domaine, par son contrat d'acquisition du 28 décembre 1805. Mazel et Vidal n'en conservèrent pas moins la possession de la vigne, qu'ils cultivèrent et récoltèrent en

1807. Ce ne fut que le 3 octobre que Lacaux se plaignit, et demanda le délaissement de la vigne.

Mazel et Vidal lui opposèrent leur contrat et leur possession, soutenant que le premier acte fait au nom de Taillefer était simulé, n'ayant d'autre but que de tromper les créanciers de Tasly, et que Taillefer n'était que son auxiliaire. Une multitude de circonstances dont ils se prévalaient, justifiaient déjà leurs assertions : il n'en était pas de même de leur prétention que Lacaux lui-même n'était pas étranger à ce concert de fraude. Ils se prévalaient encore contre lui de ce qu'il les avait laissés cultiver et récolter la pièce de vigne, pendant les cinq mois écoulés depuis son acquisition.

Lacaux, sans s'expliquer sur la fraude imputée à Tasly et Taillefer, soutenait qu'elle ne pouvait pas lui être opposée; que le transport à lui fait par Taillefer était sincère, et que la vente dont les droits lui étaient transmis, fût-elle simulée, étant antérieure à celle de Mazel et Vidal, devait obtenir la préférence, en sa faveur, comme acquéreur de bonne foi.

Les premiers juges accueillirent trop complétement les prétentions de Mazel et Vidal, convaincus, par des motifs très-déterminants, de la simulation de la vente de Tasly à Taillefer, ils prirent, sans raisons suffisantes, la même opinion de la cession de Taillefer, à Lacaux, et rejetèrent la demande de ce

dernier, le 5 juin 1812. C'est sur l'appel de leur
jugement que la Cour de Toulouse a prononcé,
le 12 avril 1821. Le texte entier de son arrêt fera
facilement apercevoir l'erreur qui s'est glissée,
non dans le dispositif, mais dans la rédaction
des motifs.

« Attendu que Mazel et Vidal sont sans qualité
» pour arguer de simulation l'acte de vente con-
» senti par Tasly à Taillefer ; qu'ils ne pouvaient
» pas prétendre, en effet, que cet acte ait été
» fait en fraude de leurs droits, puisque ces droits
» ont leur origine dans un acte postérieur à ladite
» vente ; que cette prétendue simulation n'aurait
» eu pour objet, que de frustrer les créanciers
» de Tasly du gage de leur créance ; qu'il n'ap-
» partenait donc qu'à eux, d'attaquer une vente
» qui aurait été consentie en fraude de leurs
» droits, et que ne l'ayant pas fait, Mazel et Vi-
» dal sont sans qualité pour quereller une vente
» qui, au moment où elle a été faite, ne leur portait
» aucun préjudice ; que, d'ailleurs, en raisonnant
» dans la supposition d'un vice dans la vente con-
» sentie à Taillefer, ce vice ne pouvait pas être
» opposé à Lacaux, évidemment acquéreur de
» bonne foi, ainsi que toutes les circonstances
» et actes du procès le démontrent invincible-
» ment, et qui a fait sur la vigne, objet du litige,
» tous actes d'un légitime propriétaire ; que c'est
» en effet, un principe fondé en loi, et adopté

» en jurisprudence, qu'on ne peut opposer à un
» second acquéreur de bonne foi la simulation
» d'un premier acte de vente, auquel le second
» acquéreur est entièrement étranger.» Par ces
motifs la Cour déclara Lacaux bien fondé dans
sa demande. (*Voy. le Journal du Palais, t.* 67,
p. 33o.)

Sans contredit, ces derniers motifs, en ce qui
concerne Lacaux, sont conformes aux principes
constants : nous les avons exposés n°. 59.

Du moment que la Cour ne trouvait pas dans
les circonstances du procès, la preuve de la participation de ce tiers, au concert de fraude pratiqué entre Tasly et Taillefer, en droit, son acquisition devait l'emporter sur celle de Mazel et
Vidal, quoique procédant d'un titre frauduleux :
mais il nous semble qu'il n'y a pas la même justesse dans les premiers motifs qui supposent
Mazel et Vidal non recevables à attaquer l'acte
de vente fait par Tasly à Taillefer, pour simulation, parce que cet acte, étant antérieur à celui
dont naissaient leurs droits, ils ne pouvaient pas
soutenir qu'il avait été fait en fraude de ces mêmes
droits. Mazel et Vidal ne prétendaient pas que
cet acte antérieur au leur, eût été fait dans la
vue d'éluder des droits qui n'existaient pas encore ; mais ils disaient, avec raison, le premier
acte de vente ne peut pas obtenir de préférence
sur le nôtre, parce qu'il n'est que simulé, et

que le nôtre est sérieux et sincère. A la vérité
l'exactitude de la théorie, à cet égard, était inutile
à leur cause, parce que l'acte qu'ils avaient à
combattre, n'était pas celui de Tasly à Taillefer,
mais celui de ce dernier à Lacaux. Toujours est-
il que ce premier motif n'est pas fondé.

Supposons, effectivement, que Taillefer n'eût
pas mis Lacaux à ses droits, et que la contestation ne se fût engagée qu'entre lui Taillefer, réclamant de Mazel et Vidal la vigne comprise
dans les deux contrats de vente, et ces derniers,
comme nous venons de le dire, les seconds acquéreurs n'auraient pas argumenté, contre l'acte
de Taillefer, de l'article 1167, mais bien de la
fraude que Tasly, sous le nom de Taillefer, commettait envers eux, et dans le moment même,
contre un acte sérieux et légitime, à la faveur
d'un autre acte n'ayant qu'une apparence trompeuse, et n'ayant jamais privé Tasly de la propriété de la vigne revendiquée.

Certes la cause réduite à cette question, devant
la Cour de Toulouse elle-même, n'y aurait pas
long-temps agité les esprits, et à l'unanimité, on
aurait dit infailliblement : s'il est vrai que la vente
de Tasly à Taillefer soit simulée ; qu'en 1807,
elle n'a été ourdie que pour tromper les créanciers de Tasly, il l'est également que l'un n'a
rien vendu, et que l'autre n'a rien acheté : que
Tasly, en vendant sérieusement, en 1806, à Ma-

zel et Vidal, ne leur à pas vendu la *chose d'autrui*; qu'il leur a transmis, sur cet héritage, des droits qu'il avait conservés, alors même qu'il semblait les aliéner; et qu'aujourd'hui Taillefer, en s'efforçant, dans l'intérêt caché de Tasly, de faire valoir l'acte auquel, par une première fraude, il s'est prêté, en commet une seconde dont justice doit être faite, comme on l'eût faite de la première, si les créanciers l'eussent découverte et prouvée.

Les règles les plus absolues du droit, sur la matière des contrats, supposent toujours qu'ils ont reçu une existence réelle; et l'exception de simulation est admissible de la part de tous ceux qui tombent dans le piège caché par cette simulation. C'est ce qui a été jugé par les Cours de Nismes et de Caën, dont nous avons déjà rapporté les arrêts *n°. 58. Voyez aussi n°. 202.*

Dans les ventes de choses mobiliaires, il se commet une foule de fraudes au moyen de falsifications, de défaut dans le titre des matières d'or et d'argent, de faux poids, fausses mesures, etc.; la fraude prend alors le caractère de contravention ou de délit, et sort du plan de cet ouvrage, ne voulant l'y suivre que dans les cas où sa répression est abandonnée aux tribunaux civils.

§. Ier.

Fraudes de l'acquéreur.

297. Les obligations de l'acquéreur sont d'acquitter le prix, ainsi que toutes les autres charges qui lui sont imposées par le contrat de vente; et dans les ventes d'immeubles, jusqu'à l'accomplissement entier de ces conditions, la chose vendue est affectée par privilége aux droits du vendeur. *Article* 2201 *du Code civil.* Tout ce qui, de la part de l'acquéreur, tend à diminuer la valeur de ce gage, donne au vendeur non-seulement l'action en résolution du contrat, mais encore celle en fraude, si les faits font entrevoir dans la conduite de l'acquéreur, une intention coupable. Nous en avons donné un exemple ci-dessus, *n°.* 215, où le droit du vendeur a reçu tous les développements dont nous l'avons cru susceptible : on peut joindre, à ce premier exemple, celui rapporté par Denisart, au mot *Vente.*

Le comte d'Aubeton avait vendu la terre de la Meilleraie au duc de Chaulnes, moyennant 900,000 fr., dont il avait reçu 300,000 fr. comptant. Le duc de Chaulnes ne tarda pas à vendre la coupe de la futaie du parc, qui faisait le plus bel ornement de·la terre. Le comte d'Aubeton s'opposant à la coupe, le duc de Chaulnes lui offrit de toucher lui-même les 100,000 fr., prix de cette coupe, et représentait que ses biens et ceux de sa femme pouvaient répondre du surplus des 900,000 fr. Le comte d'Aubeton fit observer que les biens du duc étaient substitués, que ceux de la duchesse étaient situés en Normandie, et sujets au statut velleien. Par arrêt, du 25 août 1756, la sentence des requêtes du Palais, qui avait rejeté l'opposition du comte d'Aubeton, fut réformée.

CHAPITRE IV.

Fraudes dans l'exécution des donations.

Ces fraudes peuvent être commises par le donateur ou par ses héritiers.

§. Ier.

Fraudes du donateur.

SOMMAIRE

298. Division.

298. Il arrive, quelquefois, qu'une libéralité irrévocable, inspirée au donateur dans un moment d'entousiasme, finit par lui occasionner des

regrets ; et que, cédant à l'impulsion d'un sentiment contraire, il fait des efforts pour retirer
de ses largesses tout ce qui lui est possible d'en
distraire ; en cela il devient coupable de fraude :
ce qu'il a donné n'est plus à lui, et, dans plusieurs cas, son donataire a action pour faire cesser les conséquences d'une telle versatilité : il en
est aussi dans lesquels la loi le condamne au silence.

Examinons séparément les donations entre vifs
suivies de tradition, celles faites avec réserve
d'usufruit, et celles à cause de mort.

ARTICLE Ier. Donations entrevifs suivies de tradition.

299. Dans cette donation, le donateur a rarement occasion d'altérer son bienfait. Cependant,
l'irrévocabilité qui en fait l'essence, n'est pas
elle-même à l'abri de la fraude, tant il est vrai
que, dans les lois de l'homme, il y a toujours
une imperfection qu'il ne peut pas éviter, même
en l'apercevant, parce que, souvent, il reconnaît

qu'en s'éloignant de l'inconvenient qu'il prévoit, il se jeterait dans un plus grave.

Ainsi nous n'avons rien de plus impérieux dans notre législation que ce que l'Ordonnance de 1731, et après elle, le Code civil, ont statué sur l'irrévocabilité des donations entre vifs. Leurs dispositions doivent être telles que l'exécution ne puisse, en aucune manière, dépendre de la volonté du donateur. *Art.* 944 *et suivants.* Mais s'il est convenable que les largesses inspirées par la bonté, ne soient pas retirées par le caprice, il l'est plus encore que celles faites sans une juste prévoyance, ne laissent pas les enfants du donateur eu proie au besoin. Il a donc fallu mettre des bornes à cette irrévocabilité ; et avec quelque soin qu'elles aient été placées, il en est plusieurs que le donateur peut franchir à peu près à sa volonté, quelques-unes même qu'il peut dépasser impunément.

D'abord, s'il est sans enfants lors de sa libéralité, et qu'ensuite il lui en survienne ; ou s'il donne le jour à un enfant naturel, puis le légitime en épousant la mère, sa libéralité sera révoquée de plein droit et pour le tout. *Art.* 960.

300. Il est facile de reconnaître combien d'issues sont ouvertes à la fraude par cette révocabilité.

301. Une supposition de part peut en faire le plus révoltant abus.. Ce crime est prévu par

l'article 345 du Code pénal; et si l'on parcourt les fastes de la jurisprudence, on n'en verra que trop d'exemples.

302. Le même abus peut résulter de l'adultère de la femme, commis de concert avec son mari, si celui-ci, voulant reprendre ce qu'il a donné, et désespérant d'y parvenir par lui-même, usurpe les honneurs de la paternité, à l'exemple du roi de Portugal, Henri l'Impuissant. Cette odieuse resource peut même être employée par la femme, à l'insu de son mari, soit pour une donation que ce dernier aurait faite à un tiers, soit pour celle qu'elle aurait faite elle-même.

304. Enfin on a vu des hommes assez vils pour épouser des femmes déjà mères, et légitimer les enfants d'autrui comme étant les leurs.

304. De ces quatre espèces de fraude, la première est la seule dont le donataire puisse provoquer directement la répression. Mais pour donner à son action une sage direction, il importe de considérer que ce crime se complique nécessairement avec deux autres. On ne peut pas attribuer un enfant à la femme qui n'en est pas la mère, sans priver cet enfant de sa véritable mère; lui enlever son état, et faire un faux dans l'acte constatant la naissance supposée. L'action tendant à prouver que l'enfant n'a pas pour mère celle qu'on lui suppose, accuse donc les coupables, non-seulement de ce crime, mais encore

de faux et de suppression du véritable état de l'enfant. Or l'article 327 du Code civil porte : « L'action contre un délit de suppression d'état, » ne pourra commencer qu'après le jugement » définitif sur la question d'état. »

Ainsi le donataire qui a des notions suffisantes pour prouver que l'enfant, de la naissance duquel on se prévaut pour faire révoquer la donation, n'est pas né de la femme à laquelle on l'attribue, doit opposer ces faits par exception à la demande en révocation, et par la voie civile : aucune plainte, aucune instruction criminelle ne peuvent avoir lieu avant le jugement civil de cette exception. M. Merlin, dans ses nouvelles éditions du Répertoire, au mot *Supposition de part,* rapporte une multitude d'arrêts qui ont cassé des décisions contraires.

Mais aussi ce serait en vain qu'on s'armerait contre le donataire, des nombreux arrêts qui ont rejeté de semblables actions, formées du vivant des deux époux, par leurs héritiers présomptifs; si ces derniers ont vu repouser leurs actions, c'est parce que, dans aucun cas, celui qui n'est qu'héritier présomptif, n'est admis à critiquer les actions de la personne à laquelle il a seulement l'espoir de succéder : qui n'a que l'espoir d'un droit aussi incertain, n'a rien. Le donataire, au contraire, a un droit acquis, résoluble, il est vrai, sous une condition qu'on prétend accomplie. Il est incontestablement fondé à prouver qu'elle n'est pas accomplie : la loi n'a pas de prohibition qui puisse l'arrêter dans son exception.

A l'égard des suppositions d'enfant par adultère, il est difficile que le donataire n'en soit pas victime : quelque certitude qu'il puisse en fournir, on ne peut pas l'écouter. La loi, dans ce cas, impose silence à tout autre que le mari. *Voyez ci-dessus, n°. 99.* Le donataire n'échapperait à cette fraude, qu'autant que le mari désavouerait l'enfant, et ferait accueillir son désaveu.

Enfin la quatrième espèce de fraude est invincible. On ne pourrait s'opposer à la légitimation d'un enfant par le donateur, qu'en prouvant que cet enfant a pour père un autre individu; et la recherche de la paternité est interdite. *Article 341.*

305. La donation entre vifs, faite par celui qui dès-lors avait un enfant, est à l'abri de cette dangereuse révocabilité, quelque soit le nombre de ceux qui lui surviennent ensuite ; mais une autre prévoyance de la loi, non moins sage que la première, fait courir au donataire un autre danger, si le donateur est conduit par ses regrets jusqu'à la fraude.

C'est encore la sollicitude du législateur pour la famille du donateur, qui facilite à ce dernier les moyens de reprendre, par des actes simulés, une partie de ce qu'il a donné.

Quelque différence que, de tout temps, on ait voulu établir entre la donation entre-vifs, et celle à cause de mort, il n'en est pas moins vrai que son sort n'est fixé qu'à la mort du donateur. C'est alors seulement que sa libéralité est maintenue ou réduite, suivant qu'il ne laisse pour lui succéder, ni ascendants, ni descendants, ou qu'il en laisse plus ou moins; suivant encore que, depuis son bienfait, il a conservé ou altéré sa fortune; car il faut que ses descendants, ou à leur défaut, ses ascendants trouvent, indépendamment des valeurs suffisantes pour acquitter ses dettes, la portion que la loi a voulu qu'il leur réservât; et s'il ne laisse que des dettes à payer, c'est sur la donation réputée irrévocable, qu'on prendra tout ce qui sera nécessaire pour donner, soit aux descendants, soit aux ascendants, cette portion en quelque sorte sacrée, que le droit naturel réclame aussi hautement que le droit civil. (*Voy. les articles* 921 *et* 922.)

Il est donc vrai que l'exécution de la donation entre vifs elle-même, n'a de garantie certaine que dans la loyauté du donateur; que s'il est animé du sentiment contraire, et qu'il se repente d'avoir été généreux, il peut, par les nombreuses simulations que nous avons combattues dans les règles générales, en célant son actif, en le chargeant de dettes fictives, reprendre pour ses enfants, une grande partie de ce qu'il a donné.

Si le donateur peut employer tous ces détours pour tromper la juste espérance de son donataire, celui-ci, comme toutes les autres victimes de la fraude, peut s'en défendre par tous les moyens que nous avons indiqués dans les mêmes règles.

ARTICLE II. Donations avec réserve d'usufruit.

Dans cette libéralité, le donataire est exposé, non-seulement à tous les dangers qui viennent de nous occuper, mais, de plus, aux abus par lesquels l'usufruitier peut réduire considérablement la valeur du fonds qui reste à sa discrétion. (*Voy. le chapitre VI de la présente section.*)

ARTICLE III. Donations à cause de mort.

SOMMAIRE.

306. Les donations qui offrent le plus d'occasions à la fraude dans leur exécution, sont celles qui, irrévocables de leur nature, n'ont rien de fixe dans leur quotité, comme sont les donations que la faveur due aux contrats de mariage, a fait introduire dans les articles 1082, 1084 et 1093

du Code civil, à l'imitation de l'ancienne législation.

Par l'article 1082, on peut dans un contrat de mariage, donner aux époux ou à l'un d'eux, tout ou partie des biens que le donateur laissera au jour de son décès. Cette donation est absolulument *l'institution contractuelle* de l'ancien Droit. L'époux donataire devient l'héritier présomptif du donateur ; son titre est irrévocable, mais subordonné pour ses effets à la volonté de son bienfaiteur, ainsi qu'aux caprices de la fortune envers ce dernier.

307. Dans l'ancienne jurisprudence, le donateur conservait, non-seulement la faculté de disposer à titre onéreux, mais encore celle de le faire à titre gratuit, pourvu que ce fût sans fraude. Les auteurs du Code ont, plus judicieusement, jugé que celui qui, à l'avance, donne tout ce qu'il laissera à son décès, s'interdit volontairement toute autre libéralité tant soit peu considérable ; et par l'article 1083, ils lui ont interdit de disposer de ses biens à titre gratuit, si ce n'est pour sommes modiques, *à titre de récompense ou autrement.* Il n'en conserve pas moins le premier attribut du droit de propriété, c'est-à-dire la faculté de vendre, échanger et hypothéquer ses biens.

308. On ne peut pas se dissimuler que cette toute-puissance ne lui ouvre mille et mille moyens

d'éluder la prohibition qui lui est faite de donner encore : si venant à se chagriner de sa première libéralité , il trouve dans son cœur assez de dépravation pour recourir aux voies indirectes.

Dans ce cas , l'action en fraude du donataire est incontestablement admissible , quelque soit l'apparence des actes faits pour déguiser l'infraction. *Voy. ci-dessus*, sect. 1, *chap.* 3, *et le Traité des Donations de M. Grenier*, n°. 412.

Une cause de cette espèce s'est récemment présentée devant la Cour de Riom. Françoise Morel, mariée, en l'an IX, avec Jacques Lacour , avait été instituée par ses père et mère leur héritière universelle ; et en 1810, son mari s'était fait vendre par Morel père une maison sise à Clermont. En 1820, les créanciers de Lacour, ayant fait une saisie immobilière sur ses biens, et particulièrement sur cette maison, Françoise Morel attaqua la vente que son père en avait faite à son mari, comme pratiquée en fraude de son institution contractuelle, et dans la vue de rendre aliénable un fonds dotal, comme aussi d'aider son mari dans de ruineuses spéculations. Sur sa demande, le tribunal de Clermont prononçant par défaut contre Lacour, le 28 juillet 1820, annula la vente. Jacob, créancier de Lacour, forma tierce opposition à ce jugement, prétendit qu'il y avait concert entre le mari et la femme ;

que le jugement du 28 juillet était collusoire, et obtint, le 29 novembre 1820, un second jugement, qui, rétractant le premier, débouta Françoise Morel de sa demande en nullité. Cette dernière fut plus heureuse sur l'appel, et l'arrêt du 20 juin 1821, s'exprime ainsi sur cette partie du procès : « Attendu que, d'après cet exa-
» men et cette appréciation, la Cour est demeu-
» rée convaincue que c'est, avec juste raison, que,
» lors du jugement dudit jour 26 juillet 1820,
» les premiers juges ont pensé que la vente faite
» par Morel à son gendre, le 28 février 1810, l'a
» été au mépris de l'institution contractuelle de
» sa fille; qu'elle présente tous les caractères de
» la simulation et de la fraude, qui se déduisent
» principalement, 1°. de ce que rien n'indique
» que Morel fût alors dans la nécessité de ven-
» dre; 2°. de ce qu'il y a eu vilité évidente dans
» le prix; 3°. de ce que les expressions du con-
» trat, *moyennant 4,000 fr. payé avant ces pré-*
» *sentes*, sont habituelles dans les actes qui
» contiennent la simulation, et en dénotent la
» fraude, etc. »

Cet arrêt est rapporté *dans le Journal du Palais, tom. 65, p. 291.*, mais très-imparfaitement. Des renseignements particuliers, très-dignes de confiance, nous ont procuré sa rédaction complète.

L'article 1083, permet cependant au donateur,

comme on l'a vu, de disposer de sommes modiques à titre de récompense, ou autrement : tout
ce qui excède cette étroite mesure, est réputé fait
en fraude de l'institution ; mais comment, et à
quel signe reconnaîtra-t-on que la mesure a été
excédée ? C'est aux magistrats que la loi confie ce
soin ; ils comparent les biens du donateur avec
ses largesses, et appréciant encore les causes du
bienfait, ainsi que son objet, il l'annullent en totalité, s'il leur paraît injuste à l'égard de l'institué ; et se bornent à le réduire, s'il n'y aperçoivent que de l'excès, ou rejètent l'action, si le don
leur paraît exempt de l'un et de l'autre défaut.

309. La donation de biens présents et à venir,
autorisée par les articles 1084 et 1085, doit subir les mêmes règles, quoique ces articles ne les
rappellent pas, et semblent ne laisser au donataire que la faculté, soit de s'en tenir aux biens
présents, quand un état des dettes et charges a été annexé à la donation, soit de répudier
la donation pour le tout, quand cet état n'y a
pas été annexé. Ces dispositions supposent que
les dettes et charges imposées par le donateur
sur ses biens, depuis la donation, et qui peuvent
contraindre le donataire à renoncer aux avantages qui lui ont été promis, ont été créées par
nécessité et de bonne foi ; mais s'il était prouvé
qu'elles n'ont été conçues que pour le tromper ;
qu'elles ne sont pas sérieuses, et servent de man-

teau à des donations indirectes faites en fraude de
la première, le donataire sera, très-certainement,
fondé à en demander la nullité.

310. La même action peut être exercée, par
suite de la donation qui fait l'objet de l'article
1086. Cette dernière, comme celles dont nous
venons de parler, n'est qu'une modification de
celle signalée dans l'article 1083 ; et ce que dit
cet article de l'irrévocabilité du droit en soi, ainsi
que de l'impuissance du donateur de disposer
ultérieurement à titre gratuit, si ce n'est pour
sommes modiques, suit la donation par contrat
de mariage, dans les modifications prévues et
autorisées par les articles subséquents.

D'ailleurs, nous l'avons déjà d it, et c'est un
point de droit incontestable, la donation par contrat de mariage participe du titre onéreux, parce
qu'elle fait partie des conditions du mariage ;
que cette union exposant les époux aux obligations incalculables qu'elle fait naître, et étant
indissoluble, la loi a dû leur assurer l'indissolubilité des promesses, sur la foi desquelles
elle a été contractée. Il est donc vrai que, relativement sur-tout à cette donation, le donataire
devient créancier de son bienfaiteur, et, comme
tel, compris dans la règle générale de l'art. 1167,
qui autorise les créanciers à attaquer les actes
faits par leurs débiteurs en fraude de leurs droits.

Il ne peut y avoir d'exception à l'application

de ce principe, que dans le cas où la donation serait faite, sous la condition que le donateur n'en conserverait pas moins la faculté de disposer de ses biens à titre gratuit, comme à titre onéreux : elle est autorisée, par l'article 1086, puisqu'il permet de donner *à condition de payer indistinctement toutes les dettes et charges de la succession du donateur, ou sous d'autres conditions dont l'exécution dépendrait de sa volonté.*

Dans ce cas, aucun des actes du donateur ne peut être attaqué pour fraude, lors-même qu'il y aurait employé la simulation, le donataire ne pourrait pas s'en faire un titre pour les faire révoquer, parce que pouvant, directement et sans feinte disposer de ses biens, les voies obliques qu'il a pu prendre pour le faire, ne changent pas son droit. *Voy. les règles générales, nos. 3 et 4.*

311. Enfin, à l'égard des donations susceptibles de l'action en fraude, nous devons faire remarquer que, de tous les cas où cette action est recevable, celui-ci est le moins favorable, et doit éprouver le plus de rigueur dans les tribunaux. Le donataire ne doit jamais perdre de vue le sentiment généreux, qui a porté son bienfaiteur à lui conférer des droits sur sa fortune ; il doit même supporter, avec résignation, quelques légères privations qui lui auraient été imposées dans un moment d'humeur, ou de caprice, par reconnaissance de ce qui lui a été conservé ; et les

magistrats seront d'autant plus portés à recevoir, avec défaveur, de semblables plaintes, qu'il est difficile de concevoir qu'un donateur passe ainsi de la bienveillance à la haine, sans que le donataire ne se soit, par des torts plus ou moins graves, exposé à cette disgrâce.

§ IIe.

Fraudes des héritiers du donateur.

SOMMAIRE.

312. Les héritiers du donateur ne peuvent porter de préjudice au donataire, que dans l'exécution des testaments ; mais ces actes, sur-tout ceux olographes, sont souvent inconnus des personnes qu'ils intéressent ; quelquefois, restant dans les papiers du testateur, ils se trouvent à la merci des héritiers ; de là, les nombreux exemples de suppression de testament que contiennent les annales judiciaires. L'affinité de cette action coupable avec l'empêchement de tester, nous a déterminés à les traiter ensemble. *Voy. la* 1re. *partie, n°.* 180 *et suivants.* Nous n'y ajouterons qu'une observation.

313. Sans supprimer le testament, il peut arriver que les héritiers le tiennent secret, et se soient occupés par des moyens blâmables d'en

dérober la connaissance aux légataires, dans l'espoir, ou de les frustrer complètement des bienfaits du testateur, ou au moins de conserver, le plus long-temps possible, les produits de la chose léguée, l'article 1014 du Code civil ne donnant ces produits aux légataires que du jour de leur demande en délivrance.

Lorsque les légataires sont parvenus à vaincre les obstacles, et que le testament est représenté, recouvrant tous leurs droits, ils n'ont plus, à cet égard, d'indemnité à demander ; mais s'il est reconnu que l'héritier a usé de finesses pour retarder la manifestation de la volonté de son auteur, il devra des dommages et intérêts pour le préjudice résultant de sa fraude, dans lesquels seront nécessairement compris, en première ligne, les revenus des choses léguées ; tel est le sentiment de Lebrun *dans son Traité des Successions*, *tom.* 1, *p.* 463. « Comme il y a des cas où le lé-
» gataire ne peut avoir aucune connaissance du
» testament, et où l'héritier, au contraire, se
» prévaut de l'ignorance du légataire pour ne
» pas accomplir les legs, usant quelquefois du
» dol et de fraude, pour supprimer la volonté du
» défunt; dans ce cas on pourrait adjuger, du
» jour du décès, les fruits et intérêts des choses
» léguées, le tout par forme de dommages et in-
» térêts...... quelques circonstances sont néces-
» saires pour faire preuve de la réticence frau-

» duleuse de l'héritier. J'estime que l'héritier et
» l'exécuteur testamentaire, étant obligés de faire
» lecture du testament, incontinent après le décès
» du testateur, et en donner connaissance, autant
» qu'il se peut, aux légataires, s'ils n'ont pas sa-
» tisfait à cette formalité, mais ont tenu le testa-
» ment secret, n'exécutant que ce qui les concer-
» nait, ou leurs parents et amis; et si le testa-
» ment était sous seing privé, quoique peut-être
» reconnu par-devant notaire, et si le légataire
» était absent lors du décès; qu'enfin les circons-
» tances soient telles, que, quand le légataire eût
» voulu savoir la chose, la découverte ne lui en
» eût pas été facile. En ce cas, les fruits et inté-
» rêts du legs seront dûs du jour du décès.... et
» encore que cette fraude et cette réticence sem-
» blent venir directement de l'exécuteur et non
» de l'héritier, néanmoins comme celui-ci ne doit
» pas même profiter de la fraude d'autrui, et que
» d'ailleurs il est difficile qu'il ne soit pas com-
» plice de cette fraude dont il profite, il est juste
» qu'il restitue tous les fruits, et à plus forte
» raison, s'il est lui-même l'exécuteur testamen-
» taire. »

Si ce point de droit peut éprouver des difficultés à l'égard de l'héritier, qui n'est plus obligé
de faire lire le testament après le décès de son
auteur, il ne peut être sujet à aucune controverse
relativement à l'exécuteur testamentaire : s'il n'a

pas fait tout ce que le testateur a attendu de lui, pour faire connaître et exécuter ses volontés, il sera tenu de sa fraude comme mandataire infidèle.

CHAPITRE V.

FRAUDES DANS L'EXÉCUTION DU CONTRAT DE LOUAGE.

SOMMAIRE.

314. Avant le Code civil, ce contrat n'assurait que très-imparfaitement au locataire la jouissance de la chose louée. Par la *loi Æde*, le propriétaire d'une maison pouvait en expulser celui à qui il en avait fait bail, s'il affirmait vouloir l'habiter par lui-même. L'acquéreur d'un immeuble avait aussi le droit d'en prendre possession, en vertu de la loi *emptorem*, sans aucun égard pour les baux qu'en avait fait le vendeur. Aujourd'hui, par suite de l'article 1743 du Code civil, le contrat de louage est aussi obligatoire que celui de vente, et l'on peut dire qu'il contient une véritable vente temporaire ; en sorte qu'une grande partie de ce

que nous avons dit dans le chapitre III, peut ici recevoir une nouvelle application. Ce contrat est soumis aussi à quelques règles particulières.

L'obligation principale du locateur est de faire jouir le locataire, pendant toute la durée de son bail, de la chose louée, et de tous ses accessoires. Si donc sciemment et volontairement, il l'expose à en être privé, en tout ou en partie, il commet une véritable fraude, qui, comme toutes celles dont nous avons parlé, est réparable par tous les dommages et intérêts du locataire, qu'ils aient été prévus ou non lors du bail, (*Voyez la* 1re *partie, n*°. 27), et par la contrainte par corps, qui peut assurer le paiement de l'indemnité complète, si elle excède 300 fr. Cette règle sévère serait sur-tout applicable,

1°. A celui qui louerait la chose d'autrui;

2°. A celui qui louerait successivement le même immeuble à deux personnes;

3°. A celui qui, après l'avoir loué verbalement ou par un acte n'ayant pas de date certaine, le vendrait sans faire de ce bail une des charges de la vente;

4°. A l'usufruitier qui louerait à longues années l'héritage dont il jouit, sans prévenir le locataire de l'éventualité de son droit.

Dans tous ces cas, la présomption est pour la fraude; il n'est pas présumable qu'un individu dispose ainsi d'une chose, sans connaître parfaitement la nature du droit qu'il peut y avoir : il faudrait, pour le soustraire à cette accusation, qu'il fît connaître les conjonctures extraordinaires, causes de son erreur.

Sans la preuve de cette erreur, suivant les circonstances, s'il avait reçu des deniers d'entrée et se trouvait insolvable, la fraude pourrait être qualifiée escroquerie, et punie comme telle.

315. Le locataire menacé d'éviction par une des causes que nous venons de signaler, ne serait pas obligé d'attendre un trouble effectif, et pourrait sur-le-champ demander que le locateur, dans un bref délai, fît cesser les causes de ses allarmes ; sinon que le bail fût résilié avec dommages et intérêts, ou, au moins, qu'il lui fût donné caution.

Dans l'ancienne législation, en matière de vente comme de louage, on aurait admis les subtilités du Droit romain. Pour la validité du contrat, on n'exigeait pas que celui qui vendait ou louait une chose en fût propriétaire, il suffisait qu'il la livrât, et s'obligeât à en faire jouir l'acheteur ou le locateur, suivant la règle pour la vente, *præstandi emptori rem habere licere* ; et celle pour le louage, *præstandi conductori frui vel uti licere*. Il résultait de ces règles, que tant que l'acheteur et le locataire n'éprouvaient pas de troubles réels, l'action en garantie n'était pas ouverte pour eux. A ces règles, un principe plus conforme à la bonne foi

qui doit préparer et cimenter les conventions, a
été substitué : la vente de la chose d'autrui est
nulle, article 1599 du Code civil, et suivant l'article 1653, il suffit que l'acheteur ait juste sujet
de craindre d'être troublé, pour qu'il puisse sus-
pendre le paiement du prix, à moins que le vendeur ne lui donne caution. L'analogie parfaite
qui existe, aujourd'hui, entre le contrat de louage
et celui de la vente, rend le principe que nous
venons d'exposer commun aux deux contrats.

316. Le locateur peut encore être exposé à l'action en fraude de son locataire, si, s'étant obligé
par le bail de lui fournir divers objets, il les lui
livre sciemment dans un état tel qu'il doive en
éprouver du dommage. Si, par exemple, en af-
fermant un domaine avec les bestiaux qui le garnissent, ces bestiaux se trouvent infectés de maladie contagieuse. (*Voyez Pothier*, *contrat de
louage*, n°. 118.)

317. Le locateur a également l'action en fraude
contre le locataire, dans tous les cas où ce dernier abuse de ce que la chose louée reste à sa disposition, pour en altérer la valeur à son profit;
tel serait le sort du locataire d'une maison de
commerce, qui cesserait de l'employer à cet usage,
et ferait passer ailleurs tous les avantages qu'elle
produirait.

Il en serait de même du fermier d'un domaine
qui porterait dans ses héritages les engrais des-

tinés à ceux du domaine, ou qui, se prêtant aux
vues d'un usurpateur, n'instruirait pas le propriétaire des anticipations commises sur ses fonds,
ou ne l'en informerait qu'après l'extinction de
l'action possessoire.

Quand, dans un bail ordinaire, la faculté de
souslouer a été interdite au locataire (article
1717 du Code civil), ou que dans un bail à portions de fruits, cette faculté ne lui a pas été
accordée (article 1763), il arrive, quelquefois,
que le locataire est remplacé par un tiers, qu'il
prétend n'être que son mandataire, et ne jouir
que pour lui : cette prétention ne doit jamais
trouver grâces devant les tribunaux, qui ne peuvent y voir qu'un stratagême conçu pour dissimuler l'infraction commise à la prohibition.

318. Le privilége du propriétaire s'étend sur
tous les effets qui garnissent sa ferme, et particulièrement sur les bestiaux qui y étant intro-
duits, sont réputés appartenir au fermier. La
preuve du contraire ne peut être donnée que
par un bail à cheptel, notifié au propriétaire de
la ferme par celui qui a fourni les bestiaux, ainsi
que le prescrit l'article 1813 du Code civil. Deux
motifs ont fait placer dans le Code cette disposition qui n'était pas dans notre ancien Droit ; le
premier, pour que le propriétaire de la ferme
n'ait, sur la solvabilité de son fermier, que la
juste idée qu'il doit en concevoir, et ne fonde

pas sa confiance sur un gage chimérique ; le second, pour éviter qu'à l'ombre d'un cheptel frauduleux, le fermier ne parvienne à soustraire les
bestiaux qui lui appartiennent aux poursuites du
propriétaire. De ces motifs, il faut conclure,
1°. que celui qui a donné ses bestiaux à cheptel
au fermier d'un autre, voudrait, en vain, prouver
sa bonne foi, et la légitimité de son droit aux
bestiaux, s'il n'en avait pas prévenu le propriétaire de la ferme par la notification exigée ;
2°. qu'il doit le faire assez tôt pour que le propriétaire ne puisse pas être, un seul instant, induit en erreur par des valeurs qui doivent lui
rester étrangères. Cette seconde proposition, sur
laquelle le texte de l'article 1813 laisse des doutes, est justifié par un arrêt de la Cour de Nîmes,
du 7 août 1812.

Les sieurs Veyret, fermiers d'un domaine appartenant au sieur Callemard, étaient débiteurs
de plusieurs années de fermage, lorsqu'il fut
passé un acte, contenant, au profit du sieur Monnier, cheptel de divers bestiaux détaillés dans
l'acte, et évalués ensemble à 2,745 fr. 80 cent.
On dit encore dans l'acte, que ces bestiaux ont
été achetés par Monnier à différentes foires, et
remis par lui aux sieurs Veyret, lors de chaque
acquisition. Peu de jours après l'acte, il fut notifié au sieur Callemard, qui n'en fit pas moins
saisir ces bestiaux, ainsi que tous ceux trouvés au
domaine.

Sur l'opposition de Monnier, portée devant le tribunal de Mende, il articula, et offrit de prouver la sincérité de tous les faits consignés dans le cheptel représenté. Callemard consentit à ce que tous ces faits fussent tenus pour vrais, se bornant à soutenir que la notification aurait dû précéder l'introduction des bestiaux dans sa ferme. Le tribunal de Mende, déterminé par le silence de l'article 1813, sur l'époque à laquelle la notification doit avoir lieu, et parce qu'il n'était élevé contre Monnier aucun soupçon de fraude, ni de simulation, admit son opposition.

La Cour de Nîmes, au contraire, la rejeta; et nous croyons décisifs les motifs de son arrêt : « Attendu, en fait, qu'il résulte même des termes » de l'acte, du 11 novembre 1811, que les bes- » tiaux délivrés par Monnier aux Veyret, étaient, » avant cet acte, placés dans le domaine, puis- » qu'il y est stipulé qu'ils avaient été achetés en » différentes foires et marchés, et remis auxdits » Veyret, à l'époque desdites foires et marchés;

» Attendu qu'à l'instant même où ils ont été » placés dans le domaine du sieur Callemard, » ils sont devenus le gage du propriétaire, par le » seul ministère de la loi;

» Attendu que ces bestiaux, par leur introduc- » tion dans un domaine sont présumés être, vis- » à-vis du propriétaire à l'encontre d'un tiers, en » toute propriété à son fermier; et qu'ils sont

» réputés tels, à moins qu'avant leur entrée dans
» le domaine, en se conformant aux dispositions
» de l'article 1813 du Code, le cheptel donné au
» fermier d'autrui, n'ait été préalablement notifié
» au propriétaire de qui le fermier tient un do-
» maine; notification qui, d'après les termes
» mêmes de la loi, doit être faite au moment
» même, le mot *lorsque* étant indicatif du terme;

» Attendu que, sans cette précaution sage, sans
» cette mesure salutaire, qui sert d'avertissement
» aux propriétaires, pour la règle de leur con-
» duite envers leurs fermiers, ils seraient tous
» évincés du prix de leurs fermes, par un acte
» frauduleux que ceux-ci passeraient avec un
» tiers;

» Attendu qu'il en doit être pour les bestiaux
» qui garnissent une ferme, de même que pour
» les meubles qui garnissent une maison louée;
» que, si la loi répute appartenant au locataire les
» meubles qui garnissent sa maison, elle doit éga-
» lement réputer appartenant au fermier du do-
» maine les bestiaux qui servent à l'exploitation,
» à la culture, à l'engrais, à moins qu'un acte
» antérieur, et signifié au moment de leur pla-
» cement dans les bâtiments du domaine, indi-
» que un autre propriétaire;

» Attendu néanmoins que, dans les circons-
» tances particulières de la cause, il est conve-
» nable de soumettre les appelants, à affirmer

» avec serment qu'il n'avaient aucune connais-
» sance que les bestiaux *et cabaux*, baillés à Chep-
» tel par Monnier, étaient la propriété de ce der-
» nier; et que cette connaissance ne leur a été
» acquise qu'à la notification de l'acte du 11 no-
» vembre :

» Dit mal jugé, à la charge du serment. »

Il importe d'observer, que, dans l'espèce jugée, il s'était écoulé, depuis les diverses intro-
ductions des bestiaux de Monnier dans la ferme de
Callemard trop de temps pour que ce propriétaire n'eût pas été mis dans une fausse sécurité,
par l'apparence de solvabilité que ces bestiaux
donnaient à son fermier; qu'ainsi la Cour de Nîmes ne pouvait pas juger autrement qu'elle l'a
fait. Mais il nous semble qu'il y a exagération
dans ce point de droit, que la notification du
cheptel doit absolument, et toujours, précéder
l'introduction des bestiaux; c'est ajouter à la loi
et non l'interpréter que d'établir une règle aussi
rigoureuse; une sage interprétation veut que la
loi soit satisfaite dans l'esprit qui l'a dictée, comme
dans son texte, et rien de plus.

Les juges de Mende, n'avaient vu, dans la disposition de l'article 1813, qu'une précaution contre la fraude. La Cour de Nîmes y apercevant
encore et très-judicieusement, un préservatif
contre l'erreur du propriétaire, a dû réformer
leur jugement; mais reconnaissons, en droit,

que, dans tous les cas où cette erreur n'a pas pu avoir lieu, le propriétaire de la ferme ne doit pas être admis à se plaindre d'un tort imaginaire, pour commettre une injustice réelle.

Ce mot *lorsque* est, il est vrai, indicatif du terme; mais son indication n'a rien de précis; elle n'est qu'approximative. Si donc le jour même de l'entrée des bestiaux dans la ferme, où le lendemain, ou même quelques jours après, le propriétaire est légalement informé que son fermier ne les tient qu'à titre de cheptel; en un mot, si les circonstances démontrent que son fermier n'a pu lui surprendre aucun délai, à la faveur de ce gage apparent, celui à qui les bestiaux appartiennent ne lui ayant occasionné, ni volontairement ni involontairement, aucun dommage, doit recouvrer sa chose, puisque la loi n'a pas fixé d'époque fatale pour la notification. Toutes les fois que le droit positif ne commande pas expressément, l'équité reste la loi suprême. La Cour de Nîmes elle-même a été entraînée par ce sentiment, puisqu'elle a exigé de Callemard qu'il affirmât n'avoir pas su que ses fermiers n'avaient reçu les bestiaux qu'à titre de cheptel. (*Voyez le Journal du Palais, t.*36, *p.* 427.)

CHAPITRE VI.

FRAUDE DANS L'USUFRUIT.

319. L'usufruitier, soit qu'il tienne son droit de la loi même, comme le survivant des père et mère sur les biens de leurs enfants, soit qu'il lui soit acquis par donation ou convention, doit se borner à une simple jouissance, en conservant la substance de la chose qui lui est ainsi soumise, *article 578 du* Code civil.

L'obligation de conserver la substance des choses, reçoit une modification importante à l'égard des effets mobiliers qui se détériorent par l'usage; l'usufruitier n'est tenu de les rendre à la fin de l'usufruit, que dans l'état où sa jouissance les a réduits, *non détériorés par son dol ou par sa faute*, *article* 589. Dans ce cas, la présomption est pour la bonne foi, et quelque soit la caducité de ces choses, si rien n'accuse l'usufruitier de fraude ou de faute, le propriétaire est sans action.

320. A l'égard des autres meubles et des immeubles, au contraire, tout ce qui porte atteinte à la règle *jouir et conserver*, est présumé fait en fraude du propriétaire, jusqu'à ce que l'usufruitier se soit justifié. Ce principe est tellement de l'essence de l'usufruit, que si, dans l'acte qui l'a constitué, il existait des clauses tendant à affranchir l'usufruitier de ses obligations à ce sujet, comme elles établiraient un droit qui, participant de l'usufruit et de la propriété, ne serait cependant ni l'un ni l'autre; droit que la législation rejète, par cela seul qu'elle ne l'admet pas; elles devraient être réputées non écrites, comme contraires aux lois.

C'est ainsi que l'ont uniformément décidé le tribunal de Chinon et la Cour d'Orléans dans l'espèce suivante. En 1815, le sieur Sigongne avait légué a sa femme l'usufruit de ses immeubles, avec cette clause : «Voulant que les biens » par moi donnés soient repris à la cessation de » l'usufruit, dans l'état où ils se trouveront, et » qu'elle puisse en jouir comme propriétaire, » sans pouvoir être inquiétée, ni ses héritiers » après son décès. »

En 1820, la veuve Sigongne fit abattre et vendit plusieurs chênes-futaies dans les biens de son mari. Aussitôt les héritiers de ce dernier formèrent demande contre elle, en déchéance de l'usufruit, et en paiement de 3,000 fr. pour la valeur des arbres, et de 2,000 fr. pour dommages et intérêts.

La veuve Sigongne ne leur opposa pas seulement la clause qui lui attribuait la faculté de jouir comme propriétaire, mais son mari ayant ajouté dans son testament, que, dans le cas de la moindre contestation de la part de ses héritiers, il donnait à sa femme la propriété de tout ce dont la loi lui permettait de disposer, elle demanda contre eux l'exécution de cette disposition. L'action des héritiers n'en fut pas moins accueillie par le tribunal de Chinon, qui condamna cette veuve à rembourser aux héritiers de son mari la valeur des arbres abattus, à la charge par ces derniers de lui en payer les intérêts, pendant la durée de son usufruit. Ce jugement est fondé sur ce « que le testateur, en » léguant un usufruit, n'a pu avoir l'intention » de dispenser sa légataire des conditions qui » tiennent, non à la nature, mais à l'essence de » l'usufruit; que, s'il en était autrement, le léga- » taire pourrait détruire les bâtiments sujets à » l'usufruit, ce qui rendrait impossible la remise » des objets légués aux héritiers du mari, après » le décès de l'usufruitier; que la peine prenon-

» cée par le testateur contre ses héritiers, en cas
» de contestation de leur part, n'avait pour ob-
» jet, dans la pensée du testateur, que de leur
» interdire les contestations relatives à la validité
» du testament; et que, si cette clause s'étendait
» à toute contestation, elle serait une interdic-
» tion prohibée par les articles 6 et 900 du Code
» civil; qu'il dépendrait de la veuve Sigongne de
» faire prononcer à son gré la déchéance des hé-
» ritiers de son mari, en provoquant, d'une part,
» leur opposition, par ses abus de jouissance, et
» en profitant, d'autre part, de leur opposition
» pour les faire déclarer déchus de leurs droits. »

La cause fut portée par appel devant la Cour
d'Orléans, qni en adoptant ces motifs, confirma la
décision des premiers juges, sur les conclusions
conformes du ministère public, par arrêt du 11
mai 1822. (*Voy. le Journal du Palais, tom* 63,
p. 469.)

L'usufruitier ainsi chargé de conserver les immeubles, est donc passible de l'action en fraude,
1°. s'il n'informe pas dans un temps utile le
propriétaire des usurpations commises par des
tiers, *article* 614 *du Code civil.*

2°. S'il laisse acquérir par la prescription, des
droits de servitude ou autres sur les immeubles,
l. 15, ff. *de usuf.* ;

3°. Si possesseur des titres de créance, il en
laisse prescrire les actions faute de poursuites,

ou périmer les hypothèques, en ne renouvelant pas les inscriptions;

4°. S'il ne fait pas, pour l'entretien des bâtiments et héritages, les réparations usufruitières qui leur sont nécessaires;

5°. Quand il n'acquitte pas les charges qui lui ont été imposées par son titre et par la loi;

6°. Lorsqu'il détériore les fonds; comme s'il démolit tout ou partie des bâtiments; si, dans les bois, il anticipe sur la coupe des taillis, ou coupe les arbres qu'il doit réserver; si, dans les autres héritages il détruit les clôtures, ou change abusivement le mode des cultures.

321. Dans ces divers cas, les conséquences de l'action varient suivant le caractère de l'usufruit, celui de l'usufruitier, et le plus ou le moins de gravité des abus dont il s'est rendu coupable.

La loi nouvelle, comme celles précédentes auxquelles elle s'est conformée, n'a pu donner que des principes généraux; c'est dans la jurisprudence qu'il faut puiser les règles d'exécution.

322. Première règle : Aucune action n'est admise que lorsque les faits sont graves ; si les usufruitiers sont disposés naturellement à étendre leurs jouissances, les propriétaires ont, tout aussi naturellement, une impatience de leur succéder, qui les rend toujours exigeants, et souvent injustes.

323. Deuxième règle : Quelque grave que soit

l'abus, s'il peut être imputé à la négligence comme à la fraude, la présomption est pour la négligence, et à moins que la fraude ne soit prouvée, il n'y a lieu qu'à une action ordinaire, suivant la nature de l'abus.

319. Troisième règle : Quand cet abus ne manifeste pas de mauvais desseins pour l'avenir, et ne compromet pas les intérêts du propriétaire au-delà de ce qu'un cautionnement peut lui assurer, si l'usufruiter a donné caution, en se saisissant de l'usufruit, aucune action n'est recevable; lorsqu'il en a été dispensé, la dispense cesse, et s'il se trouve dans l'impuissance de fournir cette assurance, la jouissance doit être convertie en une prestation en deniers, payable par le propriétaire, ainsi que l'ont jugé plusieurs arrêts.

320. Quatrième règle : Du moment où les abus sont si graves, qu'ils dénotent dans l'usufruitier une cupidité funeste pour le passé et dangereuse pour l'avenir, il doit être privé de son usufruit, sans avoir égard au cautionnement qu'il a fourni, ou qu'il offrirait de fournir; c'est le vœu de l'article 618 du Code civil. Il ne s'explique pas, il est vrai, sur la circonstance du cautionnement; mais son silence, à cet égard, prouve qu'elle doit être comptée pour rien. Il le prouve d'autant mieux, que ce même article autorise, non l'usufruitier, mais ses créanciers, à faire cesser la plainte du propriétaire, en réparant les dégradations commises, et

fournissant des garanties pour l'avenir. Au surplus, cette rigueur, à l'égard de l'usufruitier, se
fonde sur la jurisprudence la plus ancienne et
la plus généralement reçue. Fererius, sur la
quarante-septième question de *Guypape*, le
président Favre, *dans son Code, liv.* 3, *tit.* 3,
de fin. 1, Papon, *liv.* 14, *tit.* 2, *art.* 5, et Des-
peisses, *tom.* 1, *p.* 570, enseignent uniformément ce point de droit, conforme à la *loi* 6, ff. *de
suspect. tut.*, dont le texte se retrouve dans les
institutes, *lib.* 1, *tit.* 26, *n.º* 12, *quia satisdadio
propositum malevolum non mutat, sed diù gras-
sandi in re familiari facultatem præstat*. Ils
rapportent trois arrêts, l'un du sénat de Chambéry, le second du parlement de Bordeaux, et
le troisième du Parlement de Toulouse, qui l'ont
ainsi jugé. Tous les auteurs modernes, et particulièrement Rousseau de Lacombe et Merlin,
dans le répertoire de Jurisprudence, se réfèrent
aux docteurs que nous venons de citer.

326. Cinquième règle. La règle qui précède se
subdivise encore ; le même article 618 se conformant toujours à l'ancienne jurisprudence, autorise les juges « à prononcer, suivant la gravité
» des circonstances, ou l'extinction absolue de
» l'usufruit, ou la rentrée du propriétaire dans la
» jouissance de l'objet grevé d'usufruit, sous la
» charge de payer annuellement à l'usufruitier
» une somme déterminée. »

Pour se diriger dans l'importante alternative qu'offre au magistrat cette disposition, il faut observer que presque tous les arrêts rendus dans des causes de cette nature, ont prononcé contre des usufruitiers, à qui les propriétaires devaient des aliments en qualité d'enfants ou petits enfants, et que la plupart de ces derniers leur en offraient, comme dans l'arrêt du 30 août 1779, rapporté au Répertoire de jurisprudence. On peut en conclure, 1°. que, quelque soient les torts de l'usufruitier, si son droit est la condition d'une donation ou d'une vente par lui faite, le propriétaire ne peut pas lui refuser un revenu égal au produit de la chose ; 2°. que, dans les autres cas, si le propriétaire qui réclame est un des descendants de l'usufruitier, il doit également lui en payer le revenu, si ce n'est en totalité , au moins en quantité suffisante pour que ce dernier conserve l'état d'aisance dans lequel il a pu vivre jusques-là.

327. Nous en conclurons encore, que l'extinction absolue et sans conversion, ne doit être prononcée que lorsque l'usufruitier, n'étant dans aucun de ces cas, a des torts considérables, principalement imputables à la méchançeté ou à la cupidité , et que n'excusent ni le défaut d'intelligence, ni l'infortune.

328. L'usufruit paternel, institué par l'article 384 du Code civil , est soumis, comme tous les

autres, aux différentes règles de répression que nous venons d'exposer. Quelque favorable que soit la puissance paternelle, qui fait le titre de cette jouissance, les auteurs du Code n'ont pas entendu introduire en France le despotisme paternel, que le Droit romain avait établi : *ce despotisme sauvage et barbare*, suivant les expressions des orateurs qui ont parlé à ce sujet, au Corps Législatif, ne pouvait pas convenir à l'état actuel de la civilisation ; et l'on peut d'autant moins douter que les abus de l'usufruit des père et mère ne soient susceptibles de répression ordonnée par l'article 618, que l'article 385, suivant immédiatement celui qui l'institue, lui impose *toutes les charges auxquelles sont tenus les usufruitiers.* On voit encore, dans l'article 601, que cet usufruitier est, sauf les exceptions spéciales, soumis aux obligations des autres usufruitiers, puisque cet article le dispense de donner caution.

Si donc, dans l'exercice de ce droit, un père ou une mère subjugué par les passions, et devenu indifférent sur le sort de ses enfants, commettait, sur les biens de ces derniers, des dégradations tellement graves, que la famille pût en concevoir de sérieuses allarmes, il est hors de doute que, réunie en conseil, elle serait fondée à le destituer de la tutelle pour *infidélité* dans la gestion, *article 444.* Elle le serait encore à provoquer, par le ministère du subrogé tuteur,

soit la conversion de l'usufruit, soit même la déchéance de l'usufruitier, suivant la gravité des
circonstances; aussi M. Merlin, dans son *ré-*
pertoire, au mot *usufruit paternel*, met-il la mauvaise administration au nombre des cinq causes
qui font finir cet usufruit.

Mais il est un autre abus de ce droit, qui présente à résoudre des difficultés beaucoup plus
compliquées, c'est celui de l'usufruitier qui, sans
commettre de désordres sur les biens, se livre à
une inconduite notoire, et employant, à satisfaire
ses goûts déréglés, tous les produits de l'usufruit,
laisse ses enfants en proie au besoin, en même
temps qu'il corrompt leur cœur par le plus pernicieux des exemples.

Que la tutelle puisse lui être retirée, l'article
444 le prononce formellement; mais peut-il être
privé de l'usufruit légal? cette double fraude à
la loi et à l'intérêt des enfants, fait-elle encourir
la déchéance de ce droit? Voilà la question sur
laquelle le texte du Code laisse les magistrats,
dans une telle perplexité, que déjà soumise à
trois Cours, elle y a été résolue de trois manières
différentes.

La Cour de Limoges en a été saisie la première, à l'occasion d'une veuve Mergoux, qui,
vivant en concubinage, et ayant eu des enfants
illégitimes, avait été destituée de la tutelle de
ses enfants légitimes. Elle prétendit qu'elle n'en

devait pas moins être maintenue dans son usufruit, qui, dérivant de la puissance que lui donnait la loi sur ses enfants, était indépendant
de la tutelle. Par arrêt du 16 juillet 1807, la Cour
décida que, si la mère qui se remarie est déchue
de l'usufruit, il devait en être, à plus forte raison,
de même de celle qui vit hors mariage, dans un
état d'inconduite notoire, et donne le jour à des
enfants naturels. (*Voy. Sirey*, *t.* 13, 2e. *partie*,
p. 290.)

Le 2 avril 1810, une cause absolument semblable fut plaidée devant la même Cour, pour la
veuve Desvallois, et y reçut la même décision.
(*Voy. Sirey*, *ibid.*)

Le 28 décembre suivant, la Cour de Paris eut
à juger l'appel du sieur Dupin, aussi destitué de
la tutelle de ses enfants pour inconduite notoire,
et déclaré déchu de l'usufruit par le tribunal de
Joigny. L'arrêt lui rendit cet usufruit, par le
motif, « qu'aux termes des dispositions du Code
» civil, le père destitué de la tutelle de son en-
» fant, ne perd pas pour cela la jouissance usu-
» fruitière de ses biens, jusqu'à l'époque fixée
» par la loi. »

En 1812, la veuve Bourdelon, ayant eu un enfant naturel, encourrut également la destitution
de sa tutelle, et s'opposa, devant le tribunal de
Tarascon, à l'homologation de la délibération de
la famille, sur le fondement que l'usufruit légal

des biens de ses enfants ne pouvait lui être enlevé, lors-même que sa destitution serait confirmée. Le tribunal crut pouvoir prendre un terme moyen ; il maintint l'usufruit en droit, et néanmoins confia l'administration des biens au nouveau tuteur, à la charge d'en rendre compte à la mère. Ce jugement a été confirmé par la Cour d'Aix, le 13 juillet 1813. (*Voy.* le *Journal du Palais*, tom. 39, p. 39.)

Ainsi se sont formées trois opinions divergentes sur la même question ; toutefois elles se réunissent dans l'idée principale, dont la Cour de Paris a fait l'unique base de son arrêt ; que l'usufruit paternel est indépendant de la tutelle, et que l'article 386 du Code est limitatif pour les cas de déchéance de cet usufruit. Elles s'y réunissent, puisque celle de Limoges n'a fondé le sien que sur la similitude qu'elle a trouvée entre le concubinage de la veuve et le second mariage ; et que la Cour d'Aix, tout en retirant l'administration des biens à la veuve, a obligé le tuteur à lui en rendre compte.

Il est vrai que cette idée principale est celle qui se présente naturellement à la lecture des articles 384, 385 et 386 du Code ; et M. Toullier, *tom.* 2, *n°.* 1062, l'enseigne comme un point de droit certain, dont il tire la conséquence « que la mère qui n'accepte pas la tutelle de ses » enfants, le père, dispensé ou exclus de la

» tutelle, ne perdent pas le droit d'usufruit sur
» les biens de leurs enfants. »

Nous oserons cependant proposer l'opinion
contraire, qui nous semble commandée par l'ensemble des dispositions contenues au titre entier de la *puissance paternelle.*

Soit qu'on médite sur le but de cette institution, telle que l'ont conçue nos législateurs, soit
qu'on la suive dans tous les attributs qu'ils lui
ont donnés, on doit reconnaître qu'elle est insé-
parable de la tutelle. Sans doute, comme l'a dit
la Cour d'Aix, la tutelle est très-indépendante de
la puissance paternelle ; mais celle-ci est tellement dépendante de la tutelle, que si elle en est
séparée, elle n'est plus qu'une ombre vaine et
sans action.

Le but de l'institution est de confirmer, dans
la personne des pères et mères cette autorité sur
leurs enfants, que la nature leur défère plus encore que la loi civile. Elle est un moyen *de défense et de direction,* a dit l'orateur Réal, en ex-
pliquant, au Corps-Législatif, le nouveau système
adopté à ce sujet par le gouvernement.

Oui sans doute, elle est un moyen de *défense,*
pourvu que les enfants, constamment soumis à leur
père, ne puissent rien faire sans sa permission,
afin que, prévoyant toutes leurs démarches, il
sache prendre les mesures convenables pour les
défendre, contre tout ce qui pourrait leur nuire.

Elle est aussi un moyen de *direction*, quand, s'occupant de leur éducation, il épie leurs goûts, leurs dispositions pour les diriger dans le sens qui doit les rendre plus heureux.

Mais, s'il est dispensé ou exclus de la tutelle, que deviennent et sa puissance, et tous ses moyens de *défense* et de *direction*? c'est au tuteur à prendre soin de la personne des enfans qui lui sont confiés; c'est à lui qu'appartient leur éducation physique et morale; nul ne peut la partager avec lui; son pouvoir est aussi exclusif que sa responsabilité est grande; en sorte que ces enfants, subordonnés sans réserve aux volontés du tuteur, sont déliés de toute obéissance envers leur père; et c'est à ce nouveau surveillant que sont remis tous les moyens de *défense* et de *direction*, pour les conduire au but que la puissance paternelle devait leur faire atteindre.

Cette puissance est alors tellement éteinte, que la juridiction, déférée au père sur ses enfants, pour, s'ils commettent des fautes, les condamner souverainement à la détention, passe au conseil de famille, dont le père est exclus, *article* 445 *et* 468.

Les faits doivent toujours l'emporter sur les plus ingénieuses argumentations; or c'est un point de fait dont la réalité est incontestable, que, sans la tutelle, la puissance paternelle s'évanouit : *elle est indélébile*, a dit la Cour d'Aix; cette idée est juste, si l'on entend par là, le droit honorifique que donne la paternité; elle n'est qu'une illusion, si l'on se veut persuader que la puissance effective subsiste toujours : un roi détrôné conserve son caractère, mais sa puissance n'est plus.

Cette question de fait, ainsi éclaircie, examinons la question de droit : l'usufruit des biens des enfants doit-il survivre à la perte de la tutelle? En d'autres termes : celui qui se fait dispenser de la tutelle, parce qu'il remplit des fonctions qui l'y autorisent, et qu'elles obtiennent dans son cœur la préférence sur les devoirs de la paternité, peut-il, en dédaignant la personne de ses enfants, conserver l'usufruit de leurs biens?

Le père ou la mère, dont les facultés intellectuelles sont affaiblies ou aliénées, au point que, reconnu incapable d'élever ses enfants, la famille est contrainte d'en charger un autre parent, peut-il aussi revendiquer les biens?

Enfin, celui dont la conduite est un scandale continu, et qui, par la justice comme par sa famille, est reconnu indigne d'élever ses enfants, et condamné à en être séparé, a-t-il encore droit à leurs biens?

Sous le rapport de l'équité naturelle, personne, sans doute, ne se refusera à la négative de ces trois questions, et sur-tout de la dernière. Nous pouvons donc en conclure qu'en droit, elles doivent recevoir la même solution, si la loi n'a pas

un texte formel qui s'y oppose, et ce texte pro-
hibitif n'existe pas.

On ne fonde l'opinion contraire que sur l'article 386, qui désigne deux cas dans lesquels l'u-
sufruit cesse ; celui du divorce à l'égard du père
et de la mère, et pour la mère seulement, celui
d'un second mariage : on en tire la conséquence,
qu'on ne peut pas, sans arbitraire, le faire cesser dans d'autres conjonctures.

D'abord, si cette disposition indique deux cas,
elle n'est pas conçue en terme restrictifs ; elle ne
réduit pas expressément à ces deux cas la privation de l'usufruit : or, c'est un point de droit
universellement reconnu, et dont les arrêts de la
Cour de cassation offrent de nombreux exemples,
que quand une disposition de la loi n'est qu'ex-
positive des cas qu'elle prévoit, on ne la viole
pas en l'étendant par analogie à des cas non désignés, lors, sur-tout, que son esprit y conduit évidemment. Ce ne serait donc pas enfreindre l'article 386, que d'étendre la déchéance qu'il prononce à des cas non-seulement analogues à ceux
qu'il prévoit, mais auxquels un argument *à for-
tiori* le rend applicable.

Une réflexion, plus persuasive encore, nous
paraît enlever à l'objection tout ce qu'elle a de
spécieux ; cet article 386 ne pourrait répandre
de lumières sur la question, qu'autant que, dans
les cas qu'il prévoit, il y aurait cessation de la

tutelle; c'est alors qu'on pourrait dire avec quelqu'avantage :-la loi prive de l'usufruit le père,
qui n'ayant pas la tutelle, se trouve dans telle ou
telle circonstance, donc elle le lui conserve dans
les autres; mais, dans les deux cas désignés,
le père et la mère ne perdent pas la tutelle de
leurs enfants. Si la loi retire l'usufruit à l'époux,
contre lequel le divorce est prononcé, elle n'en
fait une cause, ni d'exclusion, ni de destitution
de la tutelle : la mère remariée perd également
l'usufruit; mais si elle ne s'en est pas rendue
indigne, la tutelle lui est conservée; son mari
est même son cotuteur, *article* 3g5 *et* 3g6.

Le seul point établi par l'article 386, est donc
que, dans ces deux circonstances, le père et la
mère, même en continuant de remplir tous les
devoirs que la nature et la religion leur imposent
à l'égard de leurs enfants; et tout en se livrant
aux peines et aux sollicitudes de la tutelle, cessent
d'avoir droit à l'usufruit des biens de ces enfants : or, nous voulons savoir si ceux qui se refusent à ces devoirs, et ceux qui sont déclarés
incapables ou indignes de les remplir, peuvent
néanmoins conserver l'usufruit? Question tout-
à-fait étrangère à cette disposition, et sur laquelle
elle ne peut conséquemment donner la moindre
notion.

On voudrait trouver dans le Code une disposition
formelle, mais n'y est-elle pas suffisamment rem-

placée par l'ensemble des règles constitutives de la puissance paternelle, rapprochées de celles de la tutelle. Pour se convaincre que tel est le résultat nécessaire de la combinaison de ces règles, il faut d'abord se rappeler que, dans notre législation, la puissance paternelle est en sens inverse de ce qu'elle était chez les anciens peuples. Ceux-ci, en l'instituant, n'avaient eu en vue que l'intérêt du père; celui du fils était tellement sacrifié, que non-seulement ses biens, mais sa personne étaient la *chose* du père; que ce dernier en avait, pendant toute sa vie, la propriété dans tonte l'étendue de ce droit; c'est-à-dire jusqu'à la faculté d'en abuser.

Dans notre Code, au contraire, elle n'a d'autre but que l'intérêt des enfants; elle ne donne sur leur personne qu'un moyen de *défense et de direction*, et ne confère sur leurs biens qu'un usufruit. Cet usufruit cesse si les enfants meurent; il cesse encore dès qu'ils atteignent l'âge de dix-huit ans, et plutôt s'ils sont émancipés. Elle n'est donc pas donnée aux père et mère pour les rendre plus riches, mais pour qu'ayant plus d'empire sur leurs enfants, ils parviennent à en faire, dans leur intérêt, des êtres utiles et respectueux, et dans celui de la société, de bons citoyens.

En un mot, elle n'est pour eux qu'un moyen de remplir leurs devoirs; et si l'usufruit, après avoir satisfait convenablement à tout ce qu'exige le bien-être de leurs enfants, leur procure un lucre quelconque, ce lucre n'est qu'une indem-nité des peines qu'ils ont prises ; il n'est que ce que nous appelons en droit *beneficium propter officium*.

Si l'on en doute, qu'on entende encore l'ora-teur Réal : « Après avoir constitué la puissance » paternelle, établi les devoirs qu'elle impose, » les droits qu'elle accorde, fixé ses limites et sa » durée; après avoir ainsi, de concert avec la na-» ture, donné des aliments, des défenseurs à » l'enfance, des soins, des instructions, une bonne » éducation à la jeunesse; c'est-à-dire après avoir » établi quels sont les *droits onéreux*, attachés à » l'exercice de la puissance paternelle, le législa-» teur a dû en déterminer *les droits utiles*. » C'est après ces réflexions que l'orateur propose l'usufruit.

Ainsi, ces droits utiles ne sont que la compen-sation des droits onéreux; donc, et la consé-quence est invincible, quiconque ne veut ou ne peut exercer les droits onéreux, a, par cela seul, renoncé à tous les droits utiles; et quand on a dit que l'usufruit était indépendant de la tutelle, on a méconnu l'esprit dominant dans cette partie du Code.

Nous trouvons des preuves en faveur de cette doctrine, jusques dans l'embarras qu'évidem-ment la Cour d'Aix a éprouvé pour ne pas l'adopter, sans cesser d'être juste. Les motifs de son arrêt, sont tout ce qu'il était possible de dire pour le système contraire: elle déclare la puissance paternelle indélébile, et l'usufruit paternel indépendant de la tutelle. Cependant, par son dispositif, la jouissance des biens est retirée à la mère et confiée au tuteur, à la charge, il est vrai, de lui rendre compte annuellement, et de lui payer l'excédent de la recette sur la dépense; sans argumenter du pouvoir que cette décision donne au tuteur et à la famille pour la fixation des dépenses, de laisser plus ou moins à la mère, nous dirons qu'elle est en opposition directe avec les motifs qui l'appuient. Quel arbitraire, en effet, si l'usufruit est indépendant de la tutelle, que de retirer ainsi à la mère l'administration de biens dont la loi lui donne *la jouissance!* Est-ce, par un jeu plus ou moins ingénieux sur les mots, qu'on obéit aux lois? L'usufruitier ne jouit des biens qu'en les administrant lui-même, où par quelqu'un de son choix qui les administre en son nom; lui ôter l'administration, c'est lui ôter la jouissance : il fallait au moins, pour être conséquent, laisser l'administration à la mère, à la charge de remettre au tuteur les sommes nécessaires pour la dépense; mais la conscience des magistrats leur faisait voir, dans cette femme livrée aux excès du libertinage, un comptable trop suspect pour subordonner à l'ac-

quit de ses obligations, l'existence de ses enfants.
Ils ont rendu, par là, un hommage involontaire à
l'esprit de la loi; et tant qu'on persévérera dans
cette interprétation, on sera contraint d'user de
cet arbitraire apparent, chaque fois que l'inconduite du père ou de la mère sera assez notoire
pour leur faire perdre la tutelle de leurs enfants.

Or, si le sens dans lequel on interprète une
loi conduit à la nécessité de la violer, il faut reconnaître que l'interprétation est vicieuse ; et la
Cour d'Aix, en approuvant les mesures prises
contre la veuve Bourdelon par le tribunal de
Tarascon, a reconnu en fait l'incompatibilité de
l'usufruit des père et mère avec la tutelle confiée
à un autre parent; en telle sorte, que le dispositif de son arrêt est la réfutation des motifs qui
le précèdent.

En vain, on fonde l'indépendance de la puissance paternelle, à l'égard de la tutelle, sur ce
que le père n'en conserve pas moins la faculté
d'émanciper ses enfants à l'âge de quinze ans,
et qu'ils ne peuvent se marier sans son consentement. Peut-on regarder comme puissance cette
faculté qui reste au père de faire cesser, non son
autorité, puisque, sans la tutelle, il n'en a aucune,
mais celle d'un autre? Quant au consentement
pour le mariage, il est moins un attribut de la
puissance paternelle, qu'un droit de famille, puisqu'à défaut de père et mère il passe aux ayeux.

Au surplus, ce n'est pas à ces derniers ves-
tiges de la puissance paternelle, que l'usufruit
est attaché, mais à l'obligation de donner aux
·enfants nourriture, entretien et éducation, *article* 385. Toute la thèse est dans cette analyse
du discours de l'orateur Réal : les droits utiles
de cette puissance sont l'indemnité des droits
onéreux qui la constituent.

Elle a beaucoup plus d'affinité avec la garde
noble ou bourgeoise qu'avaient établie un grand
nombre de nos Coutumes. Ce droit de garde,
créé par le régime féodal, était très-important ;
il donnait la propriété des meubles et l'usufruit
des immeubles du mineur pendant son bas âge ;
néanmoins si le gardien *malversait*, la garde et
tous ses droits utiles lui étaient retirés. Sept Coutumes, et notament celles du Berry et d'Anjou,
le portaient textuellement, et leurs dispositions
étaient suivies dans les Coutumes muettes. (*Voy.*
le Répertoire de Jurisprudence, au mot Garde
noble, *sect.* 28.)

Pothier, sur la Coutume d'Orléans, *n°.* 347,
s'exprime ainsi : « La garde noble peut aussi
» finir par le ministère du juge, lorsque le gar-
» dien mérite d'en être privé par de justes cau-
» ses, comme s'il dilapidait les biens, s'il refu-
» sait des choses nécessaires au mineur, ou pour
» cause de débauche publique à l'égard d'une
» gardienne. »

Il en était de même si le gardien était interdit pour démence ou prodigalité. (*Voy*. Renusson, *chap*. 2, n°. 27, *et* Merveilleux, *chap*. 5, n°. 10.

Les auteurs des Pandectes françaises, *tom*. 4, *p*. 364, regardent cette jurisprudence comme parfaitement applicable à la puissance paternelle, instituée par le Code, les éléments principaux étant absolument les mêmes.

329. Parmi les droits attribués à toute espèce d'usufruit, il en est un qui peut encore ouvrir à la fraude une occasion d'empirer le sort du propriétaire, c'est celui qu'a l'usufruitier de donner à loyer les biens dont il jouit. Avant le Code, les baux par lui faits étaient résiliés à son décès; aujourd'hui, par suite de l'article 595, quand ils ont été faits par anticipation, et seulement pour la durée ordinaire des baux, ils sont obligatoires contre le propriétaire, pendant tout le temps qui en reste à courir après le décès de l'usufruitier. Ainsi, chaque fois que celui-ci fait un bail, il stipule pour le propriétaire comme pour lui; il peut donc arriver, ce qu'avait évité l'ancienne jurisprudence, qu'une partie du prix soit dissimulée par des contre-lettres, ou payée sur-le-champ par des deniers d'entrée, et qu'on ne laisse au propriétaire, pour le cas où l'usufruit cesserait avant le bail, qu'un fermage inférieur à celui convenu, et déjà nous en avons un exemple.

Une veuve Gauguin jouissait en usufruit d'un

domaine appartenant à ses enfants ; elle en fit bail pour neuf ans à Leboucher, moyennant 457 fr., et décéda peu de temps après, âgée de 87 ans. Ses enfants, ayant renoncé à sa succession, demandèrent la nullité du bail, comme fait en fraude de leurs droits, articulant et offrant de prouver, par experts, une vilité de prix considérable. L'estimation fut ordonnée par le tribunal de Falaise, et porta à 750 fr. la valeur locative du domaine. Aussitôt le fermier offrit de payer cette redevance, prétendant qu'à la faveur de cette offre, son bail devait être exécuté, aux termes de l'article 595. Devant le tribunal de première instance, les enfants, mal défendus, n'opposèrent au fermier qu'un moyen puéril, qu'ils faisaient résulter de ce que l'usufruit de leur mère, étant antérieur au Code, le bail par elle fait, depuis le Code, devait, conformément à l'ancienne jurisprudence, être sans valeur après l'extinction de cet usufruit. Le tribunal de Falaise rejeta ce système, comme il devait l'être, et accueillit les offres du fermier. Mais devant la Cour de Caen, la cause des enfants fut présentée sous son véritable point de vue. Le bail est nul, a-t-on dit, puisqu'il est l'œuvre de la fraude, prouvée par une vilité de prix que confirment les offres du fermier. Ces offres ne sont que la proposition d'un nouveau bail, et les propriétaires ne sont pas obligés d'y accéder : l'article

595, qui maintient les baux, suppose qu'ils sont sincères, et n'est pas applicable à celui qui n'est qu'un abus de l'usufruit.

L'arrêt, du 13 août 1812, a adopté complètement cette juste défense en ces termes : « Considé- » rant que, par son jugement du 27 mars 1811, » le tribunal, dont est appel, en ordonnant une » expertise, avait entendu soumettre le maintien » ou l'anéantissement du bail au résultat de cette » opération; que le prix du bail n'était que » de 457 fr., et que les experts en ont porté la » valeur à 750 fr.; que cette estimation n'est pas » excessive, puisque Leboucher a offert cette » somme pour se maintenir en possession; d'où » il résulte qu'il a reconnu lui-même la vilité du » prix, porté au bail primitif : considérant que, » dans cet état, le tribunal dont est appel, ne » devait pas se déterminer par les offres de La- » roche, et assujettir le propriétaire à maintenir » un bail fait originairement en fraude de ses » droits; considérant que, si le Code oblige le » propriétaire à entretenir les baux faits par » l'usufruitier, cela ne doit s'entendre que de » ceux faits à une valeur approximative ; que, » d'ailleurs, le propriétaire n'est point obligé de « consentir de nouveaux baux au même fermier, » infirme, etc. (*V. le J. du Pal.*, t. 34, *p.* 559.)

Sans doute, le propriétaire sera toujours admissible à réclamer l'estimation de la valeur locative des choses données à bail, et souvent il n'aura que cette ressource; mais elle n'offre qu'un résultat fort incertain : les bases des experts sont si arbitraires, qu'une dépréciation, si elle n'est énorme, peut leur échapper. N'hésitons donc pas à reconnaître que tous autres documents, propres à prouver la fraude, doivent également être accueillis : tels seraient les témoins ayant eu connaissance des conventions secrètes, les baux antérieurs à celui soupçonné, les évaluations cadastrales, même les baux d'autres biens, d'une valeur notoirement égale, et dans la même contrée.

CHAPITRE VII.

FRAUDES DANS LES SOCIÉTÉS.

SOMMAIRE.

330. Les associés sont entr'eux respectivement mandataires.
331. Rupture frauduleuse de la société.
332. Elle donne toujours lieu à la contrainte par corps, en matière de commerce.

330. L'intérêt commun des associés étant le but de toute association, celui d'entr'eux qui emploie, à son profit particulier, ce qui doit être utilisé pour tous, viole le contract. Sous ce rapport, les sociétaires sont respectivement mandataires les uns des autres; dans tout ce qu'ils

font ou doivent faire, on doit les considérer comme tels, et leur appliquer ce que nous dirons bientôt des mandataires. *Voy. le chap.* ix.

331. La fraude peut encore être commise entre associés, par l'un d'eux, en renonçant à la société dans le dessein de faire seul l'opération qui devait être faite pour la société. Cette fraude est prévue par les articles 1869 et 1870 du Code civil, et doit être réparée par une somme de dommages et intérêts, égale au bénéfice que chacun des associés aurait fait.

332. Dans les sociétés commerciales, ces dom-mages et intérêts entraînent toujours la contrainte par corps; en matière ordinaire de fraude, cette contrainte, comme nous l'avons déjà dit, n'a lieu qu'en vertu de l'article 126 du Code de pro-cédure civile, qui laisse au juge la faculté de la prononcer ou de la refuser, suivant le plus ou le moins de gravité des circonstances : il ne permet pas d'y avoir égard, lorsque les dom-mages et intérêts n'excèdent pas 300 fr.; mais, dans les condamnations pour fait de commerce, quelles que soient, et la somme réclamée, et la nature de la créance, les tribunaux ne peuvent jamais se refuser à la prononcer. L'association formée par les négociants, pour des opérations de commerce, est, elle-même, une opération commerciale, et les dommages et intérêts, aux-quels s'expose un des associés, en compromet-

tant, par sa déloyauté, les intérêts des autres, forment une créance commerciale, comme la source dont elle découle; on a cependant, en l'an VIII, soutenu le contraire avec beaucoup d'obstination.

Le sieur Darmentier, étant en société de commerce avec le sieur Fauché, rompit subitement la société. Son associé demanda, devant le tribunal de commerce de Bordeaux, des dommages et intérêts, pour les pertes que cette rupture imprévue lui faisait éprouver. L'indemnité fut fixée, par des experts, à 10,000 francs, et Darmentier condamné par corps à les payer à Fauché.

On ne craignit pas de le faire pourvoir par appel et en cassation, ces efforts furent inutiles. L'arrêt confirmatif de la Cour de Bordeaux est du 11 messidor an X, et celui de la Cour de cassation du 24 vendémiaire an XII. (*Voy. le Journal du Palais,* 2e. *sémest., an* 12, *p.* 40.)

Ces décisions ont été rendues sous l'empire de l'ordonnance de 1667, mais le Code de procédure civile qui l'a remplacée, ne contient aucune disposition qui puisse faire vaciller la jurisprudence; aussi a-t-elle été maintenue par deux autres arrêts de la Cour de cassation, l'un du 5 novembre 1811, l'autre du 22 mars 1813. (*Voy. le Journal du Palais, tom.* 32, *p.* 235, *et* 37, *pag.* 16.)

CHAPITRE VIII.

FRAUDE DANS LES PARTAGES.

333. Ce genre de fraude est appelé en droit *recélé.*

Dans un premier paragraphe, nous en expo-serons le caractère et les effets ; dans le second, nous examinerons les actions et les·exceptions auxquelles il peut donner lieu.

§. Ier.

Caractère et effets du recélé.

SOMMAIRE

334. On entend par recélé, toutes les distractions que, dans une communauté ou dans une suc-

cession, un des intéressés fait à son profit des effets appartenants à tous. Ce délit se commet de deux manières, en dérobant par le coupable la chose qui n'était pas en sa possession, ou en ne représentant pas celle qu'il possédait déjà.

335. Dans l'un, comme dans l'autre cas, pour qu'il y ait recélé, et que les peines qu'il fait encourir puissent être prononcées, il faut qu'il y ait eu intention de nuire ; sans cette circonstance, il n'y a qu'erreur et obligation de la réparer. Aussi Pothier, dans son *Traité de la Communauté*, n°. 688, enseigne-t-il qu'il faut que les soustractions puissent être *présumées malicieuses*. Si donc la chose soustraite est si peu importante, qu'on ne puisse supposer à celui qui l'a distraite l'idée de s'enrichir, on ne peut y voir un recélé ; il en serait de même du défaut de déclaration par un des intéressés de la chose étant en sa possession, s'il était probable qu'un oubli seul la lui a fait conserver.

336. Les soustractions commises pendant la dernière maladie du défunt, sont réputées recélés, comme celles qui se font après le décès.

337. Pour apprécier justement les divers effets du recélé, il faut distinguer, entre le survivant des deux époux et les héritiers de l'un et de l'autre, tant à l'égard du survivant, qu'entre'eux respectivement.

Une première peine leur est commune à tous,

c'est celle d'être privés de leur part dans la chose par eux soustraite ; c'est un des véstiges de la peine du talion, établie par Moïse : *OEil pour œil, dent pour dent.* Le coupable, ayant voulu ravir la part des autres, est privé de la sienne. Les articles 792 et 1477 du Code civil qui le prononcent ainsi, sont puisés dans l'ancienne jurisprudence.

338. Non-seulement le coupable est privé de la part qu'il avait comme commun, ou comme héritier légal ou testamentaire dans la chose recélée, mais s'il est donataire du défunt, il ne pourra pas davantage faire valoir le droit qu'a ce titre il aurait pu y avoir ; cette portion que la loi lui enlève, cesse, en quelque sorte, de faire partie de la communauté ou de la succession, et par son fait, est devenue la propriété de ceux qu'il a voulu dépouiller.

Tous les auteurs qui ont écrit sur cette partie du Droit, et particulièrement Renusson, dans son *Traité de la Communauté, part.* 2, *chap.* 2, *n*os. 36 *et* 38. Denisart, au mot *recélé,* et Pothier, dans son *Traité de la Communauté,* n° 690, posent unanimement cette règle, comme une conséquence juste et naturelle du *recélé.* La conduite déloyale du donataire envers les représentants du donateur, le rend indigne des bienfaits qu'il en a reçus, au moins sur les choses recélées ; il n'a pas voulu les tenir à titre de don, puisqu'il les a ravies.

Le Code, il est vrai, par les articles 792 pour l'héritier, et 1477 pour l'époux survivant, prononce seulement *la privation de sa part*, ce qui semble, d'abord, ne s'appliquer qu'à sa part, comme commun ou comme héritier; mais ils veulent qu'il en soit privé, et ce ne serait pas l'en priver, que de la lui rendre sous un autre titre. L'équivoque que le texte du Code pourrait offrir, doit donc être résolu par l'ancienne jurisprudence, et l'on peut se livrer avec d'autant plus de sécurité à cette interprétation, qu'il est évident, par l'ensemble de ses dispositions à ce sujet, que ses auteurs n'ont conçu aucune règle nouvelle, et se sont bornés à reproduire celles admises. L'équivoque qui nous occupe ne serait même supportable que sur l'article 1477, l'article 792 portant : « sans pouvoir prétendre » *aucune part* dans les objets divertis ou recélés. » Or, les deux articles punissant la même faute, doivent être entendus dans le même sens, quoique leur rédaction présente quelque différence.

334. Il n'en serait pas, cependant, de même des créances, que le survivant, ou l'un des héritiers coupables de recélé, aurait à réclamer contre la communauté ou la succession : s'il ne restait pas dans les objets non-recélés de quoi les leur payer, ils pourraient exercer leurs droits même sur ceux par eux recélés, parce qu'une des conditions principales, et qui n'est suscep-

tible d'aucune exception, pour tous successeurs, est qu'ils n'ont droit à rien qu'après l'acquit des dettes; d'ailleurs si le Code les prive de *leur part*, on peut bien entendre par-là, tout ce qui leur appartient dans la chose ou communauté, à quelque titre que ce soit; mais quand ils veulent y exercer des droits comme créanciers, ce n'est plus une part qu'ils y réclament comme propriétaires; ils ne revendiquent la chose, que parce qu'elle est le gage de leur créance; ce qui est tellement juste, que, si on les paie par d'autres moyens, cette chose leur échappe totalement.

340. L'héritier qui a commis le recélé perd aussi l'avantage du bénéfice d'inventaire; en conséquence, il est tenu indéfiniment des dettes de la succession. C'est le texte formel de l'article 801 du Code.

341. La veuve doit également perdre le privilége que lui donne l'article 1483, de n'être tenue des dettes de la communauté que jusqu'à concurrence de son émolement. Le Code ne le prononce pas expressément; mais, d'une part, ce privilége est absolument semblable au bénéfice d'inventaire pour l'héritier, et il est juste qu'il y ait similitude dans les obligations, quand il y a similitude dans les droits. D'un autre côté, cette règle de l'ancien Droit commun, fondée sur les dispositions littérales de l'article 228 de la Coutume de Paris, n'est certes pas abrogé par

le Code, qui, dans cet article 1483, n'accorde à la veuve son privilége que sous la condition d'un *bon et fidèle inventaire*, ce qui comprend implicitement, mais nécessairement, la peine de déchéance en cas de recélé.

342. Cette action entraîne encore, pour l'héritier, la peine de déchéance de la faculté de renon- à la succession, comme pour la veuve ou ses héritiers de répudier la communauté. Avant le Code, la jurisprudence n'était pas uniforme dans les Parlements : dans plusieurs, on distinguait le recélé, commis avant la renonciation, de celui commis depuis. Dans ce dernier, on ne voyait qu'un larcin et une action en restitution. Les rédacteurs du Code ont préféré la jurisprudence des Cours, qui, pour l'un comme pour l'autre de ces recélés, prononçaient la déchéance. C'est la règle très-formellement contenue dans les articles 792 et 1460.

343. Il peut arriver qu'un recélé soit assez considérable pour que la veuve ou ses héritiers, ou ceux du défunt, trompés par l'insuffisance apparente des ressources de la communauté ou de la succession, y aient renoncé, et que, sur la découverte du dol, ils aient intérêt à recouvrer leurs droits devenus profitables par l'addition des choses recélées à l'actif. On ne peut pas hésiter à les admettre à la rescision de leur renonciation ; en prouvant le recélé, commis par leurs

co-intéressés, ils doivent être rétablis, et dans la qualité, que, par erreur, ils avaient abdiquée, et dans tous les autres droits que la loi leur attribue contre les auteurs du recélé.

Le Code n'a pas, il est vrai, prévu précisément cette hypothèse; mais notre décision est la conséquence nécessaire des principes généraux sur le consentement et le dol. « Il n'y a pas de consentement valable, s'il a été surpris par dol; » art. 1109, et les acceptations, comme les renonciations de ceux qui sont appelés à recueillir une succession ou une communauté, sont principalement déterminées par l'examen de ce qu'elles ont d'utile et d'onéreux; c'est pour cela que, dans toutes les législations, des délais ont été donnés pour faire inventaire, et ensuite délibérer sur ses résultats. Si donc, par le dol d'un des appelés, une partie de l'utile étant restée inconnue, les charges ont paru excéder l'actif, les renonciations, faites par les autres appelés, ne peuvent être attribuées qu'à ce larcin : on ne peut y voir qu'un consentement surpris par dol, que la loi déclare n'être pas valable.

Enfin, le recélé de la femme dont le mari tombe en faillite, peut la faire réputer complice de banqueroute frauduleuse. Art. 555 du C. de comm.

344. Quelle sera la peine de la veuve qui n'était pas commune avec son mari, et qui est convaincue de recélé? Les peines que prononce la loi ne

lui sont pas textuellement applicables. Cependant, coupable du même délit que la veuve commune, elle ne peut pas en être quitte pour la simple restitution, quand, si elle était commune, elle serait punie bien plus sévèrement.

Avant le Code, on la privait de ses reprises ; mais cet arbitraire ne peut plus être suivi dans notre jurisprudence , qui , surtout quand elle punit , doit se borner à appliquer les peines prononcées par la loi. Ce ne sera pas se livrer à l'arbitraire , et l'on s'appuiera exactement sur la loi., en proportionnant la peine à celle qu'elle prononce contre la veuve commune. Lorsque cette dernière a soustrait une chose, elle n'en a volé que la moitié , puisque l'autre moitié lui appartenait. On lui fait restituer, dès-lors, le double de son vol; et tel doit être , suivant nous , le sort de la veuve non-commune. Les tribunaux sont parfaitement les maîtres de suivre cette règle : tout dol doit être réprimé non-seulement par la restitution, mais par des dommages et intérêts dont la fixation est abandonnée à la conscience des juges. La règle que nous proposons a l'avantage de rassurer contre l'arbitraire , en suivant, sinon un texte formel, au moins l'esprit évident de la loi.

§. II.

Actions et exceptions.

345. L'action en recélé appartient non-seulement à tous ceux qui prennent part dans la communauté ou dans la succession, mais encore aux créanciers de ces mêmes communauté ou succession. L'action de ces derniers a pour objet de faire prononcer, contre la veuve ou l'héritier coupable, sa déchéance, soit du bénéfice d'inventaire, soit du privilége de la veuve de n'être tenue des dettes que jusqu'à concurrence de son émolument, ainsi que de la faculté accordée à l'un et à l'autre, en renonçant, de s'affranchir totalement des dettes.

346. Si, avant que le recélé ait été découvert, celui qui l'a commis, frappé de justes remords ou de craintes salutaires, fait ajouter à l'inventaire les objets par lui détournés, et les représente, il pourra résister aux diverses actions qui pourraient être intentées contre lui par ses co-inté-

ressés , ou par les créanciers. Telle était , au moins , avant le Code , la jurisprudence , ainsi que l'attestent les arrêts rapportés par Brodeau *sur Louet, lettre R., som.* 1; Pothier, dans son *Traité de la Communauté,* n°. 691, et plusieurs autres auteurs. Le Code n'a pas, à la vérité , consacré cette exception , mais il ne contient aucune disposition dont on puisse induire que ses auteurs ont entendu l'abroger , et il semble convenable de la conserver par plusieurs raisons.

1°. Il deviendrait difficile, en pareil cas, de prouver que l'intention de l'auteur du recélé ait été un instant criminelle ; sa nouvelle démarche paraissant le justifier.

2°. On ne peut pas se défendre de lui savoir gré, s'il a été d'abord coupable , du retour qu'il fait sur lui-même , en remettant dans l'actif des valeurs que, peut-être on n'aurait pas pu découvrir.

3°. Cette porte, restant ouverte au repentir , peut faire retrouver des choses qui seraient irrévocablement perdues , si ceux qui ont cédé à un mouvement de cupidité, ne gagnaient rien et se livraient, en suivant les nouvelles réflexions, qui les portent à réparer leurs torts.

342. Cependant, s'il était prouvé que leur déclaration n'a été faite que depuis la découverte du recélé, ou parce qu'ils prévoyaient qu'il ne leur était pas possible de l'éviter ; leur conduite

ne pouvant pas recevoir d'interprétation favorable, on ne pourrait plus voir en eux que des coupables déconcertés, et ils ne devraient échapper à aucune des peines qu'ils auraient encourues. L'ancienne jurisprudence avait établi cette sage modification à la première règle; les mêmes auteurs que nous avons cités l'enseignent, et Brodeau rapporte un arrêt, du 26 mars 1630, qui l'a ainsi jugé.

348. Une seconde exception peut encore être opposée à l'action en recélé; dans le cas où elle n'aurait pas été intentée pendant la vie de celui à qui on l'imputerait, son héritier pourrait opposer la fin de non-recevoir résultante de ce que, suivant la règle générale, les actions pour délits sont personnelles, et ne peuvent être instruites et jugées qu'avec la personne accusée.

Telle a été la jurisprudence constante et uniforme des tribunaux avant la nouvelle législation: on peut en voir les nombreux monuments dans les collections de Denisart, Lacombe, etc.; et nos nouvelles lois n'ont aucune disposition qui tende à l'abrogation de ce principe de droit public.

Le recélé est, de sa nature, un vol caractérisé, commis par abus de la confiance que se doivent les membres d'une même famille. Dans plusieurs cas, il ne donne pas lieu à une poursuite publique, ni à l'application de la loi pénale, mais

seulement au premier degré de parenté ; c'est
une exception faisant remise de la vindicte publique, par considération pour des liens aussi
étroits, que ceux qui unissent des époux entr'eux,
des pères et mères avec leurs enfants ; les
bonnes mœurs l'ont toujours réclamée, et l'article 380 du Code pénal n'a fait que l'adopter. La
seule innovation apportée sur ce sujet, est que,
jadis, on suivait la procédure criminelle pour
l'instruction, et qu'ensuite l'affaire était civilisée
pour le jugement, tandis qu'aujourd'hui l'action,
à l'égard des personnes exceptées, ne peut être
portée, même pour l'instruction, que devant les
tribunaux civils.

Le recélé n'en est donc pas moins un vol, un
véritable délit, ce qui conduit à décider aujour-
d'hui, comme on le faisait autrefois, que l'action est éteinte par la mort du coupable.

349. Il en résulte encore qu'elle doit recevoir,
pour la prescription, les règles établies non, par
les lois civiles, mais par celles criminelles, ainsi
que l'ancienne jurisprudence l'avait établi. La
question a été solennellement agitée au Parlement de Paris, et ainsi résolue en faveur d'une
veuve Bastide, accusée après vingt et un ans.
L'arrêt est du 15 juin 1762, et rapporté par Denisart, au mot *recélé*.

350. Il est néanmoins un cas où, ni le décès
du coupable, ni la prescription ne devraient faire

écarter l'action de recélé : c'est lorsq'il n'a pu
être découvert pendant la vie du coupable, et qu'à
son décès , il s'en trouve des preuves évidentes.
Louet, *lettre R, S*^re. 48, en rapporte un exemple.

Après le décès d'une femme remariée , ses
enfants , étonnés de ne pas apercevoir de traces
de créances très - importantes , qu'ils savaient
exister dans sa communauté avec son second
mari, exigèrent de celui-ci, lors de l'inventaire,
de se purger, par serment, qu'il ne dissimu-
lait, ni ne recélait aucune des valeurs de sa communauté. Après quelques tentatives de procédure , ils transigèrent avec lui , en lui faisant
réitérer le serment qu'il ne leur célait rien. Cependant, lors de son décès, son parjure fut mis
en évidence ; les titres des créances réclamées furent trouvés dans ses papiers , et inventoriés
avec eux. Alors, les héritiers de la femme demandèrent la nullité de la transaction, se fondant
sur la découverte des pièces retenues par le fait
de l'auteur du recélé. Louet annonce que la
cause, après une ample instruction, ne reparut
pas à l'audience. Mais, dans les détails qu'il
donne , on voit qu'on n'avait pas même opposé
la fin de non-recevoir contre l'action , et qu'on
se bornait à discuter si le mari, par son recélé,
avait perdu sa moitié dans les choses recélées.

Si un fait analogue se représentait, on ne pourrait pas davantage se dispenser de recevoir l'ac-

tion. 1°. parce qu'en matière de dol, le temps
utile pour s'en plaindre ne court que du jour
qu'il est découvert ; 2°. parce que les pièces recélées étaient retenues par l'auteur du dol, et
qu'on peut dire que le fait constitutif de son délit avait eu pour durée sa vie entière ; 3°. parce
que les choses recélées se retrouvant chez lui,
toute autre preuve était surabondante.

351. Le recélé offrant, même à l'égard de ceux
que la loi affranchit de l'action et de la peine
publiques, un délit, ainsi que nous croyons l'a-
voir démontré, il faut en tirer une troisième conséquence, et décider, conformément à l'ancienne
jurisprudence, que la minorité ne peut pas garantir de l'action civile le coupable, quelqu'il
soit. Renusson, dans son *Traité de la Communauté*, part. 2, *chap.* 2, n°. 22, l'enseigne
comme un point de droit éprouvé ; et on trouve
dans le *Répertoire de Jurisprudence*, au mot
recélé, trois arrêts des 7 septembre 1603, 21 mai
1605, et 5 août 1737, qui l'ont ainsi décidé. La
protection particulière que les lois accordent aux
mineurs, ne s'étend pas jusqu'aux délits, à moins
cependant que le mineur, coupable de recélé,
ne fût âgé de moins de seize ans. Dans ce cas,
il faudrait le juger, comme il le serait par les tribunaux correctionnels ou criminels ; il faudrait
examiner s'il a commis le recélé, avec ou sans
discernement : si le discernement se faisait aper-

cevoir, il subirait les mêmes peines qu'un ma-
jeur; dans le cas contraire, il n'y aurait lieu qu'à
la répétition des choses volées.

352. A l'égard de la manière de diriger l'action
en recélé, déjà nous avons signalé la disposition
de l'article 380 du Code pénal, qui ne fait remise de l'action et de la peine publiques, que lorsque les soustractions ont été commises par des
maris, au préjudice de leurs femmes; par des
femmes, au préjudice de leurs maris; par un
veuf ou une veuve, quant aux choses qui avaient
appartenu à l'époux décédé; par des enfants
ou autres descendants, au préjudice de leurs enfants ou autres ascendants, ou par des alliés au
même degré.

Le même article porte que ces soustractions
ne pourront donner lieu qu'à des réparations
civiles; et qu'à l'égard de tous autres individus,
qui auraient recélé et appliqué à leur profit tout
ou partie des objets volés, ils seront punis comme
coupables de vol. Ainsi, 1°. tous ceux désignés
dans la première partie de cet article, ne peuvent être poursuivis que par la voie civile, et
n'encourent que les peines par nous détaillées.

2°. Leurs complices, c'est-à-dire, ceux qui
les auraient aidés ou assistés dans leurs soustractions, ne peuvent pas davantage être poursuivis criminellement, à moins qu'ils n'aient recélé les choses volées; et, dans cette disposition, le

mot recélé n'est pas employé dans le sens que
nous lui avons donné jusqu'à ce moment, pour
désigner , suivant le langage du barreau, les
spoliations d'une succession ou d'une communauté ; mais dans le sens de la loi criminelle
(article 62), qui, par cette expression , indique
l'action de ceux qui reçoivent en dépôt les choses
volées , pour les soustraire aux recherches , et
les conserver aux coupables. Les recéleurs, en
pareil cas, peuvent donc être poursuivis et punis
criminellement, quand le coupable principal en
est exempt. On concevra facilement cette différence qui peut paraître bizarre, au premier coup-
d'œil , si l'on considère que la tolérance de la
loi pour les coupables , n'a pas d'autres motifs
que les intimes relations qui ont existé ou existent encore entr'eux , et ceux sur les droits desquels ils ont fait des soustractions : motifs qui
s'évanouissent lors qu'ils s'agit de ceux qui les
ont encouragés, en se rendant dépositaires de
leurs vols.

CHAPITRE IX.

FRAUDE DANS LES MANDATS.

SOMMAIRE.

353. Nous comprenons, sous le titre de mandataires, tous ceux qui sont chargés de gérer
les affaires d'autrui, soit qu'ils y soient préposés
par la personne intéressée, comme le fondé de
pouvoir, le sociétaire, le dépositaire, l'exécuteur testamentaire, soit que d'eux-mêmes ils s'y
soient immissés, comme le *negotiorum gestor*,
soit enfin que le mandat leur ait été donné par
l'autorité publique, comme les administrateurs
des établissements publics, les tuteurs, seques-
tres, etc.

Quelque soit leur titre, il prend sa source
dans la confiance qu'ils ont inspirée, et, s'ils en
abusent pour s'approprier une partie des objets

mis à leur discrétion, cette fraude est, de toutes celles que les tribunaux ont à punir, celle contre laquelle ils doivent s'armer de plus de sévérité.

354. Elle prend même le caractère de délit, et est punie comme telle, par l'article 408 du Code pénal, lorsque le mandat a pour objet un dépôt ou un travail salarié.

Le texte de cet article a fait élever des doutes résolus par la Cour de cassation.

Le sieur L...., huissier, chargé de recevoir les revenus de la dame Rose, moyennant salaire, en avait appliqué une partie à ses besoins, et resta reliquataire de 1176 fr. Traduit devant le tribunal correctionnel de Caën, il y fut condamné à la restitution des deniers, et en deux mois d'emprisonnement. Mais, sur son appel, la Cour de Caën, s'appuyant sur ce que l'article 408 du Code ne punit celui qui a détourné les choses à lui confiées, que lorsqu'elles lui ont été remises à titre de dépôt, *ou pour un travail salarié*, pensa que la peine n'était applicable qu'à la soustration des choses susceptibles d'être ouvragées, et déchargea l'huissier des condamnations prononcées contre lui.

Cette interprétation parut si erronée à M. Merlin, alors procureur-général, qu'il en poursuivit d'office la cassation, et la fit prononcer, par arrêt du 18 novembre 1813, dont le motif principal est que l'article 408 comprend, dans la nomenclature des objets remis au mandataire , soit à titre de dépôt , soit pour un travail sai? . rié, particulièrement les deniers; que, consé- quemment, il est applicable au receveur infidèle qui reçoit un salaire. (*Voy. le Journal du Pa- lais , tom.* 38, *p.* 369.)

Dans le même temps, une erreur , en sens contraire, échappait au tribunal correctionnel et à la Cour de Paris. Delacour, chargé par De- lormel de négocier pour lui deux lettres-de- change, chacune de 5,000 fr., n'en représentait pas les fonds , qu'il avouait avoir perdus au jeu. Sur la plainte de Delormel, le 14 décembre 1813, le tribunal le condamna à restituer les 10,000 f., et en un an d'emprisonnement , ce qui fut con- firmé par la Cour, le 22 mars 1814. Mais cette décision a été cassée le 20 mai suivant , par la raison qu'il était reconnu que c'était, gratuite- ment, que Delacour s'était chargé de la négocia- tion , et que l'article 408 n'était applicable qu'au mandat salarié. (*Voy. Sirey , tom.* 14, *p.* 149.)

355. Le principal devoir du mandataire est de se pénétrer de la volonté et des désirs de celui qui lui confie ses intérêts, de s'attacher, surtout, plutôt à l'esprit du mandat qu'à son texte ; s'il est équivoque ou erroné, et que le mandataire en abuse, il commet une fraude que les tribu- naux ne laisseront pas impunie.

La dame Busch, de Pondichéry, venue à Paris,

avait chargé un joaillier de la vente de plusieurs
bijoux : prête à s'embarquer à Marseille pour
retourner à Pondichéry, elle lui adressa un collier de perles, avec commission de le vendre, et,
en en fixant le prix, elle écrivit 1200 fr. pour
12,000 fr. Le joaillier s'aperçut de l'erreur, mais
il voulut en profiter. Peu de jours après, il lui
écrivit qu'il avait été assez heureux pour vendre
son collier 1200 f., comme elle le désirait, et, par
un désintéressement perfide, il lui faisait remise
de sa commission. La dame Busch, voyant son
erreur, chargea une personne de le ramener à la
loyauté; mais il se renferma dans le texte de son
mandat, où il se croyait inexpugnable, prétendant
que l'ayant rempli, on n'avait rien de plus à lui
demander. Traduit devant le tribunal de commerce, on exigea le rapport de ses livres, pour
justifier de la vente qu'il disait avoir faite; il les
refusa; un huissier chargé de les compulser,
n'y trouva aucune trace du collier. Enfin de ses
aveux, il résulta qu'il n'avait vendu que quelques perles, ayant employé le surplus à garnir
des peignes; et, par jugement, du 19 août 1812,
il fut comdamné à payer à la dame Busch 4,800 f.
« Attendu que, bijoutier exercé dans son état, il
» n'avait pu se méprendre sur la valeur des perles
» non-montées ; qu'il devait instruire la dame
» Busch de l'erreur évidente qu'elle avait com-
» mise, et d'autant plus qu'à raison des rela-

» tions antérieures qu'il avait eues avec elle, il
» était investi de sa confiance ; que ses livres
» ne donnent aucune notion sur l'emploi qu'il
» a fait des perles, et sur la valeur qu'elles
» lui ont produite, en quoi il est en contra-
» vention à la loi ; que, chargé de vendre un
» collier composé d'un certain nombre de perles,
» il n'a pas dû le décomposer, et encore moins
» s'en appliquer à lui-même une partie, en quoi
» il est mandataire infidèle. »

Sur l'appel du bijoutier, la Cour royale fut
également convaincue de la mauvaise foi évidente
qu'il avait mise dans l'exécution de son mandat.
Ce sont les expressions de l'arrêt confirmatif du
25 septembre 1812. (*Voy. le Journal du Palais,
tom.* 34, *p.* 449.)

356. Il y a fraude dans l'exécution du mandat,
non-seulement quand le mandataire s'approprie
directement ou indirectement, tout ou partie
des objets mis à sa discrétion, mais encore quand,
connaissant les droits de son mandant, et pouvant les faire valoir, il a lâchement trahi ses devoirs par une coupable inertie. (*Voy. l'arrêt du
1er. mai* 1807, *au Journal du Palais,* 1er *sém.*
1807, *p.* 56. *Voy. aussi ci-après le n°.* 358.)

357. Celui qui accepte un mandat intéressant
un tiers, et sur lequel ce dernier a dû compter,
devient, en quelque sorte, mandataire du tiers
lui-même ; et si ce tiers devait éprouver un dom-

mage de la révocation intempestive que le mandant voudrait en faire, le mandataire ne pourrait
pas y accéder, sans s'exposer à l'action en fraude.

Le tribunal de Dreux, la Cour de Paris, et celle
de cassation l'ont ainsi décidé dans l'espèce suivante : Le sieur Sabatier proposant un échange de
bois entre lui et le gouvernement, le Ministre
décida qu'il déposerait chez un notaire 2,400 fr.,
pour subvenir aux frais d'expertise. Le 7 novembre 1809, il déposa effectivement cette somme
chez le notaire Regnard, qui en dressa un acte.
L'expertise terminée, le préfet délivra aux experts des mandats sur le notaire, qui refusa de
payer, en disant que Sabatier avait retiré son
dépôt, et que, n'ayant les mains liées par aucune
opposition, il n'avait pas pu résister à sa demande. Regnard fut condamné à payer les experts, par jugement du 24 décembre 1811 ; et le
principal motif de sa condamnation est que le
dépôt, ayant été fait dans l'intérêt d'un tiers, il
n'avait pas pu s'en désaisir, sans le consentement
du tiers. L'arrêt confirmatif est du 11 novembre
1812, et celui qui rejette le pourvoi en cassation,
du 26 août 1813. (*Voy. le Journal du Palais*,
tom. 35, *p.* 91, et *tom.* 42, *p.* 261.)

358. La faute grave dans l'exécution du mandat, en est aussi la violation, et est assimilée à la
fraude, dont souvent il est fort difficile de la distinguer. Cette judicieuse observation est souvent

rappelée dans le Droit romain. *Lata culpa fraude non caret.* L. 32, ff. *deposit. OEqui paratur dolo.*L. 3, ff. *de suspect. tut. Magna culpa dolus est* L. 226, *de verb. signif.* Le même esprit a dicté l'article 1992 du Code civil portant : « Le mandataire répond non-seulement de son » dol, mais encore des fautes qu'il commet dans » sa gestion » ; et nous voyons dans les articles 1382 et 1383, les fautes, les négligences et les imprudences mises au premier rang des quasi-délits.

Comment, en effet, pourra-t-on savoir que la faute a été involontaire? il n'appartient qu'à la Providence de sonder le fond des cœurs. Les magistrats ne peuvent apprécier les actions que par les effets, et quand, par le fait du mandataire, le mandant éprouve un dommage considérable, que la faute soit volontaire ou non, la réparation civile doit être la même. Telle est la jurisprudence des tribunaux. (*Voy. l'arrêt de cassation du 23 juillet 1806, que nous avons rapporté dans la première partie de ce Traité ; nº. 232.*)

Dans la faillite du sieur Amyet, il avait été reconnu que trente milliers de savon devaient faire partie de l'actif, et les syndics provisoires, chargés de les recouvrer, n'ayant fait aucune diligence, cette valeur échappa aux créanciers. L'un d'eux, le sieur Aubert, forma demande

contre les syndics, pour qu'ils fussent condamnés solidairement, et par corps, à compter à la
masse du prix de ces savons. Le tribunal de
Saintes ne crut pas pouvoir accueillir cette demande ; mais la Cour de Poitiers l'admit complétement, le 31 octobre 1811, et le pourvoi contre
son arrêt fut rejeté, par la Cour de cassation, le
18 janvier 1824. (*Voy. le Journal du Palais*,
tom. 40, *p.* 529.)

En 1792, le sieur Balainvilliers, avant d'émi-
grer, avait confié sa fille, âgée de dix-huit ans,
au sieur Bousquet, qui, par avis de parents, fut
nommé son tuteur. En 1798, ces même parents
crurent qu'il était convenable de placer cette
jeune personne dans une maison d'éducation. Le
sieur Bousquet résista ; une instance s'engagea,
et sa gestion ni ses mœurs n'étant attaquées, il
conserva, comme il le voulait, le soin de l'éducation de sa pupille. A peine deux années s'é-
taient écoulées, lorsqu'au nom de la demoiselle
de Balainvilliers, la famille fut, de nouveau, assemblée pour arrêter les préliminaires du mariage qu'elle annonça vouloir contracter. On découvrit, en même-temps, qu'elle était enceinte,
et que le fils du tuteur était l'auteur de sa grossesse. La destitution du sieur Bousquet fut aussitôt demandée. On ne lui fit aucun reproche sur
l'administration de la fortune ; on reconnut qu'il
l'avait de beaucoup améliorée ; sa conduite per-

sonnelle n'éprouva même aucune critique directe ; mais cette jeune personne , dont il avait
refusé l'éducation à ses parents , avait été désho-
norée, dans sa maison, par son fils, et après qu'une
plainte en séduction avait déjà été portée contre
ce dernier par une de ses parentes. Il était donc
coupable au moins d'une incurie révoltante , et
conséquemment d'infidélité dans l'administration
de la personne dont il avait, par toutes les rigueurs du droit, voulu rester chargé. Tels sont
les motifs qui ont fait prononcer sa destitution ,
par jugement du tribunal de la Seine , du 9 germinal an ix , confirmé par la Cour de Paris , le
26 thermidor suivant. *Voy. Sirey* , *t.* 1, 2, 618.)

La cause ainsi jugée avant le Code civil, le serait de la même manière aujourd'hui. L'article
444 prononçant la destitution des tuteurs , dont
la conduite atteste l'incapacité ou l'infidélité.

359. Ce n'est pas seulement à l'égard des commettants, que les fautes graves de leurs mandataires sont assimilées à la fraude ; elles le sont encore vis-à-vis des tiers qui souffrent de ces fautes,
et avec lesquels ils ont contracté. Ces derniers
ont alors contr'eux une action directe, quoique,
dans les cas ordinaires, ils n'en aient que contre
les commettants, parce qu'ils se fondent sur un
fait personnel au mandataire, dont le mandat
n'a été que l'occasion. Carondas, *liv.* 7, *chap* 25,
et après lui Maynard, *p.* 248 *v*°. , en rappor-

tent un exemple. Le tuteur d'une mineure, en la mariant, stipula une somme considérable, et ne put pas, après le mariage, en réaliser la moitié. Le Parlement de Paris, par arrêt du 2 mars 1577, le condamna à compléter au mari la somme promise. Les motifs, suivant ces auteurs, furent que, n'ayant accepté, pour sa pupille, la succession de son père que sous bénéfice d'inventaire, il avait de justes raisons de s'assurer du véritable état des choses, avant de présenter une valeur déterminée qu'on avait dû regarder comme le résultat d'un examen approfondi, fait pour donner au mari la sécurité dont il était la victime.

360. La violation du mandat par le mandataire, peut-être établie par tous les genres de preuve, pourvu que le mandat soit constant, ou que son objet n'excède pas 150 francs. Dans le cas contraire, il faut, avant tout, le prouver par un acte formel, ou au 'moins justifier d'un commencement de preuve par écrit. *Voy. à ce sujet la* 1re. *partie de ce Traité*, n°. 138.

Cependant, voici une espèce singulière, dans laquelle celui qui réclamait l'exécution du mandat, sans avoir ni preuve écrite, ni commencement de preuve par écrit, a été admis à prouver par témoins le droit qu'il réclamait ; mais le mandat en soi était certain ; la fraude du mandataire l'était également ; il ne manquait plus à la justice que de connaître la personne que blessait la perfidie de ce mandataire. Dans ce cas, l'impunité d'une telle fraude eût été un scandale, qu'aucun principe de droit n'aurait pu faire pardonner aux magistrats.

Le vicomte de T......, décédé en 1793, avait fait un testament contenant, au profit du sieur Roger, un legs de 20,000 francs, payable en dix années, avec l'intérêt annuel pendant ce délai; « Voulant, disait le testateur, que le sieur Roger » fasse l'emploi de ce legs tel que je le lui ai indi- » qué, et qu'il n'en soit comptable à personne; » prohibant par exprès à mes héritiers, et à tous » autres, toute réclamation à ce sujet; et, audit » cas de réclamation, je veux que ledit legs tourne » au profit dudit Roger, comme étant à lui fait » personnellement. »

Prévoyant le cas où le sieur Roger mourrait avant lui, il lui avait substitué le sieur L.... aux mêmes conditions, et déclaré lui avoir fait la même communication d'emploi que celle faite au sieur Roger.

Lors du décès du sieur de T...., le sieur Roger n'existait plus, et le sieur L.... était émigré. La veuve du sieur de T...., persuadée que ce legs était destiné à une fille nommée Désirée, que son mari avait fait élever secrètement chez le sieur Roger, fit passer annuellement les intérêts des 20,000 fr. à cette fille, jusqu'au retour

du sieur L.... Ce dernier, rentré en France en
1806, réclama le capital du legs que la dame de
T.... lui remit; il n'insista pas sur les intérêts
servis à Désirée ; cependant il resta, plusieurs années, sans faire aucun emploi du legs, et Désirée
se hazarda à en demander la remise. Se retran-
chant derrière la clause prohibitive du testament,
le sieur L.... osa l'opposer comme fin de non
recevoir. Interrogé sur faits et articles, le texte
du testament le contraignit à reconnaître qu'il
n'était que mandataire; il avoua que son legs
n'était qu'un fidéi-commis, mais il persista à
soutenir que Désirée n'y avait aucun droit, et
qu'il n'était pas obligé d'en révéler la destination.

Désirée prétendit prouver son droit par la correspondance du vicomte de T...., par les bon-
tés de sa veuve pour elle, et par la transaction de
cette veuve avec le sieur L..... Elle offrit, subsidiairement, de prouver, par témoins, que ce dernier avait reconnu ses droits en présence de
plusieurs personnes. Le tribunal de Pau l'admit à cette preuve. Sur l'appel, il transigea, remit à Désirée 9,000 fr., et la Cour de la même
ville, par suite de cette transaction, le renvoya
de la demande.

Huit ans après, Rose Hautmont se disant,
comme Désirée, fille naturelle du vicomte de T...,
et de la même mère, offrit de prouver que la moitié
des 20,000 fr. lui était destinée, et traduisit le

sieur L.... devant le tribunal de Pau. Cette fois, comme la première, il oppposa la clause prohibitive de réclamation écrite au testament, se prévalant, en outre, de ce qu'il s'agissait de prouver une naissance adultérine, et un testament verbal, dont la preuve par témoins n'était pas admissible.

Le 26 juillet 1821, le tribunal de Pau, rejetant toutes ces fins de non recevoir, admit Rose Hautmont à la preuve. Les motifs de ce jugement forment un monument précieux de jurisprudence, pour guider dans l'examen de ces causes difficiles, où l'imperfection inévitable des lois humaines, semble leur donner une direction contraire à celle que leurs auteurs s'est proposée, et fait que la déloyauté réclame l'impunité comme un droit légal.

» Attendu que la fin de non recevoir que le » sieur L.... puise dans le testament, pour s'ap- » proprier le legs dont il s'agit, doit être rejetée, » parce qu'outre la défaveur que ce moyen pré- » sente dans la bouche du sieur L...., dont le » testateur suivit la foi pour l'exécution de ses » volontés, c'est le cas de s'attacher à la volonté » et à l'intention du testateur plutôt qu'à ses pa- » roles ; qu'il est clair que la défense du sieur » de T.... à ses héritiers et à tous autres, de re- » chercher qu'elle était la destination du legs a eu, » pour objet, de mieux en assurer l'exécution ; que

» ce serait aller, trop ouvertement, contre la volon-
» té du testateur, que d'abuser de ces mots *et à*
» *tous autres*, au point de vouloir les opposer à
» celui-là même qu'il voulut gratifier;

» Qu'il en doit être de même des moyens fon-
» dés sur les articles 335 et 342 du Code; que
» la demande a seulement pour objet la restitu-
» tion, dont le sieur L.... reconnaît être déposi-
» taire, et que la demoiselle Hautmont prétend
» lui appartenir; que c'est là l'objet principal et
» unique de sa demande; que les preuves offer-
» tes s'y rapportent directement, les faits arti-
» culés ne tendant qu'à établir une filiation qui,
» fût-elle parfaitement prouvée, ne pourrait seule
» faire obtenir gain de cause à la réclamante;

» Que c'est mal interpréter la disposition de
» l'article 1341, que de vouloir en faire l'applica-
» tion à la clause du testament du sieur de T....,
» qui défend toute recherche sur la destination
» du legs; qu'il ne s'agit pas d'établir l'existence
» d'une obligation excédant 150 fr.; que les faits
» articulés n'ont pas cela pour objet, l'obligation
» elle-même étant avouée; qu'elle résulte, d'ail-
» leurs, du testament, et qu'il n'y a aujourd'hui,
» de contestation que sur la moitié du legs dont
» il s'agit, emploi que le sieur L.... reconnaît
» n'avoir pas encore fait, malgré le nombre d'an-
» nées écoulées depuis qu'il a recueilli le fidéi-
» commis; que c'est à la destination dudit legs

» que se rapportent, soit la demande, soit les
» preuves offertes., et c'est sous ce point de vue,
» qu'il faut examiner si elles sont admissibles;

» Qu'il est constant en fait, qu'en 1808, Dé-
» sirée attaqua le sieur L..., en délivrance du
» legs total de 20,000 fr.; qu'il nia formellement
» qu'elle eût un droit quelconque sur ledit legs;
» qu'il expliqua que l'emploi de ladite somme
» était *différents emplois secrets*, qu'il avait pro-
» mis au testateur de ne pas divulguer; qu'il lui
» avait été impossible de satisfaire auxdits em-
» plois, en ayant été empêché par Désirée;

» Qu'un jugement ayant, nonobstant ces excep-
» tions, admis Désirée à la preuve de certains
» faits tendants à établir la destination du legs, le
» sieur L.... lui compta plus tard une somme de
» 9,000 fr.;

» Que ces faits posés, la justice parait être en
» droit de suspecter, de plus en plus, la bonne foi
» du sieur L...., si elle porte ses regards sur ses
» réponses antérieures.....; qu'il est loin d'avoir
» répondu, d'une manière satisfaisante, à de sem-
» blables contradictions, qui ne doivent pas être
» étrangères, pour le rejet ou l'admission des
» preuves, si examinant sa conduite ultérieure,
» on ne voit pas en lui plus de fidélité ni d'em-
» pressement à exécuter le mandat verbal que lui
» donna son ami;

» Qu'il aurait déjà, en 1808, selon sa réponse,

» accompli la volonté du testateur, sans la de-
» mande indiscrète de Désirée ; interrogé néan-
» moins douze ans après, le 22 mars 1820, s'il a
» fait le paiement du résidu du legs, il répond
» qu'il doit rendre encore une grande partie de
» la somme : il ne dit rien des intérêts qu'il pa-
» raît avoir tournés à son profit ; il ne prétend
» pas en avoir fait le paiement à qui que ce soit,
» pas plus que du principal ; que la volonté du
» testateur n'est donc pas encore remplie, puis-
» qu'un seul emploi n'est pas encore fait ;

» Qu'il résulte de toutes ces circonstances, et
» autres faits contenus dans les interrogatoires et
» autres pièces du procès, que le sieur L.... pa-
» raît avoir été infidèle à remplir son mandat ;
» qu'il paraît n'avoir nullement exécuté les inten-
» tions du testateur, qui devaient cependant être
» d'autant plus sacrées pour lui, qu'elles furent
» entièrement confiées à sa bonne foi et à son hon-
» neur ; qu'il est donc en présomption de fraude ;
» et qu'il résulte assez clairement de ce qui pré-
» cède, qu'il semble vouloir tourner à son profit
» le résidu du legs, comme il fit précédemment
» tous ses efforts, pour priver Désirée d'une somme
« que l'évènement prouva lui être légitimement
» due ;

» Attendu qu'il est de principe, que personne
» ne peut tirer avantage de son dol ; que ces pré-
» somptions de fraude demeurant, il faut exami-

» ner, en point de droit, si les preuves offertes
» ne peuvent pas être admises sous ce rapport;

» Qu'il ne saurait y avoir le plus léger doute,
» à cet égard, parce que, toujours, la prohibition
» des preuves vocales disparaît, lorsqu'on allégue
» le dol et la fraude, et que des présomptions
» suffisantes paraissent l'établir;

» Que la preuve testimoniale est également ad-
» missible, chaque fois qu'elle ne tend qu'à éta-
» blir un fait; qu'il s'agit, dans l'espèce de la cause,
» de la preuve d'un fait, et même d'un fait de
» fraude peu ordinaire, etc. »

Ces graves motifs, sur l'appel du sieur L....,
déterminèrent la Cour de Pau à confirmer le jugement. (*Voy. Sirey* 1823, 2e. *partie, p.* 78.)

Voici une seconde espèce, dans laquelle la rigueur du droit semblait aussi être un refuge invio-
lable pour le mandataire accusé d'infidélité; mais
l'évidence de la fraude l'a également emporté.

L'article 1994 porte : « Lorsque le dépôt étant
» au-dessus de 150 fr., n'est pas prouvé par
» écrit, celui qui est attaqué comme dépositaire,
» en est cru sur sa déclaration, soit pour le fait
» même du dépôt, soit pour la chose qui en fait
» l'objet, soit pour le fait de sa restitution. »

Le sieur Pertrand espérait trouver dans cette
disposition, un moyen de salut contre la répétition qu'éleva contre lui, et suivit avec une rare
persévérance, M. de Rohan, archevêque de Cam-

brai, au sujet de son argenterie. En 1791, Arbel, son maître d'hôtel, avait confié à Pertrand cinq cents marcs d'argenterie : onze ans après, Arbel l'invita à les lui remettre. Sa réponse fut qu'en 1793, il avait été obligé de la vendre pour des assignats, et, en 1796, de changer les assignats pour des mandats, qu'il offrit de remettre.

Traduit devant le tribunal correctionnel, il tint le même langage ; mais il fut prouvé que, dès 1792, il avait fait fondre quatre cents marcs de cette argenterie, et qu'il avait encore le surplus. Il fut en conséquence condamné, le 14 vendémiaire an XI, à restituer 26,432 fr, et en un an d'emprisonnement ; mais le 12 frimaire suivant, le tribunal criminel, réformant ce jugement, renvoya les parties à fins civiles, et le tribunal civil déclara valables les offres de Pertrand de remettre les mandats.

M. de Rohan interjeta, d'abord, appel de ce jugement : puis informé que Pertrand avait conservé pour son service vingt-quatre couverts de son argenterie, il porta une nouvelle plainte, non plus en violation de dépôt, mais en rétention frauduleuse d'une partie des objets déposés. Pertrand prétendit que l'absolution qu'il avait obtenue sur la première plainte, était un obstacle invincible à la seconde ; néanmoins, le tribunal corectionnel entendit les témoins, et l'infidélité de Pertrand fut aussi formellement prouvée que la première fois ; mais le jugement définitif admit la fin de non recevoir . il n'en fut pas de même en appel ; le tribunal criminel déclara Pertrand convaincu d'être rétentionnaire des vingt-quatre couverts, et le condamna par corps à les restituer avec dommages et intérêts.

Il eut encore l'avantage d'obtenir, le 10 messidor suivant la cassation de cet arrêt. Enfin, M. de Rohan, ayant repris l'instance civile sur appel, un arrêt définitif réforma le jugement du tribunal civil, et condamna Pertrand à payer à M. de Rohan 8,283 fr. 55 c., pour valeur des 23,700 fr. d'assignats, prix pour lequel il déclarait avoir vendu l'argenterie. Les motifs de cet arrêt sont : « Que tout dépositaire est tenu » de restituer, soit le dépôt en nature, soit la va- » leur des objets déposés, à moins qu'il ne justi- » fie qu'ils ont péri par force majeure ; qu'en » fait il est constant, par les aveux de Pertrand, » qu'en 1791, il lui a été fait un dépôt d'argente- » rie en vaisselle, appartenant à M. de Rohan ; » qu'il est également constant que cette vaisselle, » fondue en lingots par Baudet, orfèvre à Paris, » sur la réquisition de Pertrand, a produit une » somme de 23,700 fr., reçue par ledit Per- » trand dans le cours de l'année 1793 ; que toutes » les circonstances de la cause, loin de faire pré- » sumer que Pertrand ait été contraint, par la » force majeure, à violer le dépôt dont il s'agit,

» administrent, au contraire, une présomption
» suffisante pour déterminer la justice à croire
» que ledit Bertrand a converti les lingots en as-
» signats, dans la vue d'en faire son profit per-
» sonnel, à l'époque où il les a reçus ; que, supposé
» même que ledit Pertrand eût alors à craindre
» l'effet irrésistible d'une force majeure, ledit
» Pertrand avait un moyen sûr de se délivrer de
» cette crainte, et de se mettre à l'abri de tous
» soupçons de fraude ; moyen qui consistait à
» donner sa déclaration, et à déposer les lingots,
» où les assignats, entre les mains des autorités
» compétentes, ce qu'il n'a pas fait ; que, dans un
» pareil état de choses, la déclaration sèche de
» Pertrand, dénuée de preuves, et donnée main-
» tenant par lui sur l'identité des assignats ou
» mandats offerts par lui, et de ceux qu'il avoue
» avoir reçus pour prix de la vente des lingots,
» n'est, ni ne peut-être *litis décisoire*. »

Pertrand infatigable, tenta encore un recours
a la censure de la Cour de cassation ; mais ce
fut sans sucès. Du 6 octobre 1806, arrêt de rejet :
« Attendu qu'il ne s'agissait pas au procès de
» l'existence d'un dépôt, puisque cette existence
» était avouée, mais bien du mode de sa restitu-
» tion, et que la décision de la Cour de Paris ne
» contient aucune violation des lois qui règlent
» les preuves, soit de l'existence, soit du fait de
» la restitution des dépôts. » (*Voy. le Journal
du Palais*, 1er. sémes. 1807, p. 121.)

Dans cette instance, on soutenait pour Pertrand, que le dépôt à lui confié n'était prouvé que par son aveu, et que sa déclaration étant indivisible, on ne pouvait pas rejeter l'assertion qui faisait cesser sa responsabilité, on reconnut, au contraire, que, comme nous l'avons dit dans la première partie n°s. 140 et 141, ce n'est pas diviser une déclaration que de ne pas en adopter les conséquences, quand leur fausseté est démontrée, et que les juges sont convaincus de l'importance de cette déclaration.

CHAPITRE X.

FRAUDE DANS L'EXÉCUTION DES TRANSPORTS DE DROITS SUCCESSIFS OU LITIGIEUX.

SOMMAIRE.

611. Ce fut une heureuse pensée que celle inspirée par l'humanité à l'empereur Anastase,

d'autoriser les débiteurs, contre lesquels des droits litigieux sont cédés, de s'acquitter de leur dette, en remboursant aux cessionnaires le prix de leur achat. Elle conjura une partie des maux qui sont exposés dans le préambule de la loi *Per diversas*, 22, *C. mandati vel contra*. Aussi Justinien, dans celle *Ab Anastasio* 23, *eod. loco*, l'appelle-t-il *Justissima constitutio, tam humanitatis quam benevolentiæ plena*. En effet, elle ne fait rien perdre, ni au cédant, puisqu'il s'est restreint lui-même au prix qu'il a reçu, ni au cessionnaire, qui recouvre tout ce qu'il a déboursé; le procès est éteint, et le sort du débiteur s'améliore par l'effet du trafic qui devait l'empirer.

Justinien, dans cette même loi, où il fait un si juste éloge de la première, mit à profit ce que l'expérience avait fait connaître des machinations pratiquées par la fraude, pour enlever à la mesure une partie des effets salutaires qu'Anastase s'en était promis, la compléta, et lui donna toute la perfection dont elle était susceptible.

Ces deux lois précieuses ont été suivies en France, aussitôt qu'elles y ont été connues. On les étendit même aux droits successifs, quoique non-litigieux, lorsqu'ils sont cédés, par un héritier à une personne étrangère à la succesion. C'est, sous ces deux rapports, qu'elles ont été introduites dans notre Code, articles 841 et 1699. Quoique le principe seul y soit consacré, les dé-

veloppements qui en sont donnés par les deux
lois où on l'a puisé, n'en doivent pas moins continuer d'être aux yeux des magistrats la raison
écrite, comme elle l'était avant le Code, ainsi que
l'enseigne Pothier, dans son *Traité du Contrat de
vente*, nº. 290 et suivants.

362. Le transport fait à titre purement gratuit, et qu'aucune preuve de simulation n'at-
teindra, devra être exécuté, parce que, ni l'esprit, ni le texte de la loi ne le comprennent ;
mais, si l'on parvient à découvrir que la forme
n'est qu'un masque, et que le prétendu bienfaiteur a reçu un prix, le débiteur, en l'offrant,
n'aura rien à payer au-dela : *et si quis donationem quidem omnis debiti facere adsimulaverit,
ut videatur esse tota donatio, aliquid autem
occultè susceperit : et in hoc casu tantummodo
exactionem sortiri ejus quod datum esse com-
probetur, et si hoc à debitore persolvatur ; nulla
contra eum vel substantiam ejus, ex dissimu-
latâ donatione oriatur molestia.*

363. Par le même motif, si le transport était
fait pour un prix, avec donation du surplus de la
créance, cette prétendue libéralité serait réputée
n'avoir été insérée dans l'acte, que pour rendre
vaine la sollicitude de la loi, et le remboursement du prix stipulé serait tout ce que devrait le
débiteur, sans que, ni le cédant, ni le cessionnaire pûssent rien exiger de plus : *Sed cum hi*

*, qui circum lites morantur...... invenientes ma-
chinationem ut partem debiti venditionis titulo
transferant, reliquam autem partem per colora-
tam cedant donationem .... hujus
modi machinationem penitus amputamus, ut
nihil ampliùs accipiat, quam ipse vero con-
tractu reipsà persolvit, sed omne quod super-
fluum est, et per figuratam donationem trans-
latum inutile ex utrâque parte censemus, et
neque ei qui cessit actiones, neque ei qui eas
suscipere curavit, aliquid lucri, vel fieri, vel
remanere, vel aliquam contra debitorem, vel
res ad eum pertinentes esse utrique eorum ac-
tionem.*

Sans ces règles d'exécution, les dispositions
du Code exprimeraient un principe stérile dont
l'application serait toujours éludée.

364. A ces machinations prévues par Justinien, il faut ajouter celle d'un prix porté, dans
l'acte de transport, à une somme supérieure au
prix réel, mensonge assez ordinaire dans ces
traités : pour en avoir justice, tous les moyens
propres à déconcerter la fraude, peuvent être
employés. Un arrêt de la Cour de Nismes, du
4 décembre 1823, admet la preuve testimoniale
contre la déclaration de prix, faite dans un contrat de cession de droits successifs. (*Voy. le Journal du Palais, tom.* 69, *p.* 167.)

Une seule présomption a paru suffisante à la

Cour d'Aix, pour réprimer une fraude de cette nature. Le 25 septembre 1809, Mallet avait vendu à Guizot ses droits dans la succession d'Antoinette Mallet, moyennant 1,000 fr. ; et, par une transaction du 11 novembre suivant, il reconnut que Guizot lui avait payé 200 fr. pour supplément de prix. Les cohéritiers de Mallet contestèrent sur le prix; le tribunal de Grasse pensa que celui qui exerce le retrait successoral doit rembourser tout ce qui est exprimé dans les actes, sans pouvoir élever des doutes sur leur sincérité. Cette grave erreur fit réformer son jugement, et par cela seul que le premier acte était inattaquable ; qu'aucun motif légitime n'avait pu déterminer le second, la Cour n'hésita pas à le réputer frauduleux, et à autoriser les retrayants à ne rembourser que le prix porté par le premier. Cet arrêt est du 5 décembre 1809. (*V. Sirey*, *tom.* 12, 2. 279.)

Dans l'impuissance de fournir, soit des preuves, soit des présomptions de simulation, on peut, au moins, déférer le serment au cessionnaire. Un jugement du tribunal de Moustier, qui, dans une cause de cette nature, l'avait rejeté, a été réformé, par la Cour de Grenoble, le 11 juillet 1806. (*Voy. le Journal du Palais*, 1er. *semestre* 1807, *p.* 543.) C'est aussi une des questions jugées affirmativement par l'arrêt précédent.

365. Le débiteur est également admis à prou-

ver qu'il existe un transport secret du droit litigieux poursuivi contre lui, par l'interposition du
créancier dessaisi; il en serait de même dans le
cas d'une cession de droits successifs qui serait
tenue dans le mystère, le cohéritier cédant continuant à prêter son nom dans les opérations ré-
latives à la succession.

366. Lors-même que la fraude ne serait découverte qu'après le jugement du procès, ou après
le partage, elle ne devrait pas être impunie. Il
est toujours temps de faire peser les lois d'ordre
public sur ceux qui étudient l'art odieux de les
rendre vaines.

Le tribunal de Dieppe a eu l'occasion de juger
ce point intéressant de jurisprudence, pour des
droits litigieux.

Crappevole ayant, sur une succession opu-
lente, des droits qui lui étaient contestés, em-
prunta de Thérin 10,000 fr. en assignats, le 16
décembre 1793, avec la condition que, s'il ne
réussissait pas dans ses prétentions, les 10,000 f.
seraient perdus pour Thérin, et que s'il réussissait, il lui céderait 25 ares de terre désignés dans
l'acte; il obtint un succès complet, et néanmoins
refusa la vente promise, offrant seulement de
rendre la valeur des assignats par lui reçus; système injuste, puisque Thérin n'aurait rien eu
pour la chance qu'il avait courrue; il fut cependant admis en première instance. Thérin, après

avoir appelé, céda son droit à Quévremont-La-
motte : celui-ci suivit sur l'appel, mais sous le
nom de Thérin, et obtint arrêt, qui, en infirmant le jugement, ordonna la délivrance de la
pièce de terre. Quévremont crut alors pouvoir se
faire connaître sans danger, et notifia son transport aux héritiers de Crappevolle, qui était décédé : ceux-ci lui offrirent le remboursement de
son prix, et demandèrent à lui être subrogés.

Le 14 août 1810, la subrogation fut prononcée,
« Attendu que la faculté accordée par l'article
» 1699, suppose nécessairement un cessionnaire
» connu, à qui le débiteur puisse faire des of-
» fres de remboursement; que ce droit ne peut,
» en aucune manière, être affaibli, ni altéré par
» le silence du cessionnaire qui se tient caché et
» reste invisible, dans l'unique but d'empêcher
» la demande en subrogation; considérant que
» les héritiers Quévremont ne peuvent se préva-
» loir de l'autorité de la chose jugée, parce que
» l'arrêt de la Cour, du 21 août, n'a pas été
» rendu avec eux; que ce ne sont pas des droits
» certains à lui acquis par cet arrêt, que Thérin
» a transmis à leur auteur, mais seulement des
» droits litigieux et reconnus, tels que l'acte du
» 17 mai 1809, droits qu'il était au pouvoir des
» représentants Crappevolle de faire cesser par
» le remboursement qu'autorise l'article cité, s'ils
» avaient eu connaissance de cet acte ; que tant

» qu'ils n'ont pas été mis en demeure d'user du
» droit qui leur était acquis, on ne peut leur
» opposer aucune fin de non-recevoir, suivant la
» règle *Contra non valentem agere non currit*
» *prescriptio.* » Le même motif se retrouve dans
l'arrêt confirmatif de la Cour de Rouen, du 26
mars 1812, et y est plus énergiquement exprimé.
« Attendu que le droit de retrait successoral, ac-
» cordé par l'article 1699 du Code, n'a pu être
» exercé par les intimés qu'après que l'acte de ces-
» sion leur a été connu légalement, par la signifi-
» cation du 2 novembre suivant; que tout ce qui
» s'est fait antérieurement à cette signification ne
» peut leur être raisonnablement opposé ; que
» décider autrement, ce serait autoriser un genre
» de fraude qui anéantirait l'effet de l'article pré-
» cité. » (*Voy. le Journal du Palais*, tom. 34,
pag. 75.)

Cette théorie, au surplus, est celle qui jadis
régissait les retraits. (*Voy.* le *Traité du Retrait,*
par Pothier, n°s. 234 et 235.)

367. La subrogation du débiteur s'opère, de
plein droit, au moment où il offre au cessionnaire
de le rembourser, et le jugement qui, sur le
refus de ce dernier, déclare les offres valables,
n'est que déclaratif de la subrogation déjà exis-
tante par la seule force de la loi; en sorte que
vainement il serait intervenu, depuis les offres,
un acte de rétrocession entre le cédant et le ces-

II.   39.

sionnaire, la subrogation n'en serait pas moins acquise par un motif irrécusable : la cession a dépouillé le créancier de tous ses droits, les transmettant à l'acquéreur ; dans la main de celui-ci, ils ont subi, par l'effet des offres, une modification qu'ils conservent dans la rétrocession ; l'acquéreur ne peut les remettre au cédant que dans l'état où ils se trouvent : il lui transfère donc son droit au remboursement, et rien de plus.

On peut apercevoir combien la fraude saurait profiter de l'opinion contraire ; mais ce n'est qu'un moyen de considération : la raison décisive est dans l'analyse exacte des effets de la cession et des offres qui l'ont suivie. C'est ainsi que la question, a été résolue sur une cession de droits litigieux, par arrêt de la Cour de Turin, du 5 juillet 1810, réformant un jugement du tribunal de Mondovi. (*V. le Journal du Palais, t.* 41, *p.* 446.)

La Cour de Paris en a rendu un semblable sur une cession de droits successifs. Nous ne l'avons pas aperçu dans les recueils ; mais nous en avons une parfaite connaissance ; il confirme un jugement du tribunal d'Auxerre.

C'est encore ce qui se pratiquait à l'égard des retraits. (*Voy. Pothier, n°.* 476.)

FIN DU SECOND VOLUME.

TABLE ALPHABÉTIQUE

DES MATIÈRES

CONTENUES DANS CE VOLUME.

FIN DE LA TABLE.